『资本论』的思想精华和伟大生命力

修订本

鲁从明 著

中共中央党校出版社

图书在版编目（CIP）数据

《资本论》的思想精华和伟大生命力/鲁从明著．—修订本．—北京：中共中央党校出版社，2015.12（2017.9重印）

ISBN 978-7-5035-5768-2

Ⅰ.①资… Ⅱ.①鲁… Ⅲ.①《资本论》-马克思著作研究 Ⅳ.①A811.23

中国版本图书馆 CIP 数据核字（2016）第 007830 号

《资本论》的思想精华和伟大生命力（修订本）

责任编辑 楚双志 李瑞琪
版式设计 尉红民
责任印制 王洪霞
责任校对 王 微
出版发行 中共中央党校出版社
地　　址 北京市海淀区大有庄 100 号
电　　话 （010）62805830（总编室） （010）62805821（发行部）
（010）62805034（网络销售） （010）62805822（读者服务部）
传　　真 （010）62881868
经　　销 全国新华书店
印　　刷 三河市华润印刷有限公司
开　　本 700 毫米×1000 毫米 1/16
字　　数 472 千字
印　　张 23
版　　次 2016 年 3 月第 2 版 2017 年 9 月第 2 次印刷
定　　价 56.00 元

网　　址：www.dxcbs.net **邮　　箱**：cbs@ccps.gov.cn
微 信 ID：中共中央党校出版社 **新浪微博**：@党校出版社

再版序言

本书在 1998 年 4 月第一次出版的“序言”中，说明了我写作《〈资本论〉的思想精华和伟大生命力》一书的初衷：

“几年以前我就想写这本书，原因是《资本论》是马克思的一部最基本、最主要的著作，具有特殊的理论魅力，凡认真学进去的人都深受教育，感到对现实仍有多方面的意义，特别是有助于加深对邓小平经济理论的思想渊源的理解，但由于这部著作篇幅太大，通读原著一般较困难，各种形式的选编本虽然分量减少了，但读起来又感到跳跃很大，不连贯，而且被节选掉的大部分内容当中有许多闪光的思想，读不到实在可惜。在这种情况下，我就考虑，能否用不太长的篇幅，按照《资本论》的基本思路和现实针对性的要求，以《资本论》及其手稿中有关的、重要的、精辟的论述为基础，按专题适当进行串联式的阐释。在这个基础上，贴切地讲一点现实意义，并对一些难点作适当的探讨。以期引起学习《资本论》的思想精华，联系实际思考问题的兴趣。这就是写作本书的用意。

这部著作包括三个部分：第一部分是导论，主要是介绍马克思研究《资本论》的背景、动因、对象、方法、结构和创作精神等；第二部分是主体，主要是按照《资本论》第一、第二、第三卷分析的基本脉络，分专题论述各个理论的基本原理及其与当代实际的结合；第三部分是综述，即从横的角度，分四个方面，综合分析《资本论》关于资本主义必然灭亡的理论，关于未来社会经济特性的理论，关于商品—市场经济的基础理论，关于社会生产一般规律的理论，以及它们的现实意义，并有重点地探讨了一些问题。

本书出版以后受到了读者特别是专业学人的欢迎，以致由于供不应求出现了不少私自“翻印”的现象。现在，中共中央党校出版社决定再版这本书，我十分高兴。

习近平同志 2011 年 5 月 13 日在中央党校春季学期第二批进修班开学典礼上的讲话中，专门谈到“领导干部要重视学习马克思主义经典著作”，其中论述了学习《资本论》的重要性。他指出：“《资本论》是马克思用毕生精力写成、恩格斯用了大量心血整理的全面揭示资本主义经济运动规律及危机特征的政治经济学巨著，历史唯物主义、科学社会主义在《资本论》中得到了理论逻辑的科学证明。有条件的领导干部，还是要读读《资本论》特别是第一卷，一定会有很大收益。”

我体会最根本的好处就是增强共产党员的理想信念。习近平同志十分重视理想信念问题。他指出：“理想信念是共产党人精神上的‘钙’。”他反复强调，“理想信念坚定，骨头就硬，没有理想信念，或理想信念不坚定，精神上就会缺‘钙’，就会得‘软骨病’”，“就可能导致政治上变质、经济上贪婪、道德上堕落、生活上腐化”。所以，从严治党必须首先加强对党员、干部的理想信念教育。而学习《资本论》在这方面具有重要的作用。

恩格斯说：马克思在《资本论》中，“根据以无可怀疑的知识所作的绝对认真的研究，得出了这个结论：整个‘资本主义生产方式’必定要被消灭。”① 马克思把这样一个极其艰难的科学论证任务作为“他毕生的使命”②“终生事业”③。而马克思完成这样一个艰巨任务时的家庭生活环境是艰难的，常常靠典当或拍卖家具、衣物生活。有时还因衣服被典当一个星期无法出门。由于付不出房租，家具被查封，全家被迫搬家。在最紧张的日子里，连寄稿件的邮资也拿不出来，以致马克思把自己比做“穷得像教堂的老鼠的人”。由于贫困的生活、过度的劳累，致使马克思身患多种疾病。《资本论》的很大一部分写作任务正是他在多种疾病的折磨下，甚至是“在坟墓的边缘徘徊”中完成的。正因为这样，马克思在谈到写作《资本论》的艰辛时向友人如实地诉说：“为了它，我已经牺牲了我的健康、幸福和家庭。”④ 他还激情地表示：“我必须不惜任何代价走向自己的目标，不允许资产阶级社会把我变成制造金钱的机器。”⑤ 这不正是“革命理想高于天”的典范吗？确实值得我们学习和深思。

国内外都有学者称马克思的《资本论》是马克思主义的百科全书。我认为从一定意义是可以这样评价的。由于马克思对资本主义生产方式的科学剖析，以唯物辩证法为指导，采用历史和逻辑抽象相结合的分析方法，从而在揭示资本主义生产方式必然趋于灭亡这个中心主题的过程中，的确多层次地

---

① 《马克思恩格斯全集》第 16 卷，人民出版社 1964 年版，第 237 页。

② 《马克思恩格斯全集》第 19 卷，人民出版社 1963 年版，第 375 页。

③ 《马克思恩格斯全集》第 16 卷，人民出版社 1964 年版，第 407 页。

④ 《马克思恩格斯全集》第 31 卷，人民出版社 1972 年版，第 543 页。

⑤ 《马克思恩格斯全集》第 29 卷，人民出版社 1972 年版，第 550—551 页。

分析了社会化生产发展的一般规律，商品—市场经济运行的一般规律，未来社会主义、共产主义社会发展的基本特征。正因为如此，认真学习《资本论》原著，对于我们今天坚持共产党的领导和从严治党，坚持和发展中国特色社会主义制度，坚持发展市场经济体制，坚持全面改革开放等，确有重要的现实意义。

在写作本书的过程中，我主观上力求将《资本论》的思想精华、现实意义和难点探索相结合；既坚持根本的真理，但又不搞“凡事论”，而是根据实践的发展，有所探索。由于水平有限，很可能有不少事与愿违的地方，恳望读者批评指正。

鲁从明

2015 年 10 月于中央党校

目　录

导　论

《资本论》第一卷　资本的生产过程

《资本论》第二卷　资本的流通过程

《资本论》第三卷　资本主义生产的总过程

综 述

导 论

《资本论》是马克思用毕生心血写成的一部最主要的著作。100多年来，它被称为工人阶级的圣经，马克思主义的百科全书，至今仍然具有伟大的生命力。学习马克思主义，不可不学习《资本论》。

马克思从1843年开始研究经济问题，直到1883年3月14日在自己书桌旁的椅子上去世时，还在面前放着正在修改的《资本论》手稿。他为此整整付出了40年的艰辛劳动。《资本论》确实是马克思一生的事业，是他“整个一生科学研究的成果”①。人们会问：马克思为什么要用毕生精力写作《资本论》?《资本论》究竟是一部什么样的著作?《资本论》这部宏大著作是怎样创作出来的？对这些问题有所了解，对于学好《资本论》是很有必要的。

一、《资本论》写作的动因和目的

社会存在决定社会意识，理论是实践的产物。从这个唯物主义认识论的根本观点上看，《资本论》首先是时代的产物。

马克思生活在19世纪的20至80年代的欧洲。他生长在德国。后来两次移居法国，40年代末定居英国。这期间，正是欧洲资本主义经济迅速发展，其矛盾逐渐加深并日益明显表现出来的时期。

16世纪开始，欧洲进入了资本主义时代。到19世纪三四十年代，欧洲许多资本主义国家经过产业革命，发展到了资本主义机器大工业阶段。大工业的发展，一方面使生产力越来越社会化，另一方面加剧了资本主义的竞争，使社会财富越来越集中到大资本家手里，而无产阶级的失业和贫困越来越严重。这就必然导致资本主义基本矛盾——生产社会化和生产资料的资本主义私人占有之间的矛盾越来越尖锐。这种矛盾在社会再生产中的集中爆发，就是经济危机。自1825年资本主义爆发第一次经济危机以后，大约每隔10年就周期性地发生一次。资本主义经济的恶性循环，给国民经济造成了沉重的灾难，给无产阶级和广大劳动人民带来了巨大的痛苦。由此推动无产阶级走上反抗资产阶级的斗争。这种斗争，最初表现为自发地破坏机器，后来就发展到进行独立的政治运动。1831年和1834年法国纺织工业中心里昂两次爆发的工人武装起义，1836年英国无产阶级发动的人民宪章运动，1844年德国西里西亚纺织工人举

① 《马克思恩格斯全集》第16卷，人民出版社1964年版，第411页。

行的武装起义，标志着无产阶级与资产阶级的斗争成了欧洲发达资本主义国家的中心社会问题。历史进入了无产阶级进行独立政治斗争的新时期。

资本主义经济和阶级斗争的发展，把科学剖析资本主义生产方式运动的客观规律的任务，历史地提到了无产阶级的面前。马克思正是适应这种历史的需要而创作《资本论》的。但他之所以能够承担起这种理论创作的历史任务，则是和他本人的素质和实践有关的。

马克思出生于一个富裕文明的家庭，从小受到良好的教育，受到反封建专制的民主思想的影响，中学时代就立志选择为人类服务的职业。他在《青年在选择职业时代的考虑》的一篇作文中写道："如果我们选择了最能为人类福利而劳动的职业，那么，重担就不能把我们压倒，因为这是为大家而献身"①。马克思在大学学的是法律专业，但他爱好的是哲学和历史，并进行了深入的研究，获得了耶鲁大学哲学博士学位。他思想上倾向理想主义，在《莱茵报》上发表大量文章，积极参加反对普鲁士封建专制制度的斗争。所有这一切，为马克思以后投入无产阶级革命的实践和理论活动，打下了良好的基础。

1842 年至 1843 年，马克思任《莱茵报》主编。在办报工作中，他为劳苦大众伸张正义，接触了许多经济问题，如林木盗伐、地产以及自由贸易和关税保护等。"第一次遇到要对所谓物质利益发表意见的难事。"② 难在哪里？难就难在这些问题不单纯是法律问题，更重要的是社会经济问题。因此，为了彻底弄清这些问题，非研究政治经济学不可。这是马克思研究政治经济学的最初动因。恩格斯在回忆马克思的这段情况时说道："我曾不止一次地听到马克思说，正是他对林木盗窃法和摩塞尔河地区农民处境的研究，推动他由纯政治转向研究经济关系，并从而走向社会主义。"③

对物质利益重要性的认识，促使马克思决心批判自己以前的哲学信仰，并对黑格尔的辩证法进行根本的改造。这也是他为研究政治经济学提供科学的方法论的需要。马克思通过对哲学的批判，得出了重要的结论："法的关系正像国家的形式一样，既不能从它们本身来理解，也不能从所谓人类精神的一般发展来理解，相反，它们根源于物质的生活关系，这种物质的生活关系的总和，黑格尔按照十八世纪的英国人和法国人的先例，称之为'市民社会'，而对市民社会的解剖应该到政治经济学中去寻求。"④ 这就更加坚定了马克思研究政治经济学的决心。而他生活的时代和他参加的实践，决定了他必然要把资本主义而不是别的"市民社会"，作为他研究政治经济学的主要对象。

---

① 《马克思恩格斯全集》第 40 卷，人民出版社 1982 年版，第 7 页。

② 《马克思恩格斯选集》第 2 版第 2 卷，人民出版社 1995 年版，第 31 页。

③ 《马克思恩格斯全集》第 39 卷，人民出版社 1974 年版，第 446 页。

④ 《马克思恩格斯全集》第 13 卷，人民出版社 1962 年版，第 8 页。

《资本论》正是把资本主义生产方式发生、发展和必然灭亡的历史规律作为其研究主题的。

作为无产阶级战士的马克思，他写作《资本论》的根本目的，是为了给无产阶级及其政党提供科学的理论武器。

19 世纪三四十年代，在欧洲特别是法国工人运动中，流行着各种社会主义思潮，空想社会主义者圣西门、傅立叶和欧文还进行过各种共产主义的试验。马克思一方面认为共产主义是重要的社会问题，另一方面则反对空想社会主义者的肤浅言论，不赞成他们的空想试验。他本想表明对共产主义思潮的态度，但他感到自己以前只研究过法律、哲学和历史，没有研究政治经济学，因而不可能对当时的共产主义思潮科学地进行评论。同时，马克思敏锐地认识到，对资产阶级统治者来说，“真正危险的并不是共产主义思想的实际试验，而是它的理论论证”①。怎样从理论上科学地论证共产主义呢？唯一的办法就是对资本主义生产方式进行深入的剖析。很显然，这是一个十分艰巨的任务，需要长期的潜心研究才能有所成就。马克思勇敢地接受了这个伟大的历史任务，并把它作为自己的终生事业。

恩格斯在谈到马克思一生的事业时说道：“马克思首先是一个革命家。以某种方式参加推翻资本主义社会及其所建立的国家制度的事业，参加赖有他才第一次意识到本身地位和要求，意识到本身解放条件的现代无产阶级的解放事业，——这实际上就是他毕生的使命。”② 同时，他“还把对所谓社会问题的科学研究，即对政治经济学的批判作为自己的终生事业”③。这两个方面的结合，融为一体，深刻地表明了马克思写作《资本论》的革命目的。

马克思本人关于《资本论》的创作和出版的许多论述，也明确地表示了他创作《资本论》的革命目的。

1864 年 10 月 4 日，马克思在谈到《资本论》的写作任务即将完成时说道：“现在我希望再过几个月就完成它，最后在理论方面给资产阶级一个使它永远翻不了身的打击。”④。

1866 年 8 月下旬，马克思在谈到他不能参加国际工人协会第一次代表大会而中断《资本论》的研究时指出：“我认为，对于工人阶级来说，我这部著作所能提供的东西比我个人参加任何代表大会所能做的工作都更重要。”⑤ 1867 年 4 月中旬，马克思在谈到《资本论》第一卷即将出版时说道：“这无疑

---

① 《马克思恩格斯全集》第 1 卷，人民出版社 1960 年版，第 134 页。

② 《马克思恩格斯全集》第 19 卷，人民出版社 1963 年版，第 375 页。

③ 《马克思恩格斯全集》第 16 卷，人民出版社 1964 年版，第 407—408 页。

④ 《马克思恩格斯全集》第 31 卷，人民出版社 1972 年版，第 425 页。

⑤ 《马克思恩格斯全集》第 31 卷，人民出版社 1972 年版，第 523 页。

是向资产者（包括土地所有者在内）脑袋发射的最厉害的炮弹。”①

1867年9月14日，《资本论》第一卷正式在汉堡出版，印数1000册。这是马克思20多年心血的结晶。10月马克思在给友人的一封信中指出，他写作《资本论》的目的，是为了向公众提供一部著作，“以便把党提高到尽可能高的水平”②。

总之，为了工人阶级，为了党，为了共产主义事业，这就是马克思创作《资本论》的目的。

二、《资本论》的研究对象

马克思在《资本论》第一卷第一版序言中指出：“我要在本书研究的，是资本主义生产方式以及和它相适应的生产关系和交换关系。”③ 这是对《资本论》研究对象的一个概括的论述。

如何理解这个论述？是一个难点。由于在马克思主义经典著作中，“生产方式”这个词有着多种含义（大体上有生产力、生产关系、生产力与生产关系的统一体、社会经济形态等），而人们对上述论断中的“生产方式”有不同的理解，所以，对《资本论》的研究对象也有不同的看法。从基本的倾向上说，主要有两种观点：一种认为《资本论》的研究对象是资本主义生产方式（生产力与生产关系的统一体）；另一种认为《资本论》的研究对象是资本主义的生产关系。

究竟作何理解？我看最好还是首先看马克思在《资本论》中是如何总结性地说明其研究的主要内容的。他在《资本论》第三卷第7篇第51章综合分析资本主义的“分配关系和生产关系”时，有这样一段概括的论述：“对资本主义生产方式的科学分析却证明：资本主义生产方式是一种特殊的、具有独特历史规定性的生产方式；它和任何其他一定的生产方式一样，把社会生产力及其发展形式的一定阶段作为自己的历史条件，而这个条件又是一个先行过程的历史结果和产物，并且是新的生产方式由以产生的现成基础；同这种独特的、历史规定的生产方式相适应的生产关系，——即人们在他们的社会生活过程中、在他们的社会生活的生产中所处的各种关系，——具有独特的、历史的和暂时的性质；最后，分配关系本质上和生产关系是同一的，是生产关系的反面，所以二者都具有同样的历史的暂时的性质。”④ 这段层次分明的论述告诉我们什么呢？

---

① 《马克思恩格斯全集》第31卷，人民出版社1972年版，第542—543页。

② 《马克思恩格斯全集》第31卷，人民出版社1972年版，第562页。

③ 《马克思恩格斯全集》第23卷，人民出版社1972年版，第8页。

④ 《马克思恩格斯全集》第25卷，人民出版社1974年版，第993页。

第一，作为《资本论》研究对象的生产方式，是具有独特历史规定性的生产方式。“独特历史规定性”这个词所表达的一般是特殊的社会属性。因此，这里所说的生产方式就是生产资料和劳动者结合的社会方式，即资本主义条件下的资本和雇佣劳动的对立关系。在同一章里，马克思明确指出：“劳动采取雇佣劳动的形式，生产资料采取资本的形式”，是“这两个基本的生产要素采取这种独特的社会形式”①。“资本和雇佣劳动的关系……决定着这种生产方式的全部性质。”②

第二，任何生产方式都不是凭空存在的，都把“社会生产及其发展形式的一定阶段”作为自己的历史条件和现成基础。作为资本和雇佣劳动相对立的资本主义生产方式，就建立在社会化大生产、广泛的社会分工和协作这样的生产力基础上。

第三，与生产方式相适应的是生产关系。生产关系也是一个弹性较大的概念。广义的生产关系包括生产（直接生产过程）、交换、分配、消费等环节中的人与人的社会关系。狭义的生产关系是指直接生产过程中的人与人的社会关系。但有时生产关系又可指广义生产关系中的某几项。如上述引文中的与分配关系相对而言的生产关系，就包括直接生产过程和交换过程中的人与人的社会关系。

第四，完全由生产关系决定的分配关系。了解了这一段论述的思想以后，就会明白马克思在《资本论》第一卷序言中指出的“我要在本书研究的，是资本主义生产方式以及和它相适应的生产关系和交换关系”的含义了。

一是这里所说的生产方式是指生产资料和劳动者以资本和雇佣劳动的对立为特征相结合的社会生产方式。它是决定资本主义全部生产关系（广义）性质的内在基础。这与人们通常所说的生产条件的所有制关系是一致的。在政治经济学的研究中，把生产方式作为首要的基础的层次专列出来加以研究，具有重要的意义。

二是与生产方式相适应的生产关系和交换关系，是指建立在资本和雇佣劳动对立基础上的直接生产过程中的人和人的社会关系（狭义的生产关系），与交换过程中的人和人的社会关系。这里之所以没有把分配关系单列出来，不是说它不重要，而是马克思认为分配关系本质上是和生产关系（包括交换关系）同一的，是生产关系的反面（如资本和雇佣劳动的生产关系必然形成利润和工资的分配关系，而利润和工资又是在交换和竞争的关系中实际形成的）。正因为如此，恩格斯在《反杜林论》中把生产和交换这两种职能“叫做经济曲线的横坐标和纵坐标”，把政治经济学概括地定义为“研究人类社会中支配物质生

---

① 《马克思恩格斯全集》第25卷，人民出版社1974年版，第997页。

② 《马克思恩格斯全集》第25卷，人民出版社1974年版，第995页。

活资料的生产和交换的规律的科学。”① 不过，我们要领会其精神，而不必拘泥于某一提法。在全面规范生产关系时，还是应该根据马克思在《〈政治经济学批判〉导言》的分析，把生产关系理解为人们在生产、交换、分配、消费过程中形成的人与人的社会关系。当然，在研究时，可以根据研究的需要，有所侧重。

三是无论是生产方式，还是广义的生产关系，都是以一定的生产力作为自己存在的历史条件和现实基础的。没有离开生产力的生产关系，也没有离开生产关系的生产力。生产力决定生产关系，生产关系又反作用于生产力。它们是内容和形式的关系。不过，作为政治经济学历史形成的研究对象，还是生产关系。

马克思除了在《资本论》第一卷序言中指明了这一点外，他还明确说过：“政治经济学所研究的是财富的特殊社会形式，或者不如说是财富生产的特殊社会形式。”② 恩格斯也指出：“经济学所研究的不是物，而是人和人之间的关系，归根结底是阶级和阶级之间的关系；可是这些关系总是同物结合着，并且作为物出现；诚然，这个或那个经济学家在个别场合也曾觉察到这种联系，而马克思第一次揭示出它对整个经济学的意义”③。列宁在评述《资本论》时也说过：“马克思在《资本论》序言中写道：‘本书的最终目的就是揭示现代社会（即资本主义社会、资产阶级社会）的经济运动规律。’研究这个历史上一定的社会的生产关系的发生、发展和衰落，就是马克思的经济学说的内容。”④

《资本论》分析的主要内容及其结论，也证明了这一概括。

资本和雇佣劳动的对立，是资本主义生产条件所有制的基本特征，是资本主义“全部社会体系所依以旋转的轴心”，这种关系在《资本论》中“第一次作了科学的说明”⑤。

榨取剩余价值，是由资本主义私有制所决定的资本主义生产的唯一目的和动机，是资本主义的基本经济规律。而马克思的《资本论》“整本书都是以剩余价值为中心的”⑥。

生产社会化和资本主义私人占有制之间的矛盾，是资本主义生产方式的基本矛盾。它在阶级关系上表现为资产阶级和无产阶级的矛盾。这个矛盾的运动决定了资本主义社会发展的整个历史过程，其最终趋势必然导致社会主义、共

---

① 《马克思恩格斯选集》第2版第3卷，人民出版社1995年版，第489页。

② 《马克思恩格斯全集》第46卷下册，人民出版社1980年版，第383页。

③ 《马克思恩格斯全集》第13卷，人民出版社1962年版，第533页。

④ 《列宁全集》第2版第26卷，人民出版社1990年版，第62页。

⑤ 《马克思恩格斯全集》第16卷，人民出版社1964年版，第263页。

⑥ 《马克思恩格斯选集》第2版第3卷，人民出版社1995年版，第557页。

产主义制度代替资本主义制度。这是《资本论》得出的总结论。

说《资本论》或者政治经济学研究的对象是生产关系，决不意味着它是孤立地研究生产关系，而是在生产力和生产关系的矛盾运动中去研究生产关系。只有这样，才能把经济的运动看成是一个客观的历史过程，从而真正科学地阐明生产关系的发展规律。从这个意义上说，政治经济学研究的主题是生产关系，但生产力同样被纳入研究的对象之中。特别是在建设性的社会主义政治经济学的研究中，更应该加大生产力研究的力度。这个问题值得深入研究。

三、《资本论》的研究方法

《资本论》的研究方法，含义非常丰富，包含着一个多层次的方法体系。

1.《资本论》总的研究方法论

唯物辩证法是一切科学研究的指导方法，当然也是指导《资本论》研究的总的方法论。

马克思主义经典作家十分强调研究《资本论》的基本方法是唯物辩证法。恩格斯指出：马克思“从黑格尔逻辑学中把包含着黑格尔在这方面的真正发现的内核剥出来，使辩证方法摆脱它的唯心主义的外壳并把辩证方法在使它成为唯一正确的思想发展方式的简单形式上建立起来。马克思对于政治经济学的批判就是以这个方法作基础的，这个方法的制定，在我们看来是一个其意义不亚于唯物主义基本观点的成果”①。《资本论》第一卷出版后，马克思称它是“把辩证方法应用于政治经济学的第一次尝试”②。

《资本论》研究的中心是资本主义的生产关系，但它始终把生产关系植根在生产力的基础上，从而把资本主义经济的发展看做是一个自然的历史过程。这充分体现了历史唯物主义的观点。

《资本论》抓住辩证法的实质——对立统一观点，从分析商品内在的矛盾入手，一步一步地提示出资本主义经济的全部矛盾。《资本论》第一卷着重说明了剩余价值生产过程中的资本与雇佣劳动的矛盾，《资本论》第二卷着重说明了剩余价值再生产实现过程中的矛盾，《资本论》第三卷着重分析了资本主义社会的各个剥削集团在瓜分剩余价值中的矛盾。所有这一切矛盾，都根源于生产社会化与资本主义的私人占有之间的矛盾，并主要表现为资产阶级与无产阶级的矛盾。正是这些矛盾的发展，决定了资本主义必然走向灭亡。

《资本论》还运用了量变与质变、否定之否定等辩证规律来分析资本主义经济的运动。《资本论》既科学地揭示了资本、剩余价值、利润等经济范畴的本质，又分析了货币向资本转化的数量界限以及剩余价值率、资本周转速度、

---

① 《马克思恩格斯全集》第13卷，人民出版社1962年版，第532页。

② 《马克思恩格斯全集》第31卷，人民出版社1972年版，第385页。

利润率等数量指标，从质和量两个方面全面揭露了资本主义的剥削关系。《资本论》在分析资本主义积累的历史趋势时深刻地指出，资本主义私有制是对个体劳动者的小私有制的否定，而随着资本主义基本矛盾的发展，必然造成社会主义、共产主义公有制对资本主义私有制的否定。这是否定之否定。

马克思说："辩证法在对现存事物的肯定的理解中同时包含对现存事物的否定的理解，即对现存事物的必然灭亡的理解"①。《资本论》正是这一辩证思想的光辉体现。

2.《资本论》的特殊研究方法

唯物辩证法是任何科学研究都必须遵循的方法原则，但要把它运用于不同的科学研究之中，还必须有不同的特殊的研究方法。

马克思指出："分析经济形式，既不能用显微镜，也不能用化学试剂。二者都必须用抽象力来代替。""在形式上，叙述方法必须与研究方法不同。研究必须充分地占有材料，分析它的各种发展形式，探寻这些形式的内在联系。只有这项工程完成以后，现实的运动才能适当地叙述出来。这点一旦做到，材料的生命一旦观念地反映出来，呈现在我们面前的就好象是一个先验的结构了。"②

从马克思的论述可以看出，《资本论》的研究方法和叙述方法是有所不同的。那么，《资本论》的研究方法是什么呢？概括地说，就是科学抽象的方法。

这里所说的抽象，不是泛指人类的一般抽象思维，后者是任何科学都必须运用的思维形式。抽象作为研究政治经济学的特殊方法，马克思强调的是：第一，与自然现象不同，社会经济现象不可能实际地复制和取舍，因而研究它的唯一方法是抽象思维。第二，与自然科学不同，政治经济学唯有形成一个从抽象到具体的逻辑体系，才能达到对客观经济过程的科学认识。

完整的科学抽象方法的内容是什么呢？这就是马克思所说的"研究必须充分地占有材料，分析它的各种发展形式，探寻这些形式的内在联系"③。我们认为，这里面实际包括二层意思：

第一，从具体到抽象。即从一定的具体的客观经济现象出发，充分地占有有关的材料，经过反复的分析，去粗取精，去伪存真，由此及彼，由表及里，形成一系列反映本质的抽象概念，首先是探寻到其中最简单的概念。

第二，从抽象上升到具体。对从具体的抽象中获得的若干概念进行深入的研究，找出它们之间的内在联系，最后按照反映客观联系的从抽象到具体，从简单到复杂，从本质到现象的次序，将这些概念组合成一个严密的逻辑体系。这样，就把复杂的经济机体清晰地再现在人们面前，使人们达到科

---

① 《马克思恩格斯全集》第23卷，人民出版社1972年版，第24页。

② 《马克思恩格斯全集》第23卷，人民出版社1972年版，第8、23—24页。

③ 《马克思恩格斯全集》第23卷，人民出版社1972年版，第23页。

学的认识。

《资本论》就是运用这种科学抽象方法的典范。正如列宁所指出："马克思在《资本论》中首先分析资产阶级社会（商品社会）里最简单、最普通、最基本、最常见、最平凡、碰到过亿万次的关系：商品交换。这一分析从这个最简单的现象中（从资产阶级社会的这个'细胞'中）揭示出现代社会的一切矛盾（或一切矛盾的萌芽）。往后的叙述向我们表明这些矛盾和这个社会——在这个社会的各个部分的总和中、从这个社会的开始到终结——的发展（既是生长又是运动）。"①

3.《资本论》的特殊叙述方法

这里所说的叙述方法，是指把通过上述研究方法获得的研究结果，用一定的文字逻辑表达出来的方法。而这里唯一正确的叙述方法是从抽象上升到具体。

由此看出，研究方法和叙述方法仅仅存在形式上的差别，实际上二者有着密切的关系。二者形式上的差别主要是：研究方法包括从具体到抽象再到具体这样一个完整的过程；而叙述方法的总思路只能是从抽象上升到具体，相反的思路则是错误的。这两种方法的联系主要在于：都是通过抽象思维反映客观事物内在的本质的联系。正如恩格斯所指出的："马克思把存在于事物和关系中的共同内容概括为它们的最一般的思想表现，所以他的抽象只是用思想形式反映出已存在于事物中的内容。"② 可见，这两种方法都是以唯物辩证法为指导的。

为什么从抽象上升到具体是唯一正确的叙述方法呢？这是因为，任何一个实在具体的经济机体是由多种因素和规定性组成的，在对这些构成因素和规定性没有认识以前，呈现在人们面前的具体的经济机体是混沌一团的。所以，科学的理论体系不能把这个混沌一团的具体对象作为逻辑的起点。只有经过分析，分别认识有关的因素和规定性，并把反映这些因素和规定性的一系列概念按照从抽象逐渐上升到具体的思路综合为一个系统，才能使人们清楚地认识实在的具体的经济有机体。正是在这个时候，这个经济有机体对人们来讲，就不再是混沌一团的现象，而是一个清晰可见的有骨头有血肉的对象了。对此，马克思指出："具体之所以具体，因为它是许多规定的综合，因而是多样性的统一。因此它在思维中表现为综合的过程，表现为结果，而不是表现为起点，虽然它是现实中的起点，因而也是直观和表象的起点。"③

必须指出，从抽象上升到具体的叙述方法（或逻辑的方法）和历史发展的

① 《列宁全集》第2版第55卷，人民出版社1990年版，第307页。

② 《马克思恩格斯全集》第36卷，人民出版社1974年版，第209页。

③ 《马克思恩格斯全集》第12卷，人民出版社1962年版，第751页。

进程之间，尽管不完全一致（历史常常是跳跃式地和曲折地前进的），但总的来说是一致的。这是因为，客观事物发展的大趋势是从最简单的关系到比较复杂的关系，而且在充分发展的复杂关系中包含着以往的简单关系的成熟的规定性。例如，价值在资本以前就存在，资本是价值在一定历史条件下进一步发展的形式，但只有在资本主义的商品经济中，价值关系才得到充分的发展。所以，《资本论》从分析商品开始展开对资本主义经济的研究，符合历史发展的总进程，体现了逻辑方法和历史方法的统一。马克思指出："逻辑的研究方式是唯一适用的方式。但是，实际上这种方式无非是历史的研究方式，不过摆脱了历史的形式以及起扰乱作用的偶然性而已。"① 总之，从抽象上升到具体的逻辑叙述方式，非但不是对历史发展进程的违背，恰恰相反，是对历史发展趋势的本质反映。

四、《资本论》的体系结构

《资本论》是一部篇幅巨大的科学著作。全书共分四卷。第一卷名曰《资本主义的生产过程》；第二卷名曰《资本的流通过程》；第三卷名曰《资本主义生产的总过程》；第四卷名曰《剩余价值理论》。在《马克思恩格斯全集》中分别为二十三卷、二十四卷、二十五卷、二十六卷（Ⅰ、Ⅱ、Ⅲ册）。

对于《资本论》的体系结构，马克思指出："不论我的著作有什么缺点，它们却有一个长处，即它们是一个艺术的整体"。② 他还指出："在象我这样的著作中细节上的缺点是难免的。但是结构、整个的内部联系是德国科学的辉煌成就"③。

如何理解《资本论》是一个辉煌的艺术整体呢？我们体会有如下几个方面：

首先，《资本论》是资本主义复杂的社会经济机体的完整的科学再现。

政治经济学是研究生产关系的，而生产关系是生产、交换、分配、消费四个环节的关系的总和。《资本论》正是系统地分析资本主义的全部生产关系，而且这种分析是辩证的，由简单到复杂，由局部到整体，由本质到现象。《资本论》第一卷重点研究资本主义直接生产过程中的关系，揭示资本主义剥削关系的一般本质。《资本论》第二卷分析作为生产和交换的统一的广义的资本流通过程，进一步揭示资本主义剥削关系在流通中的表现。《资本论》第三卷分析了作为生产、流通、分配的统一的资本主义生产的总过程，进一步重点揭示了接近社会表面的分配领域的资本主义剥削关系。至于资本主义的消费关系，

---

① 《马克思恩格斯全集》第 13 卷，人民出版社 1962 年版，第 532 页。

② 《马克思恩格斯〈资本论〉书信集》，人民出版社 1976 年版，第 196 页。

③ 《马克思恩格斯全集》第 31 卷，人民出版社 1972 年版，第 185 页。

一、二、三卷都作了有关的分析。如果说《资本论》一、二、三卷是对资本主义经济的理论分析，那么，《资本论》第四卷则是对反映资本主义经济的资产阶级经济学说的历史分析。马克思在 1866 年 10 月 13 日给库格曼的信中谈到《资本论》的内容时说道："全部著作分为以下几个部分：第一册资本的生产过程。第二册资本的流通过程。第三册总过程的各种形式。第四册理论史。"①由此可见，四大卷《资本论》确是一部逻辑和历史即"论"与"史"相结合的完整体系。

其次，《资本论》是科学性和党性高度统一的典范之作。

这主要表现为它的基础牢固，中心突出，主题鲜明。

劳动价值论是《资本论》科学体系的重要组成部分，也是《资本论》的理论基础和出发点。而劳动价值论的核心是劳动的二重性学说。这是资产阶级经济学家"处处都碰到不能解释的现象。实际上，这就是批判地理解问题的全部秘密"②。劳动二重性的原理是"理解政治经济学的枢纽"③。正是由于《资本论》的全部分析都建立在这个坚实的基础上，所以《资本论》具有高度的科学性。

剩余价值是资本主义生产的唯一目的和动机，是资本主义生产的实质。剩余价值规律是资本主义经济的基本经济规律。全部《资本论》都是以剩余价值为中心展开分析的。《资本论》第一卷着重阐明剩余价值的生产，第二卷着重阐明剩余价值的实现，第三卷着重阐明剩余价值的分配，第四卷着重阐明剩余价值学说的历史。所以，剩余价值是贯穿在整个《资本论》中一条主导的红线。正因为这样，四卷《资本论》构成一部全面反映资本主义剥削关系的完整的剩余价值理论。

《资本论》通过对剩余价值这个资本主义的核心问题的分析，揭示了资本主义生产方式的基本矛盾及其发展的历史趋势，从而科学地证明了一个伟大的真理，这就是：资本主义制度只是与生产力发展的一定阶段相适应的特殊历史性的制度，它必将随着生产社会化的进一步发展而趋于灭亡。这是一个不以人的意志为转移的铁的必然性。正如恩格斯所说：马克思在《资本论》中，"根据以无可怀疑的知识所作的绝对认真的研究，得出了这个结论：整个'资本主义生产方式'必定要被消灭。"④ 四卷《资本论》正是对这个当代人类历史大主题第一次所作的系统的科学论证。

最后，《资本论》是一个组合严密的逻辑体系。

---

① 《马克思恩格斯〈资本论〉书信集》，人民出版社 1976 年版，第 204 页。

② 《马克思恩格斯全集》第 32 卷，人民出版社 1974 年版，第 12 页。

③ 《马克思恩格斯全集》第 23 卷，人民出版社 1972 年版，第 55 页。

④ 《马克思恩格斯全集》第 16 卷，人民出版社 1964 年版，第 237 页。

《资本论》第一卷是整个《资本论》的基础部分。恩格斯指出："第一卷是一部相当完整的著作，并且二十年来一直被当作一部独立的著作。"① 为什么这样说呢？这是由于《资本论》第一卷通过对直接生产过程的分析，揭示了资本主义的一般基础（商品经济）、剩余价值的秘密、资本的本质、资本主义的基本矛盾及其发展的历史趋势，因而从根本的层次上阐明了资本主义经济中的最主要、最基本的问题，并且有始有终、首尾呼应，具有逻辑和历史的相对完整性。所以，学习《资本论》一定要首先学好《资本论》第一卷。但是，必须看到，《资本论》第一卷对剩余价值和资本及其发展趋势的分析，还是很抽象、很一般的，如果没有以后各卷的分析，人们对资本主义的认识是不完全的。

《资本论》第二卷考察的是广义的资本流通过程；即除了直接生产过程外，把交换过程加进来了。这一卷主要分析单个资本的再生产（资本的循环和周转）和社会总资本的再生产，揭示资本主义的微观经济和宏观经济的运行过程。这些分析，一方面是对《资本论》第一卷的补充和展开，由此使人们进一步认识到，资本不仅是带来剩余价值的价值，而且是一个不断运动（再生产）的过程，它只有在这种连续的运动中才能实现增殖；另一方面是向《资本论》第三卷的过渡，或者说是第三卷的引言，因为第三卷考察的产业资本、商业资本、借贷资本等独立化的资本形式，是以第二卷对资本循环的分析为基础和出发点的。没有第二卷作过渡，第三卷的分析就难以展开。

《资本论》第三卷是对资本运动总过程的分析，既是理论分析的高潮，又是理论分析的完成。因为这里的分析不再停留在本质的层次上，而是上升到社会的表面。由此，把资本主义这个庞然大物从里到外清楚地再现在人们面前。同时，前两卷暂时存而未论的问题在这里得到了回答，前面做过的许多分析（如价值、货币等）在这里又得到了更加深入、更加丰富、更加具体的论证，确实可以说是圆满地完成了理论分析的任务。

《资本论》第四卷则是从思想史的角度，使人们进一步加深、加宽对一、二、三卷理论分析的理解。

总而言之，整个《资本论》不愧为一部组合巧妙、逻辑严密的天才著作。

五、《资本论》的创作精神

马克思在《资本论》第一卷法文版序言中指出："在科学上没有平坦的大道，只有不畏劳苦沿着陡峭山路攀登的人，才有希望达到光辉的顶点。"② 这段不朽的名言，正是对马克思本人创作《资本论》的非凡精神的真实写照。这种精神主要表现在如下几个方面：

---

① 《马克思恩格斯全集》第23卷，人民出版社1972年版，第35—36页。

② 《马克思恩格斯全集》第23卷，人民出版社1972年版，第26页。

1. 数十年如一日的勤奋研究精神

马克思从19世纪40年代初决定研究政治经济学开始，直到1883年3月14日在他的工作室去世，在这40多年的时间里，除了参加必要的革命活动外，始终坚持研究政治经济学。特别是1849年定居英国伦敦后，更是专心致志，废寝忘食，夜以继日地潜心研究。

伦敦是当时资本主义最发达的城市，被称为资本的“首都”，英国博物馆堆积着政治经济学史的大量材料，因此成为研究政治经济学的理想场所。为了写作《资本论》，马克思20年如一日，每天坚持到英国博物馆去看书，查阅资料，被图书馆员称为最勤奋的读者。马克思在阅览室里埋头读书的时候，常常情不自禁地用脚来回擦地，天长日久之后，竟把他的固定座位下坚硬的水泥地磨出了一道凹下去的印子，被人们传颂为“马克思的足迹”。

在伦敦期间，马克思一年四季都是白天在博物馆看书，晚上在家里写作，经常工作到凌晨两三点钟，甚至通宵达旦。即使开会很晚回家，他通常也要工作到深夜。马克思在给恩格斯的信中曾风趣地说：“我白天去博物馆，夜间写作。……就象1848—1850年英国狗厂主把‘换班制度’用在同一些工人身上一样，我也把这个制度用在自己的身上。”①

1857年，爆发了世界性的经济危机。马克思认为，随着经济危机而来的可能是革命，在这之前要用科学理论武装工人阶级。因此，马克思在给恩格斯的信中说：“我现在发狂似地通宵总结我的经济学研究，为的是在洪水之前至少把一些基本问题搞清楚。”②

对于马克思孜孜不倦的研究精神，保尔·拉法格回忆说：“工作变成了马克思的一种癖好，他是如此地专心工作，以致废寝忘食。他常常要被呼唤好几遍才下楼到餐室去，而且几乎不等咽下最后一口饭就又回到他的书房去了。”③

天才出于勤奋，《资本论》这部天才著作正是马克思超人的勤奋精神的结晶。

2. 广博精深的学习与批判精神

列宁指出：“马克思主义同‘宗派主义’毫无相似之处，它绝不是离开世界文明发展大道而产生的一种故步自封、僵化不变的学说。恰恰相反，马克思的全部天才正是在于他回答了人类先进思想已经提出的种种问题。他的学说的产生正是哲学、政治经济学和社会主义极伟大的代表人物的学说的直接继续。”④《资本论》作为对资本主义这个人类最后一个剥削制度的最透彻的剖析

---

① 《马克思恩格斯全集》第31卷，人民出版社1972年版，第181页。

② 《马克思恩格斯全集》第29卷，人民出版社1972年版，第219页。

③ 《回忆马克思恩格斯》，人民出版社1973年版，第7页。

④ 《列宁全集》第2版第23卷，人民出版社1990年版，第41页。

的科学大厦，它的产生必然要最广泛地批判吸收已有的一切思想成果，详细地占有各种经济材料。

据不完全统计，马克思在写作《资本论》的过程中，阅读了2000多册有关的经济学著作，收集了4000多种报刊杂志，研究了大量的英国官方会议的有关文件和蓝皮书。他写的各种摘录、手稿、提纲、札记等达100多本。

马克思阅读和研究了当时他能够找到的几乎是全部的政治经济学著作。1858年伦敦出版了麦克拉伦的一本《通货简史》。马克思从《经济学家》杂志上看到了它的摘引，并被认为是一本第一流的书，因此他认为自己在完成货币问题的写作以前，应把这本书看一遍。但是，图书馆没有此书，想自己买又没有钱。于是只得请恩格斯把买这本书的钱（9先令6便士）寄给他。马克思说："也许这本书对我说来没有什么新东西；不过，由于《经济学家》的推荐和我自己读了这些摘引，我的理论良心不允许我不读这本书就写下去。"① 马克思为写作《资本论》而研究的著作之广，可见一斑。这也是《资本论》能够对资产阶级经济学作出恰当的科学分析的重要原因。

马克思为了写作《资本论》，还广泛收集了各种历史的和现实的经济材料。他不仅亲自调查英国工人阶级的生活状况，查阅大量的英国蓝皮书，还想方设法弄到其他国家的经济资料。单是俄国统计学方面的书籍就有两个多立方米。正如恩格斯所说："他向来这样，总是要把直到最后一天的所有材料都收集齐全。"②

为了创作《资本论》，马克思在广泛深入研究政治经济学文献和经济资料的同时，还十分注意研究各种自然科学。他在写关于"机器大工业"一章时，为了弄清实用工艺学的问题，亲自到地质学院听韦利斯教授给工人开的实验课。

可见，内容博大精深的《资本论》，是建立在详细地占有前人的思想材料和实际材料并进行科学分析的基础上的。恩格斯在《资本论》英文版序言中说：马克思的"全部理论是他毕生研究英国的经济史和经济现状的结果"③。也正如列宁所说："《资本论》不是别的，正是'把堆积如山的实际材料总结为几点概括性的、彼此紧相联系的思想'。"④

3. 忍受千辛万苦的牺牲精神

《资本论》是一个庞大的思维工程，需要耗费无尽的辛劳。而这样一个工程不是在优裕的生活中，而是在流亡、迫害、贫困、疾病折磨等十分恶劣的环境中创作的。马克思说：《资本论》是"一部经过千辛万苦写成的著作（可能

---

① 《马克思恩格斯全集》第29卷，人民出版社1972年版，第316页。

② 《马克思恩格斯全集》第36卷，人民出版社1974年版，第47页。

③ 《马克思恩格斯全集》第23卷，人民出版社1972年版，第37页。

④ 《列宁全集》第2版第1卷，人民出版社1984年版，第111页。

从来没有一部这种性质的著作是在比这更艰苦的条件下写成的）”①。

马克思是无产阶级革命的领袖，必然要受到资产阶级政府的迫害。他几次被逮捕、被驱逐，辗转好几个国家，最后成了“世界的公民”，长期流亡在英国。他还受到资产阶级及其反动文人的百般嫉恨、诽谤和咒骂。但“他对这一切毫不在意，把它们当做蛛丝一样轻轻抹去，只是在万分必要时才给予答复”②。

马克思长期没有固定的收入，仅靠微薄的且不稳定的稿费生活，而为糊口所写的许多稿子与他的工作并无直接的关系，实际上是一种折磨。因此，他的家庭生活多年处于贫困的境地，常常靠典当或拍卖家具、衣物过活，甚至连他夫人的陪嫁银器也忍痛送进了当铺。有一次，马克思因衣服典当竟一个星期无法出门。由于付不起房租，家具被查封，全家被迫搬出住宅。在最紧张的日子里，连寄稿子的邮资也拿不出来，以致马克思把自己比做为“穷得象教堂的老鼠的人”。

贫困和疾病紧密相连。当家人生病时，日子就更加悲惨。马克思就曾因付不起诊疗费，被医生告到法院，以致不得不在外匿居一段时间。他的小女儿病死，没有钱买棺材，不得不向邻居、一个法国流亡者借钱。

贫困的生活，过度的劳累，再加上时不时遭受一群逼债的“恶狼”的围攻，致使马克思的身心健康受到摧残，染上多种疾病。《资本论》的很大一部分写作任务，正是在这种疾病的折磨下，甚至是“在坟墓的边缘徘徊”中完成的。

正因为如此，所以马克思在谈到创作《资本论》的艰辛时向友人如实地诉说：“为了它，我已经牺牲了我的健康、幸福和家庭。”③

但是，所有这一切，甚至当资产阶级企图诱使他担任高收入职务的时候，马克思都丝毫没有动摇为革命写作《资本论》的决心和信心。他说：“如果我没有全部完成我的这部书（至少是写成草稿）就死去的话，我的确会认为自己是不实际的。”④ 他表示：“我必须不惜任何代价走向自己的目标，不允许资产阶级社会把我变成制造金钱的机器。”⑤

4. 一丝不苟、精益求精的认真精神

《资本论》是一部“追求最严格的科学性的高度学术性著作”⑥。因此，马

---

① 《马克思恩格斯全集》第 31 卷，人民出版社 1972 年版，第 562 页。

② 《马克思恩格斯全集》第 19 卷，人民出版社 1963 年版，第 376 页。

③ 《马克思恩格斯全集》第 31 卷，人民出版社 1972 年版，第 543 页。

④ 《马克思恩格斯全集》第 31 卷，人民出版社 1972 年版，第 544 页。

⑤ 《马克思恩格斯全集》第 29 卷，人民出版社 1972 年版，第 550—551 页。

⑥ 《马克思恩格斯全集》第 16 卷，人民出版社 1964 年版，第 241 页。

克思在写作《资本论》的过程中，始终坚持认真、严谨、一丝不苟的精神，力求达到尽善尽美的程度。

马克思的这种治学态度，使对《资本论》的修改成为一个没完没了的过程。他认为，一个继续写作的作者不会在6个月以后原封不动地把6个月以前的东西拿去付印。基于革命形势的需要，恩格斯曾劝他稍微马虎一次，赶快把全部著作写完出版，但马克思仍坚持高标准、严要求。

对于马克思精益求精的研究写作风格，恩格斯多次谈到过。他说："马克思认为自己的最好的东西对工人来说也还不够好，他认为给工人提供不是最好的东西，那就是犯罪！"① "这种极其严肃认真的态度，使他在自己对自己的结论在形式和内容上尚未满意之前，在自己尚未确信已经没有一本书他未曾读过，没有一个反对意见未被他考虑过，每一个问题他都完全解释清楚之前，决不以系统的形式发表自己的结论。"② "马克思在公布他的经济学方面的伟大发明以前，是以多么无比认真的态度，以多么严格的自我批评精神，力求使这些伟大发现达到最完善的程度。"③

马克思的女婿拉法格也回忆说：马克思"决不出版一本没有经过他仔细加工和认真琢磨过的作品。他不能忍受把未完成的东西公之于众的这种思想。要把他没有作最后校正的手稿拿给别人看，对他是最痛苦的事情。他的这种感情非常强烈，有一天他向我说，他宁愿把自己的手稿烧掉，也不愿半生半熟地遗留于身后"④。

5. 真诚合作，患难与共，无私奉献的精神

《资本论》虽然主要是由马克思创作的，但是，这部著作从研究、写作到出版，得到了恩格斯多方面的巨大的帮助。《资本论》是马克思和恩格斯40多年革命友谊的结晶，饱含着他们真诚合作、患难与共、无私奉献的可贵精神。

1844年8月，恩格斯路经巴黎，与马克思会面，从此两人结成亲密战友，为无产阶级的革命事业共同奋斗。列宁指出：马克思"同恩格斯的交往显然促使马克思下决心去研究政治经济学，而马克思的著作使这门科学发生了真正的革命"⑤。

在《资本论》的研究、写作和出版过程中，恩格斯对马克思的无私帮助主要表现在以下三个方面：

一是经济上的支援。恩格斯在同马克思的交往中，深感马克思一家生活贫

---

① 《马克思恩格斯全集》第37卷，人民出版社1971年版，第433页。

② 《马克思恩格斯全集》第16卷，人民出版社1964年版，第412—413页。

③ 《马克思恩格斯全集》第24卷，人民出版社1972年版，第4页。

④ 《回忆马克思恩格斯》，人民出版社1973年版，第12页。

⑤ 《列宁全集》第2版第2卷，人民出版社1984年版，第8页。

困，需要长期支援，以便他能够完成无产阶级革命赋予的理论研究任务。为此，恩格斯尽管有理论研究的天才和兴趣，仍毅然决定去经商，并且一待就是20年。在这期间，恩格斯源源不断地汇款给马克思一家。同时，他还代替马克思为报社写稿，以便为马克思多挣点稿费。仅在马克思从1858年8月起按约为《纽约每日论坛报》撰稿的10年间，恩格斯除为马克思翻译、修改稿件外，共代他写了120多篇稿件。正是由于恩格斯的慷慨相助，马克思的研究工作才未长期中断。所以，马克思在《资本论》第一卷出版的前夕给恩格斯的信中十分感激地说："没有你为我作的牺牲，我是决不可能完成这三卷书的巨大工作的。"① 列宁也曾指出："马克思及其一家饱受贫困的折磨。如果不是恩格斯牺牲自己而不断给予资助，马克思不但无法写成《资本论》，而且势必会死于贫困。"②

二是理论上的帮助。恩格斯在政治经济学方面本来有很高的造诣。他1844年发表在《德法年鉴》上的《政治经济学批判大纲》，被马克思称赞为"批判经济学范畴的天才大纲"③。并且，恩格斯长期经商，对现实的资本主义经济情况了解得具体。所以，马克思在写作《资本论》的长期过程中，通过会见和经常的通信，从恩格斯那里得到了许多可贵的帮助。在《马克思恩格斯〈资本论〉书信集》中，就收集了他们两人之间关于《资本论》的书信178封。马克思十分尊重恩格斯，说"他是一部真正的百科全书"④。恩格斯很谦虚，"总是把自己放在马克思之后"，自称"拉第二小提琴"⑤。因此，应该说，在《资本论》的伟大思想中，同样凝结有恩格斯的思想和智慧。

三是续编、出版《资本论》。马克思逝世后，恩格斯把完成《资本论》一卷以后的各卷的编辑、出版任务，当作晚年要做的最重要的事情。他在给马克思的二女儿劳拉的信中说："我们都在努力以应有的方式使摩尔永世长存，这将由而且应该由发表他的遗著开始。"⑥《资本论》二、三卷只是手稿，某些章节还是空白，所以，实际的编辑过程不仅是文字加工，而且需对原文作大量的整理、修改、增补、编写，恩格斯在这样做的时候，尽量准确地保持马克思的原意，修改之处有仔细的说明，并注上自己名字的缩写，以示区别。这是一件极其复杂而费力的工作。对《资本论》第四卷的出版，恩格斯也做了许多准备工作，可惜没有完成就去世了。《资本论》二、三卷的编辑出版，整整耗费了恩格斯逝世前的12年时间。列宁高度评价恩格斯的这一伟大历史功绩。他说：

---

① 《马克思恩格斯全集》第31卷，人民出版社1972年版，第329页。

② 《列宁全集》第2版第26卷，人民出版社1990年版，第50—51页。

③ 《马克思恩格斯全集》第13卷，人民出版社1962年版，第9页。

④ 《马克思恩格斯全集》第28卷，人民出版社1973年版，第604页。

⑤ 《列宁全集》第2版第2卷，人民出版社1984年版，第10页。

⑥ 《马克思恩格斯全集》第36卷，人民出版社1974年版，第44页。

“恩格斯出版《资本论》第2卷和第3卷，就是替他的天才朋友建立了一座庄严宏伟的纪念碑，无意中也把自己的名字不可磨灭地铭刻在上面。的确，这两卷《资本论》是马克思和恩格斯两人的著作。”①

六、《资本论》是马克思主义的百科全书

《资本论》是马克思最主要的著作。它的问世，在马克思主义发展史上具有划时代的意义，曾被誉为马克思主义的百科全书。

1.《资本论》首先是一部政治经济学著作

恩格斯指出：《资本论》“是工人阶级政治经济学的科学表述”②。

在马克思主义以前，已经有了政治经济学，不过那是资产阶级的政治经济学。资产阶级政治经济学把“国民财富”作为研究对象，只讲物与物的关系，不讲人与人的特殊社会关系，把资本主义生产关系看成自古有之，永恒存在的东西。马克思通过创作《资本论》，实现了政治经济学的根本革命，为政治经济学的发展作出了划时代的贡献。

《资本论》明确把资本主义生产关系作为研究对象，并以唯物辩证法作指导，运用科学抽象法进行研究，从而第一次科学地确立了政治经济学的对象和方法。

《资本论》在批判资产阶级古典政治经济学的价值论的基础上，创造性地分析了劳动的二重性，建立了科学的劳动价值论，从而为政治经济学奠定了理论基础。

《资本论》第一次科学地剖析了资本主义经济的实质。它指出：资本是“资本主义生产方式的占统治的范畴、起决定作用的生产关系”③。“生产剩余价值或赚钱，是这个生产方式的绝对规律。”④《资本论》通过确立劳动力商品的科学概念，解决了“全部政治经济学中一个极重要的问题”⑤，从而彻底揭示了剩余价值剥削的秘密。同时，《资本论》深刻地分析了资本的本质、构成和各种表现形式。特别是，不变资本和可变资本的“区别提供了一把解决经济学上最复杂的问题的钥匙”⑥。在上述的基础上，《资本论》还科学地阐明了资本主义工资、再生产等一系列问题。

《资本论》还精辟地分析了资本积累的本质和资本积累的一般规律，“第一次指出了资本主义积累史的各个基本特征，并说明了资本主义积累的历史趋

---

① 《列宁全集》第2版第2卷，人民出版社1984年版，第10页。

② 《马克思恩格斯全集》第16卷，人民出版社1964年版，第411页。

③ 《马克思恩格斯全集》第25卷，人民出版社1974年版，第935页。

④ 《马克思恩格斯全集》第23卷，人民出版社1974年版，第679页。

⑤ 《马克思恩格斯全集》第22卷，人民出版社1965年版，第235页。

⑥ 《马克思恩格斯全集》第24卷，人民出版社1972年版，第22页。

势。”① 它最后得出历史性的结论：“生产资料的集中和劳动的社会化，达到了同它们的资本主义外壳不能相容的地步。这个外壳就要炸毁了。资本主义私有制的丧钟就要敲响了。剥夺者就要被剥夺了。”②

马克思的《资本论》在批判资本主义旧世界，揭示它的本质、矛盾和历史暂时性的过程中，也论述了社会主义、共产主义经济的一些基本特征，还论述了人类生产、社会化大生产和商品经济的一般规律。这些方面也是《资本论》对经济学的理论贡献。

2.《资本论》也是一部哲学著作

历史唯物主义和唯物辩证法，是《资本论》的哲学理论基础和基本的方法。马克思通过《资本论》的研究和写作，又进一步证实、丰富和发展了历史唯物主义和唯物辩证法。

《资本论》运用历史唯物主义的方法，集中表现为从社会生活的各种领域中划分出经济领域来，从一切社会生产中划分出生产关系，并把它作为决定其他一切关系的始基性的关系。

由于资本主义经济比历史上的各个社会的经济复杂得多，发展的程度高得多，因此，对它的科学剖析，不仅是对历史唯物主义方法的最有力的证实，而且必然会大大丰富历史唯物主义思想。正如列宁在谈到历史唯物主义从科学假设发展成科学证明时指出的：“社会学中这种唯物主义思想本身已经是天才的思想。当然，这在那时暂且还只是一个假设，但是，是一个第一次使人们有可能以严格的科学态度对待历史问题和社会问题的假设。”“自从《资本论》问世以来，唯物主义历史观已经不是假设，而是科学地证明了的原理。”“既然运用唯物主义去分析和说明一种社会形态就取得了这样辉煌的成果，那么，十分自然，历史唯物主义已不再是什么假设，而是经过科学检验的理论了”。③

《资本论》是把唯物辩证法应用于政治经济学的第一次伟大尝试。恩格斯指出：“马克思的功绩就在于，……在《资本论》中把这个方法应用到一种经验科学的事实，即政治经济学的事实上去。他获得了很大的成功”。④ 从这个意义上讲，《资本论》就是一部出色的辩证法著作。正如列宁所说：“虽说马克思没有遗留下‘逻辑’（大写字母的），但他遗留下《资本论》的逻辑，应当充分地利用这种逻辑来解决这一问题。在《资本论》中，唯物主义的逻辑、辩证法和认识论［不必要三个词：它们是同一个东西］都应用于一门科学。”⑤

---

① 《马克思恩格斯全集》第 24 卷，人民出版社 1972 年版，第 22 页。

② 《马克思恩格斯全集》第 23 卷，人民出版社 1972 年版，第 831—832 页。

③ 《列宁全集》第 2 版第 1 卷，人民出版社 1984 年版，第 108—109、112、115 页。

④ 《马克思恩格斯全集》第 20 卷，人民出版社 1973 年版，第 387 页。

⑤ 《列宁全集》第 2 版第 55 卷，人民出版社 1990 年版，第 290 页。

3.《资本论》又是一部科学社会主义的著作

科学社会主义理论，是无产阶级革命和无产阶级专政的学说，是建设社会主义和共产主义的学说。它的科学论证主要在政治经济学中。剩余价值理论是社会主义从空想变成科学的两大理论基础之一（另一个是历史唯物主义），而这个问题的解决，是马克思的《资本论》的“划时代的功绩。它使社会主义者早先象资产阶级经济学者一样在深沉的黑暗中摸索的经济领域，得到了明亮的阳光的照耀。科学的社会主义就是从此开始，以此为中心发展起来的。”① 恩格斯在 1869 年谈到《资本论》第一卷的出版时指出：“任何人，不管他对社会主义采取什么态度，都不能不承认，社会主义在这里第一次得到科学的论述”②。

《资本论》不仅通过对资本主义生产方式的基本矛盾的分析，雄辩地证明了社会主义代替资本主义的历史必然性，而且对社会主义、共产主义社会各方面的基本特征作了科学的预见，为社会主义实践指明了方向。所以，列宁指出：《资本论》是一部“叙述科学社会主义的主要的和基本的著作”③。

由此可见，《资本论》以政治经济学为主，融马克思主义三个组成部分为一体，确实称得上是马克思主义的百科全书。

七、《资本论》是工人阶级的圣经

恩格斯在《资本论》第一卷出版后指出：“自从世界上有资本家和工人以来，没有一本书像我们面前这本书那样，对于工人具有如此重要的意义。资本和劳动的关系，是我们全部现代社会体系所围绕旋转的轴心，这种关系在这里第一次作了科学的说明，而这种说明之透彻和精辟，只有一个德国人才能做得到。”④

由于《资本论》是无产阶级的根本利益和解放使命的科学论证，因此，它的公开出版赢得了全世界无产阶级的热烈欢迎，得到了广泛的传播，并被工人阶级奉为“圣经”。1886 年，恩格斯在《资本论》第一卷英文版序言中写道：“《资本论》在大陆上常常被称为‘工人阶级的圣经’。任何一个熟悉工人运动的人都不会否认：本书所作的结论日益成为伟大的工人阶级运动的基本原则，不仅在德国和瑞士是这样，而且在法国，在荷兰和比利时，在美国，甚至在意大利和西班牙也是这样；各地的工人阶级都越来越把这些结论看成是对自己的状况和自己的期望所作的最真切的表述。”马克思看到《资本论》广为传播的

---

① 《马克思恩格斯全集》第 20 卷，人民出版社 1973 年版，第 222 页。

② 《马克思恩格斯全集》第 16 卷，人民出版社 1964 年版，第 411—412 页。

③ 《列宁全集》第 2 版第 1 卷，人民出版社 1984 年版，第 154 页。

④ 《马克思恩格斯选集》第 2 版第 2 卷，人民出版社 1995 年版，第 589 页。

情景十分高兴，认为这“是对我的劳动的最好的报酬”①。

一百多年来，《资本论》与国际工人运动发展紧密相连，在全世界日益得到广泛的传播。开始，《资本论》主要在欧美比较发达的资本主义国家出版发行。第一次世界大战后，在俄国十月革命的影响下，《资本论》不仅在欧美得到进一步广泛和深入的传播，而且在亚洲的日本、中国等国也先后出现了东方文字的译本。

第二次世界大战后，世界社会主义革命进入了高潮，与此相适应，《资本论》已传播到全世界，在欧洲、亚洲、北美、拉丁美洲和非洲许多国家都有《资本论》的译本。迄今为止，仅在我国国内见到的就有：俄文版、法文版、英文版、日文版、中文版、西班牙文版、意大利文版、瑞典文版、罗马尼亚文版、亚美尼亚文版、格鲁吉亚文版、拉脱维亚文版、捷克文版、波兰文版、保加利亚文版、南斯拉夫马其顿文版、匈牙利文版、阿尔巴尼亚文版、朝鲜文版、越南文版、阿拉伯文版等，多达 26 种。

《资本论》作为无产阶级强大的批判武器，它的广泛传播有力地推动了世界工人运动和社会主义事业的发展。

第一国际成立于 1864 年。《资本论》第一卷的出版（1867 年）和宣传，对第一国际确立社会主义纲领起到了十分重大的作用。1868 年 9 月 11 日在布鲁塞尔召开的国际代表大会上，一致通过了德国代表团提出的关于学习《资本论》的决议，建议所有国家的工人都来学习马克思的《资本论》，呼吁把这部重要著作译成各种文字出版。《资本论》的思想武装了一代工人运动的领袖。第一国际瑞士支部的创立者约·贝克尔把《资本论》比作武器库，说“无产阶级可以从这个武器库中获得解放自己的武器”。还说《资本论》是我们的利剑、铠甲、进攻和防身的武器。在第一国际时期，有的工人运动直接把《资本论》作为斗争的武器。1871 年 9 月 13 日，第一国际纽约支部在组织工人参加的争取 8 小时工作日的示威游行斗争中，把《资本论》中《工作日》一章的精辟论述印成传单散发。

《资本论》的出版和宣传，促进了无产阶级政党的建立和发展。在《资本论》第一卷出版不久，1869 年 8 月，世界上第一个独立的无产阶级政党——德国社会民主工党，在爱森纳赫代表大会上建立了。在这之前，一些革命工人小组曾接受《资本论》思想的教育，摆脱了拉萨尔的影响，接受了正确的纲领。对此，恩格斯指出：“在 1867 年，马克思的‘资本论’问世了，从此道地的拉萨尔主义便开始衰落。‘资本论’中所阐述的观点愈来愈成为德国全体社会主义者——拉萨尔派也不例外——的共同财富。拉萨尔派整批整批地、接二连三地、大张旗鼓地转到倍倍尔和李卜克内西的被称为爱森纳赫派的新党的队

① 《马克思恩格斯全集》第 23 卷，人民出版社 1972 年版，第 36、15 页。

伍中来。”[①] 在19世纪八九十年代，《资本论》对各国工人阶级政党的影响更加增强。其突出的表现，是1891年德国社会民主党通过的爱尔福特纲领。它依据《资本论》的基本原理，对资本主义生产方式进行了全面批判，对无产阶级的历史使命作了充分的论证，明确指出了消灭生产资料私有制的客观必然性和无产阶级夺取政权的不可避免性。这个纲领成了后来其他工人政党纲领的榜样，受到列宁的高度评价。

1917年俄国十月社会主义革命取得胜利，实际敲响了资本主义的丧钟，科学社会主义开始从理论变为现实。在这个过程中，《资本论》的思想显示了巨大的威力。

列宁作为俄国十月革命的无产阶级领袖，是研究、捍卫和发展《资本论》的典范。他不到20岁就参加了马克思主义小组，深入地钻研了《资本论》，在工人中宣传《资本论》。1905—1907年，列宁直接参与了《资本论》俄文新版的准备工作，亲自校订了第二卷的大约三个印张。为了捍卫马克思主义和《资本论》的思想，列宁同俄国民粹主义、“合法”马克思主义、孟什维主义和第二国际机会主义进行了坚决的斗争。列宁于1894年写的《什么是“人民之友”以及他们如何攻击社会主义者?》的著作，批判了民粹派头子米海洛夫斯基对《资本论》的无端攻击。列宁指出：“把马克思同达尔文相比是完全恰当的：《资本论》不是别的，正是‘把堆积如山的实际材料总结为几点概括性的、彼此紧相联系的思想’。如果谁读了《资本论》，竟看不出这些概括性的思想，那就怪不得马克思了，因为我们知道，马克思甚至在序言中就已指出这些思想。”[②] 列宁在《俄国资本主义的发展》等著作中，根据《资本论》的原理和方法，对革命前俄国资本主义的发展作了深刻的分析，回答了俄国资本主义国内市场的形成问题，为彻底批倒民粹主义，捍卫无产阶级革命思想起了重要作用。列宁的伟大功绩，特别表现在他运用《资本论》的原理和方法，结合新的实际，对帝国主义的基本特征、深刻的矛盾及其发展趋势作了精辟的科学剖析，于1916年7月写了《帝国主义是资本主义的最高阶段》一书。这一重要著作是《资本论》的直接继续和发展，为十月社会主义革命的胜利提供了科学的理论指导。

中国新民主主义革命和社会主义革命的胜利，再一次显示了马克思主义基本原理的正确性和强大威力。

中国人了解《资本论》的思想是在俄国十月革命以后。在此之前，中国有少数追求真理的民主主义革命家因反对清朝政府，被迫逃亡到日本和欧洲，在那里接触到社会主义思想，为《资本论》的威名所震动。在中国，第一个著文

---

① 《马克思恩格斯全集》第22卷，人民出版社1965年版，第289页。

② 《列宁全集》第2版第1卷，人民出版社1984年版，第111页。

提到马克思与《资本论》的，是1899年4月蔡尔康写的《相争相进之理》一文（发表在《万国公报》第123卷上），文中提到："如德国之马克思，主于资本也。"1906年，朱执信在其写的《德意志社会革命家小传》一文中，第一次介绍《资本论》（文中称《产业》）的部分内容。1912年势伸评述的《社会主义大家马儿克之学说》一文（发表在上海《新世界》第2期）中，有一节介绍"资本论之概略"，这是在中国第一次使用《资本论》的提法。同一时期，孙中山先生在一篇讲演中介绍过马克思的《资本论》，他把这部著作赞誉为：集人类思想之大成。

1917年俄国十月革命一声炮响，把无产阶级革命的旋风吹到了中国。五四运动的爆发，使中国历史上出现了一次大规模的思想解放运动。在这种形势下，中国共产主义的先驱者们都致力于马克思主义的研究，宣传《资本论》的思想。中国共产党的创始人之一李大钊在1919年《新青年》杂志上发表《我的马克思主义观》一文，阐述了《资本论》的主要内容和马克思主义经济学的重要地位。陈独秀在《新青年》上发表的《马克思学说》《社会主义批判》等文，对《资本论》有较多的介绍，产生了很大的影响。特别值得提到的是，周恩来1920年1月29日在天津因发动反对投降卖国的大示威被捕入狱，在狱中坚持学习和宣传《资本论》。在马克思主义的推动下，《资本论》在中国进一步传播。在《资本论》中译本出版以前，《资本论》的思想主要是通过《资本论》入门等通俗读物来传播的。1924年11月，我国著名学者郭沫若从日本归来，决心翻译《资本论》，并表示"如果能为译完《资本论》而死，要算是一种光荣的死"。可惜由于商务印书馆不敢承印，这个计划未能实现。我国第一个《资本论》中译本，是由陈启修翻译，于1930年、1932年、1933年陆续出版的，但它只包括第一卷的1至4篇。随后，侯外庐和王思华合作翻译《资本论》第一卷，于1932—1936年出版。《资本论》全译本，是由我国两位著名的经济学家郭大力和王亚南翻译的，于1938年由上海读书生活出版社全部出齐，此举受到了广大读者的热烈欢迎。

《资本论》在我国的传播，对于推动中国的先进分子了解马克思主义，树立共产主义世界观，对于中国共产党制定正确的革命纲领和路线，起了重大的作用。中国共产党十分重视马克思列宁主义经典著作包括《资本论》的学习和研究。1937年，毛泽东在《矛盾论》一文中，号召中国共产党人必须学会《资本论》中所运用的方法，"正确地分析中国的历史和现状，并推断革命的将来。"① 1942年，毛泽东在《反对党八股》一文中还说道："《资本论》不是很长的吗，那又怎么办？这是好办的，看下去就是了。"② 1943年，党中央根据

① 《毛泽东选集》第2版第1卷，人民出版社1991年版，第308页。

② 《毛泽东选集》第2版第3卷，人民出版社1991年版，第834页。

毛泽东的建议，作出了《关于翻译工作的决定》，并成立了专门的机构。1947年，读书生活出版社在上海重印的2000部《资本论》，大部分送往解放区。1948年，随着革命形势发展的需要，《资本论》纸型被转到解放区，在哈尔滨又印行东北版3000部。新中国成立后，为适应广大干部和群众学习马克思主义理论的需要，郭大力、王亚南的《资本论》合译本于1950年重印过1万部，并于1953年至1963年出了修订第一版，1963年至1966年出了修订第二版。1972年至1974年，人民出版社出版了中共中央编译局编译的《马克思恩格斯全集》，其中的23卷、24卷、25卷、26卷（Ⅰ、Ⅱ、Ⅲ册），为《资本论》一、二、三、四卷。此外还出版了《资本论》的有关手稿以及大量学习、宣传、研究《资本论》的书籍。中国的新民主主义革命、社会主义改造、社会主义建设和改革开放事业，都从《资本论》中吸取了巨大的力量、智慧和营养。

在当代，《资本论》的基本原理没有过时，仍然有重要的现实意义。

《资本论》第一卷 资本的生产过程

前　言

《资本论》第一卷第一版，是马克思在世时亲自定稿、编辑，于 1867 年在德国汉堡出版的。

《资本论》第一卷的标题叫“资本的生产过程”。这是对一卷研究对象的概括。怎样理解这个研究对象呢？①这里所考察的资本是产业资本，即经营物质生产部门的资本。而对产业资本的考察，又是以工业资本为典型进行的。②这里所分析的生产过程，是资本的直接生产过程，原则上暂时撇开了资本的流通过程和剩余价值分配过程。③资本的生产过程，还是资本主义生产关系即一方面是资本家、另一方面是雇佣工人的生产和再生产过程。④资本的生产过程的实质，是剩余价值的生产。这是第一卷研究的中心。通过这一研究，揭示了资本主义剥削的秘密和本质。

《资本论》第一卷包括 7 篇。这 7 篇可概分为三大部分，构成三大理论。第一部分是第 1 篇，可概之为商品经济一般理论。主要分析商品、货币、价值规律的一般原理。第二部分包括第 2 篇至第 6 篇，可概之为剩余价值生产理论。主要分析剩余价值生产的条件、过程、方式，揭示资本主义剥削的实质和虚假的外观。第三部分是第 7 篇，可概之为资本积累理论。主要分析资本积累的本质、社会后果，揭示资本主义生产方式的基本矛盾和由此决定必然走向灭亡的历史趋势。这三个部分在《资本论》第一卷中的地位是：商品经济一般理论是基础，剩余价值生产理论是主体，资本积累理论是结论。通过这三大理论，科学地阐明了资本主义的产生、发展和必然灭亡的历史规律。

整个《资本论》研究的基本方法论是唯物辩证法，特殊的研究方法是抽象法，第一卷也是如此。但从第一卷研究方法的特点看，它突出地使用了矛盾分析法。商品经济一般理论由浅入深地依次分析了商品的使用价值与价值的矛盾、具体劳动与抽象劳动的矛盾、私人劳动与社会劳动的矛盾，以及这些内在矛盾通过商品转化为货币发展为外在的商品与货币的矛盾、买者与卖者的矛盾等。这些矛盾的发展，在一定的历史条件下必然产生资本主义的雇佣剥削关系。剩余价值生产理论重点分析了资本家和雇佣工人的矛盾的产生、强化和加深的过程。资本积累理论进一步分析了资本主义的基本矛盾，即生产社会化与资本主义私人占有之间的矛盾，由此得出剥夺者必然被剥夺、资本主义制度必然趋于灭亡的革命结论。《资本论》第一卷就是通过对资本主义矛盾的系统分析，把资本主义的基础、本质和发展的历史趋势深刻地展现在人们面前。

在《资本论》理论体系中，第一卷具有特殊重要的地位。恩格斯指出："《资本论·政治经济学批判·第一卷》，这是马克思的主要著作，这部著作叙述了他的经济学观点和社会主义观点的基础，以及他对现存社会、资本主义生产方式及其后果进行的批判的基础。"① 这里所说的"基础"包含的内容是多方面的。就整个《资本论》来看，它至少包含这样几层意思：第一，《资本论》第一卷分析的是资本的生产过程，这是分析资本的流通过程（二卷）和总过程（三卷）的基础。第二，一卷通过对商品与货币的分析，阐明了科学的劳动价值论，这是整个《资本论》的理论基石。第三，一卷阐明了资本与雇佣劳动的对立，揭示了资本主义生产条件所有制的根本特性，这就为科学地剖析包括流通和分配在内的全部资本主义关系奠定了基础。第四，一卷阐明了剩余价值生产的秘密，揭示了资本主义的基本经济规律，这是贯穿全部《资本论》的一条红线。第五，一卷阐明了资本主义基本矛盾，得出了剥夺者被剥夺，整个资本主义生产方式必然要被消灭的革命结论。这是全部《资本论》的主题。正是由于《资本论》第一卷说明了资本主义生产方式中一些带根本性的问题，并且在理论分析和历史分析的结合上具有相对完整的系统性，所以它成为一部相对独立的、集中反映资本主义剥削本质和必然灭亡趋势的著作。正因为如此，所以马克思认为：《资本论》第一卷的出版，"无疑是向资产者（包括土地所有者在内）脑袋发射的最厉害的炮弹。"②

学习和研究《资本论》第一卷，不仅对深刻认识当代资本主义的本质和历史的大趋势有重要意义，而且对正确认识社会主义条件下商品—市场经济的一般规定性、生产过程的两重性（劳动过程和价值增值过程）和积累的一般规律性等，具有重要的指导意义。

一、商品经济基础理论

这一理论概括地反映了《资本论》第一卷第 1 篇 1 至 3 章的主要内容以及其他部分的有关内容。这是第一卷的基础理论。

由于商品经济是资本主义经济产生的历史前提和存在、发展的一般基础，商品是资本主义经济的细胞，所以对资本主义生产方式的分析必须从商品开

---

① 《马克思恩格斯全集》第 19 卷，人民出版社 1963 年版，第 119—120 页。

② 《马克思恩格斯全集》第 31 卷，人民出版社 1972 年版，第 542—543 页。

始。按照从简单到复杂的分析方法的要求，这里考察的商品，不是资本主义性质的商品（以劳动力成为商品为前提，以生产剩余价值为目的），而是简单的、一般的商品。通过抽象地分析，揭示商品、货币和价值规律的一般规定性。中心是阐明劳动价值论。理论上的关键是劳动的二重性，“这一点是理解政治经济学的枢纽”①。劳动价值论是剩余价值论的基础。“要知道什么是剩余价值，他就必须知道什么是价值。”② 所以，学好商品经济一般理论，是学好整个《资本论》的基础。

根据《资本论》第一卷第1篇以及其他有关内容，学习商品经济基础理论，要抓住以下五个方面的基本原理：关于商品经济产生条件的原理；关于商品二因素和劳动二重性的原理；关于货币的本质、职能和流通规律的原理；关于价值规律的原理；关于商品拜物教和商品经济发展历史趋势的原理。

（一）关于商品经济产生条件的原理与现实

根据许多人学习和研究的体会，要深刻理解商品经济的特殊社会属性，归根结底要从了解商品交换产生的条件入手。

按照《资本论》的分析，商品交换的产生有两个方面的条件：

第一，社会分工。马克思指出：“分工是商品生产存在的条件”③。由于出现了不同的社会分工，才有了产品交换的需要。这是产生商品交换的生产力方面的原因。

第二，不同的所有者关系。这是产生商品交换的生产关系方面的条件。马克思指出：“商品交换是在共同体的尽头，在它们与别的共同体或其成员接触的地方开始的。”又指出：“只有独立的互不依赖的私人劳动的产品，才作为商品互相对立。”④ 前者说的是在原始共同体之间产生的商品交换的萌芽，后者说的是之后几千年存在的私有制基础上的商品关系。

由于私有制的商品经济是横跨了几个私有制社会的主要的商品经济形式，并成为资本主义经济产生的前提和存在、发展的一般基础，所以，马克思在《资本论》中分析的商品经济是以私有制商品经济为代表的。过去不少人据此认为，商品经济产生的社会关系方面的条件只是私有制。其实，如果把马克思对原始共同体之间的商品关系的分析考虑在内，那么，马克思关于商品经济产生的社会关系条件是指不同的所有者关系（既包括不同的私有者关系，也包括不同的公有者关系）。恩格斯在评论《卡尔·马克思〈政治经济学批判〉》一文

---

① 《马克思恩格斯全集》第23卷，人民出版社1972年版，第55页。

② 《马克思恩格斯选集》第2版第2卷，人民出版社1995年版，第273页。

③ 《马克思恩格斯全集》第23卷，人民出版社1972年版，第55页。

④ 《马克思恩格斯全集》第23卷，人民出版社1972年版，第106、55页。

中也指出：产品“成为商品，只是因为在这个物中、在这个产品中结合着两个人或两个公社之间的关系”①。正是由于社会分工的各方是不同的所有者（私人或者集体），对各自的产品具有不同的所有权，才决定产品的交换必须按等价的原则进行，从而形成商品关系。

现实意义

马克思基于上述观点，同时基于他设想的社会主义社会是建立在生产资料单一的社会（全民）所有制的基础上，所以他自然地认为社会主义社会是非商品经济的社会。后来的实践突破了马克思的这个看法，证明社会主义经济仍然是一种商品经济。尽管如此，马克思关于商品经济产生根源的分析方法，对认识社会主义商品经济同样具有指导意义。

马克思在《资本论》手稿中指出：“商品生产从而商品流通也能够在不同的共同体之间产生，或者在同一个共同体的不同机构之间产生”。② 在现实的社会主义社会商品关系中，有相当大一部分正是不同的生产资料所有者（多种经济成分）之间的商品关系。这类商品关系产生的原因比较好理解。社会主义社会商品关系中的另一个极其重要的组成部分，是全民所有制内部的商品关系。这是一种新型的商品关系，也是认识社会主义社会商品经济的难点所在。由于历史的局限性，马克思没有也不可能论述到这种全民公有制内部的商品关系。新的理论研究说明，这种商品关系存在的深层社会原因在于：社会主义阶段的生产力相对不发展，劳动还具有特殊的谋生性质，人们付出劳动要计较得到相应的报酬。这一客观特性，不仅表现在个人的劳动上，同样表现在全民所有制企业的联合劳动上。前者必然要求个人收入实行按劳分配原则，后者必然要求全民所有制企业之间坚持商品等价交换原则，不能搞无偿调拨。可见，按劳分配与商品交换是社会主义公有制经济内生的、始终存在的一对“双胞胎”，不可能只有其一，没有其二。应该说，获得这种认识是商品经济基本理论的一个重要发展。

分析了社会主义全民所有制内部商品关系产生的原因之后，还需要进一步深究一个问题：如何彻底、全面地概括一切商品关系产生的共同原因？根据马克思分析商品关系的观点和方法的启示，同时根据商品经济实践的扩展，我认为这个共同原因可以概括为：社会分工＋不同的利益主体关系。前者决定了不同部门的产品要进行等价交换；后者（由多种因素形成的不同经济利益主体：既有生产资料不同所有制形成的不同利益主体，又有同一种公有制内部的劳动差别形成的不同利益主体）决定了必须实行商品的等价交换。

---

① 《马克思恩格斯选集》第 2 版第 2 卷，人民出版社 1995 年版，第 44 页。

② 《马克思恩格斯全集》第 47 卷，人民出版社 1979 年版，第 37 页。

关于商品经济产生的共同原因，还可以概括为个别（或局部）劳动与社会劳动的矛盾。这也是对的。因为这个矛盾的存在，决定了个别劳动不能直接表现为社会劳动，要表现，就必须通过商品物的等价交换。不过，个别劳动之所以与社会劳动相矛盾，归根结底源于不同利益主体关系的存在。这是始基性的原因。

有了上述的认识，我们就可以更加完整而深刻地认识包括公有制内部商品关系在内的一切商品关系，认识社会主义商品经济的必然性、全面性和长期性。

（二）关于商品二因素和劳动二重性的原理与现实

作为在一定经济条件下产生的商品，是用来进行等价交换的产品。一般来说，只有劳动产品才能成为商品。但在商品普遍化的情况下，某些非劳动资料如未开垦地、野森林等被人占有以后，也会转化为商品，进入交换。商品必须是用来进行交换的，但这个交换不是简单的互通有无，而必须是通过市场进行等价交换。

商品的基本特性，主要表现在商品具有二因素，生产商品的劳动具有二重性。马克思通过对商品二因素和劳动二重性的分析，揭示了商品和生产商品的劳动的特性及其内在矛盾，特别是价值的质的规定性和量的规定性，阐明了劳动价值论的根本内容。

1. 商品的两个因素：使用价值和价值

商品作为等价交换的劳动产品，包括使用价值和价值两个因素。

商品首先是一个外界的对象，具有满足人们某种需要的属性。“物的有用性使物成为使用价值。”①

使用价值是多种多样的。不同的商品有不同的使用价值。迄今为止，整个商品使用价值的基本类型，大体有物质的、劳务的、智能的几大类。同一种商品也有多种使用价值。马克思说：每一种有用物“都是许多属性的总和，因此可以在不同的方面有用。发现这些不同的方面，从而发现物的多种使用方式，是历史的事情”②。

使用价值是商品的自然属性，与社会关系的性质无关。“不论财富的社会形式如何，使用价值总是构成财富的物质内容。”而在商品经济中，“使用价值同时又是交换价值的物质承担者。”③

---

① 《马克思恩格斯全集》第23卷，人民出版社1972年版，第48页。

② 《马克思恩格斯全集》第23卷，人民出版社1972年版，第48页。

③ 《马克思恩格斯全集》第23卷，人民出版社1972年版，第48页。

马克思强调指出：“使用价值只是在使用或消费中得到实现。”① 不能使用和消费的东西就不成其为使用价值，这样的产品就是废品，不是财富。

作为商品的使用价值不能自我实现，只有通过交换才能实现。这是因为，“要生产商品，他不仅要生产使用价值，而且要为别人生产使用价值，即生产社会的使用价值。”而“要成为商品，产品必须通过交换，转到把它当作使用价值的人的手里”②。不能通过交换的产品实际上也是没有用的废品。

商品的另一个因素是价值。

商品的使用价值一般不是供它的生产者消费，而是要满足别人的消费，因此必须先进行交换。这种交换关系首先表现为不同使用价值的一定数量的比例关系，例如1头羊与20尺布或3双鞋相交换。这种不同使用价值相交换的量的比例关系，就是商品的交换价值。由于同一种商品要与多种商品交换，所以一种商品有多种交换价值。在上述场合，20尺布或3双鞋等就是1头羊的交换价值。

不同商品的使用价值的性能和具体的生产过程都不相同，为什么它们能够按一定比例相交换呢？马克思通过科学剖析指出：那是因为在不同的商品体中存在着一个共同的东西，即“在它们的生产上耗费了人类劳动力，积累了人类劳动”。因而“有抽象人类劳动体现或物化在里面”③。这种抽象劳动的凝结，就是商品的价值，或者叫价值的实体。它是交换价值的基础，交换价值则是价值的表现形式。

价值是商品的社会属性和本质特征。价值是通过物与物的交换表现的商品生产者之间的经济关系。这种关系，主要包括不同商品经济主体之间的产权关系，个别劳动（包括私人劳动）与社会劳动的矛盾关系，市场中的竞争（包括部门内部和部门之间的竞争）关系等。

商品是使用价值和价值的矛盾统一体。所谓统一，主要是指使用价值与价值是产品成为商品的不可缺少的两个因素；它们的实现也是互为条件的，不可能一方得到实现，另一方不实现。所谓矛盾，主要是指使用价值与价值对同一个商品所有者来说是不可能同时得到的，买者只能得到使用价值，卖者只能收回价值；商品经济的客观条件必然产生个别劳动与社会劳动的矛盾，反映在商品上就会出现使用价值不符合社会需要，或者价值量超过社会承受能力的现象，从而导致商品二因素的一方排斥另一方的实现。这个矛盾，在商品经济的条件下，只能通过现实的商品交换过程来解决。正如马克思所指出：“一切商品对它们的所有者是非使用价值，对它们的非所有者是使用价值。因此，商品

---

① 《马克思恩格斯全集》第23卷，人民出版社1972年版，第48页。

② 《马克思恩格斯全集》第23卷，人民出版社1972年版，第54页。

③ 《马克思恩格斯全集》第23卷，人民出版社1972年版，第51页。

必须全面转手。这种转手就形成商品交换，而商品交换使商品彼此作为价值发生关系并作为价值来实现。可见，商品在能够作为使用价值实现以前，必须先作为价值来实现。”“另一方面，商品在能够作为价值实现以前，必须证明自己是使用价值，因为耗费在商品上的人类劳动，只有耗费在对别人有用的形式上，才能算数。但是，这种劳动对别人是否有用，它的产品是否能够满足别人的需要，只有在商品交换中才能得到证明。”①

2. 体现在商品中的劳动二重性

商品的二因素是由生产商品的劳动二重性决定的。

生产商品的劳动过程，一方面是具体劳动，创造使用价值；另一方面是抽象劳动，创造价值。

所谓具体劳动，是指在不同的具体形式下进行的劳动，如农民生产粮食的劳动，工人生产钢铁的劳动，等等。

不同的具体劳动生产不同的使用价值。“各种使用价值或商品体的总和，表现了同样多种的、按照属、种、科、亚种、变种分类的有用劳动的总和，即表现了社会分工。这种分工是商品生产存在的条件。”② 因此，具体劳动的分工水平是与商品经济发展水平紧密相连的。

具体“劳动作为使用价值的创造者，作为有用劳动，是不以一切社会形式为转移的人类生存条件，是人与自然之间的物质变换即人类生活得以实现的永恒的自然必然性”③。

从具体劳动创造使用价值的过程看，“劳动并不是它所生产的使用价值即物质财富的唯一源泉。正象威廉·配第所说，劳动是财富之父，土地是财富之母。”④ 任何一个使用价值都包含着一定的具体劳动和一定的物质基质。

所谓抽象劳动，是抽掉了具体形式的一般人类劳动的耗费，其共同内容就是脑力和体力的一定支出。“作为相同的或抽象的人类劳动，它形成商品价值。”⑤ 需要指出的是，创造价值的抽象劳动，不能单纯从生理学意义上去理解。重要的它是商品交换特点的客观要求所使然，因此它体现着商品生产者之间的特殊社会关系。

决定商品价值的抽象劳动，是以简单劳动为基础进行计量的。《资本论》对此分析的要点是：①简单劳动“是每个没有任何专长的普通人的机体平均具有的简单劳动力的耗费”。②“简单平均劳动虽然在不同的国家和不同的文化

---

① 《马克思恩格斯全集》第23卷，人民出版社1972年版，第103、103—104页。
② 《马克思恩格斯全集》第23卷，人民出版社1972年版，第55页。
③ 《马克思恩格斯全集》第23卷，人民出版社1972年版，第56页。
④ 《马克思恩格斯全集》第23卷，人民出版社1972年版，第57页。
⑤ 《马克思恩格斯全集》第23卷，人民出版社1972年版，第60页。

时代有不同的性质，但在一定的社会里是一定的。”③“比较复杂的劳动只是自乘的或不如说多倍的简单劳动”。④“各种劳动化为当作它们的计量单位的简单劳动的不同比例，是在生产者背后由社会过程决定的，因而在他们看来，似乎是由习惯确定的。”[①] 毋庸置疑，简单劳动与复杂劳动的区别是相对的，而且在一定条件下可以转化。

上述具体劳动与抽象劳动，不是分割的两个劳动过程，而是生产商品的同一劳动过程的两个方面。“在前一种情况下，是怎样劳动，什么劳动的问题；在后一种情况下，是劳动多少，劳动时间多长的问题。”[②]

马克思十分重视劳动二重性的分析。他指出：“商品中包含的劳动的这种二重性，是首先由我批判地说明了的。这一点是理解政治经济学的枢纽”[③]。

资产阶级古典经济学家已经认识到商品的价值是劳动创造的，这是他们的一个科学成就。但由于他们对劳动只有笼统的概念，不懂得劳动的二重性，因而不能完全科学地说明商品的价值。马克思首次创立了劳动二重性的学说，明确具体劳动创造使用价值，只有抽象劳动创造价值，从而建立了科学的劳动价值理论。并由此奠定了整个政治经济学研究的理论基础。

为什么说劳动二重性是理解政治经济学的枢纽呢？这是由于第一，只有区分生产商品的劳动的二重性，才能正确揭示价值的内涵和本质，从根本上建立科学的劳动价值论。第二，只有区分生产商品的劳动的二重性，才能科学地剖析资本主义生产过程的二重性（劳动过程与价值增殖过程），分清不变资本和可变资本，揭示资本主义剥削实质，建立科学的剩余价值学说。第三，只有在劳动二重性原理的基础上，才能科学地分析资本积累、社会再生产、利润率平均化等一系列理论问题，从而构建起全部科学的政治经济学理论体系。

3. 价值量与劳动生产力

以上分析了价值的质的规定性，现在分析价值的量的规定性。

如前所说，商品的价值是由人类劳动的耗费决定的，那么，是否人越懒、越不熟练、劳动时间越长，他生产的商品的价值就越多呢？当然不是。商品的价值量不是随意决定的，而是由社会必要劳动时间决定的。“社会必要劳动时间是在现有的社会正常的生产条件下，在社会平均的劳动熟练程度和劳动强度下制造某种使用价值所需要的劳动时间。”[④] 这段经典论述的主要含义是：①决定社会必要劳动时间的客观生产条件（主要是生产资料）是现有的社会正常的条件，即同一生产部门中提供绝大部分产品的生产者当时所使用的生产条

① 《马克思恩格斯全集》第23卷，人民出版社1972年版，第58页。

② 《马克思恩格斯全集》第23卷，人民出版社1972年版，第59页。

③ 《马克思恩格斯全集》第23卷，人民出版社1972年版，第55页。

④ 《马克思恩格斯全集》第23卷，人民出版社1972年版，第52页。

件，一般是中等的生产条件。②决定社会必要劳动时间的主体生产条件是平均的劳动熟练程度和强度，即劳动者具有中等的、正常的能力。③社会必要劳动时间是在上述条件下生产单位商品所必要的劳动时间，一般是一个部门中平均的、中等的劳动时间。

马克思指出："只是社会必要劳动量，或生产使用价值的社会必要劳动时间，决定该使用价值的价值量。"① 在这种情况下，优等企业由于生产单位商品所耗费的个别劳动时间低于社会必要劳动时间，从而个别价值低于社会价值，就能够多赚钱；劣等企业由于生产单位商品所耗费的个别劳动时间高于社会必要劳动时间，从而个别价值高于社会价值，就形成亏损。

商品的价值量是随着劳动生产力的变化而变化的。"劳动生产力是由多种情况决定的，其中包括：工人的平均熟练程度，科学的发展水平和它在工艺上应用的程度，生产过程的社会结合，生产资料的规模和效能，以及自然条件。"② 由此可见，决定劳动生产力的因素是很多的，有人力和物力的，有社会和自然的，有微观和宏观的，但其中最重要的是科学的发展及其运用水平。劳动生产力的提高是以智能、科技为关键的一系列因素综合作用的结果。

按照马克思的论述，劳动生产力的提高就是同一社会必要劳动量生产使用价值的效率的提高，所以他往往把劳动生产力和劳动生产率这两个提法等同使用。劳动生产力的提高对商品的价值量有何影响呢？

第一，劳动生产力与同一社会必要劳动量生产的使用价值量成正比。"在同样的时间内提供的使用价值量会是不同的：生产力提高时就多些，生产力降低时就少些。"③

第二，劳动生产力与同一社会必要劳动总量创造的价值总量没有关系。"不管生产力发生了什么变化，同一劳动在同样的时间内提供的价值量总是相同的。"④ 这是就一个部门或整个社会的同一劳动而言的。既然是"同一劳动"，就意味着劳动者支出的脑力和体力的总和不变，从而形成的价值总量不变。

第三，劳动生产力与单位商品的价值量成反比。既然同一社会必要劳动总量在劳动生产率提高的情况下，会生产更多的使用价值，而形成的价值总量不变，其结果必然导致单位商品价值量的降低。"可见，商品的价值量与

---

① 《马克思恩格斯全集》第 23 卷，人民出版社 1972 年版，第 52 页。

② 《马克思恩格斯全集》第 23 卷，人民出版社 1972 年版，第 53 页。

③ 《马克思恩格斯全集》第 23 卷，人民出版社 1972 年版，第 60 页。

④ 《马克思恩格斯全集》第 23 卷，人民出版社 1972 年版，第 60 页。

体现在商品中的劳动量成正比，与这一劳动的生产力成反比。”①

关于劳动生产力与价值总量的关系，有一点需要说明。从个别企业来看，劳动生产力的提高不仅会增加使用价值量，而且会相应增加价值总量。这是因为，个别企业提高劳动生产力以后，它的商品的个别劳动时间就会低于社会必要劳动时间，而商品的价值是由社会必要劳动时间决定的，这样，劳动生产力高于平均水平的企业在同一时间内就会形成更大的价值总量。正如马克思所说：“生产力特别高的劳动起了自乘的劳动的作用，或者说，在同样的时间内，它所创造的价值比同种社会平均劳动要多。”② 另外，无论是部门还是社会，如果在劳动生产力提高的过程中，同时出现劳动的复杂程度和质量不同程度地超过以前的平均水平，这就会引起社会必要劳动总量的增加，从而在增加使用价值总量的同时不同程度地引起价值总量的增加。

现实意义

商品的二重性表明，其使用价值只能是社会需要的使用价值，只有通过交换转手才能得到实现；其价值作为抽象劳动的凝结，也只能在交换中实现。所以，市场特别是销售市场是实现商品二因素和解决其矛盾的关键所在。正如马克思所指出：“要成为商品，产品必须通过交换，转到把它当作使用价值使用的人的手里。”“商品价值从商品体跳到金体上，象我在别处说过的，是商品的惊险的跳跃。这个跳跃如果不成功，摔坏的不是商品，但一定是商品所有者。”③ 据此，社会主义商品生产经营者必须强化市场观念，重视市场的开拓。

一个企业如何才能稳定地占有和不断扩大市场呢？关键在于能否适应市场的需要，生产出“物美价廉”的产品。“物美”就是优质量的使用价值；“价廉”就是单位商品耗费的劳动要少，价值量小，使众多的需要者买得起。“物美价廉”应该成为社会主义商品二因素的基本要求。

生产商品的劳动二重性是政治经济学的枢纽，也是经济管理工作的枢纽。作为生产商品的使用价值的具体劳动，回答的是劳动的质，即什么劳动、怎样劳动的问题，它表现了社会分工的体系、社会的产业结构。作为生产价值的抽象劳动，回答的是劳动的量，即劳动多少、劳动时间多长的问题，它反映着社会分工的劳动比例和社会劳动的总规模。因此，社会主义商品经济要实现高效益的发展，必须按照劳动二重性的要求，在质上不断扩大合理的社会分工，在量上保持产业部门之间的按比例关系。这是宏观经济要

---

① 《马克思恩格斯全集》第 23 卷，人民出版社 1972 年版，第 53—54 页。

② 《马克思恩格斯全集》第 23 卷，人民出版社 1972 年版，第 354 页。

③ 《马克思恩格斯全集》第 23 卷，人民出版社 1972 年版，第 54、124 页。

解决的根本问题。

从微观经济上看，劳动二重性的原理是进行企业科学管理的重要理论基础。一方面，企业要围绕自己生产产品的质的规定性，合理地组织企业内部的分工，加强对产品及其生产要素的使用价值形态的核算和管理；另一方面，要围绕提高投入产出的比较效益，加强成本、资金、工资、利润等价值上的核算和管理，以达到用最少的投入取得最大的产出。

（三）关于货币的本质、职能和流通规律的原理与现实

商品是用于交换的产品。在商品交换的初期，是商品与商品的直接交换，即物物交换。商品交换发展到一定阶段，产生了货币。货币是充当一般等价物的特殊商品，是商品价值的一般表现形式。它的出现使商品交换发展到以货币为媒介的商品流通。货币是商品内在矛盾发展的必然产物。它既使商品交换的矛盾有所克服，又在新的形态上发展了商品交换过程的矛盾。马克思的货币理论科学地揭示了货币的起源、本质、职能、流通规律及其存在的矛盾。

1. 商品交换过程与货币产生的必然性

我们知道，商品是使用价值与价值的矛盾统一体。这个内在矛盾只有在交换过程中才能解决。

但是，商品交换本身仍然存在着矛盾。马克思说："每一个商品所有者都只想让渡自己的商品，来换取别种具有能够满足他本人需要的使用价值的商品。就这一点说，交换对于他只是个人的过程。另一方面，他想把它的商品作为价值来实现，也就是通过他所中意的任何另一种具有同等价值的商品来实现，而不问他自己的商品对于这另一种商品的所有者是不是有使用价值。就这一点说，交换对于他是一般的社会过程。"① 这就是说，一方面，每个商品生产者都想按照个人的要求，用自己的商品换回自己需要的使用价值，从而使交换成为个人的过程；另一方面，每个商品生产者又想让他看中的任何一个交换对手都需要他的商品，而不管人家是否需要他的商品，换句话说，就是想让社会无条件地实现他的商品价值，从而想让交换同时成为一般社会过程。

"但是，同一过程不可能同时对于一切商品所有者只是个人的过程，同时又只是一般社会的过程。"② 这是因为，在商品经济特有的社会条件下，每个商品生产者想交换的对手往往不需要自己的商品，如麻布所有者想同遇见的上衣所有者相交换，但上衣所有者不想和他相交换，而想同粮食所有者

---

① 《马克思恩格斯全集》第23卷，人民出版社1972年版，第104页。

② 《马克思恩格斯全集》第23卷，人民出版社1972年版，第104页。

相交换，因而麻布与上衣的交换就实现不了。这就是交换的个人过程与一般社会过程的矛盾。

这个矛盾的发展，必然要求从商品世界中分离出一种特殊商品（如贵金属），充当商品的一般等价物，成为其他一切商品价值的表现形式，从而形成货币。货币不是某个天才的发现，而是商品生产者长期进行社会交换活动的产物。“由于这种社会过程，充当一般等价物就成为被分离出来的商品的特殊社会职能。这种商品就成为货币。”①

2. 价值形式的发展和货币的本质

商品交换导致货币的产生，在历史上经过了一个漫长的过程。这个过程表现为价值形式的发展。

商品的价值作为人类抽象劳动的凝结，是看不见、摸不着的，不能自我表现，只能在商品相互交换中表现出来。一种商品与另一种商品相交换的比例关系，就是价值的表现形式，简称价值形式。价值形式是随着商品交换的发展而变化的。它在历史的发展中经历了四个阶段，即简单的、个别的或偶然的价值形式；总和的或扩大的价值形式；一般价值形式；最后发展到货币价值形式。

（1）*简单的、个别的或偶然的价值形式*

用例式表示就是：20 码麻布＝1 件上衣

这种价值形式产生于原始公社制度下商品交换的萌芽时期。其特点是，一个商品的价值只是通过偶然的交换表现在个别商品上面。

20 码麻布之所以能够等于 1 件上衣，是因为它们各自凝结有等量的社会必要劳动时间，即有相等的价值量。但从价值的表现来看，二者所处的地位是不同的。

处在等式左边的麻布是价值得到表现的商品。由于它的价值是相对地表现在别的商品上衣上面，故称为相对价值形式。等式右边的上衣是麻布价值的表现物，即等同于麻布的价值，故称为等价形式。

等价形式按照它的性质，具有三个主要特点：第一，使用价值成为它的对立面即价值的表现形式；第二，具体劳动成为它的对立面即人类抽象劳动的表现形式；第三，私人劳动成为它的对立面即直接社会劳动的表现形式。以上述的价值形式为例，处在等价形式上的上衣这个看得见、摸得着的物，本来是某个私人的具体劳动创造的特殊的使用价值，但它现在成了内含于麻布之中的具有社会性的人类抽象劳动创造的价值的表现材料。马克思通过对简单价值形式中的等价形式特点的分析，揭示了货币的根本秘密。

在简单价值形式下，商品价值的表现是偶然的、个别的、很不充分的，

① 《马克思恩格斯全集》第 23 卷，人民出版社 1972 年版，第 104—105 页。

是价值表现的胚胎形式。随着商品交换的经常化、扩大化，简单价值形式必然发展到扩大的价值形式。

(2) 总和的或扩大的价值形式

用例式表示：

$$
20\text{码麻布}\left\{\begin{array}{l}=1\text{件上衣}\\=10\text{磅茶叶}\\=40\text{磅咖啡}\\=1\text{夸特小麦}\\=2\text{盎司金}\\=\text{其他商品}\end{array}\right.
$$

这种价值形式的特点，就是商品的价值表现在一系列商品上面。在扩大的价值形式中，商品价值的表现比以前充分一些了。但其等价形式是由许多特殊商品构成的，它们之间往往互相排斥，如有麻布的人想交换上衣，而有上衣的人不要麻布，想交换茶叶，但有茶叶的人却不要上衣，如此这般，交换仍很困难。造成这种状况的原因，在于扩大价值形式下商品的价值没有统一的表现形式，商品交换仍停留在分散的物物交换上。商品交换的发展要求价值形式进一步向前变化，发展到一般价值形式。

(3) 一般价值形式

用例式表示：

$$
\left.\begin{array}{l}1\text{件上衣}=\\10\text{磅茶叶}=\\40\text{磅咖啡}=\\1\text{夸特小麦}=\\2\text{盎司金}=\\\text{其他商品}=\end{array}\right\}20\text{码麻布}
$$

这种价值形式的特点，是许多商品的价值统一地表现在一种商品上面，形成了一般等价物，从而使商品交换更为方便，价值得到了充分的表现。但是，在一般价值形式下，充当一般等价物的商品尚不固定，在不同地区也不统一。历史上充当过一般等价物的商品有羊、牛、兽皮、贝壳、象牙等，它们充当交换的媒介有诸多的缺陷（如不易分割、不便保存等）。所以，随着商品生产和交换的进一步发展，客观上要求将一般等价物固定在贵金属（主要是黄金）上面。这样，一般价值形式就最后发展到货币形式。

(4) 货币形式

用例式表示：

20 码麻布＝
1 件上衣＝
10 磅茶叶＝　　2 盎司金
40 磅咖啡＝
1 夸特小麦＝
其他商品＝

从一般价值形式发展到货币形式，没有什么本质的变化，只不过是把一般等价物统一地固定在金银上面罢了。金银之所以独占了一般等价形式，是由于它具有同质性、易分割、不生锈、便于携带、体积小而价值大等优点，最适于充当货币材料。

从价值形式发展的历史可以看出，货币不是从来就有的，它是商品交换长期发展的产物。所以，马克思说："货币结晶是交换过程的必然产物"①。

货币的规定性，就是固定地充当一般等价物的特殊商品。这就是说，货币的本质就是商品的一般等价物；金银本来是一种普通商品，只是由于商品交换发展的需要和它的自然优点，使它能够固定地充当一般等价物，从而成为具有一种特殊社会职能（统一表现商品价值）的商品。这就是货币。正如马克思所指出：一般"等价形式同这种特殊商品的自然形式社会地结合在一起，这种特殊商品成了货币商品，或者执行货币的职能。"②

货币的出现，一方面使物物交换发展为以货币为媒介的商品流通，使商品交换的矛盾有所解决，从而大大推动了商品经济的发展。另一方面，在以货币为媒介的交换形式中，整个商品世界分成了两极：一极是各种各样的众多商品，它们直接表现的是使用价值，另一极是货币，它直接代表商品的价值，这就使商品的内在矛盾外在化了，并在新的形式下发展了商品交换的矛盾。这个矛盾，既推动了商品经济的发展，又不可避免地产生一些消极作用。

3. 货币的职能

根据马克思的分析，货币具有五种职能，即价值尺度、流通手段、贮藏手段、支付手段和世界货币。

（1）价值尺度

所谓价值尺度，就是货币作为衡量商品价值量的标准。价值的货币表现就是价格。在给商品标价时，不需要现实的货币。"因此，货币在执行价值尺度的职能时，只是想象的或观念的货币。"③

---

① 《马克思恩格斯全集》第 23 卷，人民出版社 1972 年版，第 105 页。
② 《马克思恩格斯全集》第 23 卷，人民出版社 1972 年版，第 85 页。
③ 《马克思恩格斯全集》第 23 卷，人民出版社 1972 年版，第 114 页。

在商品供求关系一致的条件下，商品的价格取决于商品价值的大小和单位货币价值含量的大小。商品价格的变化与商品价值的变化成正比，与货币商品（金银）价值量的变化成反比。

用货币表现的商品价格的基础是价值，但价格具有相对的独立性。由于商品供求不平衡，价格往往偏离价值。马克思说："价格和价值量之间的量的不一致的可能性，或者价格偏离价值量的可能性，已经包含在价格形式本身中。"① 但从长期发展的趋势看，价格与价值是趋向一致的。

马克思还指出："价格形式不仅可能引起价值量和价格之间即价值量和它的货币表现之间的量的不一致，而且能够包藏着一个质的矛盾……有些东西本身并不是商品，例如良心、名誉等等。但是也可以被它们的所有者出卖以换取金钱，并通过它们的价格，取得商品形式。因此，没有价值的东西在形式上可以具有价格。"②

（2）流通手段

所谓流通手段，就是货币充当商品交换的媒介。充当流通手段的货币必须是现实的货币。

货币充当流通手段使商品从物物直接交换发展为商品流通。商品流通就是以货币为媒介的商品交换。其公式是：商品—货币—商品，或者 W—G—W。

商品流通的第一阶段是出卖商品，即 W—G。在这个阶段，"商品价值从商品体跳到金体上，象我在别处说过的，是商品的惊险的跳跃。这个跳跃如果不成功，摔坏的不是商品，但一定是商品所有者。"马克思还用"商品爱货币，但是'真爱情的道路决不是平坦的'"③ 这样的话形容实现 W—G 这一惊险跳跃的不易。

商品流通的第二阶段是购买商品，即 G—W。由于是用货币这个特殊商品充当购买手段，"因此是绝对可以让渡的商品。"④ 这意思是说，在商品市场发育正常的情况下，用货币购买商品是相对容易的。

从以上分析可以看出商品流通与直接的产品交换的区别。第一，直接的产品交换是买卖商品成为同一交易过程，商品流通则把买卖商品分成了两个阶段。第二，直接的产品交换不通过货币，交换一结束，商品就退出交换领域；商品流通以货币为媒介，买卖行为结束后，虽然商品退出了流通，但货币没有消失，仍可不断流通。

商品流通一方面"打破产品交换的时间、空间和个人的限制"⑤，扩大了

---

① 《马克思恩格斯全集》第 23 卷，人民出版社 1972 年版，第 120 页。

② 《马克思恩格斯全集》第 23 卷，人民出版社 1972 年版，第 120—121 页。

③ 《马克思恩格斯全集》第 23 卷，人民出版社 1972 年版，第 124、126 页。

④ 《马克思恩格斯全集》第 23 卷，人民出版社 1972 年版，第 129 页。

⑤ 《马克思恩格斯全集》第 23 卷，人民出版社 1972 年版，第 133 页。

商品交换的地区和范围，促进了商品经济的发展；另一方面，由于买卖在时间和空间上的分离，卖了商品的人不一定马上买商品，或者不一定在本地买商品，以致把货币储存起来暂时不购买，这就有可能造成买卖脱节，使别的商品卖不掉，从而产生危机形式上的可能性。

在商品流通中，最初充当流通手段的金银货币是块状的。由于这种交易不方便，后来出现了铸币，即有一定形状、重量、成色和面额价值的金属货币。金属货币在执行流通手段职能时，只是转瞬即逝的过程，商品交易者并不十分关心它是否足值，再加上铸币作为流通手段也有不尽如人意之处，因此，适应商品经济更进一步发展的需要，就产生了纸币。

纸币是由国家发行作为法定流通的货币符号。纸币本身没有价值，它只是代替金银货币来执行流通手段的职能。马克思指出："纸币是金的符号或货币符号。纸币同商品价值的关系只不过是：商品价值观念地表现在一个金量上，这个金量则由纸象征地可感觉地体现出来。纸币只有代表金量（金量同其他一切商品量一样，也有价值量），才成为价值符号。"①

（3）贮藏手段

当货币退出流通领域成为独立的价值形式和社会财富的代表保存起来时，货币就起着贮藏手段的职能。这时的货币必须是实在的金属货币。此外，金银首饰制品也具有贮藏职能。

贮藏货币的必要性在于：①货币作为一般等价物，可以随时换取任何商品，因而成为保存财富的方便形式；②商品生产和商品交换的发展，销售和购买之间往往间隔一段时间，各种支付和债务关系发展起来，需要贮藏货币，以保证及时需要；③随着商品经济的发展，货币不仅是财富的代表，而且是权力的后盾。如马克思所说："随着商品流通的扩展，货币——财富的随时可用的绝对社会形式——的权力也日益增大。"② 这样，"求金欲"必然会在某些人身上滋长起来，无限追求货币的积累。

货币贮藏作为适应商品经济发展的一种需要，对调节货币流通，保证商品经济的正常运行，具有重要的作用。马克思说："随着商品流通在范围、价格和速度方面的经常变动，流通的货币量也不断增减。因此，这个量必须能伸缩。……为了使实际流通的货币量总是同流通领域的饱和程度相适应，一个国家的现有的金银量必须大于执行铸币职能的金银量。这个条件是靠货币的贮藏形式来实现的。货币贮藏的蓄水池，对于流通中的货币来说，既是排水渠，又是引水渠；因此，货币永远不会溢出它的流通的渠道。"③

---

① 《马克思恩格斯全集》第23卷，人民出版社1972年版，第148页。

② 《马克思恩格斯全集》第23卷，人民出版社1972年版，第151页。

③ 《马克思恩格斯全集》第23卷，人民出版社1972年版，第154页。

（4）支付手段

所谓支付手段，就是货币用来清偿债务或支付税款、租金、工资等而发生的单向支出行为。

货币执行支付手段，是商品经济发展的必然产物。在商品流通中，由于种种原因，往往发生赊账现象，形成债务关系，这时货币就要延期支付。同时，随着商品经济的发展，货币的支付行为就会越出商品流通领域，用货币支付税款、地租、工资等。可见，商品经济的发展是不可能不发生债务关系和支付现象的。

货币的支付手段职能的发展，一方面，方便了商品交换，节约了现金，促进了商品经济的发展；另一方面，在商品世界形成一条条交错的债务链的情况下，一旦其中某一个人不能如期如数清偿债务，就会引起连锁反应，使一系列人偿债困难，甚至破产，从而出现经济危机的可能性。

马克思指出："由于充当支付手段的货币的发展，就必须积累货币，以便到期偿还债务。随着资产阶级社会的发展，作为独立的致富形式的货币贮藏消失了，而作为支付手段准备金的形式的货币贮藏却增长了。"①

（5）世界货币

所谓世界货币，就是货币越出国内流通领域，在世界市场上执行货币的职能。

执行世界货币职能的货币，必须是金属货币。马克思说："货币一越出国内流通领域，便失去了在这一领域内获得的价格标准、铸币、辅币和价值符号等地方形式，又恢复原来的贵金属块的形式。"②

世界货币首先执行价值尺度的职能，即作为衡量商品的国际价格的标准。在这个基础上它还执行如下职能：①充当流通手段，即一国购买另一国的商品；②充当支付手段，支付国际贸易差额和国际债务；③作为社会财富的代表，从一国转移到他国，如战争赔款、私人货币财富的国际转移等。

为了适应执行世界货币职能的需要，一个国家必须建立必要的黄金储备。

在货币的五个职能中，最重要的是前两个职能。正如马克思指出："一种商品变成货币，首先是作为价值尺度和流通手段的统一，换句话说，价值尺度和流通手段的统一是货币。"③

4. 货币流通规律

所谓货币流通，就是在商品流通中，货币不断从买者手里转到卖者手里的运动过程。马克思说："商品流通直接赋予货币的运动形式，就是货币不断地

---

① 《马克思恩格斯全集》第23卷，人民出版社1972年版，第162页。

② 《马克思恩格斯全集》第23卷，人民出版社1972年版，第163页。

③ 《马克思恩格斯全集》第13卷，人民出版社1972年版，第113页。

离开起点，就是货币从一个商品所有者手里转到另一个商品所有者手里，或者说，就是货币流通。”①

既然货币作为流通手段不断地运动在流通过程之中，那么，一定时期流通过程究竟需要多少货币呢？这里存在一个规律，即货币流通规律。按照这个规律，一定时期流通中必要的货币量（金属货币量），取决于两个因素：①一定时期商品价格总额；②一定时期同一单位货币的平均流通次数。用公式表示就是：

$$一定时期商品流通中需要的货币量=\frac{待售商品价格总额}{同一单位货币平均流通次数}$$

如果把赊销、到期支付和买卖当中相互抵销的商品价格因素考虑在内，那么上述公式就进一步表示如下：

$$一定时期商品流通中需要的货币量=\frac{待售商品价格总额-赊销商品价格总额+到期支付价格总额-相互抵销价格总额}{同一货币单位平均流通次数}$$

以上公式，就是金属货币流通量的规律。

在发行纸币的情况下，纸币流通量规律是以金属货币流通量规律为基础的。马克思指出：“纸币流通的特殊规律只能从纸币是金的代表这种关系中产生。这一规律简单说来就是：纸币的发行限于它象征地代表的金（或银）的实际流通的数量。”②

如果纸币的发行超过了流通中必要的金属货币量，就会发生货币贬值，通货膨胀，甚至产生信用危机。

现实意义

马克思关于货币及其流通规律的基本原理也适用社会主义社会。社会主义经济作为一种社会化商品经济，货币同样是商品价值的统一表现形式，社会财富的一般代表，社会生产和流通运行的共同载体，国民经济发展的重要推动力，从而成为一种货币经济。因此，充分发挥货币的作用，对社会主义商品经济的发展，具有重要意义。

货币作为社会财富的一般代表和积累财富的有效形式，与自然经济相比，必然大大激发起人们致富的无限欲望，从而有力地推动生产力的发展。马克思指出：“作为目的的货币在这里成了普遍勤劳的手段。生产一般财富，就是为了占有一般财富的代表。这样，真正的财富源泉就打开了。”③ 货币是商品经济条件下推动物质生产和精神生产的一个主动轮。

---

① 《马克思恩格斯全集》第 23 卷，人民出版社 1972 年版，第 134 页。

② 《马克思恩格斯全集》第 23 卷，人民出版社 1972 年版，第 147 页。

③ 《马克思恩格斯全集》第 46 卷上册，人民出版社 1979 年版，第 174 页。

货币作为社会财富的一般形式，具有无限的扩张力，它使一切剩余劳动产品能够转化为一般财富，使任何孤立的个别劳动能够现实地表现为社会劳动。因此，社会经济的货币化，必然大大加速自然经济和半自然经济向商品、市场经济的转化过程，促进社会分工协作的发展和国内、国际市场的形成。正如马克思所指出："货币也是一种双重手段，它使财富具有普遍性，并把交换的范围扩展到整个地球；这样就在物质上和在空间上创造了交换价值的真正一般性。"① 从而促进本国和世界经济的一体化。

社会主义的货币同样具有价值尺度、流通手段、支付手段、贮藏手段和世界货币的职能。为了发展社会主义市场经济，必须充分发挥货币在核算劳动和经济效益，督促和加强经济管理方面的作用；在制定价格，调节流通，加速资金循环和周转方面的作用；在配置社会资源、搞好国民经济综合平衡，实现社会再生产按比例发展方面的作用；在合理分配各种收入，协调各种利益关系，调动劳动者积极性方面的作用。总之，要有效发挥货币在社会主义市场经济中的推动和纽带作用。

为了发挥货币在国民经济中的积极作用，从宏观上看，最重要的是要正确地制定和实行货币政策，加强对货币运行的管理，保持币值的基本稳定。这是现代市场经济条件下宏观调控的一个极端重要的目标。只有如此，才能从根本上保证国民经济稳定、持续和快速的发展。要保持币值和物价的基本稳定，关键问题就是要使纸币的发行量反映金属货币量流通规律的基本要求，与国民经济的发展保持适当的比例，防止超经济的过量发行。否则就会导致纸币贬值，物价上涨，影响国民经济的健康发展。

为了合理确定货币发行量，必须全面了解货币供应量的含义。一般经济理论认为，货币供应量包含了企业、个人及各金融机构等单位中的货币总存量。由于不同国家的经济发展水平不尽相同，货币供应量的内含也不完全相同。就我国来说，货币供应量一般划分为 M_0、M_1、M_2、M_3 四个层次。M_0 是指流通中的现钞；M_1 是指 M_0 加上企业活期存款、农业存款及机关团体存款；M_2 是 M_1 加上单位定期存款、城乡储蓄存款及信托类存款；M_3 是 M_2 加上债券、财政存款及其他金融机构存款和货币银行同业存款。纸币的发行和供应，必须综合地考虑到上述诸多因素。

谈到纸币的发行和流通，势必涉及当代世界上出现的所谓"黄金非货币化"的问题，即纸币与黄金"脱钩"的现象。根据马克思的货币理论，纸币只是金币的价值符号。20 世纪 30 年代以前，世界各国实行的是金本位（包括铸币和金块）制。这一制度最早于 1816 年在英国实行。在金本位制下，银行券或纸币可以自由或有条件地向发行银行兑换黄金。1929—1933 年资本主义世

---

① 《马克思恩格斯全集》第 46 卷上册，人民出版社 1979 年版，第 175 页。

界经济危机以后，英国于1931年首先宣布放弃金本位制，接着各国相继效法。之后实行所谓虚金本位制。其特点是，在国内不使用金币，发行的纸币也不能兑换黄金，只同另一金本位制国家的货币保持相对固定的比例，在对外经贸活动中用外汇，黄金和外汇同时作为准备金。这种币制实际上是金汇兑本位制。在这种币制下，许多国家特别是经济发达国家的本位货币虽然规定了含金量，但并不能兑换黄金，只作为对外汇率的基础和国际清算的尺度。第二次世界大战后一个时期，美国依靠它在资本主义世界的霸主地位，建立了以美元为中心的国际货币制度，迫使各国的货币与美元保持一定的比价，使美元和黄金一样成为各国货币和外汇的储备。70年代以后，美国政府公开推行黄金与纸币脱钩的政策，于1971年8月宣布美元停止兑换黄金，并在以后多次宣布美元贬值。由此，导致资本主义世界货币体系趋于瓦解，各国纷纷实行浮动汇率，取消黄金官价，纸币含金量名存实亡。

如何认识所谓纸币与黄金“脱钩”的现象呢?

第一，上述“脱钩”现象主要是指纸币不能按其规定的含金量向有关的发行银行兑换黄金。大家知道，黄金生产的增长是很有限的，而世界生产和流通的发展大大超过了金量的增长。而且，各国经济发展的状况与黄金拥有量的增长往往是不平衡的。特别是，美国的国际收支和国家预算的逆差和赤字日益庞大，美元的超国力发行及其引起的通货膨胀日益严重。在这种情况下，要保持传统的金本制或金汇兑本位制是不可能了。

第二，纸币是一种价值符号和流通工具。对于商品经营者来说，货币是转瞬即逝的东西，他真正关心的是货币的实际购买力。从理论上讲，一国纸币的发行量必须代替流通中的必要金属货币量。但后者归根结底取决于社会的生产力和流通力的发展水平。在经济发展相对正常的情况下，即使纸币与黄金不挂钩，也可以依靠国民财富的实力和已经形成的信用水平保持纸币币值的相对稳定。我们国家发行的人民币就没有规定含金量，但随着我国经济实力的日益增强，人民币的信用程度却日益提高，就是一个生动的例证。

第三，黄金与纸币的、“脱钩”是相对的。一旦社会生产和流通发生普遍的严重的经济危机，出现大量产品积压，或者资源极度匮乏，这时，纸币持有者就会竞相抛出纸币，抢购黄金，以保存这一社会财富的结晶。由此，黄金作为纸币基础的“庐山真面目”就会充分显现出来。正因为如此，一个国家为了保持本国经济及其对外经济活动的稳定发展，都十分重视黄金的开采和储备。可见，纸币与黄金的某种脱钩现象，并不能根本否定马克思关于货币的根本道理。

（四）关于价值规律的原理与现实

有商品经济，就存在商品经济的规律。商品经济的规律很多，其中的基本规律是价值规律。恩格斯指出："价值规律，恰好正是商品生产的基本规律"①。

1. 价值规律的主要内容

价值规律的主要内容，概括地说，就是商品的价值由生产商品的社会必要劳动时间决定，商品以价值为基础进行交换的客观必然性。

就商品的价值由社会必要劳动时间决定这一客观必然性来说，《资本论》分析了以下几层意思。

（1）单个商品价值的决定

决定某种商品价值的社会必要劳动时间的基本含义，就是马克思所说的："社会必要劳动时间是在现有的社会正常的生产条件下，在社会平均的劳动熟练程度和劳动强度下制造某种使用价值所需要的劳动时间。"②

这里需要指出的是，商品的价值是在生产中决定的，但这个决定过程要受到市场竞争的影响。马克思在《资本论》第三卷第10章进一步分析了市场价值（价值、社会价值、市场价值实际是一个东西，只是分析层次上的差别）的形成过程。所谓市场价值，就是个别价值通过部门内部的竞争而平均化形成的社会价值。马克思指出："市场价值，一方面，应看作是一个部门所生产的商品的平均价值，另一方面，又应看作是在这个部门的平均条件下生产的、构成该部门的产品很大数量的那种商品的个别价值。"③ 通过这个分析，进一步说明了社会必要劳动时间形成价值的实际过程。

生产同一种商品的生产条件，总是存在优等、中等、劣等三种类型。在竞争中，单个商品的市场价值量是由各种生产条件生产的商品的个别价值量的加权平均数决定的。在一般情况下，这个加权平均数以中等条件为主来形成（或调节），特殊情况下也可以优等或劣等条件为主来形成（或调节）。关键看哪种生产条件生产的产品在满足社会需要中占优势。这三种情况可用下列图表表示。

以中等条件为主形成市场价值：

	个别价值	产量	个别价值总和	单个商品的市场价值
优等条件	0.5元	10件	5元	=110元÷100件
中等条件	1元	60件	60元	
劣等条件	1.5元	30件	45元	
合　计		100件	110元	1.1元

① 《马克思恩格斯选集》第2版第3卷，人民出版社1995年版，第663页。

② 《马克思恩格斯全集》第23卷，人民出版社1972年版，第52页。

③ 《马克思恩格斯全集》第25卷，人民出版社1974年版，第199页。

以优等条件为主形成市场价值：

	个别价值	产量	个别价值总和	单个商品的市场价值
优等条件	0.5元	70件	35元	=70元÷100件
中等条件	1元	20件	20元	
劣等条件	1.5元	10件	15元	
合　计		100件	70元	0.7元

以劣等条件为主形成市场价值：

	个别价值	产量	个别价值总和	单个商品的市场价值
优等条件	0.5元	10件	5元	=130元÷100件
中等条件	1元	20件	20元	
劣等条件	1.5元	70件	105元	
合　计		100件	130元	1.3元

通过以上分析，我们对社会必要劳动时间决定商品价值的过程的理解就更深入也更具体了。

（2）一个部门同种商品价值总量的规定

马克思在分析单个商品（同种商品的样品）价值决定的基础上，还进一步分析了同一种商品总和的市场价值总量的规定。他指出："事实上价值规律所影响的不是个别商品或物品，而总是各个特殊的因分工而互相独立的社会生产领域的总产品；因此，不仅在每个商品上只使用必要的劳动时间，而且在社会总劳动时间中，也只把必要的比例量使用在不同类的商品上。……在这里，社会需要，即社会规模的使用价值，对于社会总劳动时间分别用在各个特殊生产领域的份额来说，是有决定意义的。……社会劳动时间可分别用在各个特殊生产领域的份额的这个数量界限，不过是整个价值规律进一步发展的表现，虽然必要劳动时间在这里包含着另一种意义。"①"如果某个部门花费的社会劳动时间量过大，那末，就只能按照应该花费的社会劳动时间量来支付等价。因此，在这种情况下，总产品——即总产品的价值——就不等于它本身所包含的劳动时间，而等于这个领域的总产品同其他领域的产品保持应有的比例时按比例应当花费的劳动时间。"②

这就是说，一种商品的市场价值总量，不是由该部门随意投入的劳动总量决定的，而是由该部门为了满足社会对它的使用价值总量的需要而按比例投入的社会必要劳动总量决定的。超过了这个限度的劳动量就不能形成现实的商品价值，等于白费力气，是一种浪费。这实际上是价值规律在宏观上的表现。

---

① 《马克思恩格斯全集》第25卷，人民出版社1974年版，第716—717页。

② 《马克思恩格斯全集》第26卷第1册，人民出版社1972年版，第235页。

(3) 商品的国际价值的决定

按照社会必要劳动时间的社会规定性，商品的国内价值与国际价值是有所不同的。为了全面掌握价值规律，需要了解国际价值的决定，即社会必要劳动时间决定商品价值量的规律在国际范围的表现。

马克思指出："国家不同，劳动的中等强度也就不同；有的国家高些，有的国家低些。于是各国的平均数形成一个阶梯，它的计量单位是世界劳动的平均单位。因此，强度较大的国民劳动比强度较小的国民劳动，会在同一时间内生产出更多的价值，而这又表现为更多的货币。""生产效率较高的国民劳动在世界市场上也被算作强度较大的劳动。""一个国家的资本主义生产越发达，那里的国民劳动的强度和生产率，就越超过国际水平。因此，不同国家在同一劳动时间内所生产的同种商品的不同量，有不同的国际价值，从而表现为不同的价格，即表现为按各自的国际价值而不同的货币额。"①

这就是说，商品的国际价值是由国际范围的社会必要劳动时间决定的。具体地说，就是各国生产同一种商品的不同社会必要劳动时间的加权平均数。之所以不是简单平均数，而是加权平均数，是因为不同国家生产的商品量在满足世界总需要量中所占的比重是不同的。按此标准，一个国家生产某种商品的劳动效率高，单位商品的劳动耗费低于国际社会必要劳动时间，从而其个别价值低于国际价值，如商品按国际价值决定的价格出卖，那么，这就意味着这个国家以较少的劳动时间获得了相对大的国际价值。反之，生产同一种商品的劳动效率低的国家，其个别价值高于国际价值，商品按国际价值出卖，就意味着这个国家用更多的劳动时间形成了相对小的国际价值。

总之，社会必要劳动时间决定商品价值是不以人的意志为转移的客观规律。正如马克思所说："生产这些产品的社会必要劳动时间作为起调节作用的自然规律强制地为自己开辟道路，就象房屋倒在人的头上时重力定律强制地为自己开辟道路一样。"②

下面分析商品要以价值为基础进行交换的客观必然性。

价值作为人类抽象劳动或者社会必要劳动时间的凝结，只能通过交换表现出来。在货币产生以后，就通过货币表现出来。商品价值的货币表现形式就是价格。价格一旦形成以后，就有相对的独立性。价格受供求关系的影响，往往和价值不完全一致。但是，一是商品价格是以价值为基础和重心波动的。一辆自行车的价格无论怎样上涨，总是小于一辆汽车的价格，其原因就在于它们的价值量有明显的差距。二是在商品经济正常发展的情况下，一般说商品的供求是不断波动的，时而求大于供，时而供大于求。但"供求可以在极不相同的形

---

① 《马克思恩格斯全集》第23卷，人民出版社1972年版，第614页。

② 《马克思恩格斯全集》第23卷，人民出版社1972年版，第92页。

式上消除由供求不平衡所产生的影响”①。从长期看供求是趋于平衡的，商品价格的涨落会互相抵消，趋于一致。三是在商品交换中，一种商品按高于价值的价格出卖，同时就意味着购买者（另一个商品生产者或消费者）的价值损失。这也就是说，价格与价值的背离只会改变社会既存价值总量的分配，从全社会看，商品的总价格与总价值是一致的。

由此可见，价格以价值为基础或者围绕价值波动，是价值规律的必然表现形式。正如恩格斯指出：“商品价格对商品价值的不断背离是一个必要的条件，只有在这个条件下并由于这个条件，商品价值才能存在。只有通过竞争的波动从而通过商品价格的波动，商品生产的价值规律才能得到贯彻，社会必要劳动时间决定商品价值这一点才能成为现实。”②

价值规律及其表现形式，是随着商品经济的发展而有变化的。

在资本主义自由竞争的条件下，由于利润率的平均化，商品的价值转化为生产价格。生产价格＝成本＋平均利润。这时，价值规律就转化为生产价格规律。社会的价值和价格体系像一座“三层楼”，基础层是价值，中间层是生产价格，表面层是市场价格，它直接围绕生产价格波动。

这里要指出的是：“商品按照它们的价值或接近于它们的价值进行的交换，比那种按照它们的生产价格进行的交换，所要求的发展阶段要低得多。而按照它们的生产价格进行的交换，则需要资本主义的发展达到一定的高度。”③ 前者要求商品经济有一定的发展，后者要求有发达的要素市场，以使资本和劳动力能够自由地实现转移。

在资本主义垄断阶段，形成了垄断价格。垄断价格包括垄断高价和垄断低价，目的都是获取大大高于平均利润的垄断利润。这时，生产价格规律仍在一定范围内存在，但占支配地位的是垄断价格规律，它是价值规律的进一步转化形式。

2. 价值规律运行的机制

价值规律及其作用的正常发挥，需要一定的社会条件，通过一系列机制来实现。其主要机制是：

（1）社会效用机制

价值规律的作用首先要求价值得以实现。而价值实现的前提条件是商品的使用价值（包括质和量两个方面）符合社会需要。马克思指出：“商品在能够作为价值实现以前，必须证明自己是使用价值，因为耗费在商品上的人类劳

---

① 《马克思恩格斯全集》第25卷，人民出版社1974年版，第213页。

② 《马克思恩格斯全集》第21卷，人民出版社1965年版，第215页。

③ 《马克思恩格斯全集》第25卷，人民出版社1974年版，第197—198页。

动，只有耗费在对别人有用的形式上，才能算数。”① 他还指出：“要使一个商品按照它的市场价值来出售，也就是说，按照它包含的社会必要劳动来出售，耗费在这种商品总量上的社会劳动的总量，就必须同这种商品的社会需要的量相适应，即同有支付能力的社会需要的量相适应。”② 如果商品的使用价值不为社会所需要，或者使用价值的数额超过了社会的需求，商品的价值就实现不了，或者不能完全实现。

（2）自主交易机制

价值规律是等价交换的规律。要做到这一点，就要求商品的所有者对自己的商品具有自由让渡的意志和权利。马克思说：“商品不能自己到市场去，不能自己去交换。……为了使这些物作为商品彼此发生关系，商品监护人必须作为有自己的意志体现在这些物中的人彼此发生关系，因此，一方只有符合另一方的意志，就是说每一方只有通过双方共同一致的意志行为，才能让渡自己的商品，占有别人的商品。可见，他们必须彼此承认对方是私有者。这种具有契约形式的（不管这种契约是不是用法律固定下来的）法权关系，是一种反映着经济关系的意志关系”③。商品生产者对自己的商品没有自主权，就不可能坚持等价的商品交换。

（3）平等竞争机制

马克思指出：“商品是天生的平等派”④。商品按价值出售的一个前提，是“就出售来说，没有任何自然的或人为的垄断能使立约双方的一方高于价值出售，或迫使一方低于价值抛售”⑤。商品生产者“不承认任何别的权威，只承认竞争的权威，只承认他们互相利益的压力加在他们身上的强制”⑥。恩格斯也说过：“竞争使商品生产的价值规律在进行交换的商品生产者的社会里发生作用”。“如果谁想把劳动时间决定价值这一点确立起来，而又禁止竞争用加压力于价格的办法，即一般说来是唯一可行的办法来确立这种对价值的决定，那就不过是证明，至少在这方面，他采取了空想主义者惯用的轻视经济规律的态度。”⑦ 这些论述深刻说明，商品的价值量不是人为算出来的，而是通过平等的竞争，通过价格的不断波动客观地确定的。也只有这样确定的价值量才能为具有各自利益的商品生产者认可和接受。没有平等竞争的环境，商品的价值规

---

① 《马克思恩格斯全集》第 23 卷，人民出版社 1972 年版，第 103 页。

② 《马克思恩格斯全集》第 25 卷，人民出版社 1974 年版，第 215 页。

③ 《马克思恩格斯全集》第 23 卷，人民出版社 1972 年版，第 102 页。

④ 《马克思恩格斯全集》第 23 卷，人民出版社 1972 年版，第 103 页。

⑤ 《马克思恩格斯全集》第 25 卷，人民出版社 1974 年版，第 198—199 页。

⑥ 《马克思恩格斯全集》第 23 卷，人民出版社 1972 年版，第 394 页。

⑦ 《马克思恩格斯全集》第 21 卷，人民出版社 1965 年版，第 215 页。

律就不能正常地发挥作用。

(4) 市场供求机制

马克思指出："一般说来，一切商品的价值，只是由不断波动的市场价格的相互补偿才能实现，而这种相互补偿又是供给和需求不断变动的结果。"① 这里所说的供求是指市场上的商品供给与有支付能力的需求。供求既有数量的关系，也有结构的关系。供给与需求这两个方面都是有伸缩性的。在市场上，供求完全平衡是偶然的，不平衡是绝对的。供求变化的一般规律是：需求与商品价格的升降成正向运动，供给与商品价格的升降成反向运动。价格对供求又有一种反作用。

例如，某种商品供不应求，价格上涨，由此会缩小需求，刺激生产，从而重新使供求趋于平衡，价格与价值趋向一致；另一种商品供过于求，价格下跌，由此会刺激需求，缩小生产，从而重新使供求趋于平衡，价格与价值趋向一致。因此，供求不一致导致价格与价值的背离没有否定价值规律，相反，供求变化与价格变化的相互作用，会不断实现供求的相对平衡，使价格与价值趋相一致，从而使社会必要劳动时间决定商品价值的规律得以实现。

(5) 货币流通机制

价值规律的正常作用与货币流通量的状况有密切的关系。货币是商品流通的手段。一定的社会商品总量是需要一定量的货币流通的。价值规律作用的正常发挥，要求货币的发行符合货币流通量的规律。如果一个国家在一定时间发行的纸币面额总量超过了流通中必要的金属货币量，就会发生通货膨胀，商品的价格普遍上涨到价值以上。这种情况如果持续下去，就会使人们误以为价值规律不存在了，或者以为商品的价值总是不断上升的，从而劳动生产率总是下降的。实际上不是这样（当然不排斥某些商品的生产费用会上升）。商品价格的普遍上涨主要是纸币超经济发行，导致人为的需求严重大于供给的结果。由此引起的物价持续上升，正是价值规律作用的表现。这时，判断商品的实际价值及其变动趋势，就要看各种商品的比价以及同贵金属的交换比例了。纸币的超量发行，不会增加社会既定的价值总量，但它会在不同程度上改变价值总量在人们之间的正常分配关系，造成社会经济生活的紊乱。

3. 价值规律的主要作用

价值规律的一般作用，主要有如下几方面：

(1) 刺激生产技术的发展

由于商品的社会价值由社会必要时间决定，首先采用先进技术的企业的商品的个别价值低于社会价值，可以多赚钱；技术落后的企业的商品的个别价值高于社会价值，因而会亏损。由此形成优胜劣汰的机制，推动技术的进步、管

---

① 《马克思恩格斯选集》第2版第2卷，人民出版社1995年版，第91页。

理的改善和生产的发展。

马克思在分析相对剩余价值生产时说明了这个道理。他指出：“生产力特别高的劳动起了自乘的劳动的作用，或者说，在同样的时间内，它所创造的价值比同种社会平均劳动要多。……可见，采用改良的生产方式的资本家比同行业的其余资本家，可以在一个工作日中占有更大的部分作为剩余劳动。他个别地所做的，就是资本全体在生产相对剩余价值时所做的。但是另一方面，当新的生产方式被普遍采用，因而比较便宜地生产出来的商品的个别价值和它的社会价值之间的差额消失的时候，这个超额剩余价值也就消失。价值由劳动时间决定的规律，既会使采用新方法的资本家感觉到，他必须低于商品的社会价值来出售自己的商品，又会作为竞争的强制规律，迫使他的竞争者也采用新的生产方式。”① 与此同时，同一部门内部的社会资源也必然不断向优势企业流动。

（2）调节社会劳动（资源）在不同部门的分配

马克思说：“小孩子同样知道，要想得到和各种不同的需要量相适应的产品量，就要付出各种不同的和一定量的社会总劳动量。这种按一定比例分配社会劳动的必要性，决不可能被社会生产的一定形式所取消，而可能改变的只是它的表现方式，这是不言而喻的。自然规律是根本不能取消的。在不同的历史条件下能够发生变化的，只是这些规律借以实现的形式。而在社会劳动的联系体现为个人劳动产品的私人交换的社会制度下，这种按比例分配劳动所借以实现的形式，正是这些产品的交换价值。”②

交换价值是不同使用价值交换的比例关系，它是价值的表现形式。在货币产生以后，交换价值就表现为商品的价格。马克思这里所说的交换价值，实际上指的就是商品以价值为基础进行交换的规律。在一定条件下，社会总劳动在各个部门的分配有一定的比例要求，但在商品经济条件下，各个部门生产的实际比例往往是不平衡的。有的部门投入劳动过多，产品供过于求，因而价格下跌，利润下降；有的部门投入劳动过少，产品供不应求，因而价格上涨，利润率上升。这样，就必然促使社会劳动或资源从价低利小的部门向价高利大的部门转移。价值规律正是通过价值和价格的这种矛盾运动，不断地调节社会劳动或资源在不同部门之间的分配。

（3）影响国民收入的分配

国民收入的分配，是由生产资料所有制关系和分配关系决定的。但在商品经济的条件下，价值规律在分配中也起着重要的作用。首先，总的来说，人们的劳动只有形成价值并得到实现，才有可能成为分配的收入。因此，坚持等价交换原则，是实现市场公平分配的基础。其次，同一个部门中的各个企业之

---

① 《马克思恩格斯全集》第23卷，人民出版社1972年版，第354—355页。

② 《马克思恩格斯选集》第2版第4卷，人民出版社1995年版，第580页。

间，通过部门内部的竞争，使社会价值的水平及其与个别价值的差距不断发生变化，从而影响各个企业收入水平的变化，其趋势是优高劣低。这体现了收入分配中的效率优先原则，对经济的发展是有利的。最后，尽管商品的价格与价值总的来说是趋于一致的，但微观上的不一致是经常的普遍存在的。这种不一致会形成机会收入，在一定程度上改变不同部门所创收入的再分配，并影响消费者收入实现的程度。在当代市场经济条件下，国家有必要采取某些宏观措施，适当调节某些商品的价格，对国民收入的分配有所调节。

在私有制商品经济条件下，价值规律作用的一个重要社会后果，是造成商品生产者两极分化。这种两极分化，在封建社会后期，导致和促进了资本主义生产方式的产生和发展。

4. 价值规律是商品经济的基本规律

价值规律为什么是商品经济的基本规律呢？结合商品经济发展的历史和现实，我们认为有如下几个方面的原因：

第一，商品经济有着一系列规律，如竞争规律、供求规律、价格规律、货币流通规律等，所有这些规律都是以价值规律为基础而存在和发挥作用的。离开了价值规律，商品经济、市场经济的其他一切规律都失去基础了。

第二，价值规律在根本上决定着商品经济的社会作用，决定着商品生产经营者的命运，决定着商品经济发展的全部历史过程。

第三，在当代市场经济条件下，社会经济的运行和配置，要发挥市场的基础作用和国家的宏观调控作用。这两个方面的作用都离不开价值规律。市场的基础作用实际上就是价值规律的基础作用。只有充分发挥价值规律的作用，才能使企业真正关心并灵敏地反映价格信号，通过优胜劣汰的竞争，实现资源的有效配置。就国家的宏观调控作用来说，在市场经济的条件下，价值规律的要求（包括社会必要劳动时间的两个含义）是它的一个基本客观依据。如果国家的宏观调控不反映价值规律的要求，甚至与价值规律的要求背道而驰，就会对社会经济起破坏作用，受到客观规律的惩罚。这是大量的历史经验所证明了的。

因此，发展商品经济和市场经济，必须按价值规律办事。我国已故的著名经济学家孙冶方曾经说过：千规律，万规律，价值规律是第一规律。这句话生动地表达了按价值规律办事的极端重要性。

在这里值得指出的是，说价值规律是基本规律，是从商品经济与市场经济一般这个层次上讲的。从各个历史的社会形态来讲，每个社会都有着自己的基本经济规律，如剥削剩余价值规律就是资本主义社会的基本经济规律。它产生于资本主义私有制，反映了资本主义经济的特殊目的和本质，在资本主义经济生活中起主导作用，决定了资本主义经济发展和灭亡的全过程。社会主义社会也有自己的基本经济规律，如何表述还可以研究，但其主要精神就是：发展社会生产，不断满足人民日益增长的物质和文化生活的需要。这个基本规律产生于社会主义公有制，反映了社会主义生产的根本目的和本质，决定了社会主义经济发展的大方向，在社会主义经济生活中起主导作用。因此，必须把商品经济与市场经济一般的基本规律，和各个社会特有的基本经济规律区别开来，不要混同。

现实意义

由于马克思设想的社会主义社会是不存在商品经济的，因而也不存在商品的价值规律。但他认为价值内含的劳动时间对社会生产依然起调节作用。他说："在资本主义生产方式消灭以后，但社会生产仍然存在的情况下，价值决定仍会在下述意义上起支配作用：劳动时间的调节和社会劳动在各类不同生产之间的分配，最后，与此有关的簿记，将比以前任何时候都更重要。"① 实践证明，社会主义社会的经济还是商品经济，劳动时间还不能直接调节社会生产，必须依靠商品货币关系，通过商品价值规律来调节社会生产。

在马克思主义发展史上，首先明确肯定社会主义制度下还存在价值规律的是斯大林。他指出："在我国，在我们的社会主义制度下，价值规律是不是存在呢，是不是发生作用呢?""是的，是存在的，是发生作用的。在有商品和商品生产的地方，是不能没有价值规律的。"② 但他又认为价值规律只对流通起调节作用，对生产不起调节作用。

我们党对社会主义社会的商品经济和价值规律的认识，经历了一个曲折的探索过程。直到党的十一届三中全会以后，才逐步达到了比较符合实际的科学认识。认识到商品关系在社会主义经济中的普遍存在，价值规律在全社会经济生活中仍然起调节作用。

当前和今后相当长一个时期，我国经济工作的中心任务是实现"两个转变"，即在经济体制上实现从计划经济体制向社会主义市场经济体制的根本转变，在经济增长方式上实现从粗放型向集约型的根本转变。在实现这两个转变中，都必须发挥价值规律的作用。

在社会主义市场经济体制中，市场在社会资源的配置中起着决定性的调节作用。而这个调节的实质，就是价值规律的调节。在一个部门，价值规律通过社会价值与个别价值的矛盾运动，促进企业之间优胜劣汰的竞争，使部门内部的生产要素向优势企业和优势产品倾斜，实现企业和产品结构的优化。在部门之间，价值规律通过价格与价值的矛盾运动，调节社会劳动在不同部门之间的流动，促进社会资源的合理配置和产业部门结构的优化。并且，在决定商品价值的社会必要劳动时间的第二含义（宏观要求）的作用下，实现社会生产的按

---

① 《马克思恩格斯全集》第25卷，人民出版社1974年版，第963页。

② 《斯大林文选（1934—1952）》下，人民出版社1962年版，第585页。

比例发展。可见，离开了价值规律的作用，就无所谓市场调节的决定作用。

实现经济增长方式从粗放型向集约型的转变，也离不开价值规律的作用。集约型的经济增长，要求不断增加经济中的科技含量，优化产业结构，实现规模效益，不断提高产品的质量和经济效益。在市场经济的条件下，所有这一切，只有按价值规律办事，遵循优胜劣汰的原则，发挥部门内部竞争和部门之间竞争的积极作用，才可能获得强大的动力，合理的环境，有效的机制。否则，转变经济增长方式就是一句空话。

有效发挥价值规律的作用，需要一系列社会条件。在社会主义条件下，主要有三个方面的条件：一是搞活企业，使企业真正成为独立的经济实体和市场竞争主体。这样才能使企业关心市场的需要，重视成本、价值和价格的核算，并对价格、供求等市场信号作出灵敏的反映。二是形成完善的市场体系和社会保障体系。这样才能形成价值规律作用的公平竞争环境和社会保证条件。三是健全和加强政府宏观调控体系。这是自觉利用价值规律，克服价值规律自发作用的缺陷，充分发挥其积极作用的必要保证。

毛泽东告诉我们，价值“法则是一个伟大的学校”①。我们的广大干部和人民，只有通过这个实践的大学校，才能卓有成效地发展社会主义市场经济，建设现代化的社会主义强国。

正确理解社会主义条件下价值规律的作用，还涉及到这样一个问题：价值规律作为商品经济的基本规律，它与社会主义经济特有的基本经济规律是怎样的关系？我们认为，这是两个不同层次、但又相互联系的两个经济规律。一方面，作为商品经济或市场经济的基本规律的价值规律，是社会主义经济的一般基础，反映社会主义生产目的的基本经济规律的作用要建立在价值规律作用的基础上。不按价值规律办事，各个企业的资金不能得到有效的保值和增殖，就谈不上生产的发展和人民生活的改善。另一方面，基本经济规律反映的是社会主义经济的本质和目的，因而社会主义条件下价值规律的作用受到社会主义基本经济规律的制约。价值规律的作用虽然总地说有利于发展生产和人民生活的改善，但也会产生某些与此相矛盾的负效应。这就要求国家根据社会主义基本经济规律主导作用的要求，对社会经济生活给予恰当的调节，以便使局部利益和全局利益、目前利益和长远利益更加协调。这也是价值规律更好地发挥基础调节作用的必要条件。因此，在发展社会主义市场经济的过程中，必须把价值规律的基础作用和社会主义基本经济规律的主导作用辩证地统一起来。

（五）关于商品拜物教和商品经济发展历史趋势的原理与现实

马克思通过对商品经济的分析，不仅阐明了商品、货币和价值规律的一般规

---

① 转引自《中国共产党的七十年》，中共党史出版社1991年版，第359页。

定性，而且揭示了商品拜物教及其产生的根源，指明了商品经济发展的历史趋势。

1. 商品拜物教的含义和表现

所谓拜物教，就是人们由于不了解某种物质现象的本质而把某种物当作神来崇拜的一种宗教迷信。例如，古人不了解打雷闪电与河水泛滥的自然规律，就把火与水加以神化，形成拜火教、拜“龙王爷”。这些“神”本来不是客观存在，只是人脑虚构的产物，但它反过来成为支配人的力量，人则拜倒在它们面前。这是人与物的颠倒。

所谓商品拜物教，就是商品经济条件下人与物关系的颠倒和人们对商品物的一种类似宗教的崇拜观念。旧社会许多商品生产经营者崇拜“财神爷”，乞求保佑自己发财，就是商品拜物教的一个相当普遍的表现。

商品拜物教的奥秘来自何方呢？不是来自商品的使用价值（它是看得见、摸得着的东西），也不是来自形成商品价值实体的抽象劳动（它是人类生理学意义上的体力和脑力的耗费），也不是来自生产商品的劳动的社会性（在社会分工的条件下人们劳动就是为社会的劳动）。商品拜物教的奥秘来自商品物的交换形式本身。

马克思指出：“商品形式的奥秘不过在于：商品形式在人们面前把人们本身劳动的社会性质反映成劳动产品本身的物的性质，反映成这些物的天然的社会属性，从而把生产者同总劳动的社会关系反映成存在于生产者之外的物与物的社会关系。由于这种转换，劳动产品成了商品，成了可感觉而又超感觉的物或社会的物。”这里包含两层意思：第一，在商品经济条件下，商品生产者劳动的社会性，不是直接表现出来，而是通过物与物的交换形成价值，并表现在某一个相交换的商品物（如金银）上面。这个物就代表着人类社会劳动的结晶——价值。社会劳动及其形成的价值结晶本来是人的产物，可是在自发的商品生产者看来，却是充当价值代表的商品物（如金银）本身的自然属性，似乎这个物（如金银）本身就有这样的魔力。第二，进一步说，商品生产者的劳动本来是社会总劳动的一部分，他与社会的关系实际上是一种劳动交换关系。但在商品经济的条件下，这个劳动交换关系不能直接实现，只能通过生产者之外的物与物的交换来实现。这样，商品生产者的命运就似乎取决于物的命运了。由此，商品物成了人们可以感觉而又超感觉的神奇力量。既然如此，商品物及其交换关系必然歪曲地、颠倒地成为支配人、统治人的力量。在这种情况下，商品生产者自然要拜倒在商品物（特别是金钱）的面前，对它怀着宗教式的迷信。“因此，要找一个比喻，我们就得逃到宗教世界的幻境中去。在那里，人脑的产物表现为赋有生命的、彼此发生关系并同人发生关系的独立存在的东西。在商品世界里，人手的产物也是这样。我把这叫做拜物教。”①

总之，商品交换形式导致商品拜物教的基本逻辑是：人与人的关系表现为物

---

① 《马克思恩格斯全集》第23卷，人民出版社1972年版，第88—89、89页。

与物的关系；物与物的关系反过来主宰人与人的关系；因此人产生商品拜物教。

当货币出现以后，商品拜物教就发展为货币拜物教。“货币拜物教的谜就是商品拜物教的谜，只不过变得明显了，耀眼了”。资本主义社会则是“颂扬金的圣杯是自己最根本的生活原则的光辉体现”。① 当货币转化为资本以后，商品拜物教又进一步发展为资本拜物教。特别是在“生息资本的形式上，资本拜物教的观念完成了。”②

2. 商品拜物教产生的根源

马克思指出：“商品世界的这种拜物教性质，……是来源于生产商品的劳动所特有的社会性质。”③

这个特有的社会性质指的是什么呢？就是商品经济条件下私人劳动与社会劳动的矛盾。一方面，由于社会分工，使商品生产者的劳动具有社会性，是为社会进行的劳动；另一方面，由于私有制，使商品生产者的劳动具有私人性，是为私人利益进行的劳动，生产什么，怎样生产，由私人决定。私人劳动要成为社会劳动，只有通过商品物之间的等价交换才能实现。……而在交换之前，私人生产者不知道或不完全知道社会所需商品的质量、数量和价值水平，而且私人生产条件的局限也往往使他的产品的使用价值和价值量不符合和不完全符合社会的需要，从而阻碍私人劳动转化为社会劳动。然而，所有这一切，只有在实际进行商品交换时才能得到证明和表现出来。所以，“在交换者看来，他们本身的社会运动具有物的运动形式。不是他们控制这一运动，而是他们受这一运动控制。”④ 这就是产生商品拜物教的根源所在。

由此可见，商品拜物教是商品经济的必然产物。“劳动产品一旦作为商品来生产，就带上拜物教性质，因此拜物教是同商品生产分不开的。”⑤

由于马克思构想的社会主义社会建立在生产力发达和单一社会所有制的基础上，没有商品货币关系，当然就不存在商品拜物教。问题是：在实践已经证明社会主义经济仍然是商品经济的情况下，社会主义商品经济是否也产生商品拜物教呢？这个问题很值得探讨。

我认为要以两重性的观点来分析这个问题。

一方面，由于社会主义商品经济建立在公有制为主体、全民（国家）所有制为主导的基础上，在共产党和人民民主专政国家的领导下以及马克思主义意识形态的指导下发展，从主导方面看，特别是在全民所有制范围内，人与人之

---

① 《马克思恩格斯全集》第23卷，人民出版社1972年版，第111、153页。

② 《马克思恩格斯全集》第25卷，人民出版社1974年版，第449页。

③ 《马克思恩格斯全集》第23卷，人民出版社1972年版，第89页。

④ 《马克思恩格斯全集》第23卷，人民出版社1972年版，第91页。

⑤ 《马克思恩格斯全集》第23卷，人民出版社1972年版，第89页。

间具有利益的根本一致性，个别的、局部的劳动与社会劳动之间具有自觉协调的可能性，因此，人与人之间的关系不纯粹是商品交易关系，从根本上说是社会主义主人翁的联合劳动关系。与此相适应，在意识形态领域，占支配地位的不是商品拜物教，而是社会主义思想。

另一方面，由于在社会主义社会商品关系中，存在局部范围的私有制关系，存在不同公有制的关系，同一公有制内部还存在不同经营主体之间的关系，一句话，存在着利益多元化的关系，这就决定了在劳动过程中必然存在着个别的局部的劳动（包括私人劳动和非私人劳动）与社会劳动之间的矛盾。如何调节这个矛盾呢？从微观上说，就必须通过商品等价交换，以市场为基础，以货币作为价值尺度和流通手段，并发挥货币作为资本增值的载体作用。这样一来，社会主义商品经济特别是其中的私有制商品经济中人与人之间的关系，还具有通过物与物的关系表现出来并受后者支配的特性，从而存在着程度不同的商品、货币拜物教产生的土壤。社会主义市场经济发展过程中各种拜金主义现象的滋生，充分证明了这一点。

在这个问题上，社会主义商品经济与资本主义商品经济的区别，不在于能否产生和存在商品拜物教，而在于商品拜物教所处的地位和发展趋势不同。在资本主义商品经济条件下，商品拜物教在人与人的关系和意识形态领域占统治地位，而且根本消灭不了。在社会主义商品经济条件下，商品拜物教不占统治地位，而且随着社会主义向共产主义的过渡，商品拜物教必然趋向消亡。

当然这里需要注意的是，一定要把重视发展商品、市场经济，重视物与物的交换关系，与商品拜物教区别开来；把重视货币的作用，合理合法地赚钱，与货币拜物教区别开来；把重视投资的保值和增值，充分发挥资本（一般）在发展市场经济中的纽带作用，与资本拜物教区别开来。

3. 商品经济的历史作用和发展趋势

马克思指出："产品要表现为商品，需要社会内部的分工发展到这样的程度：在直接的物物交换中开始的使用价值和交换价值的分离已经完成。但是，这样的发展阶段是历史上完全不同的社会经济形态所共有的。"① 这些经济形态包括原始公社社会末期、奴隶社会、封建社会等。这几个历史时期占统治地位的是自然经济，商品经济只处于局部的、从属的地位。这时的商品经济基本属于简单商品经济。其主要特点是：商品生产者以生产资料个体私有制和个人劳动为基础，生产商品的主要目的是为了换回自己需要的使用价值。到了封建社会末期，在商品经济发展的基础上，自然经济逐渐解体，小商品生产者逐渐分化。经过资本原始积累，简单商品经济进一步发展为资本主义商品经济。

资本主义商品经济的主要特点是：商品经济普遍化，劳动力变成商品，生

① 《马克思恩格斯全集》第23卷，人民出版社1972年版，第192—193页。

产商品的目的是为剥削剩余价值。马克思认为：“只有在资本主义生产的基础上，商品生产才表现为标准的、占统治地位的生产方式。”“发达的商品生产本身就是资本主义的商品生产。”① 它是商品生产的最高和最后阶段。

社会主义实践的发展，已证明社会主义经济仍然是商品经济，而且也应该成为发达的商品经济。这就使商品经济又进一步发展到一个新的阶段，即以公有制为主体的社会主义商品经济阶段。

如果与简单商品经济相比较，将资本主义商品经济和社会主义商品经济的共性加以概括，可称之为发达商品经济或社会化商品经济。

社会化商品经济与自然经济以及过时的计划经济相比，其主要经济优势在于：生产经营的自主性；最大利益的趋动性；优胜劣汰的竞争性；经济效益的实现性（卖出去才算数）；资源配置的流动性；经济运行的开放性；等等。因此，商品经济自产生以来，横跨了好几个社会，持续了数千年，在促进人类文明的发展中起着巨大的作用。

马克思指出：“只有资本主义的商品生产，才成为一个划时代的剥削方式，这种剥削方式在它的历史发展中，由于劳动过程的组织和技术的巨大成就，使社会的整个经济结构发生了变革，并且不可比拟地超越了以前的一切时期。”② 这既是对资本主义生产方式历史作用的高度评价，也是对商品经济历史作用的高度评价。

社会主义经济的实践也逐渐证明，商品经济是社会主义经济发展的不可逾越的阶段，公有制与市场经济的有机结合是充分发挥社会主义优越性的一个关键所在。正是按照计划与市场相结合的思路不断改革过时的经济体制，我国的社会主义事业才走上了振兴之路。

商品经济至今还具有强大的生命力，它今后还要长期地为人类社会服务。

但是，按照历史的辩证法，商品经济同任何事物一样是一定历史条件的产物，有其内在的矛盾和历史的局限性，最终是要退出历史舞台的。

商品经济是存在于社会分工与私有制、不同所有制以及不同利益主体关系基础上的一种经济形式。在它之中，存在着一系列矛盾。马克思概括地指出：“商品内在的使用价值和价值的对立，私人劳动同时必须表现为直接社会劳动的对立，特殊的具体的劳动同时只是当作抽象的一般的劳动的对立，物的人格化和人格的物化的对立，——这种内在的矛盾在商品形态变化的对立中取得了发展的运动形式。因此，这些形式包含着危机的可能性，但仅仅是可能性。”③ 关于这四组矛盾，在前面有关地方已有过论述，这里仅作些扼要的归结。

使用价值与价值的矛盾，主要表现为卖者与买者的矛盾。对同一商品来

---

① 《马克思恩格斯全集》第24卷，人民出版社1972年版，第40、127页。

② 《马克思恩格斯全集》第24卷，人民出版社1972年版，第44页。

③ 《马克思恩格斯全集》第23卷，人民出版社1972年版，第133页。

说，前者的目的是实现交换价值，后者的目的是实现使用价值。

具体劳动与抽象劳动的矛盾，主要表现为劳动的个性与共性、质态与数量的矛盾。如果具体劳动的质量不行，抽象劳动就难以有效地形成和实现。

物的人格化与人格的物化的矛盾，主要表现为人与物关系的导化、颠倒，物对人的统治，人对物的拜倒。

私人劳动与社会劳动的矛盾，主要表现为私人劳动不能直接地表现为社会劳动，只能间接地通过物与物的等价交换表现为社会劳动。而私人劳动的局限性往往使它在质或量两个方面不符合社会需要，从而不能有效转化为社会劳动。由于私人劳动与社会劳动的矛盾，决定着简单商品经济的其他矛盾，决定着简单商品生产者的命运，决定着简单商品经济发展的历史过程，所以成为简单商品经济的基本矛盾。如果把社会主义公有制为主体基础上的商品经济概括进来，形成商品经济一般的概念，那么，其基本矛盾可以进一步抽象为个别（或局部）劳动与社会劳动的矛盾。这个矛盾的根源就是商品经济产生的一般条件——“社会分工＋不同利益主体”。

商品经济的特殊矛盾，决定了它的社会作用是二重性的，一方面有积极的作用（在商品经济存在的历史限度内这是主导的方面），主要表现为有利于激发企业和劳动者积极性，有利于提高经济效益，有利于社会生活水平的提高；另一方面有消极的作用。后者主要表现为，商品经济的运行和发展会产生一定的盲目性、无序性甚至危机的可能性；导致贫富分化，加剧社会收入分配不公的矛盾；滋生利己主义、拜金主义的思想和丑恶现象等等。正因为这样，当代世界许多国家在发展商品—市场经济的过程中，都注意加强宏观调控，重视企业文化和职业道德教育。社会主义国家更要这样。尽管如此，由于商品经济的消极作用归根结底是商品经济土壤的产物，上述措施只能弱化商品经济的消极作用，不能将其根除。因此，按照历史的发展规律，商品经济必然在将来条件成熟时走向消亡。

马克思对人类社会经济的发展形式提出了三个阶段。他指出：“人的依赖关系（起初完全是自然发生的），是最初的社会形态，在这种形态下，人的生产能力只是在狭窄的范围内和孤立的地点上发展着。以物的依赖性为基础的人的独立性，是第二大形态，在这种形态下，才形成普遍的社会物质交换，全面的关系，多方面的需求以及全面的能力的体系。建立在个人全面发展和他们的共同的社会生产能力成为他们的社会财富这一基础上的自由个性，是第三个阶段。第二个阶段为第三个阶段创造条件。”① 我们可以把这三个阶段简括为自然经济发展阶段、商品经济发展阶段和自由人联合体经济发展阶段。

所谓自由人联合体经济，就是建立在生产资料社会公有、产品极大丰富、实行按需分配基础上的，以人的全面、自由发展为标志的经济形式。一旦这一

---

① 《马克思恩格斯全集》第46卷上册，人民出版社1979年版，第104页。

境界到来，人类就真正成为自然的主人、社会的主人、自己的主人。人类历史的发展也就真正从必然王国过渡到自由王国（当然是相对的）。很显然，这个理想的境界实际上是共产主义的高级阶段。按此理解，商品经济的消亡只能在全人类向共产主义社会的过渡中完成。

现实意义

第一，使我们全面、科学地认识商品、市场经济作用的两重性，既坚持“重点论”（充分估计它的居于主导方面的积极作用），进一步坚定发展社会主义市场经济的决心和信心，努力投身于建立社会主义市场经济体制的改革实践；又坚持“两点论”，客观地看到市场经济的一定消极作用，看到这种消极作用在社会主义条件下存在的必然性和危害性，从而自觉地坚持一系列“两手抓、两手都要硬”的方针。这是社会主义市场经济健康、高效运行的重要保证。在对待市场经济的态度上，我们必须牢记两个命题：社会主义不搞市场经济只有死路一条；搞市场经济不坚持“两手抓”的方针也会导致社会主义的自我毁灭。

第二，使我们更加重视社会主义市场经济中的精神文明建设。由于商品、市场经济的存在必然产生商品、货币拜物教，因而它在思想文化上也具有两重效应。这一点，在社会主义条件下也不例外，只不过情况有所不同罢了。社会主义市场经济的发展，一方面有利于增强人们的自立意识、竞争意识、效率意识、民主法制意识和开拓创新精神，这是主导的方面；另一方面市场经济本身的弱点和消极方面也会反映到精神生活中来，特别是产生拜金主义的思想和犯罪、丑恶行为。因此，为了实现社会主义与市场经济的优势结合，兴利除害，充分发挥社会主义市场经济的优越性，必须在建立和完善社会主义市场经济体制的同时，高度重视社会主义精神文明的建设。尤其要努力形成把国家和人民利益放在首位而又充分尊重公民个人合法利益的社会主义义利观，反对损人利已、见利忘义、拜金主义，引导人们正确处理竞争和协作、自主和监督、效率和公平、先富和后富、经济效益和社会效益等方面的关系，用科学、求实的社会主义精神支持和保证社会主义市场经济沿着正确的方向发展。

第三，使我们能够用历史唯物主义的态度对待商品、市场经济。商品经济自产生以来，存在了数千年，直至社会主义整个历史阶段。发展市场经济是振兴社会主义的必由之路。因此，我们要充分认识发展社会主义市场经济的长期性。对此不能有丝毫含糊。然而，按照历史的辩证法，商品、市场经济既然是一定历史条件的产物，自然有其历史的局限性，并必将随着历史的发展而最终退出历史舞台。这里需要指出的是，马克思对商品经济的历史局限性和消亡的历史必然性的看法原则上是正确的，只不过由于实践的限制，他对商品经济存在的长期性估计不足罢了。他认为，在实行按劳分配的社会主义阶段就消灭商品货币关系。实际上，在整个社会主义历史阶段，按劳分配和商品交换是同根（生产力相对不发展，劳动还是谋生的手段）生的“双胞胎”。它们只能在产品极大丰富、实行按需分配的共产主义高级阶段一起退出历史舞台。有了这样一种认识，我们就能够以历史辩证法的大视角看待社会主义市场经济。既看到它的长期性，又看到它的过渡性，既重视货币在推动社会主义经济中的巨大作用，又自觉抵制拜金主义的影响，既在经济生活中坚持等价交换原则，又坚决反对把商品关系渗透到党和国家的政治生活中来。一句话，做一个勤奋进取、头脑清醒、合理合法、情思高尚的发展社会主义市场经济的好带头人。

二、剩余价值生产理论

这一理论综合地概括了《资本论》第一卷2至6篇的基本内容。这是第一卷的主体理论。其核心，是揭示资本主义剥削的秘密和实质。

恩格斯在谈到《资本论》的中心时指出：“马克思的整本书都是以剩余价值为中心的。”① 从这个意义上说，全部《资本论》也可以称之为剩余价值理论。不过，不要把剩余价值理论与剩余价值生产理论混同起来。前者包括剩余价值的生产、流通和分配理论；后者则是着重研究剩余价值的生产问题，它是整个剩余价值理论的基础部分。

马克思对剩余价值生产的研究，运用了科学的抽象法。在马克思以前，某些资产阶级古典经济学家已经看到了相当于剩余价值那一部分收入的存在，但他们只是从地租、利润、利息这些特殊形态上进行考察，没有剩余价值一般的概念，混淆了特殊与一般的规定性，因而不可能科学地揭示剩余价值的科学内涵。马克思从资本主义剥削的现象出发，坚持从一般到特殊的逻辑秩序，运用科学的抽象，首先将剩余价值一般作为一个独立的基本范畴来加以考察。他指出：“过去的一切经济学一开始就把表现为地租、利润、利息等固定形式的剩余价值特殊部分当作已知的东西来加以研究，与此相反，我首先研究剩余价值的一般形式”②。这就为从本质到现象彻底揭示资本主义剩余价值的剥削关系，创立科学的剩余价值理论，提供了方法论基础。

考察剩余价值生产的关键点，是劳动力成为商品。资产阶级古典经济学家之所以不能科学地分析剩余价值，还在于他们混同了劳动力和劳动，没有当然也不可能形成劳动力商品的概念。马克思第一次明确区别了劳动与劳动力，正确地剖析了劳动力这个特殊商品，从而为科学地揭示剩余价值剥削的秘密提供了一把钥匙。对于这一点的重要意义，恩格斯作了高度的评价。他指出：马克

---

① 《马克思恩格斯选集》第2版第3卷，人民出版社1995年版，第557页。

② 《马克思恩格斯全集》第32卷，人民出版社1974年版，第11页。

思“研究了货币向资本的转化，并证明这种转化是以劳动力的买卖为基础的。他以劳动力这一创造价值的属性代替了劳动，因而一下子就解决了使李嘉图学派破产的一个难题，也就是解决了资本和劳动的相互交换与李嘉图的劳动决定价值这一规律无法相容这个难题。”①

根据第 2 至 6 篇的内容，学习剩余价值生产理论，应着重抓住以下五个方面的基本原理：关于货币转化为资本的原理；关于剩余价值生产过程的原理；关于加强剩余价值剥削的方法的原理；关于资本主义工资的原理；关于资本的本质和剩余价值规律的原理。

（一）关于货币转化为资本的原理与现实

劳动力成为商品，是货币转化为资本、生产剩余价值的前提条件。资本主义剥削的对象是雇佣劳动者。

1. 资本的总公式

货币是资本的最初表现形式和一般表现形式。资本家的经济活动一般是从货币的投放开始的。

但是，货币本身不是资本。作为商品流通媒介的货币与作为资本流通的货币是有区别的。

商品流通的公式是 W—G—W

资本流通的公式是 G—W—G′

W 代表商品，G 代表货币，G′代表增殖的货币。

首先可以看出，这两种流通在形式上存在明显的区别。商品流通公式的起点和终点都是商品，表现为买而卖。资本流通公式的起点和终点都是货币，表现为为卖而买。

进一步分析可以发现，在形式上差别的背后隐藏着内容上的差别。

第一，对商品的追求点不同。商品流通是不同使用价值的交换，目的是使用价值的消费；资本流通从货币开始，最后又回到货币上。“因此，这一循环的动机和决定目的是交换价值本身。”②

第二，运动的实际意义不同。商品流通尽管按等价原则进行，运动仍然是有内容和意义的，这就是实现不同使用价值（体现不同质的社会劳动）的交换；资本流通就不同了，“G—W—G 过程所以有内容，不是因为两极有质的区别（二者都是货币），而只是因为它们有量的不同。最后从流通中取出的货币，多于起初投入的货币。”③

---

① 《马克思恩格斯全集》第 24 卷，人民出版社 1972 年版，第 22 页。

② 《马克思恩格斯全集》第 23 卷，人民出版社 1972 年版，第 171 页。

③ 《马克思恩格斯全集》第 23 卷，人民出版社 1972 年版，第 172 页。

第三，运动的界限不同。商品流通由于是为了在流通之外实现使用价值的消费，因而运动是有限的；“相反，作为资本的货币的流通本身就是目的，因为只是在这个不断更新的运动中才有价值的增殖。因此，资本的运动是没有限度的。”①

总之，正是以价值增殖为目的的无限运动，使货币变成了资本。“作为这一运动的有意识的承担者，货币所有者变成了资本家。”②

G—W—G′（为卖而买）形式上看起来，似乎只是商业资本的运动公式。其实，产业资本的运动从流通中看，也是如此，先买后卖。生息资本的运动公式是G—G′，它只是G—W—G′公式的简化。“因此，G—W—G′事实上是直接在流通领域内表现出来的资本的总公式。”③

2. 总公式的矛盾

以上说明，货币转化为资本是以价值增殖为特征的。而“货币羽化为资本的流通形式，是和前面阐明的所有关于商品、价值、货币和流通本身的性质的规律相矛盾的。”这是对资本总公式矛盾的总概括。以下是重点分析其中包含的两层矛盾，即马克思说的“双重的结果”④。

首先是价值增殖与等价交换的矛盾。等价交换是商品价值规律的根本要求。按照等价交换原则，不能产生剩余价值。那么，非等价交换能否产生剩余价值吗？也不能。因为，一个商品经营者可以高于价值卖出自己的商品，或者低价购买别人的商品，从中获得剩余价值，但别的商品经营者也可以对他照此办理，其结果，各自获得的剩余价值就会互相抵消，一切照旧。即使一部分人有特权，或者善于投机取巧，靠贵卖贱买获取剩余价值，别人报复不了，但这也只是既定价值分配的改变，一部分人多获得的收入，是另一部分人失去的收入，从流通的总体看，价值总量没有增大。所以马克思说：“如果是等价交换，不产生剩余价值；如果是非等价物交换，也不产生剩余价值。流通或商品交换不创造价值。”⑤ 可见，剩余价值的产生必须遵循等价交换的原则来说明。

其次是剩余价值既不能在流通中产生又不能离开流通产生的矛盾。流通不能产生剩余价值，那么，离开流通能否产生剩余价值呢？显然不能。因为，一个商品生产者离开流通，不和别的商品所有者发生交换关系，在流通之外只能同自己的商品发生关系，用自己的劳动创造价值，由此绝不能创造出剩余价值。“因此，资本不能从流通中产生，又不能不从流通中产生。它必须既在流

① 《马克思恩格斯全集》第23卷，人民出版社1972年版，第173—174页。
② 《马克思恩格斯全集》第23卷，人民出版社1972年版，第174页。
③ 《马克思恩格斯全集》第23卷，人民出版社1972年版，第177页。
④ 《马克思恩格斯全集》第23卷，人民出版社1972年版，第177、188页。
⑤ 《马克思恩格斯全集》第23卷，人民出版社1972年版，第186页。

通中又不在流通中产生。”①

上述两个矛盾既有区别，又紧密相连。前一个矛盾是从形式上说明的矛盾。实际上，以后的分析表明，价值增殖和等价交换是不矛盾的。马克思之所以如此分析，是强调“货币转化为资本，必须根据商品交换的内在规律来加以说明，因此等价物的交换应该是起点。”后一个矛盾是进一步从解决前一个矛盾的条件上说明的矛盾。正如马克思指出的：“他变为蝴蝶，必须在流通领域中，又必须不在流通领域中。这就是问题的条件。”② 提出这个条件，实际上是为解决货币转化为资本的关键问题（即找到具有一种特殊使用价值的劳动力商品）指明了方向。

3. 劳动力的买和卖

货币转化为资本和产生剩余价值的根本前提，在于“货币所有者在市场上找到了这种特殊商品，这就是劳动能力或劳动力。”③

（1）*劳动力的概念*

马克思说：“我把劳动力或劳动能力，理解为人的身体即活的人体中存在的、每当人生产某种使用价值时就运用的体力和智力的总和。”④ 这就是说；劳动力是存在于人体之中的能力，它不同于劳动，劳动是劳动力发挥的过程；劳动力既包括人的体力，也包括人的脑力；劳动力只能在生产使用价值的劳动过程中得到实现，有劳动能力而不进行劳动，就是劳动力的浪费。

（2）*劳动力成为商品的条件*

劳动力成为商品，不是从来就有的，也不是一般商品经济的产物，而是一定历史条件的产物。马克思指出：“货币所有者要把货币转化为资本，就必须在商品市场上找到自由的工人。这里所说的自由，具有双重意义：一方面，工人是自由人，能够把自己的劳动力当作自己的商品来支配，另一方面，他没有别的商品可以出卖，自由得一无所有，没有任何实现自己的劳动力所必需的东西。”“而单是这一历史条件就包含着一部世界史。”这就是说，劳动力要成为商品，一要劳动者摆脱封建的人身依附关系，具有自由的人格，成为自己劳动力的所有者，从而能够把劳动力当作自己的商品来出卖；二要劳动者丧失生产资料，成为无产者，因而，为了生活，必须将劳动力出卖给货币资本的所有者。这两方面条件是互相联系的。它们是在封建社会末期，在小商品生产者分化的基础上，经过资本原始积累过程（实质是用暴力的手段强使小生产者与生产资料相分离的过程）而形成的。按照马克思的分析，劳动力成为商品是特殊

---

① 《马克思恩格斯全集》第 23 卷，人民出版社 1972 年版，第 188 页。

② 《马克思恩格斯全集》第 23 卷，人民出版社 1972 年版，第 188—189、189 页。

③ 《马克思恩格斯全集》第 23 卷，人民出版社 1972 年版，第 190 页。

④ 《马克思恩格斯全集》第 23 卷，人民出版社 1972 年版，第 190 页。

的资本主义生产方式的产物。他指出："资本主义时代的特点是，对工人本身来说，劳动力是归他所有的一种商品的形式，他的劳动因而具有雇佣劳动的形式。"①

（3）劳动力商品的价值和使用价值

劳动力既然是商品，就具有价值和使用价值，只不过有某些特殊性罢了。

"同任何其他商品的价值一样，劳动力的价值也是由生产从而再生产这种特殊物品所必需的劳动时间决定的。"由于劳动力是活的商品，他的生产过程特殊地表现为对生活资料的消费过程。"因此，生产劳动力所需要的劳动时间，可化为生产这些生活资料所需要的劳动时间，或者说，劳动力的价值，就是维持劳动力所有者所需要的生活资料的价值。"②

劳动力的再生产过程，不仅包括本人的再生产，还包括繁殖后代，以及对劳动技能的培养。所以，劳动力价值的总和由三个因素构成：①劳动者本人必要的生活费用；②养活家庭的必要费用；③必要的教育和训练费用。

劳动力价值的水平，与一般商品价值量一样，不是由个别劳动力再生产费用决定的，而是由劳动力再生产的社会必要费用决定的。但是，"和其他商品不同，劳动力的价值规定包含着一个历史的和道德的因素。"一方面，由于不同国家的气候和其他自然特点不同，衣、食、住、行等生活需要也就不同；另一方面，不同国家以及不同历史时期的生活方式、文化水平特别是工人阶级生活的条件不同，因此，必要生活资料的范围，从而同等劳动力的价值水平是有差别的。"但是，在一定的国家，在一定的时期，必要生活资料的平均范围是一定的。"③

马克思还指出："劳动力的价值可以归结为一定量生活资料的价值。因此，它也随着这些生活资料的价值即生产这些生活资料所需要的劳动时间量的改变而改变。"④

劳动力的使用价值，不同于一般商品的使用价值，其特殊性就在于它能够劳动，创造价值，并且能够创造出大于劳动力自身价值的价值。"劳动力的消费过程，同时就是商品和剩余价值的生产过程。""劳动力的价值和劳动力在劳动过程中的价值增殖，是两个不同的量。资本家购买劳动力时，正是看中了这个价值差额。"因此，对劳动力来说，"具有决定意义的，是这个商品独特的使用价值，即它是价值的源泉，并且是大于它自身的价值的源泉。"⑤

---

① 《马克思恩格斯全集》第 23 卷，人民出版社 1972 年版，第 192、193 页。

② 《马克思恩格斯全集》第 23 卷，人民出版社 1972 年版，第 193、194 页。

③ 《马克思恩格斯全集》第 23 卷，人民出版社 1972 年版，第 194 页。

④ 《马克思恩格斯全集》第 23 卷，人民出版社 1972 年版，第 195 页。

⑤ 《马克思恩格斯全集》第 23 卷，人民出版社 1972 年版，第 199、219 页。

(4) 劳动力买卖过程的等价形式和剩余价值产生的秘密

从劳动力商品的价值决定和使用价值的特殊性，不难看出，在流通领域，在劳动力的买卖过程中，是可以按商品等价交换原则进行的。马克思指出："劳动力的买和卖是在流通领域或商品交换领域的界限以内进行的，这个领域确实是天赋人权的真正乐园。那里占统治地位的只是自由、平等、所有权和边沁。"① 因为，从形式上看起来劳动力的买卖是自由的，等价交换的，以双方的所有权为前提的，并且是互利的。

但是，一旦货币所有者通过交换获得了劳动力的使用价值，就离开了流通领域，进入生产领域。在生产领域，劳动力就完全由资本家支配了。他要通过对劳动力的消费即劳动过程，创造出大于劳动力自身的价值，从而形成剩余价值。

由此，资本总公式的矛盾解决了。价值增殖与等价交换的确不矛盾。剩余价值的产生，的确既不在流通领域，又不能离开流通领域（因为要购买到劳动力商品）。

现实意义

马克思关于劳动力成为商品是货币转化为资本的前提的基本原理，反映了资本主义剥削制度产生和发展的历史，也适合当代资本主义的现实。当然，现代资本主义国家的一部分工人以股票和债券等形式拥有了程度不同的个人财产，不再是"一无所有"者。但是，绝大多数人的财产有限得很（社会财产主要为资产阶级特别是大资产阶级所占有），其回报的收入只能作为生活的某些补充，不能成为生活的主要来源。1988 年美国占人口 80%的工人家庭的总收入中有 73.2%来自工薪收入，只有 9.4%来自"资本收入"。所以，为了生活，大多数人还必须出卖劳动力，受资产阶级的剥削。事实上，在现代资本主义发达国家，绝大多数社会成员是受雇者。据西方经济学家布雷弗曼在《劳动与资本》一书中反映的美国情况，受雇者占社会人口的比例，19 世纪初为 20%，1870 年为 40%，1940 年为 80%，1970 年为 90%。可见，现代资本主义制度仍然建立在对广大雇佣劳动者剥削的基础之上。

社会主义市场经济的实践，提出了社会主义条件下劳动力是不是商品的新问题。社会主义市场经济体制要求建立完备的要素市场体系，劳动力市场是其中的重要组成部分。而劳动力市场不仅存在于非公有制经济之中，也存在于公有制经济之中。如何认识公有制经济特别是国有经济中进入市场的劳动力的商品性问题，是一个值得研究的重点和难点问题。对这个问题的看法大体有三种观点：是商品；不是商品；具有两重属性（即一方面具有商品的属性，另一方

① 《马克思恩格斯全集》第 23 卷，人民出版社 1972 年版，第 199 页。

面又具有非商品的属性）。我倾向于第一种观点。其理由如下：

第一，市场经济的根本要求是以市场为基础配置社会资源，而劳动力是社会资源中的重要部分。如果劳动力不是商品，它怎么能进入市场，按市场的要求进行配置？事实证明，社会主义劳动力的商品性质，已不单纯是个理论问题，而是普遍的现实问题了。

第二，在社会主义条件下，劳动还是谋生的手段，社会还必须默认劳动者的不同等的个人天赋，劳动力属于个人所有。另一方面，国有资产属于社会整体所有，它虽然代表劳动者的利益，但个人不能直接支配它。劳动者与国有企业的结合，只能在国家宏观调控下通过市场交易过程（双向选择，合理竞争，签订合同）来实现。这样做，对于克服过去劳动力计划分配体制的弊病，提高劳动者和企业结合的效益，促进劳动力的合理流动和产业结构的不断优化，较好解决劳动就业问题是有利的。

第三，在社会主义公有制经济中，劳动力的商品性和职工的主人地位不存在根本的矛盾。首先，社会主义国有资产运行的根本宗旨是发展生产、改善人民生活，这一点正体现了劳动者作为生产资料共同主人的意志和利益。他们也从社会整体利益的日益增进中实际地感受到这一点。其次，从收入的分配看，国有企业职工创造的国民收入，一部分作为工资直接分配到个人手里；另一部分留给企业或以税利的形式上交国家，归根结底取之于民，用之于民。正如马克思所说："从一个处于私人地位的生产者身上扣除的一切，又会直接或间接地用来为处于社会成员地位的这个生产者谋福利。"① 最后，劳动者进入企业以后，按照社会主义企业的性质和管理法规，成为企业的主人，并根据责、权、利相结合的原则，依法参加企业的管理和监督。从现有的情况，如何真正体现劳动者的主人翁地位，充分发挥他们的积极性，还需要采取或完善更加有效的措施。

第四，既然实践证明社会主义公有制条件下的劳动力也是商品，那就要对马克思的劳动力商品理论作一般和特殊的剖析。一方面要看到劳动力商品的一般规定性。在社会化商品经济（资本主义商品经济与社会主义商品经济的共性）条件下，劳动力属于个人所有；劳动者按照市场和宏观调控的要求有转移劳动力的自由；劳动力通过市场实现与企业的结合；劳动力具有价值和使用价值。另一方面要看到劳动力商品的特殊社会性。在资本主义制度下，出卖劳动力的劳动者不是生产资料的所有者和支配者；他和劳动力的购买者之间是一种形式上平等实际上对抗的关系；劳动者成为资产阶级的剥削对象。在社会主义公有制条件下，劳动者是生产资料的共同所有者；他和企业之间是一种形式上（流通中）的雇佣关系和实际上的分工合作关系；劳动者不是被剥削的对象，

---

① 《马克思恩格斯全集》第19卷，人民出版社1963年版，第20页。

而是共同创造幸福生活的主人。

（二）关于剩余价值生产过程的原理与现实

资本购买到劳动力，只是为生产剩余价值提供了根本前提。但要实际地生产出剩余价值，必须通过生产过程。

1. 劳动过程和价值增殖过程

（1）*劳动过程*

价值和剩余价值只能物化在商品体之中，因此，剩余价值的生产是以劳动过程为一般基础的。

“劳动首先是人和自然之间的过程，是人以自身的活动来引起、调整和控制人和自然之间的物质变换的过程。”① 这个变换过程主要包括两个意思：一是人类既改变自然的形式，又改变自身的自然；二是人类生活既消耗自然资源，又向自然界排放多种废物。如何使这个变换过程成为良性循环，是人类社会发展的大问题。

“劳动过程的简单要素是：有目的的活动或劳动本身，劳动对象和劳动资料。”②

劳动是劳动过程中的首要的、能动的因素。劳动是人类有目的的改造自然的创造性活动。“他不仅使自然物发生形式变化，同时他还在自然物中实现自己的目的，这个目的是他所知道的，是作为规律决定着他的活动的方式和方法的，他必须使他的意志服从这个目的。但是这种服从不是孤立的行为。除了从事劳动的那些器官紧张之外，在整个劳动时间内还需要有作为注意力表现出来的有目的的意志”。③

劳动对象是人的劳动对其加工成产品的一切东西。它包括两大类：一类是自然原生的，如矿石、原始树木等；另一类是经过一定劳动加工过的原料，如棉花、钢材等。劳动对象的质量和加工难易程度等属性，是影响劳动生产力的因素之一。

“劳动资料是劳动者置于自己和劳动对象之间、用来把自己的活动传导到劳动对象上去的物或物的综合体。”④ 也就是人类活劳动对劳动对象进行加工中所运用的一切传导手段和条件。劳动资料又称为劳动手段。其中，生产工具起着决定性的作用。“各种经济时代的区别，不在于生产什么，而在于怎样生产，用什么劳动资料生产。劳动资料不仅是人类劳动力发展的测量器，而且是

---

① 《马克思恩格斯全集》第 23 卷，人民出版社 1972 年版，第 201—202 页。

② 《马克思恩格斯全集》第 23 卷，人民出版社 1972 年版，第 202 页。

③ 《马克思恩格斯全集》第 23 卷，人民出版社 1972 年版，第 202 页。

④ 《马克思恩格斯全集》第 23 卷，人民出版社 1972 年版，第 203 页。

劳动借以进行的社产关系的指示器。”① 劳动资料是人类劳动独有的手段，生产工具是生产力发展的主要标志，生产力又决定着生产关系，因此，从根本上看，不同的劳动资料（石器、铜器、铁器、机器等）既反映出人类劳动力的发展水平，也反映出不同时代的生产关系。

劳动过程“是人类生活的永恒的自然条件，因此，它不以人类生活的任何形式为转移，倒不如说，它是人类生活的一切社会形式所共有的。”②

劳动过程不是孤立存在的，而总是存在于一定的生产关系之下的，这就产生了一定条件下的劳动过程的特殊社会性。

“劳动过程，就它是资本家消费劳动力的过程来说，显示出两个特殊现象。”“工人在资本家的监督下劳动，他的劳动属于资本家。”“产品是资本家的所有物，而不是直接生产者工人的所有物。”③

（2）价值增殖过程

资本家之所以要组织生产使用价值的劳动过程，目的是为了实现价值增殖。

马克思指出：资本家“所以要生产使用价值，是因为而且只是因为使用价值是交换价值的物质基质，是交换价值的承担者。我们的资本家所关心的是下述两点。第一，他要生产具有交换价值的使用价值，要生产用来出售的物品，商品。第二，他要使生产出来的商品的价值，大于生产该商品所需要的各种商品即生产资料和劳动力——为了购买它们，他已在商品市场上预付了真正的货币——的价值总和。”④

这个目的是如何实现的呢？

假定站在我们面前的是一个经营棉纱生产的资本家。他雇佣一个纺纱工的劳动力日价值为 3 先令，它体现着 6 小时劳动的价值。资本家付出 3 先令要获得的劳动力的使用价值，是进行 12 小时的劳动。如纺纱工人在 1 小时劳动时间内能把 $1\frac{2}{3}$ 磅棉花加工成 $1\frac{2}{3}$ 磅棉纱，这样，为了充分利用这 12 小时的劳动，资本家还要购买 20 磅棉花，每磅棉花价值 1 先令，预付资本 20 先令，另外还要消耗 4 先令纱锭的价值，一共预付资本价值 27 先令。经过 12 小时劳动，纺纱工人一方面通过具体劳动把棉花纺成了棉纱，并把 24 先令的生产资料的价值（20 先令棉花的价值和 4 先令纱锭的价值）转移到棉纱之中，另一方面通过 12 小时的抽象劳动，新创造出 6 先令的价值，其中，前 6 小时创造

---

① 《马克思恩格斯全集》第 23 卷，人民出版社 1972 年版，第 204 页。

② 《马克思恩格斯全集》第 23 卷，人民出版社 1972 年版，第 208—209 页。

③ 《马克思恩格斯全集》第 23 卷，人民出版社 1972 年版，第 209—210 页。

④ 《马克思恩格斯全集》第 23 卷，人民出版社 1972 年版，第 211 页。

的 3 先令新价值，等于劳动力的日价值（也是 3 先令），后 6 小时创造的 3 先令新价值就是剩余价值。结果，20 磅棉纱的总价值为 30 先令，而资本家为此预付的资本则是 27 先令。他无偿地占有了 3 先令的剩余价值。

剩余价值就是由雇佣工人创造的、为资本家无偿占有的、超过劳动力价值的那部分价值。

至此，“戏法终于变成了。货币转化为资本了”。而“商品交换的各个规律也丝毫没有违反。等价物换等价物”①。

理解价值增殖过程有两个关键点。一是劳动的二重性，即具体劳动创造使用价值，并转移所耗生产资料的旧价值，抽象劳动创造新价值。二是劳动力创造的价值大于劳动力自身的价值。即“包含在劳动力中的过去的劳动和劳动力所能提供的活劳动，劳动力一天的维持费和劳动力一天的耗费，是两个完全不同的量。前者决定它的交换价值，后者构成它的使用价值。”②

综上所述，可以得出结论，资本主义生产过程是劳动过程和价值增殖过程的统一。正如马克思所指出：“作为劳动过程和价值增殖过程的统一，生产过程是资本主义生产过程，是商品生产的资本主义形式。”③

2. 不变资本和可变资本

价值增殖过程表明，生产资料和劳动力作为资本中的不同组成部分，在价值增殖中起的作用是不同的。由此，形成不变资本和可变资本。

所谓不变资本，就是以生产资料形式存在的那一部分资本。它的价值在生产过程中是作为既存的价值转移和保存到新产品当中，不改变其价值量。“因此，生产资料的价值是再现在产品的价值中，确切地说，不是再生产。”“可见，变为生产资料即原料、辅助材料、劳动资料的那部分资本，在生产过程中并不改变自己的价值量。因此，我把它称为不变资本部分，或简称为不变资本。”④

所谓可变资本，就是以劳动力形式存在的那部分资本。它在生产过程中会改变自己的价值量，实现价值增殖。但这个价值量的变化，不是这部分资本价值本身的自动增殖。因为，资本家购买劳动力预付的资本，已变为工资用于工人的生活消费了。所以，这部分资本价值本身不可能转移到产品中去，只能由劳动力通过劳动“真正的再生产”出来。“劳动力发挥作用的结果，不仅再生产出劳动力自身的价值，而且生产出一个超额价值。”从而实现了价值增殖。所以，马克思指出：“变为劳动力的那部分资本，在生产过程中改变自己的价

---

① 《马克思恩格斯全集》第 23 卷，人民出版社 1972 年版，第 220 页。

② 《马克思恩格斯全集》第 23 卷，人民出版社 1972 年版，第 219 页。

③ 《马克思恩格斯全集》第 23 卷，人民出版社 1972 年版，第 223 页。

④ 《马克思恩格斯全集》第 23 卷，人民出版社 1972 年版，第 234、235 页。

值。它再生产自身的等价物和一个超过这个等价物而形成的余额，剩余价值。这个剩余价值本身是可以变化的，是可大可小的。这部分资本从不变量不断变为可变量。因此，我把它称为可变资本部分，或简称为可变资本。”①

不变资本价值的转移和可变资本价值的再创造是怎样实现的呢？是通过劳动的二重性实现的。同一劳动过程的具体方面即具体劳动，由于把一定的生产资料加工成一种新的使用价值，因而能够把生产资料的价值转移到新产品中去。同一劳动过程的抽象方面即抽象劳动，通过体力和脑力的一般消耗，新创造出劳动力的等价和剩余价值。马克思指出：“把新价值加到劳动对象上和把旧价值保存在产品中，是工人在同一时间内达到的两种完全不同的结果（虽然工人在同一劳动时间内只劳动一次），因此很明显，这种结果的二重性只能用他的劳动本身的二重性来解释。在同一时间内，劳动就一种属性来说必然创造价值，就另一种属性来说必然保存或转移价值。”②

不变资本和可变资本的区分，不仅进一步揭示了剩余价值的源泉是雇佣工人的剩余劳动，而且为科学地形成剩余价值率，真实地反映资本家对工人的剥削程度，以及为建立资本有机构成等学说奠定了理论基础。恩格斯对此作了高度的评价。他指出：马克思“确定了资本分为不变资本和可变资本，就第一个详尽地阐述了剩余价值形成的实际过程，从而说明了这一过程，而这是他的任何一个前人都没有做到的；……这个区别提供了一把解决经济学上最复杂的问题的钥匙”。③

3. 剩余价值率

对价值增殖，不仅要考察它的质的规定性，而且要考察它的量的变化。

“剩余价值的相对量，即可变资本价值增殖的比率，显然由剩余价值同可变资本的比率来决定，或者用$\frac{m}{v}$来表示。……我把可变资本的这种相对的价值增殖或剩余价值的相对量，称为剩余价值率。”④

用公式表示就是：

$$\text{剩余价值率}=\frac{\text{剩余价值}}{\text{可变资本}}，\text{或者 } m'=\frac{m}{v}$$

根据劳动力价值（等于可变资本）和剩余价值的划分，可以把劳动者的工作日区分必要劳动时间和剩余劳动时间。因此，“剩余价值和可变资本之比等

---

① 《马克思恩格斯全集》第 23 卷，人民出版社 1972 年版，第 235—236 页。

② 《马克思恩格斯全集》第 23 卷，人民出版社 1972 年版，第 225 页。

③ 《马克思恩格斯全集》第 24 卷，人民出版社 1972 年版，第 22 页。

④ 《马克思恩格斯全集》第 23 卷，人民出版社 1972 年版，第 242 页。

于剩余劳动和必要劳动之比，或者说，剩余价值率$\frac{m}{v}=\frac{剩余劳动}{必要劳动}$。①

“剩余价值率是劳动力受资本剥削的程度或工人受资本家剥削的程度的准确表现。”②

基于不变资本和可变资本的划分与剩余价值的产生，可以把产品（无论是单个产品还是社会总产品）的价值划分为三个组成部分：不变资本 c、可变资本 v、剩余价值 m。

现实意义

当代资本主义与马克思生活时代的资本主义相比发生了重要的变化，但资本主义剥削的实质没有改变。资本家生产的根本目的仍然是榨取工人创造的剩余价值。而且，由于技术的巨大进步和劳动质量的显著提高，无论是剩余价值的绝对量还是相对量都是不断增长的。据统计，美国制造业的剩余价值额，1950 年为 264 亿美元，1960 年为 549 亿美元，1970 年为 1133 亿美元，1980 年为 3479 亿美元，1989 年增加到 8254 亿美元，1989 年比 1950 年增长 30 多倍。同时，美国制造业的剩余价值率，1950 年为 111%，1960 年为 122%，1970 年为 141%，1980 年为 161%，1989 年为 209%。

按照《资本论》的分析，只有资本主义生产过程才是劳动过程和价值增殖过程的统一。社会主义商品、市场经济的实践表明，社会主义公有制的生产同样是劳动过程和价值增殖过程的统一，只不过它体现的不是剥削关系，而是社会主义的关系罢了。投入与产出的比较，产出大于投入，是经济效益的起码要求。在社会化商品经济中，这个要求必然表现并且集中表现为价值增殖。资本主义的企业是如此，社会主义的企业也是如此。如果社会主义经济做不到这一点，拿什么去扩大积累、改善人民生活！

价值增殖来源于工人的剩余劳动。社会主义的价值增殖也是这样。马克思曾经指出：社会主义社会也存在剩余劳动。他在说这个话时认为社会主义经济是非商品经济，不存在价值的生产。而现实的社会主义经济仍然是商品经济，而且是社会化商品经济。在这种条件下，对剩余劳动创造的价值不叫剩余价值就不合逻辑了。不过，这里必须区别剩余价值的一般性与特殊性。剩余价值的一般规定性是：它是劳动者在剩余劳动时间里创造的那部分价值，其表现的收入扣除税收等费用外，一般为投资者所获取，而与工资分配相区别。剩余价值的特殊性在于它体现的生产关系不同。在资本主义制度下，工人创造的剩余价值为资本家无偿占有，体现着剥削关系，收入分配的社会后果必然是穷富两极

① 《马克思恩格斯全集》第 23 卷，人民出版社 1972 年版，第 244 页。

② 《马克思恩格斯全集》第 23 卷，人民出版社 1972 年版，第 244 页。

分化。在社会主义公有制经济中，剩余价值的分配归根结底是取之于民，用之于民，它体现的不是剥削关系，而是国家、集体和个人三者根本利益一致基础上的收入分配和使用关系，其结果是有利于全体人民逐步达到共同富裕。

在社会主义国民收入的生产和分配中，区别工资和剩余价值这两部分收入，对于提高经济效益，按照不同的方式搞好这两部分收入的分配，促进生产的发展，是有必要的。

从马克思对劳动过程的科学分析中我们还可以认识到，劳动过程既是劳动者、劳动手段、劳动对象三者的有机结合，又是人与自然的物质变换过程。深刻地理解这一点，对于我们全面理解劳动和劳动生产力的要素构成，组织好社会主义的劳动过程，协调好生产发展和环境保护之间的关系，坚持走可持续发展的道路，是很有意义的。

（三）关于加强剩余价值剥削方法的原理与现实

资本家作为资本的人格化，他不仅要生产出剩余价值，而且要不断加强剥削，提高剩余价值率，增加剩余价值量。实现这一目的基本方法，就是绝对剩余价值和相对剩余价值的生产方法。

1. 绝对剩余价值的生产

（1）绝对剩余价值的概念

如前所述，资本主义的工作日分为两部分：必要劳动时间和剩余劳动时间。剩余劳动时间与必要劳动时间之比，反映了资本主义剥削的程度。

“把工作日延长，使之超出工人只生产自己劳动力价值的等价物的那个点，并由资本占有这部分剩余劳动，这就是绝对剩余价值的生产。”①

绝对剩余价值生产的主要手段是延长劳动时间，即增加劳动的“外延量”。提高劳动强度，即增强劳动的“内含量”，也属于绝对剩余价值的生产。因为，“计量劳动时间的，除了它的‘外延量’以外，还有它的密度。现在，十个小时工作日中一个较紧张的小时，同十二小时工作中一个较松弛的小时相比，会包含相同的或者更多的劳动，即已耗费的劳动力。”②

“绝对剩余价值的生产构成资本主义体系的一般基础，并且是相对剩余价值生产的起点。”③ 这是因为，资本增殖本身就是以工作日绝对地超过必要劳动时间为前提。这当然也是相对剩余价值生产的出发点。同时，绝对剩余价值也是资本加强剩余价值剥削的一种特殊方法。作为后者，绝对剩余价值生产一般与低水平的生产技术条件相联系。因此，它在资本主义初期的剩余价值生产

---

① 《马克思恩格斯全集》第 23 卷，人民出版社 1972 年版，第 557 页。

② 《马克思恩格斯全集》第 23 卷，人民出版社 1972 年版，第 449—450 页。

③ 《马克思恩格斯全集》第 23 卷，人民出版社 1972 年版，第 557 页。

中占主导地位。

(2) 工作日的限制和围绕工作日展开的斗争

工作日是指工人一天劳动的时间。它是一个有极大伸缩性的可变量。在资本主义生产方式的基础上，工作日的最低界限是必要劳动时间。“必要劳动始终只能是工人的工作日的一部分，因此，工作日决不会缩短到这个最低限度”。否则，剩余价值就产生不了。工作日还有个最高界限。它决定于两点：一是劳动力的生理界限。一天只有 24 小时，人在 24 小时内只能支出一定的劳动力，其余时间必须用于生活和休息，以恢复劳动力。二是道德界限。“工人必须有时间满足精神的和社会的需要，这种需要的范围和数量由一般的文化状况决定。”①

在绝对剩余价值生产占支配地位的条件下，资本家为了增加剩余价值，必然竭力延长工人的工作日。这一方面是由资本本性决定的。“资本是死劳动，它象吸血鬼一样，只有吮吸活劳动才有生命，吮吸的活劳动越多，它的生命就越旺盛。”另一方面也是资本主义的竞争趋使的。“自由竞争使资本主义生产的内在规律作为外在的强制规律对每个资本家起作用。”②

马克思对当时资本主义延长工人劳动时间的严重情况进行了有力地揭露和批判。他指出：“资本由于无限度地盲目追逐剩余劳动，象狼一般地贪求剩余劳动，不仅突破了工作日的道德极限，而且突破了工作日的纯粹身体的极限。……资本是不管劳动力的寿命长短的。它唯一关心的是在一个工作日内最大限度地使用劳动力。它靠缩短劳动力的寿命来达到这一目的，正象贪得无厌的农场主靠掠夺土地肥力来提高收获量一样。”工人“‘只要还有一块肉、一根筋、一滴血可供榨取’，吸血鬼就绝不罢休。”③

资产阶级肆意延长工作日的恶行，必然引起工人阶级为缩短工作日而进行斗争。这是劳动力买卖双方“权利同权利相对抗，而这两种权利都同样是商品交换规律所承认的。在平等的权利之间，力量就起决定作用。”经过长期的斗争，逐渐形成了正常的工作日。1848 年 5 月，英国 10 小时工作日法令开始生效。1868 年，美国国会被迫通过了 8 小时工作日的法令。当然，资产阶级接受正常工作日，也不是出于他的善心，而是出于利益的需要。正如马克思所指出：“资本为了自身的利益，看来也需要规定一种正常工作日。”④

总之，“正常工作日的规定，是几个世纪以来资本家和工人之间斗争的结果。”⑤

---

① 《马克思恩格斯全集》第 23 卷，人民出版社 1972 年版，第 259、260 页。

② 《马克思恩格斯全集》第 23 卷，人民出版社 1972 年版，第 260、300 页。

③ 《马克思恩格斯全集》第 23 卷，人民出版社 1972 年版，第 294—295、334—335 页。

④ 《马克思恩格斯全集》第 23 卷，人民出版社 1972 年版，第 262、296 页。

⑤ 《马克思恩格斯全集》第 23 卷，人民出版社 1972 年版，第 300 页。

(3) 决定剩余价值量的规律

这里主要考察绝对剩余价值生产条件下剩余价值量的决定规律，说明绝对剩余价值生产方式的局限性和向相对剩余价值生产方式转变的客观要求。

马克思指出：资本家“所生产的剩余价值量，等于预付的可变资本量乘以剩余价值率，或者说，是由同一资本家同时剥削的劳动力的数目与单个劳动力受剥削的程度之间的复比例决定的。”[①] 这是决定剩余价值量的基本规律。用公式表示就是：

$$M\begin{cases}\frac{m}{v}\times v\\ K\times\frac{a'}{a}\times n\end{cases}$$

M 表示剩余价值量，$\frac{m}{v}$表示剩余价值率，v 表示可变资本的总量。K 表示一个平均劳动力的日价值，$\frac{a'}{a}$即$\frac{剩余劳动}{必要劳动}$表示一个平均劳动力受剥削的程度，n 表示所雇佣的工人数。

这一公式表明，剩余价值总量是由剩余价值率和可变资本总量决定的；进一步说，是由劳动力价值的大小、剩余价值率的高低和雇工人数的多少这样三个因素决定的。这样，在剩余价值总量保持不变的条件下，劳动力价值、剩余价值率和工人人数这三个因素中任何一种因素的减少，可以用另一种因素的增大来补偿。

在上述分析的基础上，马克思又进一步分析了两个派生的规律：

第一，由于工作日是有限制的，总是小于 24 小时，因此，工人人数的减少可以通过延长工作日、提高剩余价值率来补偿，是有绝对限制的，因为工作日绝对不可能延长到 24 小时以上。因此，如果要进一步提高剩余价值率，增加剩余价值量，就必须改变方式，从绝对剩余价值生产转到相对剩余价值生产。

第二，如果剩余价值率不变，劳动力价值或必要劳动时间不变，那么，所生产的剩余价值总量就与可变资本的大小或雇佣工人人数的多少成正比。这一点，在绝对剩余价值生产的条件下，会受到人口和劳动力数量的限制。因此，如要增加剩余价值总量，也必须改变方式，实现从绝对剩余价值生产向相对剩余价值生产的转变。

与这一规律相联系，马克思还说明了货币转化为资本的最低限额。货币所有者转化为资本家，必须剥削到必要的剩余价值量。为此，他必须雇佣一定数量的工人。而雇佣一定数量的工人，就需要预付一定数量的可变资本和不变资本。所以，货币转化为资本，有一个最低的投资限额。马克思根据当时的情

---

① 《马克思恩格斯全集》第 23 卷，人民出版社 1972 年版，第 337 页。

况，计算说明只有能雇佣 8 个工人的投资量，一个货币所有者才能转变为资本家。现将马克思的计算列表如下：

雇工数（人）	工人劳动总时间（小时）	必要劳动时间（小时）	剩余劳动时间（小时）	资本家用 m 达到的生活水平	m 用于资本积累情况
1	12	8	4	不到工人生活水平	无积累
2	24	16	8	等于工人生活水平	无积累
4	48	32	16	比工人生活水平高 1 倍	无积累
8	96	64	32	比工人生活水平高 1 倍	剩余价值一半用于积累

此表说明，工人一天劳动 12 小时，其中必要劳动时间为 8 小时，剩余劳动时间为 4 小时。一个资本家要靠剩余价值过与工人同等水平的生活（即消费含有 8 小时劳动的产品），就要雇佣 2 个工人提供 8 小时的剩余劳动。为此，要预付供 2 个工人劳动的资本。但这时他还没有完全成为一个资本家，因为他的生活水平既没有超过工人，更没有资本积累。而要成就这两条，即剥削到的剩余价值既能使他的生活水平超过工人 1 倍，又有一半用于资本积累，就必须雇佣 8 个工人，并使资本达到这个必要的数量。

“单个的货币所有者或商品所有者要蛹化为资本家而必须握有的最低限度价值额，在资本主义生产的不同发展阶段上是不同的，而在一定的发展阶段上，在不同的生产部门内，也由于它们的特殊的技术条件而各不相同。”①

2. 相对剩余价值的生产

（1）相对剩余价值的概念

“通过缩短必要劳动时间、相应地改变工作日的两个组成部分的量的比例而生产的剩余价值，叫做相对剩余价值。”②

生产相对剩余价值的主要方式是提高劳动生产力，降低劳动力的价值。马克思说：“必须变革劳动过程的技术条件和社会条件，从而变革生产方式本身，以提高劳动生产力，通过提高劳动生产力来降低劳动力的价值，从而缩短再生产劳动力价值所必要的工作日部分。”③

---

① 《马克思恩格斯全集》第 23 卷，人民出版社 1972 年版，第 343 页。

② 《马克思恩格斯全集》第 23 卷，人民出版社 1972 年版，第 350 页。

③ 《马克思恩格斯全集》第 23 卷，人民出版社 1972 年版，第 350 页。

相对剩余价值的生产有一个从个别到一般的过程。

在每个产业部门，首先改进技术、提高劳动生产率的个别企业，其生产的商品的社会价值低于社会价值，在以社会价值为基础出卖后，就会比一般企业多获得一部分“超额剩余价值”。“在这种场合，剩余价值生产的增加也是靠必要劳动时间的缩短和剩余劳动的相应延长。”因为，“生产力特别高的劳动起了自乘的劳动的作用，或者说，在同样的时间内，它创造的价值比同种社会平均劳动要多。①”这样，再生产同等劳动力价值的必要劳动时间就会缩短，从而相对地增加了剩余价值。所以，超额剩余价值是相对剩余价值的一种特殊形式。

然而，“每个资本家都抱有提高生产力来使商品便宜的动机。”② “当新的生产方式被普遍采用，因而比较便宜地生产出来的商品的个别价值和它的社会价值之间的差额消失的时候，这个超额剩余价值也就消失。价值由劳动时间决定的规律，既会使采用新方法的资本家感觉到，他必须低于商品的社会价值来出售自己的商品，又会作为竞争的强制规律，迫使他的竞争者也采用新的生产方式。”③ 这样，当劳动生产力的提高扩展到必要生活资料的生产部门时，劳动力再生产所消耗的生活资料商品就会便宜。由此，必然降低全社会劳动力的价值，从而普遍缩短必要劳动时间，增加相对剩余价值。

“因此，提高劳动生产力来使商品便宜，并通过商品便宜来使工人本身便宜，是资本的内在的冲动和经常的趋势。”“可见，在资本主义生产条件下，通过发展生产力来节约劳动，目的绝不是为了缩短工作日。”而“是为了缩短工人必须为自己劳动的工作日部分，以此来延长工人能够无偿地为资本家劳动的工作日的另一部分。”④

（2）相对剩余价值生产发展的阶段

马克思分析了资本主义生产经过简单协作、工场手工业、机器大工业三个不同的历史阶段。这三个阶段，也是相对剩余价值生产发展的三个阶段。

①简单协作。“许多人在同一生产过程中，或在不同的但互相联系的生产过程中，有计划地一起协同劳动，这种劳动形式叫做协作。”较多的雇佣工人在同一个资本家指挥下为生产剩余价值而协作劳动，“这在历史上和逻辑上都是资本主义生产的起点。”同时，“协作仍然是资本主义生产方式的基本形式。”⑤

---

① 《马克思恩格斯全集》第 23 卷，人民出版社 1972 年版，第 353、354 页。

② 《马克思恩格斯全集》第 23 卷，人民出版社 1972 年版，第 353 页。

③ 《马克思恩格斯全集》第 23 卷，人民出版社 1972 年版，第 354—355 页。

④ 《马克思恩格斯全集》第 23 卷，人民出版社 1972 年版，第 355、356、357 页。

⑤ 《马克思恩格斯全集》第 23 卷，人民出版社 1972 年版，第 362、358、372 页。

协作劳动与孤立的个体劳动相比，具有许多优越性。“不仅是通过协作提高了个人生产力，而且创造了一种生产力，这种生产力本身必然是集体力。”①正因为如此，简单协作是相对剩余生产的一个阶段。

协同劳动必须有管理。“一切规模较大的直接社会劳动或共同劳动，都或多或少地需要指挥，以协调个人的活动，并执行生产总体的运动——不同于这一总体的独立器官的运动——所产生的各种一般职能。一个单独的提琴手是自己指挥自己，一个乐队就需要一个乐队指挥。”②

资本主义的管理具有二重性。“资本家的管理不仅是一种由社会劳动过程的性质产生并属于社会劳动过程的特殊职能，它同时也是剥削社会劳动过程的职能，因而也是由剥削者和他所剥削的原料之间不可避免的对抗决定的。”③

在资本主义条件下，由于工人的协作是资本雇佣他们的结果，“因此，他们的劳动的联系，在观念上作为资本的计划，在实践中作为资本家的权威，作为他人意志——他们的活动必须服从这个意志的目的——的权力，而和他们相对立。”“因此，如果说资本主义的管理就其内容来说是二重性的，……那末，资本主义的管理形式就其形式来说是专制的。”④

②工场手工业。“以分工为基础的协作，在工场手工业上取得了自己的典型形态。”⑤ 工场手工业作为资本主义生产的一种特殊形式，在欧洲，从16世纪到18世纪末叶的二百年中，一直居于统治地位。

工场手工业有两种基本形式，并决定于制成品本身的性质。一种是制品由若干零部件组装而成，如生产手表；另一种是制品经过一系列相关联的加工而成，如制钟。

“局部工人及其工具构成工场手工业的简单要素。”一方面，工人由于固定的分工操作，变成了片面的局部工人；另一方面，出现了简化、改进和多样化的劳动工具。这时，“劳动生产率不仅取决于劳动者的技艺，而且也取决于他的工具的完善程度。”⑥

工场手工业进一步改变了个体劳动的生产方式，提高了劳动生产率。这是因为，局部劳动独立化为一个人的专门职能之后，有利于劳动方法的改善、注意力的集中和经验的积累，用较少的消耗达到较大的效果。同时，工场手工业还有利于形成劳动的“连续性、划一性、规则性、秩序性，特别是

---

① 《马克思恩格斯全集》第23卷，人民出版社1972年版，第362页。

② 《马克思恩格斯全集》第23卷，人民出版社1972年版，第367页。

③ 《马克思恩格斯全集》第23卷，人民出版社1972年版，第368页。

④ 《马克思恩格斯全集》第23卷，人民出版社1972年版，第368、368—369页。

⑤ 《马克思恩格斯全集》第23卷，人民出版社1972年版，第373页。

⑥ 《马克思恩格斯全集》第23卷，人民出版社1972年版，第379、378页。

劳动强度。……在工厂手工业中，在一定劳动时间内提供一定量的产品，成了生产过程本身的技术规律。”另外，不同生产的操作必须使用不同比例数的工人，因此，“工场手工业的分工在发展社会劳动过程的质的划分的同时，也发展了它的量的规则和比例性。”总之，“工场手工业分工通过手工活动的分解，劳动工具的专门化，局部工人的形成以及局部工人在一个总机构中的分组和结合，造成了社会生产过程的质的划分和量的比例，从而创立了社会劳动的一定组织，这样就同时发展了新的、社会的劳动生产力。”①

但是，“由许多单个的局部工人组成的社会生产机构是属于资本家的。因此，由各种劳动的结合所产生的生产力也就表现为资本的生产力。”资本主义的工场手工业是相对剩余价值生产的一个阶段。不仅如此，工场手工业还强化了资本对雇佣劳动的统治关系。“简单协作大体上没有改变个人的劳动方式，而工场手工业却使它彻底地发生了革命，从根本上侵袭了个人的劳动力。工场手工业把工人变成畸形物，……工场手工业工人按其自然的性质没有能力做一件独立的工作，他只能作为资本家工场的附属物而进行生产活动。”② 所以，工人对资本的隶属关系进一步加强了。

可见，资本主义的手工工场，“一方面，它表现为社会经济形成过程中的历史进步和必要的发展因素，另一方面，它又是文明的、精巧的剥削手段。”③

③机器和大工业。机器和大工业是资本主义生产方式得以在历史上最终确立的完备的物质技术基础，是相对剩余价值生产的高级阶段。

机器体系由工作机、动力机、传动机三个子系统构成。“大工业必须掌握它特有的生产资料，即机器本身，必须用机器来生产机器。这样，大工业才建立起与自己相适应的技术基础，才得以自立。”④ 从工场手工业向机器和大工业的转变，是从 18 世纪的工业革命开始的。

“大工业把巨大的自然力和自然科学并入生产过程，必然大大提高劳动生产率，这一点是一目了然的。”但是，在资本主义制度下，生产的目的是榨取剩余价值，因而对机器的采用具有特殊的界限。本来，“机器的生产率是由它代替的人类劳动力的程度来衡量的。”“如果只把机器看作使产品便宜的手段，那末使用机器的界限就在于：生产机器所费的劳动要少于使用机器所代替的劳动。可是对资本家说来，这个界限表现得更为狭窄。由于资本支付的不是所使用的劳动，而是所使用的劳动力的价值，因此，对资本家说来，只有在机器的

---

① 《马克思恩格斯全集》第 23 卷，人民出版社 1972 年版，第 383、384、403 页。

② 《马克思恩格斯全集》第 23 卷，人民出版社 1972 年版，第 398—399、399 页。

③ 《马克思恩格斯全集》第 23 卷，人民出版社 1972 年版，第 403 页。

④ 《马克思恩格斯全集》第 23 卷，人民出版社 1972 年版，第 421—422 页。

价值和它所代替的劳动力的价值之间存在差额的情况下，才会使用机器。”①这就是说，只有使用机器所能代替的劳动力价值大于机器本身的价值，从而比使用机器前生产更多的剩余价值，资本家才会使用机器。否则，他宁可使用手工劳动。

机器和大工业不仅是生产相对剩余价值的重要手段，也是生产绝对剩余价值的重要手段。一是通过首先使用机器和不断改进机器，提高劳动生产率，或者降低商品价值，从而降低劳动力价值，缩短必要劳动时间，获得超额剩余价值和相对剩余价值。“自从剩余价值的生产永远不能通过延长工作日来增加以来，资本就竭尽全力一心一意加快发展机器体系来生产相对剩余价值。”二是机器的有效寿命取决于每天工作过程的长度乘以持续工作的天数。同时，机器有有形损耗（包括使用损耗和自然作用的损耗）和无形损耗（由于同类机器更便宜、更有效地再生产出来所引起的贬值）。因此，为了提高机器的使用效率，避免或减少自然损耗和无形损耗造成的损失，“机器的资本主义应用……创造了无限度地延长工作日的新的强大动机”，增加绝对剩余价值的生产。三是缩短工作日“一旦由法律强制实行，资本手中的机器就成为一种客观的和系统地利用的手段，用来在同一时间内榨取更多的劳动。这是通过两种方法达到的：一种是提高机器的速度，另一种是扩大同一工人看管的机器数量，即扩大工人的劳动范围。”四是机器的广泛使用，使不少劳动操作便于妇女和儿童承担，而他们的工资却低得多，这就使资本家达到加强剥削的目的。“因此，机器从一开始，在增加人身剥削材料，即扩大资本固有的剥削领域的同时，也提高了剥削程度。”②

机器的资本主义使用和工厂制度的确立，进一步发展了资本与雇佣劳动的对立关系。在工场手工业阶段，工人“是终身专门使用一种局部工具，现在是终身专门服侍一台局部机器。滥用机器的目的是要使工人自己从小就变成局部机器的一部分。这样，不仅工人自身再生产所必需的费用大大减少，而且工人终于毫无办法，只有依赖整个工厂，从而依赖资本家。”“在工厂手工业中，工人是一个活机构的肢体。在工厂中，死机构独立于工人而存在，工人被当作活的附属物并入死机构。”工人实际上变成了机器的奴隶。工人对资本的关系变成了实际上的隶属关系。可见，“资本主义生产方式使劳动条件和劳动产品具有的与工人相独立、相异化的形态，随着机器的发展而发展成为完全的对立。”③

从历史的角度看，资本主义条件下的机器和工厂制度的社会作用是二重

① 《马克思恩格斯全集》第 23 卷，人民出版社 1972 年版，第 424、428、430—431 页。

② 《马克思恩格斯全集》第 23 卷，人民出版社 1972 年版，第 449、447、452、434 页。

③ 《马克思恩格斯全集》第 23 卷，人民出版社 1972 年版，第 462—463、463、473 页。

性的。它们一方面有力地促进了社会化大生产的发展。“现代工业从来不把某一生产过程的现存形式看成和当作最后的形式。因此，现代工业的技术基础是革命的，而所有以往的生产方式的技术基础本质上是保守的。”① 另一方面又发展和加深了一系列社会矛盾，并造成资本主义生产方式否定的条件和因素。

“机器就其本身来说缩短劳动时间，而它的资本主义应用延长工作日”；“机器本身减轻劳动，而它的资本主义应用提高劳动强度”；“机器本身是人对自然力的胜利，而它的资本主义应用使人受自然力奴役”；“机器本身增加生产者的财富，而它的资本主义应用使生产者变成需要救济的贫民，如此等等”。②

大工业把工人变成局部机器的附属物，而“现代工业通过机器、化学过程和其他方法，使工人的职能和劳动过程的社会结合不断地随着生产的技术基础发生变革。……因此，大工业的本性决定了劳动的变换、职能更动和工人的全面流动性。……大工业又通过它的灾难本身使下面这一点成为生死攸关的问题：承认劳动的变换，从而承认工人尽可能多方面的发展是社会生产的普遍规律，并且使各种关系适应这个规律的正常实现。”③

资本主义大工业“在消灭小生产和家庭劳动的领域的同时，也消灭了‘过剩人口’的最后避难所，从而消灭了整个社会机构的迄今为止的安全阀。”④

适应机器和大工业生产的工厂立法的普遍化（1833 年英国政府颁布了第一个工厂法，以后又多次补充、修改），是资本主义剥削制度走向法制化的重要一步。它迫使各个工厂实行统一性、规则性和秩序性的劳动制度，实质是加强资本的剥削和统治。但这样一来，“它也就使反对这种统治的直接斗争普遍化。”⑤

资本主义的工厂法有关教育条款是不足道的，但还是把初等教育宣布为劳动的一个强制性条件。而“从工厂制度中萌发出了未来教育的幼芽，未来教育对所有已满一定年龄的儿童来说，就是生产劳动同智育和体育相结合，它不仅是提高社会生产的一种方法，而且是造就全面发展的人的唯一方法。”⑥

总之，资本主义的机器大工业及其工厂制度，“在使生产过程的物质条件及其社会结合成熟的同时，也使生产过程的资本主义形式的矛盾和对抗成熟起来，因此也同时使新社会的形成要素和旧社会的变革要素成熟起

---

① 《马克思恩格斯全集》第 23 卷，人民出版社 1972 年版，第 533 页。

② 《马克思恩格斯全集》第 23 卷，人民出版社 1972 年版，第 483 页。

③ 《马克思恩格斯全集》第 23 卷，人民出版社 1972 年版，第 533—535 页。

④ 《马克思恩格斯全集》第 23 卷，人民出版社 1972 年版，第 549—550 页。

⑤ 《马克思恩格斯全集》第 23 卷，人民出版社 1972 年版，第 549 页。

⑥ 《马克思恩格斯全集》第 23 卷，人民出版社 1972 年版，第 530 页。

来。”而“一种历史生产形式的矛盾的发展，是这种形式瓦解和改造的唯一的历史道路。”①

3. 绝对剩余价值和相对剩余价值生产的关系

（1）生产劳动的概念

在分析资本主义的劳动过程时，马克思曾指出：“如果整个过程从其结果的角度，从产品的角度加以考察，那末劳动资料和劳动对象表现为生产资料，劳动本身则表现为生产劳动。”在该页的注（7）中马克思说：“这个从简单劳动过程的观点得出的生产劳动的定义，对于资本主义生产过程是绝对不够的。”②

从生产劳动的一般规定性说，上述定义指出了生产劳动是从事使用价值生产的劳动，这是不错的。但对资本主义来说是很不够的。

首先，从生产劳动的一般规定性看，上述定义似乎把生产劳动看成是由同一个劳动者直接完成全过程的劳动。这种情况只存在于纯自然经济中的个体劳动。然而，在社会化生产条件下，“产品从个体生产者的直接产品转化为社会产品，转化为总体工人即结合劳动人员的共同产品。总体工人的各个成员较直接地或者较间接地作用于劳动对象。因此，随着劳动过程本身的协作性质的发展，生产劳动和它的承担者即生产工人的概念也就必然扩大。为了从事生产劳动，现在不一定要亲自动手；只要成为总体工人的一个器官，完成他所属的某一种职能就够了。”③

其次，从生产劳动的特殊社会性看，上述生产劳动的概念又缩小了。因为，“资本主义生产不仅是商品生产，它实质是剩余价值的生产。……只有为资本家生产剩余价值或者为资本的自行增殖服务的工人，才是生产工人。”④

“因此，生产工人的概念决不只包含活动和效果之间的关系，工人和劳动产品之间的关系，而且还包含一种特殊社会的、历史地产生的生产关系。这种生产关系把工人变成资本增殖的直接手段。所以，成为生产工人不是一种幸福，而是一种不幸。”⑤。

由此可知，必须从生产劳动的一般规定性与特殊社会规定性的对立统一中把握生产劳动的概念。

（2）绝对剩余价值与相对剩余价值的区别和联系

绝对剩余价值与相对剩余价值的主要区别在于：一是从生产的手段看，“绝对剩余价值的生产只同工作日的长度有关；相对剩余价值的生产使劳动的

---

① 《马克思恩格斯全集》第23卷，人民出版社1972年版，第550、535页。

② 《马克思恩格斯全集》第23卷，人民出版社1972年版，第205页。

③ 《马克思恩格斯全集》第23卷，人民出版社1972年版，第556页。

④ 《马克思恩格斯全集》第23卷，人民出版社1972年版，第556页。

⑤ 《马克思恩格斯全集》第23卷，人民出版社1972年版，第556页。

技术过程和社会组织发生根本的革命。”二是从资本和工人的关系看，“对于绝对剩余价值的生产来说，只要劳动在形式上隶属于资本就够了”。相对剩余价值生产以特殊的生产方式特别是机器生产为前提，因此，“劳动对资本的这种形式上的隶属，又让位于劳动对资本的实际上的隶属。”① 三是历史地位不同。绝对剩余价值生产方法一般在资本主义的不发达阶段占主导地位，相对剩余价值生产方法则在资本主义发达阶段占主导地位。

绝对剩余价值与相对剩余价值的联系主要表现在：第一，都以资本主义剥削为前提。“相对剩余价值是绝对的，因为它以工作日的绝对延长超过工人本身生存所必需的劳动时间以上为前提。绝对剩余价值是相对的，因为它以劳动生产率发展到能够把必要劳动时间限制为工作日的一个部分为前提。”第二，两种方法密切结合。“绝对剩余价值的生产构成资本主义体系的一般基础，并且是相对剩余价值生产的起点。”另一方面，“生产相对剩余价值的方法同时也是生产绝对剩余价值的方法。无限度地延长工作日正是表现为大工业的特有的产物。”②

（3）剩余价值生产的自然基础

剩余价值生产一开始必须以劳动生产力的一定发展和剩余劳动量的一定存在为经济基础。如果劳动者必须用全部劳动时间来生产维持自己和家庭的生活资料，没有剩余劳动，那就不会有剩余价值的生产了。“只有当人类通过劳动摆脱了最初的动物状态，从而他们的劳动本身已经在一定程度上社会化的时候，一个人的剩余劳动成为另一个人的生存条件的关系才能出现。”资本关系的产生还要求剩余劳动有进一步的增长。但是，“作为资本关系的基础和起点的已有的劳动生产率，不是自然的恩惠，而是几十万年历史的恩惠。”③

“撇开社会生产的不同发展程度不说，劳动生产率是同自然条件相联系的。这些自然条件都可以归结为人本身的自然（如人种等等）和人的周围的自然。外界自然条件在经济上可以分为两大类：生活资料的自然富源，例如土壤的肥力，鱼产丰富的水等等；劳动资料的自然富源，如奔腾的瀑布、可以航行的河流、森林、金属、煤炭等等。在文化初期，第一类自然富源具有决定性的意义；在较高的发展阶段，第二类自然富源具有决定性的意义。”④

但是，“资本主义生产方式以人对自然的支配为前提。过于富饶的自然‘使人离不开自然的手，就象小孩子离不开引带一样’。它不能使人自身的发展

---

① 《马克思恩格斯全集》第23卷，人民出版社1972年版，第557、558、557页。

② 《马克思恩格斯全集》第23卷，人民出版社1972年版，第558、557、558页。

③ 《马克思恩格斯全集》第23卷，人民出版社1972年版，第559、560页。

④ 《马克思恩格斯全集》第23卷，人民出版社1972年版，第560页。

成为一种自然必然性。资本的祖国不是草木繁茂的热带，而是温带。”① 世界资本主义的发展史说明了这一点。

实践表明，“不是土壤的绝对肥力，而是它的差异性和它的自然产品的多样性，形成社会分工的自然基础，并且通过人所处的自然环境的变化，促使它们自己的需要、能力、劳动资料和劳动方式趋于多样化。社会地控制自然力以便经济地加以利用，用人力兴建大规模的工程以便占有或驯服自然力，——这种必要性在产业史上起着最有决定性的作用。”②

不过，“良好的自然条件始终只提供剩余劳动的可能性，从而只提供剩余价值或剩余产品的可能性，而绝不能提供它的现实性。”③ 要把这种可能性变为现实性，必须在一定的生产方式下通过人的劳动才能做到。剩余价值的现实经济基础，只能是资本主义生产方式下的雇佣劳动。

(4) 劳动力价格和剩余价值量的变化

这里是从绝对剩余价值和相对剩余价值的结合上，分析剩余价值量变化的一般规律。

分析的假定条件：一是商品按价值出售；二是劳动力的价格一般和价值相一致。

在这种假定下，劳动力价格和剩余价值量取决于三个因素：一是工作日的长度，或劳动的外延量；二是正常的劳动强度，或劳动的内含量；三是劳动生产力。这三个因素可以有多种排列组合。下面考察几种主要组合情况。

第一，工作日的长度和劳动强度不变，劳动生产力可变。这种情况下变化的规律是：不论劳动生产力如何变化，一定时间内生产的产品价值总量不变；劳动生产力的提高或降低，与劳动力的价值成反向变化（劳动生产提高引起生活资料商品价值降低，从而导致再生产劳动力的费用的降低；反之亦然），与剩余价值量成同向变化（劳动生产力提高，劳动力价值降低，从而剩余价值量增加；反之亦然）；劳动力价值的变化，是剩余价值变化的直接原因。这个规律表明一个总趋势：劳动生产力的提高，引起劳动力价值的降低，导致剩余价值量的增加。这说明，在资本主义条件下，劳动生产力提高的结果，会加深工人阶级与资产阶级贫富的差距。

第二，工作日和劳动生产力不变，劳动强度可变。这种情况下变化的规律是：随着劳动强度的提高，同一时间生产的产品价值总量相应增加；劳动力价格和剩余价值量可以同时按照相同的或不同的程度增加；劳动力价格所以提高，是因为劳动强度的提高必然引起再生产劳动力的生活资料的增加，从而导

---

① 《马克思恩格斯全集》第23卷，人民出版社1972年版，第561页。

② 《马克思恩格斯全集》第23卷，人民出版社1972年版，第561页。

③ 《马克思恩格斯全集》第23卷，人民出版社1972年版，第562页。

致劳动力价值的提高。但这时劳动力价格的提高，不一定超过它的价值，甚至还可能降低到它的价值以下。因为当劳动强度加大到一定程度时，劳动力会加速损耗，以致增加一些生活资料的消费也难以恢复。马克思指出：“当劳动力价格的提高不能补偿劳动力的加速的损耗时总是发生这种情况。”①

第三，劳动生产力和劳动强度不变，工作日可变。这种情况下变化的规律是：工作日缩短，必要劳动时间不变，剩余价值量减少。这时，资本家只有把劳动力价格压到它的价值以下，才能避免损失；劳动力价格从而必要劳动时间不变，在工作日延长时，剩余价值的绝对量和相对量都会增加。但工作日过度的延长也会加速劳动力的损耗，难以恢复。所以，“随着工作日的延长，劳动力的价格尽管名义上不变，甚至有所提高，还是可能降到它的价值以下。”②

第四，工作日、劳动生产力和劳动强度同时变化。这种情况也有多种组合，出现多种变化。但在资本主义条件下，不管哪种变化，都不可能使工作日缩短为再生产劳动力价值的必要劳动时间。“工作日的绝对最低界限，总是由工作日的这个必要的但能缩减的部分形成。如果整个工作日缩小到这个必要的部分，那末剩余劳动就消失了，这在资本的制度下是不可能发生的。”③

马克思指出：“只有消灭资本主义生产形式，才允许把工作日限制在必要劳动上。但是，在其他条件不变的情况下，必要劳动将会扩大自己的范围。一方面，是因为工人的生活条件日益丰富，他们的生活需求日益增长。另一方面，是因为现在的剩余劳动的一部分将会列入必要劳动，即形成社会准备基金和社会积累基金所必要的劳动。”④

现实意义

马克思对绝对剩余价值和相对剩余价值的分析，展现了一部资本主义残酷剥削史，使我们对其历史的局限性加深了认识。当代资本主义剩余价值的生产，早已从过去以延长工作日为特征的绝对剩余价值生产，转到以提高劳动生产力为特征的相对剩余价值生产为主的阶段。这既是科技和生产力发展的要求，又是工人阶级长期斗争的结果，当然也是资本主义制度局部调整的产物。1890年资本主义国家开始实行8小时工作制。在两次世界大战之间，美国和法国开始实行每周劳动40小时的制度。第二次世界大战以后，其他国家也相继实行了每周40小时的工作制。如此看来，资本主义制度对工人阶级的剥削

---

① 《马克思恩格斯全集》第23卷，人民出版社1972年版，第573页。
② 《马克思恩格斯全集》第23卷，人民出版社1972年版，第575页。
③ 《马克思恩格斯全集》第23卷，人民出版社1972年版，第578页。
④ 《马克思恩格斯全集》第23卷，人民出版社1972年版，第578页。

程度是否因劳动时间的缩短而减轻了呢？没有。虽然劳动时间减少了，但由于科学技术的巨大进步，科技在经济增长中所起的作用越来越大（发达资本主义国家现在一般达到60%左右），劳动生产率大大提高了，劳动的复杂程度和强度特别是脑力劳动的强度大大提高了（这一点的一个重要表现是劳动者文化素质的提高。例如，在美国民用劳动力中，受过中等教育的比重从1948年的58.3%提高到1989年的86%；同期受过高等教育的比重从14%提高到46%），因此，工人在更短的劳动时间内却给资本家创造了比过去更多的剩余价值。即使在劳动力价格有所提高的条件下，也是如此。这个情况，除了前面提到的美国制造业剩余价值率不断上升的例证外，还可以举出以下事实。本世纪50年代美国各部门的公司利润额年平均增长率（扣除通货膨胀因素的税前利润增长率）为0.8%，60年代上升到5%，70年代又上升到5.1%。可见，在相对剩余价值生产占主导地位的今天，资本主义制度对工人阶级的剥削力度（表现为剩余价值的相对量和绝对量），不是减轻的趋势，而是加重的趋势，尽管采取了更加“文明”的形式。

马克思关于绝对和相对剩余价值的科学分析，抽掉资本主义的剥削性质，对社会主义经济也有重要的启示和借鉴意义。

绝对剩余价值生产向相对剩余价值生产的转变，从经济增长方式的角度看，就是从粗放型向集约型的转变。前者单纯依靠劳动（包括活劳动和物化劳动）量的简单扩张，后者主要依靠提高劳动生产力。资本主义生产的发展正是适应了经济增长方式发展的这个要求，才得以不断提高剩余价值率，大大增加剩余价值量，并促进了资本主义制度的发展（当然也加深了它的矛盾）。社会主义经济也只有在经济增长方式上加速实现从粗放型向集约型的根本转变，才能创造出高于资本主义的劳动生产率，使人民过上幸福美好的新生活，充分发挥社会主义优越性，最终战胜资本主义。

如何实现经济增长方式的根本转变呢？从马克思的有关分析中，我们可以得到如下几点重要启示。

第一，尽快用机器和大工业武装国民经济，实现国民经济现代化。马克思认为，机器和大工业是资本主义典型的生产方式，只有这种生产方式才使资本主义制度在全社会实现统治。作为代替资本主义的社会主义制度，更应该尽快用机器和大工业武装国民经济，并在这个基础上实现国民经济的现代化。马克思指出：“在共产主义社会，机器的作用范围将和在资产阶级社会完全不同。”① 对于资本家来讲，只有机器的价值小于它所代替的劳动力价值时，才会采用机器。以解放和造福于人类为根本目标的共产主义社会当然会打破这个限制，大大扩展使用机器的范围。但是，我们现在的社会主义仍处在初级阶

---

① 《马克思恩格斯全集》第23卷，人民出版社1972年版，第431页。

段，还要大力发展商品、市场经济，这与马克思的设想有不小的差距。更何况我国是个人口众多、劳动力资源丰富的国家。在这种条件下，对采用机器恐怕要考虑多种因素：竞争性（以及竞争程度）和非竞争企业，工业化和现代化建设的需要，劳动强度和劳动条件，劳动就业，投资规模等，然后实行有区别的、多层次的对策。总之，我国要把合理发挥先进机器的作用与充分利用丰富的劳动力资源结合起来，强调提高国民经济的整体素质和效益。

第二，有效地发挥分工协作的作用。无论就企业内部来看，还是就社会来看，分工协作都是一种巨大的生产力。搞好企业内部的分工协作，是节约投入，增加产出，提高企业效益的一个重要因素。马克思在谈到商品经济条件下社会的分工协作时指出："不同的生产领域经常力求保持平衡，一方面因为，每一个商品生产者都必须生产一种使用价值，即满足一种特殊的社会需要，而这种需要的范围在量上是不同的，一种内在联系把各种不同的需要量连接成一个自然的体系；另一方面因为，商品的价值规律决定社会在它所支配的全部劳动时间中能够用多少时间去生产每一种特殊商品。"但是，在自发的商品经济中，这种规律性"只是在事后作为一种内在的、无声的自然必然性起着作用，这种自然必然性可以在市场价格的晴雨表的变动中觉察出来，并克服着商品生产者的无规则的任意行动。"① 这就是说，社会分工协作产生了社会经济按比例发展的客观规律，商品经济的运行和价值规律的作用也要以此为基础。由此可见，在我国社会主义经济发展过程中，合理调整和优化产业结构，克服"简单重复建设"、"搞大而全、小而全"、"产业发展趋同化"的弊病，对于实现国民经济按比例、高效益发展，根本转变经济增长方式，是何等必要。

第三，不断完善和发展生产关系。马克思在谈到相对剩余价值生产发展的几个阶段时，分析了资本主义生产关系的变化，即劳动对资本从形式上的隶属关系发展到实质上的隶属关系。这是资本主义制度巩固和发展的一个重要标志。由此联系到社会主义经济，我们应该比资本主义更自觉地做到这一点，即在发展生产、改善人民生活的过程中，通过多方面的有效的改革，不断完善、巩固和发展以公有制为主体、劳动人民当家做主、逐步迈向共同富裕的社会主义生产关系，不断增强社会主义的凝聚力和生命力，以便为经济增长方式的转变提供强大的动力。

第四，重视和强化经济管理。经济管理是社会化生产的必然要求，是实现经济高效增长的永恒主题。资本主义剩余价值的生产，是通过企业管理进行的。这种管理虽然具有剥削职能的一面，但作为指挥社会劳动的职能，则具有社会的共性，并且包含着丰富的科学的乃至精巧的内容。搞好社会主义的经济管理，必须从资本主义管理中吸取有益的知识和经验。在对待社会主义的管理

---

① 《马克思恩格斯全集》第23卷，人民出版社1972年版，第394页。

和改革的关系上，既要反对以“管”代“改”的片面性，又要反对以“改”代“管”的片面性。应该将深化改革和加强管理这两者辩证地结合起来。这是实现经济增长方式根本转变的必然要求。

第五，加强经济的法制化建设。社会经济的有序运行，必须以法制为保证。正因为如此，马克思对当时资本主义的工厂法给予了应有的评价，指出：“工厂法的制定，是社会对其生产过程自发形式的第一次有意识、有计划的反作用。”① 现代市场经济是法治经济。第二次世界大战后发达资本主义国家经济的稳定发展，是与比较完备的法治体系密切相关的。社会主义经济的发展也必须走法治化的道路。我国的实践证明，无论是实现经济体制的根本转变，还是实现经济增长方式的转变，都必须加强法治建设，充分发挥社会主义法治的保障作用。

（四）关于资本主义工资的原理与现实

资本主义工资理论是剩余价值生产理论的重要组成部分。这是为什么？首先，是因为对工资的科学分析是彻底揭示剩余价值生产秘密的必要环节。剩余价值是由雇佣劳动者创造的价值大于劳动力价值的部分，工人得到的工资只是劳动力的价格，但资本主义的工资在表面上却歪曲地表现为全部劳动的价格。这样一来，剩余价值的本质就被掩盖了。因此，为了从本质到现象完整地阐明剩余价值生产理论，必须分析资本主义工资。其次，是因为工资是榨取剩余价值的重要手段，而计件工资是“克扣工资和进行资本主义欺诈的最丰富的源泉。”② 所以，为了进一步揭示剩余价值量的变化规律，必须分析资本主义工资。

1. 劳动力的价值或价格转化为工资

（1）工资的现象形态和本质

“在资产阶级社会的表面上，工人的工资表现为劳动的价格”③，似乎工人出卖的是劳动，工资是他全部劳动的代价。

其实，这是一种假象。

第一，商品价格的基础是价值，价值的实体是劳动。如果说劳动本身是商品，有价值和价格，这就等于说劳动的价值由劳动决定。这是同义语反复，违背逻辑。

第二，劳动要作为商品在市场上出卖，它必须在出卖以前就已存在。但如果工人在交易之前就能使他的活劳动存在，他出卖的就是商品（劳动的物化），

---

① 《马克思恩格斯全集》第23卷，人民出版社1972年版，第527页。
② 《马克思恩格斯全集》第23卷，人民出版社1972年版，第605页。
③ 《马克思恩格斯全集》第23卷，人民出版社1972年版，第585页。

而不是活劳动。事实上，雇佣工人在进入生产过程以前，没法进行劳动；而进入劳动过程时，他已经出卖过了。显然，他出卖的不是劳动。

第三，问题的关键是，如果硬说工人出卖的是劳动，工资是劳动的代价，那就“会或者消灭那个正是在资本主义生产的基础上才自由展开的价值规律，或者消灭那种正是以雇佣劳动为基础的资本主义生产本身。”① 这就是说，要么否定等价交换规律，要么否定资本主义剥削。

“实际上，在商品市场上同货币所有者直接对立的不是劳动，而是工人。工人出卖的是他的劳动力。……劳动是价值的实体和内在尺度，但是它本身没有价值。”② 资本主义工资的本质，是劳动力价值的货币形式或者劳动力的价格。“工资不是它表面上呈现的那种东西，不是劳动的价值或价格，而只是劳动力的价值或价格的掩蔽形式。”③

(2) 工资表现为劳动价格的原因

尽管工资的本质是劳动力的价值和价格，但在资本主义经济生活中，又的确存在工资歪曲地表现为劳动价格的原因。

第一，从资本与雇佣工人的交换关系看，虽然交换的本质内容是劳动力的买卖，但劳动力是存在于工人身上的一种能力，在交换过程中表现不出来，它只能通过劳动过程表现出来，因此很容易被看成是劳动的买卖关系。

第二，从工人方面看，他实际感觉到的，是他获得工资的多少与他劳动的付出状况相联系。何况他往往是在劳动以后拿到工资的，这就更增强了他“干活拿钱”的印象。

第三，从资本家方面看，他虽然支付的工资是劳动力的价格，但他实际关心的是劳动力发挥出来的劳动过程，给他创造更多的利润，并且竭力掩盖其剥削关系，因此，资本家必然本能地把工资看成是劳动的价格或全部劳动的报酬。

第四，从工资的变化过程看，它一方面随着工作日长度的变化而变化，另一方面随着劳动的强度、熟练程度和效率的变化而变化，这样看起来，工资也像是劳动的代价。

由此可见，“‘劳动的价值和价格，或‘工资’这个表现形式不同于它所表现的本质关系，即劳动力的价值和价格”。④ 综合本质和现象，资本主义工资是劳动力价值和价格的转化形态。这就是说，工资的本质是劳动力的价值和价格，但它在表面上又歪曲地表现为劳动的价格。

---

① 《马克思恩格斯全集》第 23 卷，人民出版社 1972 年版，第 586 页。

② 《马克思恩格斯全集》第 23 卷，人民出版社 1972 年版，第 587 页。

③ 《马克思恩格斯全集》第 19 卷，人民出版社 1963 年版，第 27 页。

④ 《马克思恩格斯全集》第 23 卷，人民出版社 1972 年版，第 593 页。

（3）工资形式掩盖了资本主义剥削关系

由于工资在现象形态上表现为劳动的价格，“于是，工资的形式消灭了工作日分为必要劳动和剩余劳动、分为有酬劳动和无酬劳动的一切痕迹。全部劳动都表现为有酬劳动。”①

从工资形式可以看出，资本主义剥削制度是具有隐蔽性、欺骗性的剥削制度。在徭役劳动下，服徭者为自己的劳动和为地主的强制性劳动在时间和空间上都是分开的。在奴隶劳动下，奴隶的全部劳动都表现为无酬劳动。“相反地，在雇佣劳动下，甚至剩余劳动或无酬劳动也表现为有酬劳动。”②

劳动力的价值和价格转化为工资形式，即转化为劳动的价值和价格，对资本主义“具有决定性的重要意义。这种表现形式掩盖了现实关系，正好显示出它的反面。工人和资本家的一切法权观念，资本主义生产方式的一切神秘性，这一生产方式所产生的一切自由幻觉，庸俗经济学的一切辩护遁词，都是以这个表现形式为依据的。”③

2. 工资的形式

资本主义工资的基本形式有计时工资和计件工资。

（1）计时工资

计时工资是按照工人的劳动时间长短支付的工资。“劳动力总是按一定时期来出卖的。因此，直接表现劳动力的日价值、周价值等等的转化形式，就是‘计时工资’的形式，也就是日工资等等。”④ 可见，计时工资的实质是劳动力的计时价值和价格。但它要通过“劳动价格”来计算和表现出来。

这里所说的劳动价格不同于资产阶级经济学家所说的劳动价格。马克思分析计时工资的劳动价格，是指劳动力每小时的价格。它等于劳动力的平均日价值除以平均工作日的小时数。其公式是：

$$\text{劳动价格}=\frac{\text{劳动力的日价值（或日工资）}}{\text{工作日长度（小时数）}}$$

劳动价格是计时工资的计量单位。

计时工资主要取决于三个因素：工作日长度、劳动价格、劳动力价值。计时工资“一般的规律就是：如果日劳动、周劳动等等的量已定，那末日工资或周工资就决定于劳动价格，而劳动价格本身或者是随着劳动力的价值而变化，或者是随着劳动力的价格与其价值的偏离而变化。反之，如果劳动价格已定，

---

① 《马克思恩格斯全集》第23卷，人民出版社1972年版，第590页。

② 《马克思恩格斯全集》第23卷，人民出版社1972年版，第591页。

③ 《马克思恩格斯全集》第23卷，人民出版社1972年版，第591页。

④ 《马克思恩格斯全集》第23卷，人民出版社1972年版，第594页。

那么日工资或周工资就决定于日劳动或周劳动的量。”① 这就是说：第一，如果工作日的长度（小时数）不变，工人的工资额就取决于劳动价格（每小时的劳动力价值）；第二，如果劳动价格不变，工人的工资额就取决于工作日的长度。至于劳动价格，既取决于劳动力的价值（再生产劳动力的费用），又受到工作日长度的影响。

劳动价格是反映计时工资实际水平的基本因素。必须把计时工资总额与劳动价格区别开来。它们之间的变化有如下三种情况：①日工资不变，如果延长工作日，就会降低劳动价格。例如，日工资 6 元，原工作日为 10 小时，劳动价格为 0.6 元，如工作日延长到 12 小时，则劳动价格降为 0.5 元。②日工资提高，如果延长工作日，劳动价格可以保持不变。例如，日工资由 6 元增至 6.5 元，但工作日从 12 小时延长到 13 小时，劳动价格仍为 0.5 元。③日工资提高，如果延长工作日，劳动价格还可以下降。例如，日工资由 6 元增至 6.3 元，但工作日由 12 小时延长到 14 小时，劳动价格就由 0.5 元降到 0.45 元。以上情况说明，工人计时工资的提高不等于被剥削程度的减轻，甚至于同时出现被剥削程度的加重。特别是当工作日延长到一定点后，劳动力加速磨损，难以恢复，工人遭遇更加不幸。在提高劳动强度的条件下，也同样会出现上述结果。

计时工资一般规律的作用，必然造成如下的恶性循环：劳动价格越低，工人为获得必要的工资，必然要延长劳动时间；工人劳动时间越长，劳动供给量越大，就业竞争更激烈，这就有利于资本家压低劳动价格；劳动价格的降低又迫使工人延长劳动时间。在这个过程中，就业者遭受过度劳动之苦，失业和半失业者又遭受劳动不足之苦。工人阶级就是在这种恶性循环中遭受剥削。

（2）计件工资

计件工资是按照工人在一定时间内完成的产品件数或作业量支付的工资。

乍一看来，计件工资似乎与劳动力的价值无关。其实，“计件工资无非是计时工资的转化形式，正如计时工资是劳动力的价值或价格的转化形式一样。”② 我们知道，计时工资是以劳动价格即劳动力的小时价值为基础计量的。计件工资又是以计时工资为基础决定的。计件工资额取决于工人所生产的产品数量和单位产品工价。而单位产品工价的确定，是以工人在实行计时工资时一天所能生产的产品数量，和工人一天工资的平均额为依据计算出来的。所以，计件工资的本质归根结底仍然是劳动力价值和价格的转化形式。

“计件工资是最适合资本主义生产方式的工资形式。”③ 这是因为：

第一，实行计件工资时，“劳动的质量是由产品本身来控制的，产品必须

---

① 《马克思恩格斯全集》第 23 卷，人民出版社 1972 年版，第 596 页。

② 《马克思恩格斯全集》第 23 卷，人民出版社 1972 年版，第 603 页。

③ 《马克思恩格斯全集》第 23 卷，人民出版社 1972 年版，第 609 页。

具有平均的质量，计件价格才能得到完全的支付。”这就容易给资本家提供借口，以产品不合规格为由克扣工人的工资。“从这方面说，计件工资是克扣工资和进行资本主义欺诈的最丰富的源泉。”①

第二，计件工资给资本家提供了一个十分确定的计算劳动强度的尺度。“如果工人没有平均的工作效率，因而不能提供最低限度的日劳动，他就会被解雇。”② 因此，计件工资是对工人具有更大经济强制性的榨取剩余价值的手段。

第三，“既然劳动的质量和强度在这里是由工资形式本身来控制的，那末对劳动的监督大部分就成为多余的了。因此，计件工资的形式既形成前面所说的现代家庭劳动的基础，也形成层层剥削和压迫的制度的基础。”③ 后者如包工制、工头制等。

第四，“实行了计件工资，很自然，工人的个人利益就会使他尽可能紧张地发挥自己的劳动力，而这又使资本家容易提高劳动强度的正常程度。”这就是说，工人为了拿到更多计件工资，必然要提高劳动强度，或者自动延长劳动时间。而当劳动强度和劳动效率普遍提高时，资本家又会提高劳动定额和压低计件单价，从而达到降低工资，加强剥削的目的。“因此，计件工资有一种趋势，就是在把个别工资提高到平均水平以上的同时，把这个水平本身降低。”④

第五，在计件工资形式上，掩盖了必要劳动和剩余劳动的界限，使剩余价值剥削具有更强的隐蔽性。

计时工资在资本主义初期被普遍采用。以后随着资本主义经济的发展，计件工资逐渐流行起来。总的说，计时工资和计件工资是同时存在于资本主义经济中的两种基本工资形式。只不过由于不同时期的经济条件不同，有所侧重，并且不断变化罢了。

(3) 名义工资和实际工资

分析资本主义工资时，还要区别名义工资和实际工资。名义工资是以货币数量表示的工资。实际工资一般是指工资的货币额能实际交换到的生活资料和服务的数量。名义工资和实际工资的区别，就是“劳动力的交换价值和由这个价值转变成的生活资料的量之间的区别”⑤。在资本主义国家，名义工资与实际工资往往脱节，不一致。有时名义工资提高了，但由于物价上涨幅度更大，实际工资反而下降。

---

① 《马克思恩格斯全集》第23卷，人民出版社1972年版，第605页。

② 《马克思恩格斯全集》第23卷，人民出版社1972年版，第606页。

③ 《马克思恩格斯全集》第23卷，人民出版社1972年版，第606页。

④ 《马克思恩格斯全集》第23卷，人民出版社1972年版，第607、608页。

⑤ 《马克思恩格斯全集》第23卷，人民出版社1972年版，第594页。

3. 工资的国民差异

(1) 比较国民工资的综合因素

不同国家劳动力价值及其表现的工资水平是有差别的。“因此，在比较国民工资时，必须考虑到决定劳动力的价值量的变化的一切因素：自然的和历史地发展起来的首要的生活必需品的价格和范围，工人的教育费，妇女劳动和儿童劳动的作用，劳动生产率，劳动的外延量和内含量。”① 例如，有的国家食物以肉为主，上班交通以汽车为主，工人平均受教育程度高，脑力劳动在总劳动中的比例较大；有的国家食物以粮食为主，上班交通以自行车为主，工人平均受教育程度较低，脑力劳动在总劳动中的比例较小，这样，维持劳动力再生产所必要的工资水平，前一类国家就应该高于后一类国家。如果两个国家的人平均工资一个样，前一类国家的工人就不能维持正常的再生产。因此，不能简单地用货币工资的多少衡量不同国家工人的工资和生活水平，一定要考虑到决定劳动力价值的各种因素，进行科学的综合比较。

(2) 发达国家的名义工资与实际工资

在比较经济发展程度不同国家的工资水平时，还必须考虑到价值规律在国际上的作用和各国劳动力价值的水平。马克思指出：“一个国家的资本主义生产越发达，那里的国民劳动的强度和生产率，就越超过国际水平。因此，不同国家在同一劳动时间内所生产的同种商品的不同量，有不同的国际价值，从而表现为不同的价格，即表现为按各自的国际价值而不同的货币额。所以，货币的相对价值在资本主义生产方式较发达的国家里，比在资本主义生产方式不太发达的国家里要小。由此可以得出结论：名义工资，即表现为货币的劳动力的等价物，在前一种国家会比在后一种国家高；但这决不是说，实际工资即供工人支配的生活资料也是这样。”②

为了理解这段话，先举例列表如下：

国家类型	劳动时间（小时）	同种产品数量（件）	单位产品国别价值（元）	单位产品国际价值（元）	同一劳动时间生产的产品所实现的国际价值（元）	货币的相对价值即同一货币购得的商品内含的劳动量（小时）
项数	①	②	③=①÷②	④	⑤=②×④	⑥=①÷⑤
发达国家	10	20	0.5	1	20	0.5
中等国家	10	10	1	1	10	1
不发达国家	10	5	2	1	5	2

① 《马克思恩格斯全集》第23卷，人民出版社1972年版，第613页。
② 《马克思恩格斯全集》第23卷，人民出版社1972年版，第614页。

上述三类国家都用10小时生产同类商品，由于各国劳动条件不同，同一劳动时间生产的商品件数依次分别为20件、10件、5件，每件商品的个别（国别）价值分别为0.5元、1元、2元。由于价值规律在国际范围的作用，商品的价值不是由各国内部的劳动时间来决定，而是由国际社会必要劳动时间来决定。按照计算，上述商品的国际价值为1元。这样，按照国际价值计算发达国家、中等国家、不发达国家在同样的10小时内生产的不同产品量就“有不同的国际价值”量，分别为20元、10元、5元，发达国家显然高于不发达国家。

可是，用同一国际货币购买到的本国商品所包含的劳动量，则是发达国家少于不发达国家。前者1元钱购得的商品包含0.5小时的劳动量，后者1元钱购得的商品则包含2小时的劳动量。这就是说，货币的相对价值（即相对于它购买的商品所含的劳动量），发达国家小于不发达国家。

既然如此，为什么说发达国家的名义工资高但决不能说实际工资也是这样呢？根据前后文的意思以及在其他地方的有关分析，可以这样理解：

第一，就工人的名义工资即货币工资来说，发达国家一般高于不发达国家，但同一元货币（国际货币）工资在本国实际购得的商品所含的劳动量（即货币的相对价值），发达国家比不发达国家小。也就是说，发达国家的资本家付给工人的1元货币工资实际交换的劳动量比不发达国家要小。

第二，虽然名义的货币工资提高了，但往往由于通货膨胀，用增加的货币工资不一定能买到过去那样多的生活资料。这是实际工资下降的一个主要表现。

第三，由于发达国家劳动生产力高，引起劳动强度特别是脑力劳动强度加大，以及社会一般物质和文化生活水平较高等原因，实现劳动力正常再生产所必要的生活资料比过去更多了，从而劳动力价值提高了。因此，尽管货币工资提高了，购买的生活资料也比过去多了，但仍然赶不上劳动力价值的提高，从而使劳动力再生产的状况比过去恶化。这也是实际工资下降的一个表现。

（3）资本主义的相对工资

虽然发达国家的工资（包括名义工资和实际工资）比不发达国家高，“而相对的劳动价格，即同剩余价值和产品价值相比较的劳动价格，在后一种国家却比在前一种国家高。”① 在资本主义发达国家，工人的劳动素质普遍较高，劳动生产力也比较高，所以，同一工人在同一时间内创造的新价值和剩余价值，发达国家比不发达国家高得多，与此相适应，发达国家的剩余价值率

---

① 《马克思恩格斯全集》第23卷，人民出版社1972年版，第615页。

($m'=\frac{m}{v}$）比不发达国家高得多。所以，虽然发达国家工人的名义工资比不发达国家高，但相对的劳动价格或工资，即与创造的剩余价值量相比较的劳动价格或工资，发达国家低于不发达国家。由此说明，发达国家工人较高的工资与较高的剥削程度是结合在一起的。也就是说，在资本主义发达国家，工人的工资虽然高，但他为资本家创造的剩余价值也更多，受剥削更重。

现实意义

马克思的工资理论从本质和现象的结合上，进一步揭示了资本主义剥削的实质及其表现的虚假外观。工资本来是劳动力的价值和价格，可在现象上表现为劳动的价格。工人的一部分劳动（剩余劳动）本来被资本家无偿占有，可在现象上全部劳动表现为有酬劳动。所以马克思说，劳动力的买卖和工资形式具有决定性的重要意义。资本主义生产方式的一切神秘性，这一生产方式所产生的一切自由幻觉，都是以这个表现形式为依据的。由此我们可以深刻认识资产阶级一贯宣扬的自由、平等、博爱，人权的阶级本质及其经济根源。

马克思的工资理论还为我们观察资本主义国家工人的生活状况，提供了科学的方法。一是要联系劳动的支出状况看工资水平。有时工资看起来增加了，但如果劳动支出的强度提高得更大，实际上工资反而下降。二是要区别名义工资与实际工资。以货币形式支出的名义工资增加了，但如果物价上涨的幅度更大，实际工资（购买的生活资料）反而下降。美国 1989 年的实际工资就比 1973 年下降了 11%。三是要联系劳动力价值的变化来看工资的变化。即使货币工资及其购买的生活资料都增加了，但如果劳动价值上升得更快（由多种原因引起：如劳动强度特别是脑力强度加大，生活方式变化，社会平均的物质文化生活水平提高等等），也意味着实际工资的下降，因为增大的工资难以维持劳动力正常的再生产。这一点，对于科学地比较资本主义发达国家与不发达国家工人的生活状况，具有重要意义。四是要区别绝对工资与相对工资。前者指工资本身的数额，后者指与剩余价值相比较的工资相对量。资本主义发展的一般趋势是，从长时期看，绝对工资是提高的，但相对工资则是下降的。如以美国制造业利增长和工人工资增长指数相比较，1960 年为 100 ∶ 100，1963 年则变为 126.9 ∶ 110，1965 年为 169.1 ∶ 119.9，1969 年达到 211.3 ∶ 144.3。

马克思的工资理论对搞好社会主义的劳动工资工作同样具有重要意义。马克思曾设想社会主义个人收入的分配完全实行按劳分配，并通过非货币性质的“劳动券”的形式进行。而在社会主义商品、市场经济的条件下，职工（这里仅分析国有企业职工）个人劳动收入的分配只能采取货币工资的形式。

这里首先碰到的问题是工资分配的前提是什么？生产资料所有制是决定收入分配的前提。资本主义的私有制决定剩余价值为资本家无偿占有，因此工资是工人受剥削的一个代价。社会主义公有制决定剩余价值不归剥削者所有，而是取之于民，用之于民，因此工资体现的是社会主义收入分配关系。这是社会主义工资与资本主义工资的根本区别。其次是确定工资的依据是什么？是劳动还是劳动力的价值？我认为是两者的结合。这是因为，一方面，社会主义的劳动力也是商品，它和企业的结合要通过市场交换过程，并必然受到供求和竞争的影响，因此工资是在进入劳动过程以前就基本确定下来的，显然，工资首先反映的是劳动力的价格。另一方面，劳动者进入企业以后，他实际获得的全部劳动报酬（工资、奖金等）的多少及其提高的状况，又要考虑他实际劳动贡献的大小。社会主义整个工资水平的变动，不完全取决于劳动力价值变化的限制。从发展趋势看，更主要的是看国民经济的效益和改善人民生活的需要。就这一点看，社会主义工资也是和资本主义工资有区别的。

社会主义工资的基本形式仍然是计时工资和计件工资。工资形式的确定不能搞一个模式，要从实际出发，因企制宜。基本原则是：工效挂钩，效率优先，兼顾公平，企业为主，宏观调控。在发展生产的基础上，保证实际工资水平逐步提高。为保障低工资收入者必要的生活水平，政府规定不同时期不同地区的最低工资额。工资分配工作要逐步走向规范化、透明化、法制化的轨道。社会主义的工资分配，应该成为激励人们劳动、提高经济效益、协调各方利益、实现共同富裕的强大推动力。

（五）关于资本的本质和剩余价值规律的原理与现实

这里要在前面论述的基础上，对资本的本质和剩余价值规律作一个概括的分析。

1. 资本的本质特征

（1）资本是带来剩余价值的价值

资本的唯一目的和动机就是追求剩余价值，实现价值增值。“作为资本家，他只是人格化的资本。他的灵魂就是资本的灵魂。而资本只有一种生活本能，这就是增值自身，获取剩余价值，用自己的不变部分即生产资料吮吸尽可能多的剩余劳动。”①

但是，“资本并没有发明剩余劳动。”② 在阶级对立社会里，劳动者（包括奴隶、农奴等）都要为拥有生产资料垄断权的所有者提供剩余劳动。只有在资

① 《马克思恩格斯全集》第23卷，人民出版社1972年版，第260页。
② 《马克思恩格斯全集》第23卷，人民出版社1972年版，第263页。

本主义条件下，财富的所有者在市场上找到把劳动力当作商品出卖的“自由”工人，并以剩余价值的形式无偿占有他们的剩余劳动时，剥削者所有的生产资料才转变成资本。

（2）资本是体现在物上的一种生产关系

马克思指出：“资本不是物，而是一定的、社会的、属于一定历史社会形态的生产关系，它体现在一个物上，并赋予这个物以特有的社会性质。”①

资本不是物，这是就资本的特殊本质而言的。按照马克思的分析，资本是资本主义社会特有的范畴，其特殊社会属性是它体现着资本家对雇佣工人的剥削关系。这种剥削关系与其他剥削关系具有共性，但资本主义这种剥削关系采取了劳动力买卖的形式，具有“自由”、“平等”的外观。从这一点看，可以把资本主义剥削制度叫做雇佣奴隶制。

虽然资本的本质具有一定的社会关系，但这种社会关系不是凭空存在的，而总是存在于一定的物质形式上，并通过一定的物质形式表现出来。货币、生产资料、商品等都是资本的物的表现形式，或者说是资本关系的载体。资本的剥削活动正是通过这些物的形式进行的。不过，当货币、生产资料、商品这些物的形式成为资本关系的载体时，它们就被赋予了新的社会属性，成为货币资本、生产资本和商品资本了。

（3）资本是一种运动

“资本作为自行增殖的价值，不仅包含着阶级关系，包含着建立在劳动作为雇佣劳动而存在的基础上的一定的社会性质。它是一种运动……它只能理解为运动，而不能理解为静止物。”② 资本追求的是价值增值，而价值增值只有在不断的生产和流通活动中才能实现。因此，资本的生产在于运动。只有在运动中才能保持资本的活力。

2. 剩余价值规律

马克思指出：“生产剩余价值或赚钱，是这个生产方式的绝对规律。”③ 如何理解这个绝对规律呢？

第一，资本主义生产的目的和本质就是榨取剩余价值。“剩余价值的生产是资本主义生产的决定的目的”。④“资本主义生产——实质上就是剩余价值的生产”。“绝不能把使用价值看作资本家的直接目的。他的目的也不是取得一次利润，而只是谋取利润的无休止的运动。”⑤

---

① 《马克思恩格斯全集》第23卷，人民出版社1974年版，第920页。

② 《马克思恩格斯全集》第24卷，人民出版社1972年版，第122页。

③ 《马克思恩格斯全集》第23卷，人民出版社1972年版，第679页。

④ 《马克思恩格斯全集》第23卷，人民出版社1972年版，第257页。

⑤ 《马克思恩格斯全集》第23卷，人民出版社1972年版，第295、174—175页。

第二，剩余价值的生产具有无限性。“如果在一个社会经济形态中占优势的不是产品的交换价值，而是产品的使用价值，剩余劳动就受到或大或小的需求范围的限制，而生产本身的性质就不会造成对剩余劳动的无限制的需求。”在奴隶制度和封建制度下，尽管剥削是残酷的，但由于剥削阶级追求的是对各种使用价值的奢侈享受，因而他们对剩余劳动的贪欲毕竟受到自身需求范围的限制。资本主义生产方式就不同了。资本家直接追求的是剩余价值、价值增值、一般财富的积累。这种质上相同仅有量的差别的目的追求是没有止境的。同时，优胜劣汰的激烈竞争也迫使资本家必须这样做。“因此，资本的运动是没有限度的。”①

第三，剩余价值规律在资本主义社会经济生活中是起主导作用的基本经济规律。它既决定了资本主义经济的全部性质，其生产、交换、分配和浪费都贯穿着剩余价值剥削这条根本线索；又决定了资本主义经济发展的历史过程，正是对剩余价值的无限追求，极大地促进了生产力的发展，同时又加深资本主义的各种矛盾，决定资本主义私有制必然走向灭亡。

剩余价值规律集中反映了资本主义生产方式的二重历史作用。“作为剩余劳动的榨取者和劳动力的剥削者，资本在精力、贪婪和效率方面，远远超过了以往一切以直接强制劳动为基础的生产制度。”② 资本“榨取剩余劳动的方式和条件，同以前的奴隶制、农奴制等形式相比，都更有利于生产力的发展，有利于社会关系的发展，有利于更高级的新形态的各种要素的创造。”③

现实意义

马克思关于资本的本质和剩余价值规律的原理，是《资本论》的核心理论。当代资本主义社会与过去相比发生了许多变化。但是，居于统治地位的私人垄断资本的特殊社会性质没有变，剥削剩余价值作为社会占支配地位的生产目的的特殊社会性质没有变。所以，马克思关于资本的本质和剩余价值规律的基本原理，仍然是正确认识当代资本主义必须坚持的基本理论。

社会主义市场经济的实践，不仅提出了劳动力商品的问题，还提出了资本的问题。社会主义市场经济体制要求建立要素市场体系，其中就包括资本市场。社会主义公有制企业作为一个经济主体和市场竞争主体，它的生产和经营活动同样要求实现价值增值。国有资本如何有效的保值和增值，是一个急待解决的大课题。随着股份制和证券市场的发展，必然出现各种财产和收入的资本化。这种经济现实，是“资金”这一宽泛的概念难以准确反映的，而需要用具

---

① 《马克思恩格斯全集》第23卷，人民出版社1972年版，第263、174页。

② 《马克思恩格斯全集》第23卷，人民出版社1972年版，第344页。

③ 《马克思恩格斯全集》第25卷，人民出版社1974年版，第925—926页。

有垫支性、补偿性、增殖性，回归性，运动性的资本概念来反映。承认这个必要性就要对马克思的资本概念作一分为二的剖析，把其中反映社会化商品经济运行的一般规定性与反映不同社会关系的特殊性剥离开来。资本的一般规定性在于：它是社会化商品经济运行的载体，具有垫支性、补偿性、增殖性、回归性、运动性。资本主义条件下资本的特殊性在于：以资本主义私有制为基础，是资本家进行剥削的本钱，最终导致贫富两极分化。社会主义条件下资本的特殊性在于：以公有制为基础，是发展生产、改善人民生活的手段，最终实现共同富裕。事实证明，确立社会主义资本的概念，增强资本的观念，对搞好社会主义市场经济，提高经济的运行效益是有利的。

马克思揭示的剩余价值规律，同样有必要和可能一分为二，从中分离出一般与特殊。所谓一般，就是价值的不断运动和增殖，这是社会化商品经济运行的一般规律；所谓特殊，就是资本家阶级不断剥削和榨取雇佣工人创造的剩余价值。资本作为价值不断运动和增殖的规律，同样存在于社会主义市场经济中，并对经济的发展起着重要的作用。不过，它不是社会主义经济中起主导作用的基本经济规律。社会主义基本经济规律的根本要求，是在发展生产的基础上，不断满足人民日益增长的物质和文化生活的需要。在社会主义宏观调控下，价值增殖总的说有利于社会主义生产目的的实现，但也存在一定的矛盾。因此，价值增殖规律的作用必然从属于社会主义基本经济规律的主导要求。

三、资本积累理论

资本的使命不仅在于生产出剩余价值，而且要不断地生产剩余价值，生产越来越多的剩余价值。因此，资本主义生产必然是一个不断的再生产过程和剩余价值资本化的积累过程。这就是《资本论》第一卷第 7 篇“资本的积累过程”的研究对象。

马克思的资本积累理论，从再生产的角度，进一步揭示了资本主义的剥削关系，重点说明资本积累对无产阶级命运的影响和资本主义生产方式必然灭亡的历史趋势。

资本积累理论在《资本论》理论体系中占有重要的地位，因为它集中分析了资本主义生产方式的基本矛盾，得出了资本主义制度必然灭亡的划时代的科学结论。列宁对马克思的资本积累理论作了高度评价，认为“马克思对资本积累的分析是极其重要和新颖的”。①

《资本论》第一卷第 7 篇对资本积累的分析，有两个假定条件：一是假定资本正常通过流通过程，把剩余价值的实现问题暂时存而不论；二是假定产业资本家是全部剩余价值的占有者，把剩余价值的分配问题暂时存而不论。之所

---

① 《列宁全集》第 2 版第 26 卷，人民出版社 1990 年版，第 66 页。

以如此，是为了首先抽象地考察资本积累，把积累只作为直接生产过程中的一个要素，以便于科学地剖析资本积累的本质、内含的矛盾和发展的历史趋势。

根据《资本论》第一卷第7篇所含5章的分析，学习资本积累理论要着重抓住四个基本原理：关于资本主义再生产和资本积累实质的原理；关于资本积累的必然性和积累规模的原理；关于资本积累一般规律的原理；关于资本主义积累历史趋势的原理。

（一）关于资本主义再生产和资本积累实质的原理与现实

这一原理，中心是说明资本主义的再生产和资本积累过程如何进一步暴露资本主义的剥削本质。

1. 再生产一般的含义

任何社会的生产过程都是连续进行的再生产过程。“不管生产过程的社会形式怎样，它必须是连续不断的，或者说，必须周而复始地经过同样一些阶段一个社会不能停止消费，同样，它也不能停止生产。因此，每一个社会生产过程，从经常的联系和它不断更新来看，同时也就是再生产过程。”①

为保证再生产的进行，必须首先使生产条件不断得到更新和补充，即实现生产条件的再生产。为此，社会生产的总产品就不能吃光用尽，必须有必要的部分再转化为生产资料。马克思说：“生产的条件同时也就是再生产的条件。任何一个社会，如果不是不断地把它的一部分产品再转化为生产资料或新生产的要素，就不能不断地生产，即再生产。”②

“社会生产过程既是人类生活的物质生存条件的生产过程，又是一个在历史上经济上独特的生产关系中进行的过程，是生产和再生产这些生产关系本身……的过程。”③ 这就是说，任何社会再生产，都是在一定的生产关系下进行的，是具有一定社会形式的再生产。因此，社会再生产不单是物质资料的再生产，而且是物质资料再生产和生产关系再生产两者的统一。例如资本主义再生产过程，既把商品、剩余价值生产出来，同时又使资本家对雇佣工人的剥削关系得以保持、延续下去。

社会生产按其规模不同，一般分为简单再生产和扩大再生产（某些特殊情况下也会出现萎缩的再生产）。前者是原有规模不变基础上的再生产，在资本主义条件下它意味着剩余价值全部用于资本家的消费；后者是规模扩大基础上的再生产，它以剩余价值的一部分转化为资本为前提。

马克思对资本主义再生产的分析，是从简单再生产开始的。

---

① 《马克思恩格斯全集》第23卷，人民出版社1972年版，第621页。

② 《马克思恩格斯全集》第23卷，人民出版社1972年版，第621页。

③ 《马克思恩格斯全集》第25卷，人民出版社1974年版，第925页。

2. 资本主义简单再生产的本质

马克思指出："虽然简单再生产只是生产过程在原来规模上的重复，但是这种重复或连续性，赋予这个过程以某些新的特征，或者不如说，消除它仅仅作为孤立过程所具有的虚假特征。"① 这就是说，如果孤立地看资本主义生产过程，会产生某些假象；如果把资本主义生产作为一个连续的再生产过程（即使是简单再生产）来观察，就会进一步暴露资本主义的剥削关系。

首先看购买劳动力的可变资本的来源。

资本主义生产是以购买劳动力开始的。如果孤立地看一次生产过程，似乎工人拿到的工资是资本家用自己的钱预付的，是资本家养活了工人。如果把资本主义生产作为连续的再生产过程来看，这种假象就揭穿了。资本家在任何一个时期支付工人的工资，只不过是工人在前一个时期创造的商品价值（新价值）的一部分。事实是，工人不仅通过自己的劳动养活了自己，还通过创造剩余价值养肥了资本家。正如马克思所说："工人既生产了我们暂时只看作资本家的消费基金的剩余价值，也生产了付给他自己报酬的基金即可变资本，而后者是在它以工资形式流回到工人手里之前生产的，只有当他不断地再生产这种基金的时候，他才被雇用。"② 可见，是"资本家把工人自己的物化劳动预付给工人。"③

其次进一步看全部资本的来源。

如果孤立地看资本主义一次生产过程，资本家会说他的全部资本是他本人劳动挣来的。如果把资本主义生产作为持续多年的再生产过程来看，资本家的这个辩护词就会被彻底推翻。假定一个资本家（资本的人格化）投资 5000 元的资本开办企业，每年剥削剩余价值 1000 元，并全部用于他的生活消费。经过 5 年，资本家一共消费 5000 元，和他最初的投资正好相等，这实际上等于是把他的 5000 元投资消费光了。而这时他手里还拥有的 5000 元资本，则是由工人在 5 年中创造的全部剩余价值所构成。所以，马克思指出："撇开一切积累不说，生产过程的单纯连续或者说简单再生产，经过一个或长或短的时期以后，必然会使任何资本都转化为积累的资本或资本化的剩余价值。即使资本在进入生产过程的时候是资本使用者本人挣得的财产，它迟早也要成为不付等价物而被占有的价值，成为别人无酬劳动的货币形式或其他形式的化身。"④

最后看工人生活消费的性质。

如果孤立地看一次生产过程，工人拿到工资后进行的生活消费，似乎是工

---

① 《马克思恩格斯全集》第 23 卷，人民出版社 1972 年版，第 622 页。

② 《马克思恩格斯全集》第 23 卷，人民出版社 1972 年版，第 622 页。

③ 《马克思恩格斯全集》第 23 卷，人民出版社 1972 年版，第 623 页。

④ 《马克思恩格斯全集》第 23 卷，人民出版社 1972 年版，第 625 页。

人的一种自我享受，与资本主义再生产无关。如果从社会范围内连续进行的再生产过程来看，情况就不同了。一是工人的生活消费只是为资本家不断剥削剩余价值，连续提供雇佣劳动力所必要的活动而已，如同机器需要加油，耕牛需要吃草一样。“可见，工人的个人消费，不论在工场、工厂等以内或以外，在劳动过程以内或以外进行，都是资本生产和再生产的一个要素，正象擦洗机器，不论在劳动过程中或劳动过程的一定间歇进行，总是生产和再生产的一个要素一样。”① 二是由于劳动力价值规律的作用，资本家支付给工人的工资一般只是维持劳动力再生产必要的费用，工人经过生活消费以后，仍然要继续出卖劳动力。资本家决“不让这种有自我意识的生产工具跑掉。”工人虽然可以把自己的劳动力出卖给不同的资本家，但在出卖以前，已从属于整个资产阶级了。对此，马克思深刻地指出：“罗马的奴隶是由锁链，雇佣工人则由看不见的线系在自己的所有者手里。他这种独立的假象是由雇主的经常更换以及契约的法律虚构来保持的。”②

总之，“把资本主义生产过程联系起来考察，或作为再生产过程来考察，它不仅生产商品，不仅生产剩余价值，而且还生产和再生产资本关系本身：一方面是资本家，另一方面是雇佣工人。”③

3. 资本积累和扩大再生产的实质

“在各种不同的社会经济形态中，不仅都有简单再生产，而且都有规模扩大的再生产，虽然程度不同。”④ 资本主义再生产的特征是累进的扩大再生产。

资本主义社会的扩大再生产以资本积累为前提。资本积累是扩大再生产的主要源泉（关于扩大再生产的某些非积累性因素以后再讲）。什么是资本积累？“把剩余价值当作资本使用，或者说，把剩余价值再转化为资本，叫做资本积累。”⑤ 剩余价值转化为资本积累，必须具备一定的条件。一方面，社会剩余产品中包含有扩大再生产所需要的追加生产资料和生活资料，另一方面要有追加的劳动或劳动力。

剩余价值是资本积累的唯一源泉。积累的资本与原有资本不同的是，它一开始就清楚地表明了自己的来源。“这是资本化了的剩余价值。它一开始就没有一个价值原子不是由别人的无酬劳动产生的。”“工人阶级总是用他们这一年的剩余劳动创造了下一年雇佣追加劳动的资本。”⑥

---

① 《马克思恩格斯全集》第 23 卷，人民出版社 1972 年版，第 628 页。

② 《马克思恩格斯全集》第 23 卷，人民出版社 1972 年版，第 629、629—630 页。

③ 《马克思恩格斯全集》第 23 卷，人民出版社 1972 年版，第 634 页。

④ 《马克思恩格斯全集》第 23 卷，人民出版社 1972 年版，第 656 页。

⑤ 《马克思恩格斯全集》第 23 卷，人民出版社 1972 年版，第 635 页。

⑥ 《马克思恩格斯全集》第 23 卷，人民出版社 1972 年版，第 638、639 页。

资本积累和扩大再生产，又进一步暴露了资本主义的剥削关系。因为，作为完全由剩余价值构成的资本积累，一方面它是剥削的结果，另一方面它又是扩大剥削的手段。正如马克思所指出："对过去无酬劳动的所有权，成为现今以日益扩大的规模占有活的无酬劳动的唯一条件。资本家已经积累的越多，就越能更多地积累。"①

然而，资本主义扩大再生产中所存在的这种日益扩大的剥削关系，却被商品所有权的规律掩盖着。从商品一般看，商品的所有权是建立在自己劳动基础上的；商品的交换原则上也是等量劳动的交换；因此，劳动得越多，占有的财富也就越多。这就是简单商品经济的所有权规律或占有权规律。

从形式上看，或者从流通领域看，资本家与工人的交换并没有违背商品所有权规律。因为，交换的双方都是商品所有者（工人是劳动力的所有者，资本家是货币的所有者）；交换也一般是按等价原则进行的。然而，从资本积累和扩大再生产来看这个交换过程的实际内容和结果，就会发现"第一，用来交换劳动力的那部分资本本身只是不付等价物而占有的别人劳动产品的一部分；第二，这部分资本不仅必须由它的生产者即工人来补偿，而且在补偿时还要加上新的剩余额。这样一来，资本家和工人之间的交换关系，仅仅成为属于流通过程的一种表面现象，……其内容则是，资本家用他总是不付等价物而占有的别人的已经物化的劳动的一部分，来不断再换取更大量的别人的活劳动。"② 这就是资本积累和扩大再生产的实质。

由此可见，在资本主义经济生活中，一般商品所有权规律在形式上始终存在。但是，由于劳动力成为商品的决定作用，商品所有权规律必然转变为自己的对立物即资本主义的占有规律，这就是："所有权对于资本家来说，表现为占有别人无酬劳动或产品的权利，而对于工人来说，则表现为不能占有自己的产品。"③ 简而言之，就是资本家拥有剥削权，工人只有被剥削权。

商品所有权规律转变为资本主义占有规律，是劳动力成为商品的必然结果。马克思说："一旦劳动力由工人自己作为商品自由出卖，这种结果就是不可避免的。但只有从这时起，商品生产才普遍化，才成为典型的生产形式"④。

现实意义

马克思关于资本主义再生产和资本积累实质的基本原理告诉我们，再生

---

① 《马克思恩格斯全集》第23卷，人民出版社1972年版，第639页。

② 《马克思恩格斯全集》第23卷，人民出版社1972年版，第640页。

③ 《马克思恩格斯全集》第23卷，人民出版社1972年版，第640页。

④ 《马克思恩格斯全集》第23卷，人民出版社1972年版，第644页。

产是物质资料的再生产和生产关系的再生产的统一。这个根本观点是普遍适用的。当代资本主义物质资料的再生产是过去无可比拟的。特别是发达资本主义国家经济的发展更是举世瞩目。对此必须给予充分的估计。但是千万不要忘记另一面：当代资本主义的再生产同样是剥削关系的再生产和扩大再生产。关于反映剥削程度的剩余价值率提高的情况，前面已经提到，这里着重说明资本主义剥削关系扩大的情况。以美国为例，1939 年，拥有 10 亿美元以上资产的大公司只有 43 家，1980 年发展到 522 家。1988 年，美国资产超过 100 美元的大公司达到 31 家。最大的 100 家公司控制的工业资产的比重，1950 年为 39.8%，1980 年达到 55%。1974 年，美国 10 大财团控制的总资产高达 12504 多亿元，相当于 1935 年 8 大财团所控资产总额的 20 多倍。这表明，垄断资本的实力和统治范围是急剧增长的。与此同时，雇佣的被剥削人员也是迅速扩大的，在就业人口中的比重从 1950 年的 79.7%上升到 1980 年的 91.2%。当然，其中也包括少量的高级管理人员，约占雇员总数的3%～5%。

社会主义再生产同样是物质资料的再生产与生产关系再生产的统一。社会主义市场经济理论的确立和实践的发展，大大增强了人们的效益观念，包括价值增殖和赚钱的观念，提高了“算经济账”的自觉性。这是完全必要的。但与此同时，某些同志却对正确处理再生产过程中的人与人的关系不那么重视和下功夫了，“见物不见人”的现象到处可见。这不能说是一种偏颇。实践表明，当代资本主义为了缓解劳资矛盾，还提出“以人为本”、“劳资谈判”、“提倡参与”等管理思想和措施。在劳动人民当家做主的社会主义再生产中，更应该重视人与人的关系，在不断巩固和发展社会主义生产关系，千方百计地充分调动一切人的积极性上做文章。真正实现物质资料的再生产和社会主义生产关系再生产的最佳统一。这应当成为社会主义经济建设的一个重要指导思想。

（二）关于资本积累的必然性和规模的原理与现实

1. 资本积累的必然性和历史作用

积累是资本主义的客观要求。资本家“同货币贮藏者一样，具有绝对的致富欲。但是，在货币贮藏者那里，这表现为个人的狂热，在资本家那里，这却表现为社会机构的作用，而资本家不过是这个社会机构中的一个主动轮罢了。”这就是说，一方面，资本家是资本的人格化，资本的生命在于不断的运动和增殖，而社会化生产的发展也要求企业不断扩大资本；另一方面，“竞争使资本主义生产方式的内在规律作为外在的强制规律支配着每一个资本家。竞争迫使资本家不断扩大自己的资本来维持自己的资本，而他扩大资本只能靠累进的积累。①

资本积累具有两重性的作用。

资本主义的“积累是对社会财富世界的征服。它在扩大被剥削的人身材料的数量的同时，也扩大了资本家直接和间接的统治。”②

资本家“狂热地追求价值的增殖，肆无忌惮地迫使人类去为生产而生产，从而去发展社会生产力，去创造生产的物质条件；而只有这样的条件，才能为一个更高级的、以每个人的全面而自由的发展为基本原则的社会形式创造现实基础。”③

“资本主义生产的进步不仅创立了一个享乐世界；随着投机和信用事业的发展，它还开辟了千百个突然致富的源泉。”④

在资本积累中，“虽然资本家的挥霍从来不象放荡的封建主的挥霍那样是直截了当的，相反地，在它的背后总是隐藏着最肮脏的贪欲和最小心的盘算；但是资本家的挥霍仍然和积累一同增加，一方决不会妨害另一方。”⑤

2. 资本积累率和积累量

在资本积累和扩大再生产条件下，剩余价值分成两部分，一部分用于资本家的生活消费，一部分用于积累。剩余价值用于积累的比率，称为积累率，它表明剩余价值在积累和消费两个方面分割比例的大小。

在积累率一定的条件下，积累量的大小决定于剩余价值量的大小。所以，影响剩余价值量的因素也是影响资本积累量的因素。这些因素主要是：

（1）*对劳动力的剥削程度*

提高对劳动力的剥削程度，一种方法是把工资压低到劳动力价值以下，“这实际上是把工人的必要消费基金转化为资本的积累基金”⑥。另一种方法是延长劳动时间或者提高劳动强度，这不仅可以提高剩余价值率，而且由于不变资本不按比例增加而节约资本，从而增加资本积累。

（2）*劳动生产力水平*

提高劳动生产力，导致生产资料和消费资料商品价值的降低，由此会多方面增加资本积累。①生产资料价值的降低，会使同量资本积累能转化为更多的生产资料，增加实际的积累。②生活资料价值的降低，使资本家用更少的剩余

---

① 《马克思恩格斯全集》第23卷，人民出版社1972年版，第649、649—650页。

② 《马克思恩格斯全集》第23卷，人民出版社1972年版，第650页。

③ 《马克思恩格斯全集》第23卷，人民出版社1972年版，第649页。

④ 《马克思恩格斯全集》第23卷，人民出版社1972年版，第651页。

⑤ 《马克思恩格斯全集》第23卷，人民出版社1972年版，第651页。

⑥ 《马克思恩格斯全集》第23卷，人民出版社1972年版，第658页。

价值可以享用和过去相等甚至比过去还多的消费品，这样就可以减少消费基金，增加积累。③生活资料价值的降低，还会引起劳动力价值的降低，使同量可变资本购买到更多的劳动力，同时提高剩余价值率，增加积累。④劳动生产率的提高还会对原有资本产生影响，如用价值更低、效率更高的新机器更换旧机器，更有效地利用原材料和废料，在生产上采用先进的科学技术等，从而促进资本积累。此外，劳动生产力的提高，由劳动转到产品中的旧价值越大，从而加速资本周转，这也有利于提高利润率，增加积累。

(3) 所用资本和所费资本差额的扩大

由于劳动资料（如机器、建筑物等）在生产中不是一次性地消费掉，而是长期地发挥作用，其价值是逐渐转移到产品当中，因此，所用（占用）资本与所费（耗费）资本是有差别的。所用资本大于所费资本。而且，“随着资本的增长，所使用的资本和所消费的资本之间的差额也在增大”①。例如，一台机器价值 10000 元，使用寿命 10 年，每年价值损耗和折旧 1000 元。使用 6 年，就损耗和折旧 6000 元。这样，所用资本和所费资本的差额就是 4000 元。如果是 2 台机器，这个差额就增到 8000 元。从另一个角度说，已被耗费的资本也增加到 12000 元。这种差额的扩大，一方面意味着机器在整体使用时大量已耗费的资本（上例中一台机器是 6000 元，2 台机器是 12000 元）无偿为资本家服务，如同利用空气一样；另一方面形成大量的折旧基金，用它可以实际地增加积累。因此，这种差额的扩大成为促进资本积累的一个重要因素。

(4) 预付资本量的大小

在剩余价值率已定的条件下，剩余价值量的大小直接取决于同时被剥削的工人人数的多少。而后者是和预付总资本的大小相联系的。所以，在不变资本与可变资本的比例基本不变的情况下，预付资本总量越大，雇佣工人就越多，从而剥削的剩余价值就越多。这样，资本家既能过更优裕的生活，又能增加积累。

总之，“一切生产剩余价值的方法同时就是积累的方法，而积累的每一次扩大又反过来成为发展这些方法的手段。”②

3. 资本的积聚和集中

资本积累的增长，必然促进生产的技术和社会化程度的提高。生产技术的提高和生产社会化的发展反过来又要求企业资本的扩大。资本数量的增大是通过资本积聚和资本集中这两种基本形式实现的。

(1) 资本积聚

所谓资本积聚，是指单个资本因积累（剩余价值的资本化）而增大。如某

① 《马克思恩格斯全集》第 23 卷，人民出版社 1972 年版，第 666 页。

② 《马克思恩格斯全集》第 23 卷，人民出版社 1972 年版，第 708 页。

企业原有资本为1000万元，每年获得20万元的剩余价值，资本家从中拿出10万元作为追加资本，这样，这个企业的资本就从原来的1000万元增加到1010万元。所以，马克思把资本积聚看成是“直接以积累为基础的或不如说和积累等同的积聚”①。资本积聚有两个特点：第一，社会财富在单个资本家手中的积聚，受到社会财富增长程度的限制。如果社会生产的生产资料不多，各个企业实现资本积聚就受到限制。第二，各个资本家进行资本积聚的活动是分散的，因而这种扩大资本的过程是比较缓慢的。这表明了资本积聚的局限性。

(2) 资本集中

所谓资本集中，是指分散的单个资本联合成一个大资本。与资本积聚不同的是，资本集中“以已经存在的并且执行职能的资本在分配上的变化为前提，因而，它的作用范围不受社会财富的绝对增长或积累的绝对界限的限制。”②

“随着资本主义生产和积累的发展，竞争和信用——集中的两个最强有力的杠杆，也以同样的程度发展起来。”与此相适应，实现资本集中有两个途径：一是在竞争中通过“强制的道路进行吞并”；二是“通过建立股份公司这一比较平滑的办法把许多已经形成或正在形成的资本溶合起来”③。

资本集中特别是通过股份公司进行的资本集中，比资本积聚具有特殊的优越性，它是扩大资本最迅速、最有效的办法。马克思精辟地指出：“假如必须等待积累去使某些单个资本增长到能够修建铁路的程度，那么恐怕直到今天世界上还没有铁路。但是，集中通过股份公司转瞬之间就把这件事完成了。”④

通过资本集中迅速扩大企业规模，是社会化大生产发展的必然要求，具有广泛的经济意义。这是因为，“工业企业规模的扩大，对于更广泛地组织许多人的总体劳动，对于更广泛地发展这种劳动的物质动力，也就是说，对于使分散的、按习惯进行的生产过程不断地变成社会结合的、用科学处理的生产过程来说，到处都成为起点。”⑤

现实意义

马克思关于资本积累的必然性和积累规模的原理，对社会主义同样具有重要意义。

积累是扩大再生产的主要源泉。社会主义必须重视积累，不能把创造的净

---

① 《马克思恩格斯全集》第23卷，人民出版社1972年版，第686页。

② 《马克思恩格斯全集》第23卷，人民出版社1972年版，第688页。

③ 《马克思恩格斯全集》第23卷，人民出版社1972年版，第687、688页。

④ 《马克思恩格斯全集》第23卷，人民出版社1972年版，第688页。

⑤ 《马克思恩格斯全集》第23卷，人民出版社1972年版，第688页。

收入分光吃光。资本主义积累的机制，一靠企业成为增殖和积累的“主动轮”，二靠竞争的压力。社会主义市场经济条件下的积累，也要依靠企业“主动轮”的推动力和市场竞争的外在压力。同时，还要合理地发挥国家宏观调控的作用。只有将这三个方面形成一个合力，才能有效地促进社会主义积累的不断增长。

积累的数量首先取决于剩余价值的数量。剩余价值量越大，积累增长的可能性才大。我国国有企业现在有相当一部分不景气，甚至处于亏损的境地。这是阻碍积累增长的一大障碍。只有加快“两个根本转变”的步伐，使企业尽快扭亏为盈，增加剩余产品价值的生产，才能为增加积累打下基础。在剩余价值既定的条件下，积累规模取决于积累率。马克思所说的积累率是指剩余价值中用于积累的比例。我们现在习惯所说的积累率是指国民收入（v＋m）中用于积累的比例。两者有所区别，又有联系。根据我国多年社会主义建设的经验，国民收入中用于积累的比例一般保持在25％～30％左右比较合适。在这个问题上，既要反对重积累轻消费的片面性，又要反对忽视必要的积累、收入分配一味向个人倾斜的片面性。

马克思在《资本论》第一卷考察资本积累的本质和一般规律时，把资本积累与扩大再生产等同起来，甚至说“积累就是资本的规模不断扩大的再生产。”[①] 这是抽象分析的需要。后来在《资本论》第二卷进一步分析再生产时，则明确指出：“没有积累，还是能够在一定界限之内扩大它的生产规模。”[②] 例如，通过提高设备利用率、提高劳动生产率、节约生产资料等方法，使同量的投资实现更大的增产；再如，合理利用固定资产的折旧基金（原有资本的部分）进行技术改造，也可以实现扩大再生产。可见，积累虽然是扩大再生产的基础和主要源泉，但不是唯一源泉。懂得这个道理，对于正确处理积累和扩大再生产的关系，既重视积累，又善于利用积累，提高积累的效益，是很有意义的。

预付资本的数量也是增加积累的一个重要因素，预付资本量越大，生产的剩余价值越多，可供积累的剩余价值也就越多。扩大资本有两个途径，一是资本积聚，二是资本集中。而资本集中，特别是通过股份公司实现资本集中，是更“平滑”、更有效的集中资本的方法。这一点对社会主义经济的意义是十分明显的。在我国社会主义经济发展的过程中存在着经济结构不够合理，规模效益较差，一些中小企业处于经营不下去的状况，在这种情况下，通过股份公司的形式推进资本的优化组合，是一个必要和有效的现实选择。这不仅对于加快经济增长方式的转变，而且对于加快经济体制的转变，具有重要的作用。

---

① 《马克思恩格斯全集》第23卷，人民出版社1972年版，第637页。

② 《马克思恩格斯全集》第23卷，人民出版社1972年版，第565页。

马克思的资本积累理论还告诉我们，资本主义的积累既促进了社会生产力的大发展，又“创立了一个享乐世界”，“开辟了千百个突然致富的源泉”，资本家的挥霍和积累“一同增长”。后一个方面是从消极的角度讲的。在加快我国社会主义积累，进行大规模现代化建设的今天，在市场经济和对外开放的形势下，面对近几年腐败有所滋长的严重局面，马克思指出的后一个方面是值得我们深思的。

（三）关于资本主义积累一般规律的原理与现实

这一原理，主要是分析资本积累对无产阶级命运的影响，说明资本主义积累必然导致无产阶级和资产阶级的贫富两极分化。

1. 资本有机构成条件下的积累

马克思指出：在研究资本增长对工人阶级命运产生的影响时，“最重要的因素就是资本的构成和它在积累过程进行中所起的变化。”①

资本的构成要从双重意义上去理解。一是从技术方面看，资本是由一定数量的生产资料和劳动力构成的，这两者之间存在着一定的比例关系。这个比例，在不同的部门和企业，在经济发展的不同时期，是不相同的。一般来说，生产技术水平越高，每个劳动力推动的生产资料越多；生产技术水平越低，每个劳动力推动的生产资料越少。由于这种比例直接反映了生产技术水平的高低，所以把它叫做资本的技术构成。从价值方面看，购买生产资料的不变资本和购买劳动力的可变资本之间，也存在一定的价值比例关系，这种比例关系叫做资本的价值构成。资本的这两种构成有着密切的联系。资本的技术构成是基础，资本的价值构成由技术构成所决定，并且反映技术构成。当然，这两种构成的变化不完全同步。马克思把“由资本技术构成决定并且反映技术构成变化的资本价值构成，叫做资本的有机构成。”② 简而言之，资本的技术构成和价值构成的统一就是资本有机构成。

资本的有机构成可以从不同的范围来考察。一般而言，可分为企业的资本有机构成、部门的资本有机构成、一个国家的社会资本有机构成。

判断资本有机构成的高低，一般看资本总额中不变资本所占比重的大小。例如，甲资本 100 中，不变资本与可变资本的比例为 7∶3；乙资本 100 中，不变资本与可变资本的比例为 6∶4，那么，甲资本的有机构成就高于乙资本的有机构成。就一个部门或一个国家的资本有机构成来分析，一般可分为高位构成、中位（平均）构成、低位构成。

资本有机构成对经济研究有多方面的意义。就资本积累来说，研究资本有

---

① 《马克思恩格斯全集》第 23 卷，人民出版社 1972 年版，第 672 页。

② 《马克思恩格斯全集》第 23 卷，人民出版社 1972 年版，第 672 页。

机构成主要是为了说明资本积累对吸收劳动力的影响。

在资本主义经济发展的初期，资本积累和扩大再生产的技术水平比较低，且变化不大，因而资本的有机构成较低，并且比较稳定。

“假定资本的构成不变，也就是说，为了推动一定量的生产资料或不变资本始终需要同量劳动力，同时其他情况也不变，那末，对劳动的需求和工人的生存基金，显然按照资本增长的比例而增长，而且资本增长得越快，它们也增长得越快。”对劳动需求的增加，有利于工人就业的扩大和工资的提高。所以，资本有机构成不变条件下的资本积累，“多少有利于雇佣工人的维持和繁殖”①。

但是，这种情况，“丝毫不会改变资本主义生产的基本性质。”②

第一，资本积累和扩大再生产，在根本上意味着资本主义剥削关系和统治范围的扩大。马克思说：“规模扩大的再生产或积累再生产出规模扩大的资本关系：一极是更多的或更大的资本家，另一极是更多的雇佣工人。”③

第二，“生产剩余价值或赚钱，是这个生产方式的绝对规律。……所以，劳动力的出卖条件不管对工人怎样有利，总要使劳动力不断地再出卖，使财富作为资本不断地扩大再生产。”④ 因而，不会消除资本家剥削工人的关系。

第三，“劳动价格的提高被限制在这样的界限内，这个界限不仅使资本主义制度的基础不受侵犯，而且还保证资本主义制度的规模扩大的再生产。”⑤这就是说，工资的提高只意味着工人维持生存的条件稍正常一些。但为了过更正常一点的生活，必须更多地出卖劳动力。

总而言之，在资本主义制度下，或者说只要这个制度不改变，工人“吃穿好一些，待遇高一些，特有财产多一些，不会消除奴隶的从属关系和对他们的剥削，同样，也不会消除雇佣工人的从属关系和对他们的剥削。由于资本积累而提高的劳动价格，实际上不过表明，雇佣工人为自己铸造的金锁链已经够长够重，容许把它略微放松一点。”⑥

2. 资本有机构成提高条件下的积累和相对过剩人口的形成

资本有机构成不变，只是资本积累发展过程中的一个阶段。“一旦资本主义制度的一般基础奠定下来，在积累过程中就一定会出现一个时刻，那时社会

---

① 《马克思恩格斯全集》第23卷，人民出版社1972年版，第673页。

② 《马克思恩格斯全集》第23卷，人民出版社1972年版，第673页。

③ 《马克思恩格斯全集》第23卷，人民出版社1972年版，第673—674页。

④ 《马克思恩格斯全集》第23卷，人民出版社1972年版，第679页。

⑤ 《马克思恩格斯全集》第23卷，人民出版社1972年版，第681页。

⑥ 《马克思恩格斯全集》第23卷，人民出版社1972年版，第678页。

劳动生产率的发展成为积累的最强有力的杠杆。”①

建立在社会化大生产基础上的资本主义企业，为了获得更多的利润特别是超额利润，并在优胜劣汰的激烈竞争中占据优势，在资本积累过程中必然竞相采用新的机器设备和科学技术，提高劳动生产率。由此，必然使不变资本在总资本中的比重日益增大，从而导致资本有机构成的提高。

马克思说：“劳动生产率的增长，表现为劳动的量比它所推动的生产资料的量相对减少，或者说，表现为劳动过程的主观因素的量比它的客观因素的量相对减少。”“资本技术构成的这一变化，即生产资料的量比推动它的劳动力的量相对增长，又反映在资本的价值构成上，即资本价值的不变组成部分靠减少它的可变组成部分而增加。”②

资本有机构成的提高，推动了资本的积聚和集中。资本的迅速增大，又促进了资本有机构成的提高。在这个相互作用的过程中，必然造成相对过剩人口。

资本有机构成的提高，意味着在资本积累增长的同时会相对减少对劳动力的需求。如在原有资本有机构成较低的情况下，每 1 万元资本可以吸收 1 个劳动力；在有机构成提高以后，每 2 万元资本才能吸收 1 个劳动力。尽管由于社会总资本的增大，吸收劳动力的绝对量是会增加的，但单位资本吸收劳动力的数量则减少了。这种情况既表现在追加的新资本上，也表现在旧资本上。马克思指出：“一方面，在积累进程中形成的追加资本，同它自己的量比较起来，会越来越少地吸引工人。另一方面，周期地按新的构成再生产出来的旧资本，会越来越多地排斥它以前所雇用的工人。”③

在资本积累的同一过程中，由于妇女、儿童参加工作，小生产者及部分资产阶级分子的破产，人口的自然增长，大量移民等原因，劳动力的供给总的来说是增加的。

以上两种相反趋势的结合，就必然造成失业大军或相对人口过剩。马克思指出：“资本主义积累不断地并且同它的能力和规模成比例地生产出相对的，即超过资本增殖的平均需要的，因而是过剩的或追加的工人人口”。还指出：“工人人口本身在生产出资本积累的同时，也以日益扩大的规模生产出使他们自身成为相对过剩人口的手段。这就是资本主义生产方式所特有的人口规律”④。

相对过剩人口是形形色色的。工人在全失业和半失业时期，都属于相对过

---

① 《马克思恩格斯全集》第 23 卷，人民出版社 1972 年版，第 682 页。

② 《马克思恩格斯全集》第 23 卷，人民出版社 1972 年版，第 683 页。

③ 《马克思恩格斯全集》第 23 卷，人民出版社 1972 年版，第 689 页。

④ 《马克思恩格斯全集》第 23 卷，人民出版社 1972 年版，第 691、692 页。

剩人口。“过剩人口经常具有三种形式：流动的形式、潜在的形式和停滞的形式。”① 所谓流动的过剩人口，是指时而被解雇、工作很不稳定、经常处于流动状态的工人人口。所谓潜在的过剩人口，是指农村的过剩人口，他们往往占有少量的生产资料，从而掩盖着他们的失业状态。所谓停滞的过剩人口，是指为工厂加工而在家里干活的城乡居民，他们的工资低，劳动条件差，经常处于半失业状态。此外，相对过剩人口还包括处于社会底层、最需要救济的赤贫阶层。

“过剩的工人人口是积累或资本主义基础上的财富发展的必然产物，但是这种过剩人口反过来又成为资本主义积累的杠杆，甚至成为资本主义生产方式存在的一个条件。”② 这是因为，第一，资本主义生产是在周期性的经济危机中发展的，危机到来时把大批工人抛到街头，经济高涨时又要吸收大批劳动力。相对过剩人口像一个蓄水池，可以适应资本主义经济周期运行的需要。第二，相对过剩人口的存在，对在业工人是一个很大的压力。资本家往往利用这个压力，降低工资，恶化劳动条件，加强对在业工人的剥削。所以，在资本主义制度下，是不可能根本消灭失业现象的。

3. 资本主义积累一般规律的实质

资本主义积累的一般规律，是指资本积累与无产阶级贫困状况的内在的必然的联系。

根据马克思的分析，对这一规律内容的理解要把握以下几层意思：

第一，资本积累的过程是资产阶级与无产阶级之间的剥削与被剥削关系日益扩展和加深的过程。一方面，随着资本的积聚和集中（资本家剥夺资本家）的加强，社会财富越来越集中到少数资本家手里；另一方面，工人阶级作为被剥削的材料日益扩大，成为机器的附属物，受剥削的程度（剩余价值率）不断提高，社会地位日趋下降。

第二，资本积累的过程是财富的积累与贫困积累的过程。一方面，随着资本积累的增长，资产阶级积累的财富越来越多；另一方面，相对过剩人口越来越增加，无产阶级的生活状况越来越相对地和不时绝对地趋于恶化。

第三，资本财富的积累和工人贫困的加深，是基于同一个根源即资本主义剥削制度。并且，资本积累的增长和工人贫困的加深这两个极端，既是对抗的，又是互为条件、恶性循环的。

因此，马克思得出结论：资本主义积累的结果，必然“在一极是财富的积累，同时在另一极，即在把自己的产品作为资本来生产的阶级方面，是贫困、劳动折磨、受奴役、无知、粗野和道德堕落的积累。”“不管工人的报酬高低如

---

① 《马克思恩格斯全集》第23卷，人民出版社1972年版，第703页。

② 《马克思恩格斯全集》第23卷，人民出版社1972年版，第692页。

何，工人的状况必然随着资本的积累而日趋恶化。”① 这就是资本主义积累一般规律的实质。从这个意义上讲，资本主义积累一般规律也就是资本主义贫富两极分化的规律。

现实意义

马克思揭示的资本主义积累一般规律，仍然存在于当代资本主义社会。如前所说，在当代发达资本主义国家，资本的集中和垄断有了空前的发展。与此同时，劳动人民的失业和贫困状况日趋严重。

关于失业问题。尽管有极少数资本主义国家有时由于人口增长缓慢甚至负增长，出现了本国劳动力不足的现象，但从整个资本主义世界看，从主要发达资本主义国家看，失业还是一个普遍的严重现象。资本主义的相对人口过剩规律仍然存在。以美国为例，第二次世界大战以后，按10年平均计算的失业率，1950—1959年为4.5%，1960—1969年为4.8%，1970—1979年为6.2%，1980—1988年为7.5%。国际经合组织国家的失业率，1990年为6.2%，1991年上升到7%。有些国家虽然为失业者提供救济，但往往难以维持最低生活。美国的失业救济金，只相当于正常收入的1/3左右。

关于无产阶级贫困化问题。根据马克思主义经典作家的有关论述，应首先在含义上有一个正确的理解。

第一，无产阶级贫困化是指整个无产阶级各方面的贫困状况。不仅要看在业工人的生活状况，而且要看失业工人的生活状况。不仅要看货币工资变化的情况，而且要看物价和劳动力价值变化的情况。不仅要看工人的物质生活状况，而且要看工人的劳动状况、社会精神生活状况乃至家庭生活方式。

第二，无产阶级贫困化的明显表现是相对贫困，即无产阶级的收入在国民收入中所占比重的缩小，或者与资产阶级之间的鸿沟的扩大。列宁指出：“工人的相对贫困化，即他们在社会收入中所得份额的减少更为明显。工人在财富迅速增长的资本主义社会中的比重愈来愈小，因为百万富翁的财富增加得愈来愈快了。”②

第三，无产阶级贫困化有时也表现为实际生活水平的绝对下降，即通常所说的绝对贫困。列宁说过：“工人的贫困化是绝对的，就是说，他们确实愈来愈穷，不得不生活得更坏，吃得更差，更吃不饱，更多的人栖身在地窖里和阁楼上。”③ 过去有人对列宁的这个论述作了简单化的理解，认为资本主义工人的实际生活一直是下降的。其实，列宁这里讲的是20世纪初德国工人阶级的

---

① 《马克思恩格斯全集》第23卷，人民出版社1972年版，第708页。

② 《列宁全集》第2版第22卷，人民出版社1990年版，第240页。

③ 《列宁全集》第2版第22卷，人民出版社1990年版，第239页。

生活状况，并非泛指。相反，列宁明确讲过："指出资本主义制度下'群众的穷苦和贫困'是十分必要的。我不主张说穷苦和贫困的绝对增长"①。他的全面提法是："工人阶级状况的相对恶化，而且有时是绝对恶化。"② 恩格斯也明确指出："'贫困越来越增长'这样绝对地说是不正确的。工人的组织，他们的不断增强的抵抗，会在可能范围内给贫困的增长造成某些障碍。而肯定增长的，是生活的无保障。"③

第四，对无产阶级的贫困化，不仅看发达资本主义国家的工人生活状况，而且要看广大不发达资本主义国家工人的生活状况。

实际情况说明了上述观点。虽然当代资本主义条件下的工人生活水平比第二次世界大战以前，比马克思、列宁生活的时代有明显的提高，但仍处在贫困化的境地。以美国为例，根据官方资料，生活在"贫困线"以下的人，1969年为2130万人，1972年为2450万人，1981年为3180万人，1990年（该年4口之家年收入不足13359美元为贫困线以下）为3360万人，这意味着13.5%的美国人生活在贫困线以下。再看财富和收入占有状况：据统计，1989年美国家庭净资产共15.1万亿美元，其中，19%最富有家庭占有37%，另外9%的富有家庭占有31%，其余90%的家庭只占其中的32%。另据美国经济学家霍特的调查，1994年，美国100万最富有的家庭平均每户收入41.2万美元，而最穷的100万家庭平均每户收入只有2930美元，相差近140倍。由此可见，当代资本主义的确存在着贫富两极分化的现象。这是不容否认的客观事实。

谈到资本主义的失业和贫困化，有人提出，社会主义国家也有失业和贫困，是否可以说也存在资本主义积累的一般规律呢？我认为不能得出这个结论。

按照马克思的观点，失业是资本主义生产方式的特殊产物。现在看来对这个问题要重新认识。其实，产生失业的原因有一般和特殊之分。一般原因主要是：一是生产技术的进步，引起资本有机构成提高，会相对甚至绝对地减少对劳动力的需求（这是马克思分析过的）；二是经济结构（包括部门、地区、企业结构）的变化，也会导致部分劳动者或长或短时间的失业；三是市场经济中优胜劣汰的竞争，也会产生失业；四是工作岗位结构与人们对职业选择的矛盾，也会产生失业。此外，人口增长过快，超过社会经济的承受能力，这也是产生失业的重要原因。总之，不同程度、不同情况的失业现象，与社会化商品经济本身有着一定的因果关系。这个因果关系不存在姓"资"和姓"社"的区别。失业的特殊性，主要是社会制度对待失业问题的根本态度不同。在资本主

---

① 《列宁全集》第2版第6卷，人民出版社1986年版，第212页。

② 《列宁选集》第3版第3卷，人民出版社1995年版，第733页。

③ 《马克思恩格斯全集》第22卷，人民出版社1965年版，第270页。

义制度下，政府对缓解失业、救济失业者可以采取一些措施，但以剥削剩余价值为根本目的资本主义私有制，不可能根本消灭失业现象。在社会主义的一定历史阶段，由于上述各种非社会制度的原因，还会产生失业现象，并将存在一个相当长的时期（曾经有一种传统观念认为社会主义社会一开始就要消灭失业，实践证明这是做不到的）。不过，以公有制为主体的社会主义制度和以私有制为主体的资本主义制度所不同的是，一是对失业保障和再就业所能采取的措施，不受资产阶级狭隘的经济和政治统治的局限性，社会可以而且应该尽其所能采取更加有效的措施（因力量有限，力所不及，那是另一回事）。二是社会主义经济发展的最终目标，是逐步实现共同富裕，而实现共同富裕的一个起码条件就是消灭失业。因此，社会主义发展的趋势必然要消灭失业。这是充分发挥社会主义优越性的题中应有之义。当然，达到这一目标需要经过一个相当长的历史过程。

劳动就业问题是与人口再生产问题紧密相连的。我国是世界上人口最多的国家。人口众多是造成现阶段失业的一个重要原因。因此，必须坚持计划生育，调控人口的增长。并且采取各种措施，努力实现优生优育，提高人口再生产的质量。

在社会主义经济从计划经济体制向市场经济体制的转变过程中，出现了收入分配差距拉大甚至严重分配不公的现象。这个问题引起了社会广泛的关注。对这个问题的认识，我认为要把握三层意思：一是根据社会主义初级阶段的多种所有制和分配结构以及市场经济的要求，合理地拉开收入差距，鼓励一部分人先富裕起来是必要的，体现了效率优先的原则。二是对于不合法、不合理的收入差距，特别是高低悬殊的现象，要予以足够的重视。非法收入要坚决依法取缔，不合理收入要有效地调节。对低收入者要实施必要的保障。三是不能认为社会主义社会也存在贫富两极分化的规律。产生贫富两极分化的根本原因是剥削制度。我国现在在一定程度上出现的收入分配不公甚至高低悬殊现象，主要是体制转轨过程中难以完全避免的产物，并不是作为社会主义主体地位的公有制必然产生的。社会主义的本质要求和发展目标正是要实现共同富裕，为此，必须最终消除收入分配不公的社会现象。

在社会主义积累和扩大再生产中，一定要正确处理一部人先富裕起来和最终实现共同富裕的关系这一重大问题。坚持效率优先兼顾公平的原则。决不能走贫富两极分化的道路。这是社会主义积累不同于资本主义积累的一个根本特征。

（四）关于资本主义积累历史趋势的原理与现实

这一原理，中心是说明资本积累的增长必然导致资本主义基本矛盾的加深，由此决定资本主义制度必然趋向灭亡。

1. 资本的原始积累和资本主义生产方式的确立

资本主义生产“以商品生产者握有较大量的资本和劳动力为前提。”在封建社会末期，通过小商品生产者的分化，出现了资本主义雇佣关系的萌芽。但是，小商品生产者的自发分化和自然经济的解体，“这种方法的蜗牛爬行的进度，无论如何也不能适应十五世纪末各种大发现所造成的新的世界市场的贸易需求。”资产阶级为了发展资本主义，确立资本主义生产方式的统治地位，必须采用暴力手段，剥夺小生产者，以形成发展资本主义的两个基本条件：大量的货币资本和大批的雇佣劳动力。这就是资本的原始积累过程。之所以叫原始积累，是因为“这种积累不是资本主义生产方式的结果，而是它的起点。”①

资本原始积累的过程，以英国为典型来看，主要包括以下两个方面：

第一，用暴力剥夺小生产者，迫使他们成为无产者。从15世纪末到16世纪，资产阶级化的新贵族为了发展羊毛纺织业，用残暴手段剥夺农民的土地，把农民从土地上赶走，把耕地变为牧场，使大批农民沦为乞丐和流浪汉，然后颁布各种血腥的法律，用酷刑迫使他们进工厂充当雇佣劳动力。这就是世界历史上所谓的“羊吃人”的运动。

第二，在国内外掠夺财富，积累货币资本。资产阶级在国内，通过国债、税收、关税等手段，在海外，利用武力征服殖民地，进行商业战争，贩卖鸦片，贩运奴隶（从16世纪到19世纪，殖民主义者在非洲进行的大规模奴隶贩运，使非洲大约损失了1亿人口）等形式，对国内外广大人民进行残酷的榨取和掠夺，为发展资本主义积累巨额的财产。

“所有这些方法都利用国家权力，也就是利用集中的有组织的社会暴力，来大力促进从封建生产方式向资本主义生产方式的转变过程，缩短过渡时间。暴力是每一个孕育着新社会的旧社会的助产婆。暴力本身就是一种经济力。”②

由此可见，资本主义生产方式的确立，是建立在对国内外广大人民血腥掠夺基础上的。正如马克思所指出：“这种剥夺的历史是用血和火的文字载入人类编年史的。”因此，“资本来到世间，从头到脚，每个毛孔都滴着血和肮脏的东西。”③

2. 资本主义基本矛盾决定资本主义制度必然走向灭亡

资本主义生产方式是在剥夺小私有制的基础上确立起来的。这种剥夺是历史的一个进步，它把个人的分散的生产资料转化为社会的积聚的生产资料，把个体劳动变成为社会化的劳动，因而推动了生产力的发展。然而，剥夺的过程并没有到此结束。“一旦资本主义生产方式站稳脚跟，劳动的进一步社会化，

---

① 《马克思恩格斯全集》第23卷，人民出版社1972年版，第781、818、781页。

② 《马克思恩格斯全集》第23卷，人民出版社1972年版，第819页。

③ 《马克思恩格斯全集》第23卷，人民出版社1972年版，第783、829页。

土地和其他生产资料的进一步转化为社会使用的即公共的生产资料，从而对私有者的进一步剥夺，就会采取新的形式。现在要剥夺的已经不再是独立经营的劳动者，而是剥削许多工人的资本家了。”“这种剥夺是通过资本主义生产本身的内在规律的作用，即通过资本的集中进行的。一个资本家打倒许多资本家。”①

资本主义积累的发展和资本集中的加剧，必然造成以下两个方面的结果：

一方面，资本主义生产日益社会化。马克思说：“随着这种集中或少数资本家对多数资本家的剥夺，规模不断扩大的劳动过程的协作形式日益发展，科学日益被自觉地应用于技术方面，土地日益被有计划地利用，劳动资料日益转化为只能共同使用的劳动资料，一切生产资料因作为结合的社会劳动的生产资料使用而日益节省，各国人民日益被卷入世界市场网，从而资本主义制度日益具有国际的性质。”② 马克思的有关分析说明，生产的日益社会化主要表现为：一是生产资料的社会化，即大批劳动者共同使用生产资料进行生产。二是劳动过程的社会化，即社会分工协作日益扩大，各企业、各部门、各地方之间的联系越来越密切，而且发展到国际化。三是劳动成果的社会化，即劳动产品不再是个人劳动的产物，而是社会协作劳动的产物，甚至是国际协作劳动的产物。这种日趋发展的社会化大生产的本性，必然要求社会共同占有生产资料，统一调节社会生产，共同享有劳动成果。

另一方面，生产资料的私有权越来越集中到少数大资本家手里，以致形成垄断资本的统治。他们凭借对生产资料的垄断权把社会化大生产的成果攫为已有。“随着那些掠夺和垄断这一转化过程的全部利益的资本巨头不断减少，贫困、压迫、奴役、退化和剥削的程度不断加深”③。资产阶级的财富日益膨胀，而无产阶级和广大劳动人民则日趋贫困。

上述两个方面，即生产社会化和资本主义私有制之间必然构成对抗性的矛盾。这就是资本主义生产方式的基本矛盾。正是这个矛盾的发展，决定了资本主义制度必然走向灭亡。而资本主义的积累过程，不仅通过促进社会化生产的发展，为资本主义制度的灭亡准备了物质条件，而且造成了资本主义制度的掘墓人——无产阶级。因此，资本主义私有制必然要为社会主义、共产主义公有制所代替。这是不以人的意志为转移的铁的客观必然性。正如马克思所指出：“资本的垄断成了与这种垄断一起并在这种垄断之下繁盛起来的生产方式的桎梏。生产资料的集中和劳动的社会化，达到了同它们的资本主义外壳不能相容的地步。这个外壳就要炸毁了。资本主义私有制的丧钟就要响了。剥夺者就要

① 《马克思恩格斯全集》第23卷，人民出版社1972年版，第831页。

② 《马克思恩格斯全集》第23卷，人民出版社1972年版，第831页。

③ 《马克思恩格斯全集》第23卷，人民出版社1972年版，第831页。

被剥夺了。”① 这就是资本主义积累的历史趋势。

现实意义

马克思关于资本主义积累历史趋势的基本原理，是正确认识当代资本主义的重要理论基础。

诚然，今天的资本主义与马克思时代相比，的确发生了许多新的变化。例如，科学技术和生产力更加发展了；资本采取的形式更加社会化了；国家加强了对社会经济的宏观调控；社会保障制度有了进一步发展；劳动人民的生活比过去改善等等。这说明，以资本主义发达国家为代表的资本主义制度，其社会矛盾经过局部的调整比过去有所缓解（如个别企业与社会生产无政府状态的矛盾就有了明显的改变）。资本主义制度还有一定的生命力，它的寿命比过去的预期更长了。不承认这一点，不是历史唯物主义者。

但是，马克思阐明的资本主义生产方式的基本矛盾（生产社会化与资本主义私有制之间的矛盾）仍然存在。从资本集中和垄断的情况看。美国资产在10亿美元以上的工业大公司在全部公司资产总额中所占的比重，从1960年的23%提高到1970年的48.8%，1990年进一步提高到71.2%。这些大公司占有全部美国公司净利润的份额，从1960年的38%提高到1970年的51.9%，1990年进一步提高到73.2%。1970年日本占0.9%的公司控制着86%的股份资本。日本5家商业银行集中了商业银行存款总额的2/3。英国4大银行掌握了银行全部存款的90%以上。再从家庭财产的占有情况看，在美国，1983年10%的富裕家庭拥有的公司股票占公司股票总额的89.3%，其中的0.5%的超级富户拥有的公司股票占公司股票总额的46.5%，而其余90%的普通家庭拥有的股票只占公司股票总额的10.7%。同样在1983年，按照上述家庭比例，富户拥有的债券占债券总额的90.3%，其中的超级富户拥有的债券占43.6%，而普通家庭拥有的债券仅占9.7%；在营业资产总额中，富户占有93.7%。其中的超级富户占58.2%，而普通家庭仅占有9%。

仅从这些材料就可以看出，资本主义生产方式的基本矛盾不仅依然存在，而且在某些方面还相当尖锐。这表明，发展水平越来越高的社会化大生产主要控制在和造福于极少数大资产阶级。这是一个根本性的不可调和的矛盾。因此，由这一矛盾决定的资本主义制度必然走向灭亡的历史大趋势没有改变。只是今后资本主义灭亡的过程比马克思、列宁预想的要长期得多、复杂得多、曲折得多罢了。

当然，今后如何实现这一宏伟的历史性变革，其实现的过程、形式和条件有什么新特点，必须以马克思主义为指导，根据新的情况进行新的研究和探索。

---

① 《马克思恩格斯全集》第23卷，人民出版社1972年版，第831—832页。

总　结

学习《资本论》第一卷应把握的理论联系实际的主要线索。

学习《资本论》第一卷的基本原理，从加深对资本主义制度的认识角度来看，应抓住“本质——矛盾——趋势”这一逻辑线索。

本质：无偿占有或者剥削雇佣工人创造的剩余价值，是资本主义生产的唯一目的和动机；资本主义生产的实质就是剩余价值生产；剩余价值规律是资本主义经济生活中起主导作用的规律。

矛盾：生产的社会化与生产资料资本主义私有制之间的矛盾，是资本主义生产方式的基本矛盾；这个矛盾是资本主义其他一切矛盾的总根源，它贯穿资本主义的全过程；资本主义基本矛盾的变化不是直线式的，而是波浪式的、曲折的，但它最终必然导致资本主义制度走向灭亡。

趋势：社会主义、共产主义制度必然代替资本主义制度，这是由资本主义基本矛盾所决定的当代历史发展的大趋势；这个代替的历史过程具有长期性、复杂性和曲折性；今后实现这个大变革的条件、途径和形式，要在马克思主义指导下，从新的实际出发进行创造性的研究。

学习《资本论》第一卷的基本原理，从指导社会主义经济的角度看，应抓住“商品——增殖——积累”这条逻辑线索。

商品：社会主义经济仍然是商品、市场经济；货币及其流通同样是社会经济运行的普遍媒介；价值规律在全社会范围内发挥作用。市场成为决定社会资源配置和经济运行的基础。

增殖：社会主义商品经济属于社会化商品经济；它的运行同样表现为劳动过程与价值增殖过程的统一；社会主义生产与资本主义生产的区别，不在于价值是否增殖，而在于这种增殖是否体现剥削关系；社会主义价值增殖的根本目的，是以更少的资源消耗生产更多更好的产品，以满足人民日益增长的物质和文化生活的需要。

积累：社会主义必须重视积累；社会主义积累是剩余产品价值的资本化；积累是社会主义扩大再生产的主要源泉；社会主义资本的扩大仍然要走资本积聚特别是资本集中（通过股份公司是主要形式）的道路；社会主义积累要解决好劳动就业问题，做到在发展生产的基础上，使人民生活逐步改善，最终达到共同富裕，不能走两极分化的道路。

总之，学习《资本论》第一卷，可以使我们从基础理论上加深理解社会主义条件下商品、市场经济的一般规定性。

《资本论》第二卷 资本的流通过程

前　言

《资本论》第二卷，是马克思遗留的手稿，由恩格斯整理和编辑于1885年出版的。恩格斯为此付出了巨大的劳动，但他十分尊重马克思的原意，“使本书既成为一部联贯的、尽可能完整的著作，又成为一部只是作者的而不是编者的著作”①。

《资本论》第二卷的标题是“资本的流通过程”。这是对第二卷研究对象的一个概括。对此应当怎样理解呢？第一，这里所说的流通，不是狭义的流通，即单纯的商品买卖过程，而是广义的流通，即产业资本运动中的直接生产过程和流通（买卖）过程的统一。第二，通过对广义流通过程的考察，着重说明资本不仅是一个社会关系，而且是一个运动过程。这个运动过程也就是不断的再生产过程。正因为如此，所以可把《资本论》第二卷称为再生产理论。第三，《资本论》第二卷研究的中心，是剩余价值的实现（第一卷研究的中心是剩余价值的生产）。如果从社会化再生产一般的角度看，又可以说它研究的中心是再生产的实现条件和规律。

《资本论》第二卷包括3篇。第1篇“资本的形态变化及其循环”；第2篇“资本的周转”；第3篇“社会总资本的再生产和流通”。这3篇是以产业资本的三种循环形式为线索展开的。第1篇着重分析货币资本的循环（G…G′），第2篇着重分析生产资本的循环（P…P），第3篇着重分析商品资本的循环（W′…W′）。前两篇考察的是单个资本的再生产，属于微观经济；第3篇考察的是社会总资本的再生产，属于宏观经济。可见，这3篇的安排体现了从个别到总体、从微观到宏观的逻辑发展过程。

根据《资本论》第二卷的结构，它的主要内容可以概括为三大理论：资本循环理论，资本周转理论，社会资本再生产理论。

《资本论》第二卷在方法上的一个显著特点，就是着重分析资本运动或再生产中的各种比例关系，因而突出地采用了动态平衡的分析方法。例如，在考

① 《马克思恩格斯全集》第24卷，人民出版社1972年版，第3页。

察资本循环时，分析了个别资本在购产销三个环节上按比例分配资本的必要性；在考察资本周转时，分析了固定资本和流动资本的比例，周转过程中各种时间的比例对资本周转速度和效益的作用；在考察社会总资本再生产时，更是详细地分析了两大部类及其他的比例关系。分析方法上的这个特点，是由研究对象决定的。既然研究对象是资本的再生产过程，而再生产实现的核心问题就是按比例，所以在分析方法上必然突出比例分析法。

在《资本论》整个理论体系中，第二卷占有重要的地位。一方面，二卷是一卷的继续，因为二卷进一步考察了一卷暂时撇开的资本和剩余价值的实现过程；另一方面，二卷又是三卷的引言，因为第三卷考察的资本的各种具体形态（产业资本、商业资本、生产总资本），是以循环周转或再生产中的各种资本形态为基础展开的。可以说，《资本论》第二卷起了承上启下的作用。

恩格斯对《资本论》第二卷评价很高，指出："这是异常出色的研究著作"①。它科学地揭示了企业再生产和社会再生产的一般规律，因而成为微观经济和宏观经济的理论基础。

一、资本循环理论

这一理论，研究的是单个（企业）产业资本的运动或再生产。所谓产业资本，是指经营物质生产部门（包括工业、农业、交通运输业和建筑业等）的资本。与它相对应的是商业资本、生息资本等。产业资本是资本的基础形式。

产业资本的运动表现为资本循环。马克思说，资本"是一种运动，是一个经过各个不同阶段的循环过程"。② 资本循环的一般含义是：资本从一定形式出发，经过若干阶段变化，实现价值增殖，最后又回到出发点这样一个过程。这个规定适用于一切资本循环形式。

产业资本循环的特殊性，主要是以货币投放开始，又以货币回归结束，是生产和流通的统一。

在产业资本的整个循环中，实际上包含着货币资本、生产资本、商品资本等三种循环形式。而对资本循环理论的剖析，则是以货币资本的循环为代表进行的。货币资本的循环既是产业资本循环过程中的一种特殊形式，又是产业资本循环的一般形式。"因为产业资本是以它的货币形式即作为货币资本形成自己总过程的出发点和复归点的。""只要货币资本的循环始终包含着预付价值的价值增殖，它就始终是产业资本的一般的表现。"③

资本循环分析的重点，是单个产业资本循环的过程、实现的条件和流通的费

---

① 《马克思恩格斯全集》第 36 卷，人民出版社 1974 年版，第 168 页。

② 《马克思恩格斯全集》第 24 卷，人民出版社 1972 年版，第 122 页。

③ 《马克思恩格斯全集》第 24 卷，人民出版社 1972 年版，第 68、71 页。

用。所以，学习资本循环理论，应着重抓住以下三个方面的基本原理：关于产业资本循环过程的原理；关于资本循环实现条件的原理；关于资本流通费用的原理。

（一）关于产业资本循环过程的原理与现实

1. 产业资本循环的含义

产业资本的循环，是从货币形式出发，依次经过购买、生产、销售三个阶段的变化，实现价值增殖，最后又回到出发的货币形式这样一个运动过程。用公式表示就是：

$$G—W\cdots P\cdots W'—G'$$

其详细形式是：

$$G—W\left\langle\begin{matrix}A\\Pm\end{matrix}\right.\cdots P\cdots W'\ (W+w)—G'(G+g)$$

G代表货币资本，W代表购买的生产要素商品，其中A代表劳动力，Pm代表生产资料，P代表生产资本（或生产过程），W′代表商品资本，其中W代表新生产的商品价值中的资本部分，W代表商品价值中的剩余价值部分，G′代表实现增殖的货币资本，其中G代表预付的货币资本，g代表货币形式的剩余价值。

2. 产业资本循环过程的三个阶段

（1）购买阶段

产业资本循环过程的第一阶段，是购买阶段即G—W。在这个阶段，资本采取的形式是货币资本。“货币表现为资本价值的第一个承担者，而货币资本也就表现为资本预付的形式。”①

从形式上看，这是一般的商品流通。但它在这里同时又成为资本（要生产剩余价值）运动的一个阶段。何以见得呢？“首先不是行为的形式，而是它的物质内容，是那些和货币换位的商品的特殊使用性质。这一方面是生产资料，另一方面是劳动力，即商品生产的物的因素和人的因素。”② 这就是说，这里购买的不是一般商品，而是生产资料特别是劳动力，目的是生产剩余价值，所以才成为资本运动的一个阶段。由此说明，处于购买阶段的货币资本的特殊职能，就是为生产剩余价值准备条件。

“$G—W\left\langle\begin{matrix}A\\Pm\end{matrix}\right.$仅表示一种质的关系：一定的货币额……转化为互相适应

---

① 《马克思恩格斯全集》第24卷，人民出版社1972年版，第34页。

② 《马克思恩格斯全集》第24卷，人民出版社1972年版，第32页。

的生产资料和劳动力；它还表示一种量的关系，即用在劳动力 A 上面的货币部分和用在生产资料 Pm 上面的货币部分的量的关系。这种量的关系一开始就是由一定数量的工人所要消耗的超额劳动即剩余劳动的量决定的。”所谓质的关系，从劳动过程看，就是指购买的生产资料和劳动力的品种质量，要符合生产的需要，并且它们之间要相互适应。所谓量的关系，就是指购买的生产资料和劳动力之间要有一定的比例，以保证双方都得到充分利用，不致造成浪费，以便生产出必要数量的剩余价值。正如马克思所说：购买的“生产资料的数量，必须足以吸收劳动量，足以通过这个劳动量转化为产品。如果没有充分的生产资料，买者所支配的超额劳动就不能得到利用；他对于这种超额劳动的支配权就没有用处。如果现有生产资料多于可供支配的劳动，生产资料就不能被劳动充分利用，不能转化为产品。”① 总之，购买的生产要素在质上符合需要和在量上按比例，是货币资本执行职能的基本要求。

产业资本循环过程第一阶段即购买阶段的完成，使资本家“支配着一种更大的劳动力的使用权，或者说，支配着一个比补偿劳动力价值所必需的劳动量更大的劳动量；同时还支配着使这个劳动量实现或物化所必需的生产资料。因此，他支配的各种因素所能生产的物品，比这种物品的生产要素有更大的价值，或者说，是一个包含剩余价值的商品量。”② 由此，资本循环就进入下一个阶段即生产阶段。

（2）生产阶段

产业资本循环的第二个阶段，是生产阶段。在生产阶段，资本采取生产资本的形式。所谓生产资本，就是以生产资料和劳动力的形式存在的资本。“它具有创造价值和剩余价值的能力”。③

马克思指出：“不论生产的社会形式如何，劳动者和生产资料始终是生产的因素。但是，二者在彼此分离的情况下只在可能性上是生产因素。凡要进行生产，就必须使它们结合起来。实行这种结合的特殊方式和方法，使社会结构区分为各个不同的经济时期。”④ 这就是说，有了生产资料和劳动力，只是意味着有了生产的可能性，要把这种可能性变为现实性，必须使二者实际的结合起来。这种结合，首先是社会性的结合，即按照一定的生产条件所有制的性质结合起来。在资本主义条件下，生产资料属于资本家所有，劳动者与生产资料相分离，仅有单纯的劳动力，只有通过资本与雇佣劳动的形式相结合才能进行生产，因而必然成为以生产剩余价值为目的的资本主义生产。其次是技术性的

---

① 《马克思恩格斯全集》第 24 卷，人民出版社 1972 年版，第 33、34 页。

② 《马克思恩格斯全集》第 24 卷，人民出版社 1972 年版，第 34 页。

③ 《马克思恩格斯全集》第 24 卷，人民出版社 1972 年版，第 34 页。

④ 《马克思恩格斯全集》第 24 卷，人民出版社 1972 年版，第 44 页。

结合，即按照一定的产品生产需要，组织好企业内部的分工协作关系，有效地发挥人力和物力的作用。当然，后一种结合是受前一种结合支配的。因此，资本主义条件下生产资料和劳动力的结合，必然表现为资本的生产力，进行剩余价值的生产。总之，生产资本的职能，就是将购买的生产要素作为资本有效地结合起来，实际地生产出剩余价值。

"生产资本在执行职能时，消耗它自己的组成部分，使它们转化为一个具有更高价值的产品量。……因此，产品不只是商品，而且是孕育着剩余价值的商品。它的价值＝P＋M，等于生产这种商品所耗费的生产资本的价值P，加上这个生产资本产生的剩余价值M。"① 这就是说，产出的价值必须尽量大于消耗的价值。这是生产资本执行职能的根本要求，也是它的结果。

由此，产业资本循环就进入下一阶段，即销售阶段。

(3) 销售阶段

产业资本循环过程的第三阶段，是销售阶段。在销售阶段，资本采取商品资本的形式。所谓商品资本，就是以待销售的产成品形式存在的已经增殖的资本，是凝结着剩余价值的商品。马克思说："商品，作为已经增殖的资本价值的直接由生产过程本身产生的职能存在形式，就成了商品资本。""W′表示一种价值关系，表示商品产品的价值和生产它所消耗的资本的价值的关系，就是说，表示它的价值是由资本价值和剩余价值构成的。"②

商品资本的职能，是销售商品，实现资本和剩余价值。"资本在商品形式上必须执行商品的职能。构成资本的物品，本来就是为市场而生产的，必须卖掉，转化为货币，因此要完成W—G运动。""由于W′—G′的完成，预付资本价值和剩余价值都得到了实现。"③

在商品资本执行职能的过程中，要求做到两点：

第一，出卖商品的速度要快。"由于资本抛弃它的商品形式和采取它的货币形式的速度不同，或者说，由于卖的速度不同，同一个资本价值就会以极不相同的程度作为产品形成要素和价值形成要素起作用，再生产的规模也会以极不相同的程度扩大或者缩小。"④ 这就是说，出卖商品的速度越快，就能节约流通费用和资本，加快资本的周转，从而扩大生产规模。

第二，商品必须全部卖掉。"商品量W′，作为已经增殖的资本的承担者，还必须全部完成形态变化W′—G′。在这里，出售商品的数量，成为决定性的

① 《马克思恩格斯全集》第24卷，人民出版社1972年版，第45页。

② 《马克思恩格斯全集》第24卷，人民出版社1972年版，第46、47页。

③ 《马克思恩格斯全集》第24卷，人民出版社1972年版，第46、50页。

④ 《马克思恩格斯全集》第24卷，人民出版社1972年版，第48页。

事情。”[1] 只有把商品全部卖掉，才能把资本和剩余价值全部以货币形式收回来；否则，甚至连成本都收不回。

由于商品资本全部执行了自己的职能，将商品全部卖掉，便资本和剩余价值在货币形式上全部流回来，产业资本才完成一次循环过程。

综上所述，产业资本循环过程的购、产、销三个阶段，贯穿着一条根本线索：准备生产剩余价值，实际生产剩余价值，实现剩余价值。这也是三种资本形式各自的特殊职能。

3. 产业资本的总循环

产业资本的运动经过购、产、销三个阶段，完成了一次总循环过程，即 $G—W\cdots P\cdots W'—G'$。

“在这里，资本表现为一个价值，它经过一系列互相联系的、互为条件的转化，经过一系列的形态变化，而这些形态变化也就形成总过程的一系列阶段。在这些阶段中，两个属于流通领域，一个属于生产领域。在每个这样的阶段中，资本价值都处在和不同的特殊职能相适应的不同形态上。在这个运动中，预付的价值不仅保存了，而且增长了，它的量增加了。最后，在终结阶段，它回到总过程开始时它原有的形式。因此，这个总过程是循环过程。”[2] 由此看出，产业资本循环的总过程具有如下基本的规定性：

第一，产业资本在循环中依次经过了货币资本、生产资本、商品资本的三种形态变化。

第二，与三种资本形态相适应，产业资本循环经过了购买、生产、销售三个阶段。

第三，产业资本经过一系列变化，实现了资本的保殖和增殖。这是资本循环的根本目的。

第四，产业资本循环从货币开始，最后又回到货币形式上。因而，资本是一个周而复始的循环过程。

上述四点，可归结为“三种形态”、“三个阶段”、“价值增殖”、“货币回归”。“可见，资本的循环过程是流通和生产的统一，包含二者在内。”[3] 这就是以货币资本为代表的产业资本循环总过程的主要内容。

从资本运动的角度看，资本要正常地实现循环过程，必须做到两点。一方面，“资本的循环，只有不停顿地从一个阶段转入另一个阶段，才能正常进行。”“另一方面，循环本身当然又要求资本在各个循环阶段中在一定的时间内固定下来。在每一个阶段中，……产业资本只有在完成一种和它的当前形式相

---

① 《马克思恩格斯全集》第 24 卷，人民出版社 1972 年版，第 49 页。

② 《马克思恩格斯全集》第 24 卷，人民出版社 1972 年版，第 63 页。

③ 《马克思恩格斯全集》第 24 卷，人民出版社 1972 年版，第 70 页。

适应的职能之后，才取得可以进入一个新的转化阶段的形式。”①

现实意义

马克思关于产业资本循环过程的基本原理，撇开资本主义的剥削关系，对社会主义企业是适用的。

社会主义生产企业的活动，同样表现为资本（一般）的循环。这个循环过程，表现为“三种形态”（货币资本、生产资本、商品资本），“三个阶段”（购买阶段、生产阶段、销售阶段），是生产过程和流通过程的统一。因此，社会主义企业决不是单纯的生产组织，而是购产销三个环节统一的生产经营实体。这就要求企业实现从“生产型”向“经营型”的转变。企业领导者不仅会抓生产，而且会抓流通。从资本循环的连续性和市场经济运行的要求看，购产销三个环节都不可缺少，但是，流通过程特别是销售环节具有更重要的意义。一个企业只有它的产品有市场，并且不断开发出适应市场需求变化的新产品，这个企业才有持久的生命力。从这个意义上讲，销售是企业生产经营的动力和龙头。当然，这个龙头不能孤立存在，它要以生产高质量的产品为基础，以购买到优质的生产要素为保证。

在社会主义企业的经营管理中，必须根据产业资本循环中三种资本形式的职能要求，抓好购产销三个环节各自的工作。在购买环节，要严格按照企业的生产需要采购生产资料和招收职工，使二者在质上符合需要，在量上按比例，避免发生人力和物力的闲置和浪费。在生产环节，要根据社会主义现代企业的要求，搞好生产资料与劳动者的结合。一方面协调好人际关系，充分调动全体职工的积极性，另一方面组织好技术上的分工协作，以实现高效益的生产。在销售环节，要千方百计加快销售商品的速度，不积压产品，及时收回货款，实现资本和利润的全部回流。购产销三个环节的活动，都贯穿一条红线：产出的价值大于消耗的价值，提高企业的经济效益。整个企业的经营管理活动，都要围绕这一中心任务来展开，并建立责权利相结合的经济责任制来保证实现。

在计划经济体制下，企业被看成是单纯的生产单位，忽视和轻视流通，否认市场的基础作用。在生产资料供应上是计划分配，采购原则是“有备无患，多多益善”。在生产上，以产值为中心，不重视投入产出的比较效益。在产品的销售上，是“皇帝的女儿不愁嫁”。当前，在向社会主义市场经济的转变中，上述情况虽有所改变，但在思想和体制上的影响仍然存在。为了使企业的微观经济活动进一步适应市场经济的需要，真正成为购产销有效结合的经营型实体，学习马克思关于资本循环过程的原理是大有好处的。

---

① 《马克思恩格斯全集》第24卷，人民出版社1972年版，第63、64页。

（二）关于资本循环实现条件的原理与现实

1. 产业资本的连续循环包括三种资本循环形式

如果把产业资本的循环作为一个连续不断的过程，它实际上包含着三种资本的循环。用公式反映如下（假定是简单再生产）：

$$\overbrace{G—W\cdots P\cdots W'—G'}^{①}\ \overbrace{—W\cdots P\cdots W'—G'}^{③}\cdots\cdots$$

②

①货币资本循环，即 G—W…P…W′—G′；②生产资本循环，即 P…W′—G′—W…P；③商品资本循环，即 W′—G′—W…P…W′。

这三种资本循环形式各有特点。

货币资本循环的起点和终点都是货币，但回归的货币量（G′）大于起点投入的货币量（G）。“因此，货币资本的循环，是产业资本循环的最片面、从而最明显和最典型的表现形式；产业资本的目的和动机——价值增殖，赚钱和积累——表现得最为醒目（为贵卖而买）。”①

生产资本循环的起点和终点都是生产资本（P）。因此，“这个循环表示生产资本职能的周期更新，也就是表示再生产，或者说，表示资本的生产过程是增殖价值的再生产过程”。②

商品资本循环的起点和终点都是商品资本（W′）。因此，“商品资本的循环不是以资本价值开始，而是以商品形式上增大了的资本价值开始，因而它一开始就不仅包含商品形式的资本价值的循环，而且包含剩余价值的循环。”③

货币资本、生产资本和商品资本三种循环形式总的或共同的特点是：

第一，“总过程表现为生产过程和流通过程的统一”。

第二，“每一个因素都表现为出发点、经过点和复归点。”④ 就是说，货币资本 G、生产资本 P 和商品资本 W′，都是前后连锁、互为因果、相继转化的。

第三，“所有这三个循环都有一个共同点：价值增殖是决定目的，是动机。”⑤

2. 产业资本的连续循环是三种资本循环的统一

“连续性是资本主义生产的特征，是由资本主义生产的技术基础决定的，

---

① 《马克思恩格斯全集》第 24 卷，人民出版社 1972 年版，第 71 页。
② 《马克思恩格斯全集》第 24 卷，人民出版社 1972 年版，第 75 页。
③ 《马克思恩格斯全集》第 24 卷，人民出版社 1972 年版，第 102 页。
④ 《马克思恩格斯全集》第 24 卷，人民出版社 1972 年版，第 116 页。
⑤ 《马克思恩格斯全集》第 24 卷，人民出版社 1972 年版，第 116 页。

虽然这种连续性并不总是无条件地达到的。"① 资本主义生产是以大机器工业为技术基础的社会化大生产。它必须连续不断地进行，不能"三天打鱼，两天晒网"。尽管由于生产的无政府状况，不是所有的企业都能做到这一点，但从整个社会来说，连续性一般是资本主义经济运行的特征。社会化生产的连续性，要求产业资本循环也做到连续性。

马克思指出："任何一个单个产业资本都是同时处在所有这三种循环中。这三种循环，三种资本形态的这些再生产形式，是连续地并列进行的。""因此，产业资本的连续进行的现实循环，不仅是流通过程和生产过程的统一，而且是它的所有三个循环的统一。"②

这就是说，一个企业总资本的正常循环，意味着处在购、产、销三个环节上的资本都同时地连续地进行循环。在采购环节，货币是一手预付出去，另一手收进来。在生产环节，一手将生产要素加工成产品，另一手又收进新的生产要素。在销售环节，一手卖掉商品，另一手又从车间接过商品。总之，都是一手出，一手进，同时地、连续地进行三种资本循环。如果有一种资本循环受到阻碍，整个企业资本的循环就遭到破坏。

可见，"只有在三个循环的统一中，才能实现总过程的连续性，而不致发生上述的中断。社会总资本始终具有这种连续性，而它的过程始终是三个循环的统一。"③

3. 产业资本实现三种资本循环统一的条件

马克思说：产业资本的三种资本循环"之所以能够成为这种统一，只是由于资本的每个不同部分能够依次经过相继进行的各个循环阶段，从一个阶段转到另一个阶段，从一种职能形式转到另一种职能形式，因而，只是由于产业资本作为这些部分的整体同时处在各个不同的阶段和职能中，从而同时经过所有这三个循环。"④ 这里所说的两个"只是"表明：产业资本循环的实现，必须具备两方面的条件：

第一，单个的全部产业资本要按一定的比例分割为三个部分，在空间上并存于购、产、销三个环节上。即做到资本在空间上的并存。

第二，资本的各个不同形式部分在时间上要依次相继运行，不断从一个阶段的某种形式转化为另一个阶段的另一种形式。即做到资本在时间上的继起。

这两个条件是互为前提、互相联系的。一方面，资本的"每一部分的相继进行，是由各部分的并列存在即资本的分割所决定的。"另一方面，"决定生产

① 《马克思恩格斯全集》第24卷，人民出版社1972年版，第118页。
② 《马克思恩格斯全集》第24卷，人民出版社1972年版，第117、119页。
③ 《马克思恩格斯全集》第24卷，人民出版社1972年版，第121页。
④ 《马克思恩格斯全集》第24卷，人民出版社1972年版，第119页。

连续性的并列存在之所以可能，只是由于资本的各部分依次经过各个不同阶段的运动。并列存在本身只是相继进行的结果。”① 这就是说，资本的运动，是资本并存基础上的运动；资本的并存，是资本运动中的并存。

4. 产业资本循环的外部条件

单个产业资本要实现正常的循环，除了取决于本身资本的按比例分配和连续运动外，还受到外部因素的影响。

生产要素和产成品的价值和价格的变化（马克思把价值变化又叫做“价值革命”），是影响资本循环的一个重要因素。例如，在生产规模不变的条件下，如果生产要素的价值或价格降低了，原有资本中就会游离出一部分货币资本；相反，如果生产要素的价值或价格提高了，就需要补充一部分货币资本。马克思说：资本循环的连续性“只有在价值革命按某种方式得到克服和抵销时，才能够存在和继续存在。”② 为此，建立货币准备金是一个必要的措施。

另外，单个产业资本的循环之间是互相交错的，并且受到整个商品市场状况的制约和影响。这就要求商品交换渠道的多面性和国内外市场的统一性。正如马克思指出：“商品来源的全面性，市场作为世界市场而存在；是产业资本流通过程的特点。”③

现实意义

马克思关于资本循环实现条件的基本原理；揭示了市场经济条件下搞活企业的根本要求和实现条件。

产业资本的连续循环是三种资本（货币资本、生产资本、商品资本）循环的统一告诉人们，企业要活起来，必须使购产销三个环节同时活起来，不能“三缺一”。一个环节受阻，整个企业的活动就会停顿。这是资本循环的基本规律。企业陷于停工、半停工甚至破产的境地，一个普遍的原因就是购产销三个环节相脱节。或者产品不符合市场需要，造成大量积压；或者货款收不回，三角债严重；或者有开发产品的能力，但缺乏必要的资金；或者生产的技术水平低，产品质量差，经济效益不好，形成亏损。由此说明，搞活购产销三个环节，实现三种资本循环的统一，对于从总体上搞活一个企业，是多么重要。

如何做到这一点呢？这就取决于企业内部的工作和市场环境。

马克思的分析表明，实现三种资本循环统一的条件，从企业本身来说，就是它的总资本要按比例分配和连续运动。为此，企业必须根据生产经营的需要，把全部资本按一定比例分为货币资本、生产资本、商品资本三种形式，建

---

① 《马克思恩格斯全集》第24卷，人民出版社1972年版，第119、120页。

② 《马克思恩格斯全集》第24卷，人民出版社1972年版，第122页。

③ 《马克思恩格斯全集》第24卷，人民出版社1972年版，第127页。

立健全财务、生产、供销等职能机构，使它们分工负责，完成各自的职能。同时，企业要通过加强经营管理的科学性、计划性，统筹兼顾、合理安排，协调好购产销三个系统的工作，使它们互相衔接，保持平衡，从而保证资本的每一部分畅通无阻地由一个阶段过渡到另一个阶段，由一种职能形式变换为另一种形式，完成各自的循环，不致断线。总的来说，也就是要求企业的微观经济实现均衡持续的发展。

产业资本的循环是生产和流通的统一，而且是两个流通过程（购买和销售）和一个生产过程的统一。所以，市场是实现资本循环的极其重要的条件。市场情况如何，对能否顺利实现资本循环，甚至具有决定性的作用。大量的事实证明，市场是企业的生命线。因此，为了搞活企业，必须建立健全市场体系，努力建设一个良好的市场环境。同时，企业领导者必须十分重视市场观念，具有高度的市场悟性，加强市场的调查研究，把开发和扩大市场，用不断更新的产品持续地去占领市场，作为企业发展战略的首要问题来抓。

为了搞活企业，实现资本循环的统一性和连续性，必须在体制上保证企业成为一个自主经营、自负盈亏的经济实体和市场竞争主体。在市场经济条件下，企业的购产销活动是瞬息万变的。因此，购产销三者的统一不可能依靠企业外部的行政机构去实现，只能依靠企业作为微观经济的主体去实现。当然，在这个基础上，国家的科学的宏观调控，也是搞活企业，实现产业资本循环的一个必要条件。

（三）关于资本循环流通费用的原理与现实

资本在循环中要花费一定的费用。关于直接生产过程的费用，属于剩余价值的生产问题，在《资本论》第一卷已分析过了。这里分析的是资本循环在狭义的流通领域所消耗的费用，简称流通费用。流通费用分为两种性质、三个类别。所谓两种性质，就是纯粹流通费用（又称非生产性流通费用）与生产性流通费用。纯粹流通费用是由商品的价值形式变化产生的流通费用；生产性流通费用是由商品的使用价值的保存、运动产生的流通费用。三个类别，即纯粹流通费用、保管费用和运输费用。

1. 纯粹流通费用

按照马克思的分析，纯粹流通费用是商品的价值形式变化（由商品变为货币，货币变为商品）引起的流通费用。这种费用的支出是必要的。但它不增加商品的价值，要由剩余价值来补偿。马克思说："一切只是由商品的形式转化而产生的流通费用，都不会把价值追加到商品上。这仅仅是实现价值或价值由一种形式转变为另一种形式所需的费用。投在这种费用上的资本（包括它所支配的劳动），属于资本主义生产上的非生产费用。这种费用必须从剩余产品中得到补偿，对整个资本家阶级来说，是剩余价值或剩余产品的一种扣除”。①

纯粹流通费用包括以下三种：

（1）买卖时间引起的费用

资本在进行买卖活动时，需要支出流通费用，如广告费、营业员的工资以及交易场所的开支等。这种费用对商品经济的运行来说，无疑是必要的条件。但“无论如何，用在买卖上的时间，是一种不会增加转化了的价值的流通费用。……资本的这种预付，既不创造产品，也不创造价值。”②

（2）簿记引起的费用

企业的经济活动，资本的价值增殖运动，需要簿记进行核算和监督。为此，需要支出流通费用，包括簿记人员的劳动和有关的物质消耗。这些费用的支出也是必要的，但不增加商品的价值，因而与商品买卖上支出的费用一样，属于非生产性的纯粹流通费用。不过簿记费用与买卖上的费用有一定的区别。因为簿记除了与商品价值的形态变化有关以外，还与社会生产一般有关。簿记对一切社会生产都是必要的，并且，生产社会化程度越高，簿记越重要。生产“过程越是按社会的规模进行，越是失去纯粹个人的性质，作为对过程的控制和观念总结的簿记就越是必要；因此，簿记对资本主义生产，比对手工业和农民的分散生产更为必要，对公有生产，比对资本主义生产更为必要。但是，簿记的费用随着生产的积聚而减少，簿记越是转化为社会的簿记，这种费用也就越少。”③

（3）货币引起的费用

作为货币的金和银，既不进入个人生活消费，也不进入生产消费，并且会磨损。另外，为发行和保管货币，也还要支出一些费用。由货币引起的这些费用，也是属于非生产性的纯粹流通费用。“这种费用，随着商品生产，特别是随着资本主义生产的发展而增大。它是社会财富中必须为流通过程牺牲的部分。”④

2. 保管费用

保管费用是由储备商品引起的费用，包括保管储备品所消耗的活劳动和物化劳动，以及储备品本身数量和质量的损失部分。

“产品储备是一切社会所共有的，即使它不具有商品储备形式这种属于流通过程的产品储备形式，情况也是如此。”“任何商品……只要它不是从生产领域直接进入生产消费或个人消费，因而在这个间歇期间处在市场上，它就是商

① 《马克思恩格斯全集》第24卷，人民出版社1972年版，第167页。

② 《马克思恩格斯全集》第24卷，人民出版社1972年版，第150页。

③ 《马克思恩格斯全集》第24卷，人民出版社1972年版，第152页。

④ 《马克思恩格斯全集》第24卷，人民出版社1972年版，第153—154页。

品储备的要素。”在资本主义条件下，储备一般有三种形式：生产资本的形式（生产资料的储备），个人消费基金的形式（生活资料的储备），商品资本的形式（商品储备）。“只是由于有了这种储备，流通过程从而包含流通过程在内的再生产过程的不断连续进行，才得到保证”。①

由商品储备产生的保管费用，“它们可以产生于生产过程，这种生产过程只是在流通中继续进行，因此，它的生产性质只是被流通的形式掩盖起来了。”与非生产性的纯粹流通费用不同的是，保管“这些费用的目的本身不是价值的形式转化，而是价值的保存，而价值存在于作为产品，作为使用价值的商品中，因而只有通过产品的保存，使用价值本身的保存，价值才能得到保存。”可见，保管费用具有生产流通费用的性质。“它们在一定程度上加入商品价值，因此使商品变贵。”②

然而，保管劳动只是保存使用价值，不直接增加社会的物质财富。因此，“从社会的观点看，它们又可以是单纯的费用，是活劳动或物化劳动的非生产消耗”。“储备费用仍然是社会财富的扣除，虽然它是社会财富的存在条件之一。”③

保管费用作为具有一定生产性的流通费用，在什么限度内加入商品价值呢？只有在正常范围和必要的限度内才能加入商品价值。作为正常的必要的费用支出，需要具备两个基本条件：一是商品储备量要满足一定时期的社会需要量，而且储备量要大于平均出售量；二是储备量要与各种商品再生产的时间相适应，保证各种商品由再生产得到补充以前能够满足市场的需要。如果商品储备是商品卖不出去的结果，这样形成的保管费用就超过了正常、必要的范围。“这种储备的形成就是流通的停滞，由此引起的费用就不会把价值加到商品上。”“因为它现在完全是由形式产生，也就是由于商品必须转化为货币而产生，并且是由于这种形态变化发生困难而产生，所以它不加入商品价值，而成为在价值实现时的扣除，即价值损失。”④

3. 运输费用

“商品在空间上的流通，即实际的移动，就是商品的运输。”由这种运输引起的费用，就是运输费用。在流通费用中，“运输费用起很重要的作用”⑤。

运输不同于其他流通活动。“运输业一方面形成一个独立的生产部门，从而形成生产资本的一个特殊的投资领域。另一方面，它又具有如下的特征：它

---

① 《马克思恩格斯全集》第 24 卷，人民出版社 1972 年版，第 163、161、165 页。
② 《马克思恩格斯全集》第 24 卷，人民出版社 1972 年版，第 154、157、156 页。
③ 《马克思恩格斯全集》第 24 卷，人民出版社 1972 年版，第 154、166 页。
④ 《马克思恩格斯全集》第 24 卷，人民出版社 1972 年版，第 164、166 页。
⑤ 《马克思恩格斯全集》第 24 卷，人民出版社 1972 年版，第 170、167 页。

表现为生产过程在流通过程内的继续，并且为了流通过程而继续。”①

运输活动之所以是完全性质的生产活动，从社会再生产过程来看，“社会劳动的物质变换，是在资本循环和构成这个循环的一个阶段的商品形态变化中完成的。这种物质变换要求产品发生场所的变换，即产品由一个地方到另一个地方的实际运动。”这就是说，运输是社会物质资料再生产的内在活动，只不过它表现在流通领域而已。从产品使用价值的实现过程看，“物品的使用价值只是在物品的消费中实现，而物品的消费可以使物品的位置变化成为必要，从而使运输业的追加生产过程成为必要。”② 这就是说，运输是使产品的使用价值进入消费，从而得以最终实现的必要环节。

由于运输是生产活动，当然运输费用也就是生产性的流通费用。“因此，投在运输业上的生产资本，会部分地由于运输工具的价值转移，部分地由于运输劳动的价值追加，把价值追加到所运输的产品中去。后一种价值追加，就象在一切资本主义生产下一样，分为工资补偿和剩余价值。”③

运输费用加入商品的数量变化规律是：“在其他条件不变的情况下，由运输追加到商品中去的绝对价值量，和运输业的生产力成反比，和运输的距离成正比。”“由运输费用追加到商品价格中去的相对价值部分，和商品的体积和重量成正比。”④ 这就是说：运输生产力越高，摊到单位商品的运输费越小，反之亦然；运输距离越长，运输费用越大，反之亦然；商品的体积越大、分量越重，运输费用占商品价格中的比重越大，反之亦然。

运输费用作为生产性的流通费用，也不是无条件的，而是以正常的必要的运输活动为前提。如果因盲目地或者投机地进行生产和流通，造成不正常的运输，其运输费用就失去了生产性，不能加入商品价值，而要有资本家的剩余价值来补偿。

现实意义

马克思关于资本循环中的流通费用的基本原理，也适用于社会主义市场经济。

社会主义市场经济作为生产过程与流通过程的统一，仍然会产生流通费用。流通费用的必要支出，是有益于社会主义市场经济发展的。

不论哪种流通费用（即使是运输费用），它们都有一个共同特点，就是不直接增加物质资料的财富。而它们消耗的各种物质资料都要从社会总的物质财

① 《马克思恩格斯全集》第 24 卷，人民出版社 1972 年版，第 170 页。

② 《马克思恩格斯全集》第 24 卷，人民出版社 1972 年版，第 167、168 页。

③ 《马克思恩格斯全集》第 24 卷，人民出版社 1972 年版，第 168 页。

④ 《马克思恩格斯全集》第 24 卷，人民出版社 1972 年版，第 169 页。

富中得到补偿，或者扣除。因此，在充分发挥各种流通活动对社会生产和人民生活的促进作用的前提下，应把流通产业保持在社会必要的规模内，并尽量节约流通的资本和费用，以提高流通部门的投入产出效益和整个社会的经济效益。

流通费用在价值上的补偿方式是多种多样的，但形式上都要通过价格来实现，从而实际上取决于市场竞争的状况。平等和有序竞争的市场环境，有利于流通费用的合理支出和补偿。按照价值规律在流通领域的作用，各种流通费用只有在社会必要支出的限度内，才有可能通过价格的形式得到补偿。如果超出了社会必要的限度，就会造成支出者自己的亏损。当然，如果个别企业流通费用的支出低于社会必要的水平，那也可以获得超额利润。

降低流通费用，是提高社会主义市场经济效益的一个重要方面。根据马克思的有关思想，结合我国流通的实际，对降低流通费用可从如下几方面努力。一是缩短流通时间，可以降低流通费用；二是按照社会生产和消费的需要，把各个流通产业保持在最必要的限度内，既非不足，又不膨胀，可以节约流通资本和费用；三是加强流通产业的现代化建设，提高流通生产力，以便用更小的投入获得更大的流通效益；四是减少流通环节，畅通流通渠道，提高流通的效益；五是完善流通体制，优化流通产业结构，提高流通过程的整体效益；六是健全流通领域的法制，加强对流通费用的管理和监督；等等。

马克思在分析保管费用时，指出“产品储备是一切社会共有的”。这一点，对我国社会主义经济具有重要意义。我国正处在社会主义初级阶段，人口众多，气候复杂，自然灾害比较频繁，国际敌对势力亡我之心不死。在这种情况下，为保证现代化建设的稳步发展和广大人民生活的安定，必须高度重视必要的物资产品的储备。但储备规模必须适当，以有利于再生产的持续、健康的发展。超过了合理的限度，就会造成积压、浪费，影响国民经济的发展。

马克思在分析簿记费用时，提出了一个著名论断：“簿记……对公有生产，比对资本主义生产更为必要。”它深刻地揭示了经济核算对社会主义的特别重要性。一是社会主义经济建立在社会化大生产更高发展的水平上；二是社会主义经济以生产资料公有制为基础，因此，社会主义经济比资本主义经济更有必要和可能进行经济核算，而且是更大社会规模的经济核算。明确这一点，对于彻底肃清过去那种强调算“政治账”、轻视算经济账的糊涂观念，增强全民的社会主义的经济核算观念，是十分有益的。当前，我国正在实现经济体制和经济增长方式的“两个根本转变”，在这种形势下，重温马克思的这段名言，进一步强化全社会的经济核算工作，无疑具有巨大的多方面的意义。

二、资本周转理论

资本周转与资本循环紧密相连。资本周转就是反复进行的资本循环。马克思指出："资本的循环，不是当作孤立的行为，而是当作周期性的过程时，叫做资本的周转。这种周转的持续时间，由资本的生产时间和资本的流通时间之和决定。"①

研究资本周转的一个重要目的，是比较资本周转速度的快慢。表示资本周转速度的方法有两种：一种是资本周转时间的长短。资本周转时间越短，表明资本周转速度越快；资本周转时间越长，表明资本周转速度越慢。另一种是一年中资本周转的次数。用公式表示：

$$资本一年周转次数（n）=\frac{1年时间}{资本周转1次的时间}$$

资本一年周转的次数越多，表明周转速度越快；反之则越慢。

资本周转理论是资本循环理论的直接继续。它们研究的对象，都是单个产业资本的运动或再生产过程。所不同的是：第一，研究资本循环，着重阐明单个产业资本运动或再生产的过程和实现条件；研究资本周转，着重阐明单个产业资本运动或再生产过程的速度和效益。第二，研究资本循环，以货币资本循环（G—W…P…W′—G′）为代表来进行分析；研究资本周转，以生产资本循环（P…W′—G′—W…P）为代表进行分析。这是因为，资本的不同部分（固定资本与流动资本）有不同的周转方式和周转时间，这一点只有在生产资本循环的形式上明显地表现出来。

关于资本周转理论的主要内容，马克思指出："在第二篇，循环是作为周期的循环，也就是作为周转来考察的。这里一方面指出了，资本的不同组成部分（固定资本和流动资本）怎样在不同的时间以不同的方式完成各种形式的循环；另一方面又研究了决定劳动期间和流通期间长短不同的各种情况。我们还指出了，循环期间及其组成部分的不同比例，对生产过程本身的范围和年剩余价值率有怎样的影响。"② 根据资本循环篇分析的主要内容，学习资本循环理论，应着重抓住三个方面的基本原理：关于资本周转方式的原理；关于资本周转时间的原理；关于资本周转效益的原理。

（一）关于资本周转方式的原理与现实

生产资本根据不同的周转方式，分为固定资本与流动资本。这是从周转角度来分析的生产资本的特有构成。弄清固定资本与流动资本周转的区别，是分析资本周转理论的基础。

1. 固定资本与流动资本周转的区别

（1）固定资本

固定资本是投在机器、厂房等劳动资料上的那部分生产资本。它具有独特

---

① 《马克思恩格斯全集》第24卷，人民出版社1972年版，第174页。

② 《马克思恩格斯全集》第24卷，人民出版社1972年版，第391页。

的周转方式。

马克思指出："这个资本部分的流通是独特的流通。首先，这个资本部分不是在它的使用形式上进行流通；进行流通的只是它的价值，并且这种流通是逐步地、一部分一部分进行的，和从它那里转移到作为商品进行流通的产品中去的价值相一致。在它执行职能的全部时间内，它的价值总有一部分固定在它里面，和它帮助生产的商品相对立，保持着自己的独立。由于这种特性，这部分不变资本取得了固定资本的形式。"①

马克思的分析揭示了固定资本周转的特点：一方面，固定资本的使用价值不参加流通，它从投入生产直到报废为止，始终在生产过程中独立存在和发挥作用。另一方面，固定资本的价值是随着使用价值的损耗，逐步地、一部分一部分地转移到产品中去，与产品一道流通，直到实物更新时，它的全部资本价值才完成一次周转。例如，一台机器价值 5000 元，使用寿命 10 年，在生产过程中，机器的使用价值全部发挥作用，但每年因损耗而转移到产品中的价值是 5000 元，经过 10 年，转移价值 50000 元，购买一台新机器，这时，它的资本才全部完成一次周转。总之，固定资本周转的特征是：其实物形态长期使用，直到寿命终结；其价值逐渐流通，到实物更新时才全部完成周转。

资本价值的逐渐周转，是判定固定资本的根本标志。不能以形式上是否活动作为固定资本的标志。有些固定资本如建筑物、管道等是不动的，而车辆、轮船、飞机等虽是活动的，耕牛、奶牛等还是有生命的动物，但由于它们作为资本其价值是逐年周转的，也是固定资本。

（2）流动资本

流动资本，"一部分是由存在于辅助材料和原料上的不变资本要素构成，一部分是由投在劳动力上的可变资本构成。"②

流动资本周转的特点是：投入生产的使用价值一次全部消耗，价值全部一次转移到产品中去，随产品流通完成周转。如纺纱厂用的棉花就是流动资本。马克思指出："只要辅助材料和原料在形成产品时全部消费掉，它们就把自己的全部价值转移到产品中去。因此，这个价值也全部通过产品流通，转化为货币，并由货币再转化为商品的生产要素。它的周转不象固定资本的周转那样被中断，而是不断地通过它的各种形式的全部循环，因此，生产资本的这些要素不断地在实物形式上更新。"③

购买劳动力的可变资本，同购买原材料的不变资本当然有区别，但它的价

---

① 《马克思恩格斯全集》第 24 卷，人民出版社 1972 年版，第 177 页。

② 《马克思恩格斯全集》第 24 卷，人民出版社 1972 年版，第 183 页。

③ 《马克思恩格斯全集》第 24 卷，人民出版社 1972 年版，第 184 页。

值在生产中也是全部转移到产品中去，同产品一起流通，完成周转。因此，“生产资本的这两个组成部分——投在劳动力上的价值部分和投在非固定资本的生产资料上的价值部分——由于它们在周转上的这种共同性，而作为流动资本与固定资本相对立。”①

不要将流动资本混同于流通资本。流通资本是在流通领域执行买卖职能的资本，如货币资本、商品资本等。流通资本是与生产资本相对而言的资本形式。流动资本则是与固定资本相对而言的资本形式，它是生产资本的一部分。

（3）固定资本与流动资本的区别

第一，周转方式不同。固定资本价值逐渐实现周转，流动资本价值是一次全部实现周转。这种周转上的区别，“又是由于生产资本借以存在的物质形式有差别，生产资本的一部分在形成单个产品时全部消费掉，另一部分只是逐渐消耗掉。”②

第二，周转时间不同。固定资本多年周转一次。“在固定资本周转一次的时间内，流动资本周转多次。”③

第三，资本的回收不同。固定资本是一次预付，逐渐回收，全部资本回收时间较长。流动资本是不断预付，不断回收，资本回收期短。

第四，实物更新不同。固定资本是一次购置，长期使用，寿命终结时才更新；流动资本则不断地进行实物更新。

不要把固定资本与流动资本的划分，同不变资本与可变资本的划分混同起来。后者是根据生产资本的不同部分在价值增殖中起的作用不同来划分的。前者是根据生产资本中不同部分的周转方式来划分的。这两种构成又有一定的交叉。现图示如下：

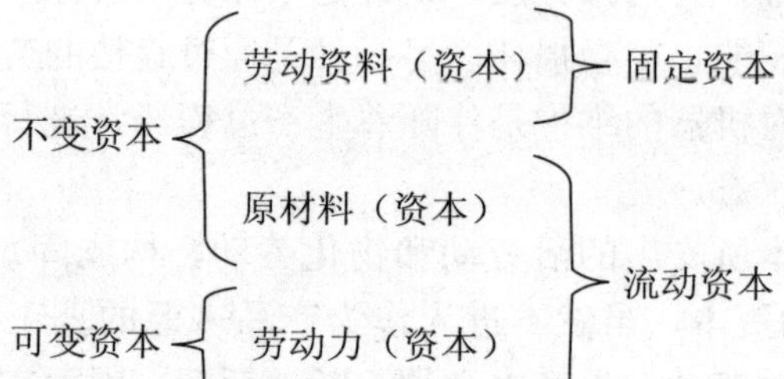

2. 固定资本的磨损、维修和更新

由于固定资本周转的特点，它的再生产过程比较复杂一些，因而有必要作专门的分析。

---

① 《马克思恩格斯全集》第24卷，人民出版社1972年版，第185页。

② 《马克思恩格斯全集》第24卷，人民出版社1972年版，第187页。

③ 《马克思恩格斯全集》第24卷，人民出版社1972年版，第187页。

（1）固定资本的组成部分和磨损

“在同一投资中，固定资本的各个要素有不同的寿命，从而也有不同的周转时间。”[①] 例如铁路系统，其中的铁轨、枕木、建筑物等的使用寿命长短不同，从而资本的周转时间也有长有短。

影响固定资本寿命的因素，除了它本身的物质特性外，磨损是重要的因素。

固定资本的磨损有两种形式。

第一，有形磨损，或者叫物质磨损。这种磨损又有两种原因即使用与自然力的作用所引起。“一种是由于使用，就象铸币由于流通而磨损一样。另一种由于不使用，就象剑入鞘不用而生锈一样。在后一种情况下，机器的磨损是由于自然作用。前一种磨损或多或少地同机器的使用成正比，后一种损耗在一定程度上同机器的使用成反比。”[②] 这里所说的“成反比”，是说机器越不使用，越容易生锈。

第二，无形磨损，又称精神磨损。这是与物质磨损无关的资本价值的贬值。无形磨损也有两种情况。一是由于劳动生产力提高，生产的同类机器价值降低，从而引起已经投入使用的机器价值贬值；二是由于技术的改进，耗费同样的劳动生产出质量更高、效率更好的机器，使原有机器的效能相对减低而发生贬值。

固定资本的无形损耗和由自然力作用引起的有形损耗，是一种经济损失，一般得不到价值补偿。

（2）固定资本的维护和修理

为了保证固定资本的正常使用，必须进行维护和修理。

对固定资本的维护有两种方法。一种是依靠劳动过程本身来维护。机器不在劳动过程内执行职能，就会损坏。另一种是通过直接的劳动支出（如擦洗机器）来达到维护。对机器的维护是伴随着生产过程经常进行的，目的是把机器保持在正常的工作状态。

为维护固定资本所支出的活劳动和物化劳动，构成固定资本的维护费用。“投在这种劳动上的资本，虽然不进入作为产品来源的真正的劳动过程，但是属于流动资本。这种劳动在生产中必须不断地耗费，因而它的价值也必须不断地由产品价值来补偿。投在这种劳动上的资本，属于流动资本中要弥补一般非生产费用的部分，这个部分要按年平均计算，分摊到价值产品中去。”[③]

机器在使用过程中，会遇到损伤而需要修理。这种损伤及其修理是不规则

① 《马克思恩格斯全集》第24卷，人民出版社1972年版，第189页。

② 《马克思恩格斯全集》第23卷，人民出版社1972年版，第443页。

③ 《马克思恩格斯全集》第24卷，人民出版社1972年版，第194页。

的发生的，因而，由此支出的资本不包括在原预付资本当中，并且只能按照固定资本的平均寿命分摊到全部产品的价值中去。马克思说："真正的修理或修补劳动，需要支出资本和劳动。这种支出不包括在原来预付的资本内"。"这种投在真正修理上的资本，……也不能列入固定资本，但作为一种经常支出，算作流动资本较为合适。"①

（3）固定资本的更新

固定资本因磨损和损伤需要更新。这种更新，是物质替换和价值补偿的统一。

固定资本的更新有两种情况：一是局部更新；二是全部更新。局部更新是较为经常进行的。

固定资本的更新往往以革新的形式进行。"劳动资料大部分都因为产业进步而不断革新。因此，它们不是以原来的形式，而是以革新的形式进行补偿。"之所以这样，主要是由于：一是生产技术的进步，使资本家感到采用新机器有利可图；二是竞争的压力；三是周期性的经济危机为固定资产的普遍革新提供了契机和条件。正如马克思所指出："竞争，特别是在发生决定性变革的时候，又迫使旧的劳动资料在它们的自然寿命完结之前，用新的劳动资料来替换。迫使企业设备提前按照更大的社会规模实行更新的，主要是灾祸，危机。"②

在固定资本局部更新特别是以革新形式进行更新的过程中，可以同时实现扩大再生产。这是因为，在机器使用期间，随着机器的磨损，固定资本的价值会逐渐回流，成为货币准备金。在整个机器更新以前，这些货币资本可以在一定限度内进行扩大再生产。马克思指出："固定资本价值中这个转化为货币的部分，可以用来扩大企业，或改良机器，以提高机器效率。这样，经过一段或长或短的时间，就要进行再生产，并且从社会的观点看，是规模扩大的再生产。如果生产场所扩大了，就是在外延上扩大；如果生产资料效率提高了，就是在内含上扩大。这种规模扩大的再生产，不是由积累——剩余价值转化为资本——引起的，而是由固定资本的本体分出来、以货币形式和它分离的价值再转化为追加的或效率更大的同一种固定资本而引起的。"③

值得注意的是，由此进行的扩大再生产是不能随意进行的，需要考虑有关的一些因素和条件。"一个企业能够在什么程度上，以多大规模进行这种逐渐的追加，其次，必须积累多大数量的准备金，才能够用这种方式把它再投入企业，而要做到这一点又需要多长时间，所有这些，当然都部分地取决于该企业的特殊性质。另一方面，现有机器的局部改良能够达到什么程度，当然取决于

---

① 《马克思恩格斯全集》第24卷，人民出版社1972年版，第195、197页。

② 《马克思恩格斯全集》第24卷，人民出版社1972年版，第190—191页。

③ 《马克思恩格斯全集》第24卷，人民出版社1972年版，第192页。

改良的性质和机器本身的构造。”①

为了保证实现固定资本的局部更新特别是全部更新，企业必须建立折旧基金及其管理制度。

3. 固定资本和流动资本的比例与预付资本的总周转

固定资本和流动资本的比例，是决定预付资本的总周转速度的一个基本因素。

一个企业的预付总资本，体现在生产资本形式上，是由周转时间极不相同的固定资本与流动资本所构成的。固定资本当中也有寿命长短的差别。在这种情形下，如何规定和计算预付资本的总周转呢？

“预付资本的总周转，是它的不同组成部分的平均周转”。② 根据马克思的分析，举例计算如下：

假定预付总资本＝100000 元。其中，固定资本＝80000 元，它周转一次的时间为 10 年，这样，每年就有$\frac{1}{10}$的价值即 8000 元完成周转。假定流动资本＝20000 元，每年周转 5 次，这样，它一年实际周转的价值为 100000 元。因此，一年内实际周转的资本总价值＝108000 元。这样，预付资本的总周转＝$\frac{\text{年周转价值}}{\text{预付资本量}}=\frac{108000\text{ 元}}{100000\text{ 元}}=1\frac{2}{25}$次，或者＝$\frac{100000\text{ 元}}{108000\text{ 元}}$＝0.926 年（11 个月零 3 天）。列表如下：

生产资本	预付资本（元）	比重	年周转次数	年周转价值	预付总资本年周转次数
固定资本	80000	80%	$\frac{1}{10}$	8000	$=\frac{108000}{100000}$
流动资本	20000	20%	5	100000	
合　计	100000	100%		108000	$1\frac{2}{25}$

预付资本的总周转速度，既取决于固定资本和流动资本各自的周转速度，又取决于固定资本和流动资本在生产资本中所占比重的大小。由于固定资本周转速度比流动资本周转速度慢得多，因此，如果其他条件相同，预付总资本的周转速度快慢，与固定资本的比重大小成反向变化，与流动资本的比重大小成同向变化。这是预付总资本周转的一个规律。

对预付资本总周转的分析，还涉及到资本的周转周期。这个周转“周期是由所使用的固定资本的寿命决定的，从而是由它的再生产时间或周转时间决定

① 《马克思恩格斯全集》第 24 卷，人民出版社 1972 年版，第 192—193 页。

② 《马克思恩格斯全集》第 24 卷，人民出版社 1972 年版，第 204 页。

的。”[①] 固定资本从投入生产开始，到价值转移完毕，并随产品出售全部以货币形式收回为止，就是一个周转周期。但由于固定资本各个组成部分的寿命是不相同的，因而，全部固定资本的周转周期，是由所属各部分周转的加权平均数决定的。

例如，固定资本总额＝80000元，其中，机器＝40000元，寿命10年；厂房建筑＝30000元，寿命15年；其他设备10000元，寿命5年。这样，该固定总资本的周转周期$=\frac{40000+30000+10000}{(40000\div 10)+(30000\div 15)+(10000\div 5)}=\frac{80000}{8000}=10$。即它的周转周期为10年。

随着资本主义的发展，固定资本的平均周转有两个相反的趋势。由于生产技术的发展，固定资本的价值量不断增加，质量不断提高，固定资本的平均寿命会延长；但同时由于技术进步速度的加快，无形损耗会加剧，因而固定资本的更新周期会缩短。马克思指出：“一方面，固定资本的发展使这种寿命延长，而另一方面，生产资料的不断变革——这种变革也随着资本主义生产方式的发展而不断加快——又使它缩短。因此，随着资本主义生产方式的发展，生产资料的变换加快了，它们因无形损耗而远在自己有形寿命终结之前就要不断补偿的必要性也增加了。”[②] 当代资本主义的实践，完全证明了马克思的这个论断。

现实意义

如前所说，资本也是社会主义市场经济运行的载体。社会主义企业的生产资本从周转方式上同样分为固定资本和流动资本。因此，马克思所揭示的资本周转的一般规律仍然适用于社会主义经济。

固定资本和流动资本是企业生产资本的基本构成。社会主义企业必须根据固定资本和流动资本周转的区别，建立相应的资金管理制度，加强对资金的监督和核算，防止资金的流失，全面提高资金的投入产出效益。

固定资本和流动资本的比例，是决定企业总资本周转速度的一个基本因素。在其他因素相同的条件下，固定资本所占比重的大小，与总资本周转速度的快慢成反向变化。所以，企业必须高度重视节约固定资本的占用量，消除固定资本的闲置现象，并努力提高固定资本的使用效率。同时，也要十分重视节约流动资本的占用量，提高它的使用效率。

固定资本一般占企业总资本中的大头，它的周转过程也具有更复杂的特殊性。所以，搞好固定资本的维护、修理、更新改造，对提高企业资金的周转效

---

① 《马克思恩格斯全集》第24卷，人民出版社1972年版，第206页。

② 《马克思恩格斯全集》第24卷，人民出版社1972年版，第206—207页。

果具有重要作用。在机器、厂房等固定资产的有效使用期内，必须加强对它们的维护和修理，为此必须建立严格的规章制度，并在人力、物力上提供必要的保证。固定资本磨损到一定程度，要进行局部和全部的更新。马克思强调指出，固定资本大部分的更新以“革新”的形式进行，这样可以同时实现扩大再生产。这是一条投资少、见效快，把维持简单再生产和实现扩大再生产有机结合起来的发展道路。这对于我们现在提高对企业技术改造的重要性和有效性的认识，把扩大再生产的主战场从新建企业转到原有企业的技术改造上来，具有重要的指导意义。

马克思的分析还告诉我们，由于生产技术的迅速发展，导致固定资本无形磨损和资本贬值的加剧，因而资本家往往人为地提高折旧率，在固定资本的寿命结束以前就进行实物更新。这一点，已为当代资本主义的实践所证实。在马克思那个时代，资本主义社会固定资本的普遍更新大体是八到十年一次。在现代发达资本主义国家，这种更新的周期则大大提前了，特别是一些高科技行业，机器设备三年左右就更新一遍。这是它们的产品更新换代快、质量高、市场占有率高的一个重要原因。相比之下，我国差距很大。我国工业企业固定资本的综合折旧率，1953 年规定为 3.7%，这样，27 年才能更新；1980 年调整到 4.2%，这样，24 年才能更新；现在大体上保持在 6%左右，这样，也要 15 年左右达到更新。在科学技术日益提高和市场竞争日益激烈的今天，固定资本的折旧率不仅要反映有形磨损的程度，更重要的是要反映无形磨损的程度。因此，折旧率比过去大有提高，这是一个必然的趋势。很显然，我国现有的折旧率与上述要求是很不适应的。这个问题值得研究。当然，折旧率的调整，不能脱离国情，要考虑到各方面的承受能力，妥善地实施。

为保证固定资本及时进行局部更新和全部更新，必须建立严格的折旧基金的提取和使用制度。我国过去固定资本折旧制度的弊病，不仅表现折旧率低，而且表现折旧基金不能保证用于固定资产的更新改造，而是大量用于铺新摊子的基本建设上去了。这个做法必须坚决改变。只有这样，才能不断有效地实现固定资本的更新改造。

（二）关于资本周转时间的原理与现实

这一原理主要是分析资本周转的时间构成及其影响。

资本的全部周转时间，由生产时间和流通时间两大部分构成。资本的“周转时间等于资本的生产时间和流通时间之和。”①

---

① 《马克思恩格斯全集》第 24 卷，人民出版社 1972 年版，第 259 页。

1. 生产时间之一——劳动期间

“资本在生产领域停留的时间是它的生产时间”。① 按照马克思的分析，生产时间包括劳动期间和非劳动期间两大部分。这里首先分析劳动期间。

所谓劳动期间，是指一劳动者运用劳动资料将劳动对象加工成一件产品所需要的时间。例如，纺织业每天或每周提供一定量的棉纱，机车制造厂则需要3个月才制造出一台机车。所以，这里讲的劳动期间与工人每天的劳动时间是不同的。前者是就一件产品来讲的，后者是就工作日的长短来讲的。马克思说：“我们讲工作日，指的是工人每天必须耗费劳动力，每天必须劳动的劳动时间的长短。而我们讲劳动期间，指的是一定生产部门为提供一件成品所必需的互相联系的工作日的数目。”②

生产一件产品的劳动期间的长短，是由产品的性质、生产技术和生产规模等条件决定的。“产品的特殊性质或制造产品时所应达到的有用效果，使劳动期间有长有短。”③

劳动期间的长短，对资本周转有重要影响。马克思说：“显然，生产行为持续时间的差别，在资本支出一样多的时候，必定引起周转速度的差别，从而引起既定资本的预付时间的差别。”④ 假定一个纺纱厂与一个机车制造厂，其他条件相同，只是劳动期间有差别。纺纱厂一周后提供一批棉纱，经销售收回资本，就完成一次周转。第二周进行第二次周转。机车厂则要3个月以后提供一台机车。这样，纺纱厂的资本周转时间（这里暂不考虑流通时间）为一周，机车厂的资本周转时间为3个月。“因此，生产时间的延长，和流通时间的延长一样，会减慢周转的速度。”⑤

劳动期间的差别不仅引起资本周转时间的差别，而且进而影响流动资本预付量的差别。上例表明，纺纱厂预付的是一周的资本量，机车厂预付的是3个月的资本金，后者的投资是前者投资的12倍。可见，在其他条件相同的情况下，劳动期间越短，资本周转越快，流动资本的预付量越小；劳动期间越长，资本周转越慢，流动资本的预付量越大。

正因为这样，“在资本主义生产不太发达的阶段，那些需要很长劳动期间，因而需要在较长时间内大量投资的企业，特别是只能大规模经营的企业，例如筑路、开凿运河等等”，绝大部分“不按资本主义的方式经营，而由公共团体或国家出资兴办”。“举办劳动期间相当长而规模又很大的事业，只有在资本积

---

① 《马克思恩格斯全集》第24卷，人民出版社1972年版，第138页。

② 《马克思恩格斯全集》第24卷，人民出版社1972年版，第257页。

③ 《马克思恩格斯全集》第24卷，人民出版社1972年版，第259页。

④ 《马克思恩格斯全集》第24卷，人民出版社1972年版，第256页。

⑤ 《马克思恩格斯全集》第24卷，人民出版社1972年版，第259页。

聚已经十分显著，另一方面信用制度的发展又为资本家提供方便的手段，使他可以不用自己的资本而用别人的资本来预付、来冒险的时候，才完全成为资本主义生产的事情。”①

资本家由于对利润的追求和竞争的驱使，必然尽可能缩短劳动期间。“协作、分工、机器的使用，可以增加一个工作日的产品，同时可以在互相联系的生产行为中缩短劳动期间。”② 而在产品生产受自然力作用的部门，如农业，缩短劳动期间就不能依靠上述办法，而需要采取改良品种等生物工程的方法。

值得重视的是，“这些缩短劳动期间，从而缩短流动资本预付时间的改良，通常与固定资本支出的增加联系在一起。”③ 因此，只有在改进技术、缩短劳动期间的同时，尽量节约固定资本，防止它过分增长，才能有利于预付总资本周转的加快和节约。

2. 生产时间之二——非劳动期间

“劳动时间始终是生产时间，即资本束缚在生产领域的时间。但是反过来，资本处于生产过程中的全部时间，并不因此也必然是劳动时间。”④ 在全部生产时间中，与劳动期间相对应的，是非劳动期间。而非劳动期间，又包括三部分：劳动对象受自然力作用的时间、生产资料储备的时间以及停工时间。

劳动对象受自然力作用的时间，“指的是与劳动过程长短无关，但受产品的性质和制造产品的方式本身制约的那种中断。在这个中断期间，劳动对象受时间长短不一的自然过程的支配，要经历物理的、化学的、生理的变化；在这个期间，劳动过程全部停止或者局部停止。”例如酿酒业，除劳动期间外，还有一个发酵的时间。在种植业中，除播种到收获的劳动期间外，种子也有一个发芽、生长到开花、结果的自然成长过程。当然，劳动过程与自然力作用的过程不是截然分开的，而是互相交错和互相穿插的。但无论如何，在这些部门，“劳动期间和生产期间在这里是不一致的。生产期间比劳动期间长。”⑤

“生产时间和劳动时间的差别，在农业上特别显著。”这“成为农业和农村副业相结合的自然基础”⑥。

由于受自然力的作用引起的生产期间和劳动期间的不一致，对资本的周转具有重要影响。先看流动资本。“在劳动时间只是生产时间的一部分的那些投

---

① 《马克思恩格斯全集》第 24 卷，人民出版社 1972 年版，第 260、261 页。

② 《马克思恩格斯全集》第 24 卷，人民出版社 1972 年版，第 262 页。

③ 《马克思恩格斯全集》第 24 卷，人民出版社 1972 年版，第 262 页。

④ 《马克思恩格斯全集》第 24 卷，人民出版社 1972 年版，第 266 页。

⑤ 《马克思恩格斯全集》第 24 卷，人民出版社 1972 年版，第 266、267 页。

⑥ 《马克思恩格斯全集》第 24 卷，人民出版社 1972 年版，第 268、269 页。

资部门，流动资本的支出，在一年的各个不同时期是极不均衡的，而回流只是按自然条件所规定的时间一次完成。……这些生产部门就必须为更长的时间一次预付更大量的资本。”例如葡萄酒厂，在葡萄收获季节，就要预付大量流动资本购买原料。再看固定资本。相比较而言，在受自然力作用的生产部门，“产品一般说来就会变贵，因为转移到产品中去的价值，不是按固定资本执行职能的时间，而是按固定资本丧失价值的时间计算的。在这些生产部门，固定资本的闲置，不管是否同日常费用结合在一起，都是它的正常使用的一个条件”。① 这就是说，在产品受自然力作用的时间内，机器即使闲着不用，但仍要按期折旧，不断投下维持费，并均摊在劳动期间的产品中，从而使产品变贵。因此，为了减少资本的支出，同时降低产品的成本、价值，必须尽量缩短生产中受自然力作用的时间。

生产资料储备的时间，是指已经进入生产领域，但还没有被加工制作的原料和辅助材料的储备时间。例如棉纺织厂，在棉花上市季节购进了大批棉花，但在被生产加工之前，大量棉花就处于储备状态。“这个资本量因此也会影响周转，但它取决于流动资本只作为可能的生产资本停留在生产储备形式上的时间的长短。”②

“对一定的企业或有一定规模的资本主义生产来说，这种生产储备的大小，取决于它在更新时困难的大小，取决于供应市场的相对距离，取决于交通运输工具的发展等等。所有这些情况，对于必须以生产储备的形式存在的资本的最低限额，从而对于资本预付时间的长短，对于一次预付的资本量的大小，都会产生影响。”③

停工时间，是指生产过程中断，已经进入生产过程的生产资本停止发挥作用的时间，例如，工厂晚上和节假日不开工的时间。这个时间的长短，显然也影响资本的周转。

总之，生产时间中的非劳动期间，虽然原则上都是必要的，但是，在这期间，“生产资料都不起劳动吸收器的作用。它们不吸收劳动，也就不吸收剩余劳动。因此，当生产资本处在超过劳动时间的那一部分生产时间时，即使价值增殖过程的完成和它的这种休止是不可分离的，生产资本还是不会增殖。显然，生产时间和劳动时间越吻合，在一定期间内一定生产资本的生产效率就越高，它的价值增殖就越大。因此，资本主义生产的趋势，是尽可能缩短生产时间超过劳动时间的部分。”④

---

① 《马克思恩格斯全集》第 24 卷，人民出版社 1972 年版，第 269、270 页。

② 《马克思恩格斯全集》第 24 卷，人民出版社 1972 年版，第 273—274 页。

③ 《马克思恩格斯全集》第 24 卷，人民出版社 1972 年版，第 273 页。

④ 《马克思恩格斯全集》第 24 卷，人民出版社 1972 年版，第 141 页。

3. 流通时间

“资本在流通领域停留的时间是它的流通时间。”①

这里所说的流通时间，是狭义的流通时间，因此，它包括购买和出售两个阶段。其中，出卖阶段是最重要的。马克思指出：“W—G 即卖，是资本形态变化的最困难部分，因此，在通常的情况下，也占流通时间较大的部分。”“流通时间的一部分——相对地说最有决定意义的部分——是由出售时间，即资本处在商品资本状态的期间构成的。流通时间，从而整个周转期间，是按照这个时间的相对的长短而延长或缩短的。”②

整个流通时间的长短，不仅对生产规模的大小，而且对资本的周转具有特殊重要的影响。按照马克思的分析，流通过程的相当部分活动是非生产性的。所以，“资本的各组成部分在流通领域、不断停留的时间越长，资本在生产领域不断执行职能的部分就必定越小。因此，流通时间的延长和缩短，对于生产时间的缩短或延长，或者说，对于一定量资本作为生产资本执行职能的规模的缩小或扩大，起了一种消极限制的作用。”同时，“流通时间的长短不一会造成周转时间，从而造成周转期间的长短不一。”③ 这就是说，在生产规模和时间相同的情况下，流通时间越长，资本周转就越慢，从而需要预付的资本总量就越大；流通时间越短，资本周转就越快，从而需要预付的资本总量就越小。

影响流通时间的长短有哪些因素呢？按照马克思的分析，主要有以下三个因素。

第一，生产和市场的距离。“商品的销售市场和生产地点的距离，是使出售时间，从而使整个周转时间产生差别的一个经常性的原因。”④

第二，交通运输的状况。“交通运输工具的改良，会绝对缩短商品的移动期间”。“随着运输工具的发展，不仅空间运动的速度加快了，而且空间距离在时间上也缩短了。”⑤ 前者是指运输工具出动的数量和频率加快了；后者是指先进的运输工具（如飞机）会把空间上的长距离变成时间上的短距离。

马克思在评价运输工具进步的作用时指出，一方面，“交通运输工具的发展会缩短一定量商品的流通时间”，另一方面，“又引起了开拓越来越远的市场”，“运往远地的商品会大大增长”，因而在较长时间内“处在流通时间内的那部分社会资本，也会绝对地和相对地增加”，同时，“不是直接用作生产资

---

① 《马克思恩格斯全集》第 24 卷，人民出版社 1972 年版，第 138 页。

② 《马克思恩格斯全集》第 24 卷，人民出版社 1972 年版，第 143、276 页。

③ 《马克思恩格斯全集》第 24 卷，人民出版社 1972 年版，第 142、276 页。

④ 《马克思恩格斯全集》第 24 卷，人民出版社 1972 年版，第 277 页。

⑤ 《马克思恩格斯全集》第 24 卷，人民出版社 1972 年版，第 277、278 页。

料，而是投在交通运输工具……上的那部分社会财富，也会增加。”① 这说明，人类既要高度重视交通运输的发展，又要使这种发展保持合理的限度。

第三，市场的供求关系。“周转时间的差别也是由供货契约的范围引起的。契约范围随资本主义生产的范围和规模一同扩大。作为买者和卖者之间的交易的供货契约，是一种与市场即流通领域有关的业务。”② 市场是否发达，流通渠道是否畅通，供货契约范围多大，都会影响流通时间的长短。所以，不断提高市场的发育水平，是缩短流通时间的重要条件。

现实意义

资本的周转时间是一个多层次的系统。它包括生产时间和流通时间两个大阶段。生产时间又包括劳动期间和非劳动期间，后者又分为产品受自然力作用的时间、生产资料储备的时间和停工时间。流通时间包括购买时间和销售时间。懂得这个系统结构，便于我们全面、系统地考察一个企业资本的周转速度及其决定因素，特别是不同情况下制约资本周转速度快慢的主要因素，从而有的放矢地采取相应的措施，加快资本的周转。

缩短生产时间是加速资本周转的基础环节。“缩短生产时间的主要方法是提高劳动生产率，这就是人们通常所说的工业进步。”③ 而“协作、分工、机器的使用”是提高劳动生产率的重要途径。我国的工业已经发展到相当规模，但企业普遍技术陈旧，劳动效率低；生产分散、重复，规模效益差。因此，加强企业的技术改造，促进相关企业的兼并联合，提高规模效益，是缩短生产时间，加快资本周转的必由之路。对于一些受自然力影响较大的产业来说，尤其是种植业和饲养业，则必须大力运用生物工程技术，狠抓早熟的优良品种的培育和推广，才能有效地缩短生产时间，提高经济效益。

缩短流通时间特别是其中的销售时间（流通中“最具决定意义的部分”），对加快资本周转具有特殊的重要性。根据马克思的分析和我国现阶段的国情，为了缩短流通时间，必须着重抓好以下几个环节：一是“缩短流通时间的主要方法是改进交通。”④ 只有大力发展交通运输，尽快改变国民经济的这一“瓶颈”产业的落后状况，才能为缩短流通时间提供先进的物质技术基础。二是改革流通体制，健全市场体系，规范市场程序，进一步打破部门、地方的“保护主义”，为货畅其流，缩短流通时间提供一个良好的体制环境。三是加快产业结构（包括部门、地区、企业、产品等方面的结构）的

---

① 《马克思恩格斯全集》第24卷，人民出版社1972年版，第279页。

② 《马克思恩格斯全集》第24卷，人民出版社1972年版，第281页。

③ 《马克思恩格斯全集》第25卷，人民出版社1974年版，第84页。

④ 《马克思恩格斯全集》第25卷，人民出版社1974年版，第85页。

调整，尽快消除“大而全”、“小而全”、“简单重复建设”、“产业发展趋同化”等弊病，为产品适应市场的需要，顺利实现流通，缩短流通时间，提供一个优化的产业结构。

马克思特别提到，在提高劳动生产率，缩短生产时间和发展交通运输业，缩短流通时间的过程中，会引起“昂贵”的固定资本以及流通领域占用资产的增加。如果这个增加的幅度大于生产时间和流通时间缩短的程度，其结果反而会降低预付总资本周转的速度和效益。这里存在一个对经济效益的综合制约关系。所以，我们必须把缩短周转时间和节约资本预付量这两个方面辩证地统一起来。

（三）关于资本周转效益的原理与现实

这一原理，主要是分析资本周转时间的长短，对预付资本的数量、年剩余价值率以及社会资本再生产的影响。

1. 资本周转时间对预付资本量的影响

在资本主义商品经济中，资本家为了生产剩余价值，必须以货币的形式先垫付一笔资本，以购买生产要素，这笔预先垫付的资本就是预付资本。

现在要问，资本周转时间的长短，对预付资本总量有怎样的影响呢？这个问题，在前面分别考察资本的生产时间和流通时间时，实际上已经有所分析。现在则要把生产时间和流通时间综合起来，从它们构成的比例上总地说明资本周转对预付资本总量的影响。

马克思是通过例证来分析这一点的。假定某一资本的生产时间和劳动期间相一致，生产时间为 9 周，流通时间为 3 周，资本的周转时间是 9+3=12 周。再假定这个产品的价值为 900 元。为了分析的方便，撇开固定资本和剩余价值。这样，这个产品的价值就等于生产这个产品时预付的流动资本，它每周支出 100 元。在这种情况下，如果预付的资本只有 900 元，那么，就只够维持 9 周生产过程的需要。生产过程结束以后，在流通过程的 3 周内，生产就要停顿，资本周转就中断了。

为了使再生产和资本周转连续进行，只有以下两种办法：

第一，缩小生产规模。即把 9 周 900 元的预付资本分成 12 周支付，由过去每周支出 100 元减少到 75 元（$\frac{\text{预约资本量}}{\text{周转时间}}=\frac{900}{12}$）。因此，9 周生产过程的预付资本生产的产品价值量从过去的 900 元减少到 675 元（75 元×9 周=675 元），同时流通过程有了 225 元（75 元×3 周=225 元）的预付资本。这样，当 9 周的生产过程结束，675 元的资本从生产资本变为商品资本进入流通过程之后，投在流通过程的 225 元资本就通过购买生产要素，进入生产过程。因而，使生产过程和资本周转得以继续下去。但是，生产规模不是可以随意缩小的。因为，每个部门的生产和经营都有一个最低的投资量，而且随着资本主义的发展，这个投资量有不断扩大的趋势。

第二，不缩小生产规模，追加预付资本。即在 9 周生产过程每周预付资本 100 元，生产的产品价值保持 900 元的同时，在 3 周的流通过程中，追加 300 元（每周 100 元）的预付资本。这样，在生产规模不变的条件下，为实现 12 周的资本连续周转，就要预付 1200 元的资本。预付资本的增加额在总资本中所占的比例为$\frac{1}{4}$（$\frac{300\text{ 元}}{1200\text{ 元}}=\frac{1}{4}$），刚好等于流通时间在总周转时间中所占的比例即$\frac{1}{4}$（$\frac{3\text{ 周}}{12\text{ 周}}=\frac{1}{4}$）。

上述分析，说明了一个重要的道理：资本周转时间的长短或者周转速度的快慢，与预付资本总量的大小有着紧密联系。在其他因素相同的条件下，资本周转的时间越短，或者周转的速度越快，所需预付资本总量越小；资本周转时间越长，或者周转速度越慢，所需预付资本总量越大。

资本周转对预付资本量的影响，既表现在流动资本上（这是很明显的，如上分析），又表现在固定资本上。加快固定资本的周转，一是可以缩短固定资本的更新周期；二是可以提高折旧率，在更大的限度内进行扩大再生产；三是可以避免或减少无形损耗造成的资本贬值。所有这一切，都可以提高资本投入产出的比较效益。

资本周转与预付资本量的关系，还表明了货币资本的重要作用。“生产要不间断地进行，产业资本就始终只能有一部分实际上加入生产过程。当一部分处在生产期间的时候，另一部分必须总是处在流通期间。换句话说，资本的一部分，只是在另一部分脱离真正的生产而处于商品资本或货币资本形式的条件下，才能作为生产资本执行职能。忽视这一点，也就完全忽视了货币资本的意义和作用。”① 货币既是出卖商品的结果，又是购买生产要素的手段，还是支付各种流通费用的手段。在供给复杂、瞬息万变、充满矛盾的市场经济运行过程中，资本家只有掌握必要的货币资本，才能保证资本周转和剩余价值生产的正常实现。

2. 资本周转对年剩余价值率的影响

资本周转速度的快慢，不仅对预付资本量有影响，而且对年剩余价值量也有影响。

可变资本是总资本中的重要组成部分，它雇佣工人进行的剩余劳动，是剩余价值的源泉。所以，加速可变资本的周转，可以提高年剩余价值率。

假定 A 和 B 两个资本。剩余价值率（即可变资本周转一次形成的剩余价

---

① 《马克思恩格斯全集》第 24 卷，人民出版社 1972 年版，第 295 页。

值率）＝100%。A 每 5 周预付可变资本 500 元，按照 100%的剩余价值率，每周生产 500 元的剩余价值。一年包括 50 周，这样，A 预付的可变资本 500 元就周转 10 次。因此，年剩余价值率就＝$\frac{500m}{500V}$×10 次＝$\frac{5000m}{500V}$＝1000%。即是说，A 一年生产的剩余价值等于它预付的可变资本的 10 倍。

B 预付可变资本 5000 元，一年只周转一次。这样，按照 100%的剩余价值率，B 一年生产的剩余价值也＝5000 元。因此，年剩余价值率＝$\frac{5000m}{5000V}$＝100%。

A 资本的年剩余价值率 1000%，高于 B 资本的年剩余价值率 100%的 10 倍。

马克思指出："我们把一年内生产的剩余价值总额和预付可变资本的价值额之比，称为年剩余价值率。……年剩余价值率，等于预付可变资本在一个周转期间内生产的剩余价值率乘以可变资本的周转次数"。① 用公式表示：

$$年剩余价值率=\frac{剩余价值量}{年预付可变资本量}\times 1\ 年内可变资本周转次数。$$

或者：年 $M'=\frac{m}{V}n=m'n$。n 代表一年内可变资本周转次数。

可此可见，可变资本的周转速度与年剩余价值率成正比。可变资本一年周转的次数越多，年剩余价值率就越高；反之就越低。

上述 A 与 B 两个资本的年剩余价值率之所以有差别，关键在于可变资本在一年内周转次数的差别，进一步说，就是实际可变资本发挥作用，雇佣和剥削工人劳动的多少的差别。正如马克思所指出："为一定期间而预付的可变资本在多大程度上转化为所使用的可变资本，即实际执行职能和发挥作用的可变资本，只是看它在多大程度上实际参加那个期间内由劳动过程占有的阶段，也就是只是看它在多大程度上在劳动过程中实际执行职能。"②

资本的周转速度，不仅对年剩余价值的生产量有影响，而且对剩余价值的实现有影响。加快资本周转速度，可以相应地加快剩余价值的实现；资本周转速度慢，剩余价值的实现也慢。

3. 资本周转对社会资本再生产的影响

从社会角度看，资本周转时间的长短，对社会再生产的影响也是不同的。

仍以上述 A、B 两个企业为例。A 企业的资本每星期周转一次，B 企业资本每年周转一次，这样，它们同社会的关系的区别就显现出来了。

第一，工资的来源不同。A 企业由于资本的周转时间为一周，所以工人从第二周开始所得的工资，是自己第一周劳动创造的产品价值的货币形式的一

---

① 《马克思恩格斯全集》第 24 卷，人民出版社 1972 年版，第 329—330 页。

② 《马克思恩格斯全集》第 24 卷，人民出版社 1972 年版，第 333 页。

部分。也就是说，A 企业可以用本企业工人创造的产品价值来支付工人的工资。B 企业则不同。由于它的资本周转时间为一年，所以，在这一年当中，它必须用另外的预付资本支付工人的工资。只有隔一年后，才能用工人前一年创造的价值支付工资。

第二，同社会的交换关系不同。A 企业的工人每周用工资从市场上换回生活资料，企业也会买回生产资料，但同时 A 企业也每周向市场提供了自己的产品。即是说，有进有出。B 企业则不同。由于它的资本周转时间是一年，因此，在这一年之内，它不断从市场上取走劳动力，买回去生产资料和生活资料，但没有任何产品投向社会。即是说，只进不出。只有等到一年结束时才有产品投入市场。

第三，购买的产品来源有所不同。一年中资本周转次数多的企业，工人所需要的生活资料及企业生产需要的生产资料，有可能从本企业生产的产品中得到供应。而资本周转慢的企业，在整个长时间的周转期内，必须从它之外的社会产品中去获得供应。

以上说明，资本周转时间长的产业部门，虽然是社会再生产中的必要组成部分，但它们必须保持一个适当的比重。如果周期长的产业所占比例过大，就会影响整个社会再生产的实现。因此，加速社会各个资本的周转速度，必然会有利于社会再生产按比例的发展，并加快整个再生产的速度。

当然，在资本主义私有制的条件下，社会再生产按比例发展的客观要求，只能以自发的形式来实现。马克思指出："如果我们设想一个社会不是资本主义社会，而是共产主义社会，那么首先，货币资本会完全消失，……问题就简单地归结为：社会必须预先计算好，能把多少劳动、生产资料和生活资料用在这样一些产业部门而不致受任何损害，这些部门，如铁路建设，在一年或一年以上的较长时间内不提供任何生产资料和生活资料，不提供任何有用效果，但会从全年总生产中取走劳动、生产资料和生活资料。相反，在资本主义社会，社会的理智总是事后才起作用，因此可能并且必然会不断发生巨大的紊乱。"①

现实意义

马克思关于资本周转效益的一般原理，对社会主义经济同样具有重要意义。

周转速度对预付资本量的作用告诉我们，加速资本的周转在同等情况下，可以减少预付资本量。因此，周转本身就是一个潜在的资源。时间就是金钱这一市场经济的信条，在资本周转上得到了进一步的体现。我国社会主义经济经过多年的发展，已经形成了相当可观的资产，但周转的速度和效果与发达国家

① 《马克思恩格斯全集》第 24 卷，人民出版社 1972 年版，第 350 页。

相比差距很大。大体情况是，我国工业的流动资本周转一次需要 100 天左右，西方发达国家周转一次只需要 50 天左右。我国工业的固定资本按照现在的折旧率，更新一次需要 15 年左右，西方发达国家一般 5—6 年左右更新一次。我们是个发展中的国家，长期缺乏建设资金。如何缓解或解决这一问题呢？方法很多。其中一个重要的方法就是加速资本周转，从加速流动资本和固定资本的周转中要资金，把存在于周转之中的巨大的潜在资源变成现实的资源。试想，只要把我国流动资本和固定资本的周转时间减少 10%、20%……就可以节约或者相对地增加很多建设资金。

加速资本的周转，不仅能够节约预付资本，而且能够提高产出效率。从我国情况看，近年来，我国国有工业的工资利润率、成本利润率、资金利润率一般是趋于下降的。而且，企业的亏损面和亏损额相当大。这是一个严峻的问题。这个问题是历史和现实的多种因素造成的。从资本周转的一般规律看，主要是产品结构不合理，产销不对路，产品积压严重，资本周转受阻；即使产品有市场，但由于设备老化、落后，劳动者素质不高，管理松弛，浪费严重，投入产出效益差。为了根本改变这个状况，提高资本的周转效益，必须走结构改组、技术改造、体制改革、加强管理的综合治理之路。

资本周转对社会再生产的作用说明。合理地确定周转期长的产业在社会再生产中的比重，十分重要。这类产业不仅包括一些重工业行业，而且包括基本建设行业。多年来，基本建设规模过大、建设周期长的问题，在我国国民经济的发展中十分突出，几乎成了一大经济顽症。通过学习马克思关于资本周转对社会再生产作用的原理，对这一顽症的危害性和克服的必要性应该有进一步的认识。周转期长的产业虽然是必要的，但关键是它的规模不能过大，更不能盲目追求大规模，在社会生产中占的比例要适当。否则，不仅会降低社会资本的周转效益，而且会阻碍社会再生产的顺利实现。

为了保证资本周转和再生产的正常实现，任何一个企业都不可能满打满算地、百分之百地把资本投入生产过程，而必须在流通领域保持一定的货币资本。不懂得这一点，就不懂得商品经济和资本周转的常识。因为生产与流通的分割性，再生产和周转中的各种不平衡性（如产销一时衔接不上），以及各种意想不到的变化（如生产要素价格上涨），都要求增加货币资本的投入。否则，再生产和周转就会中断。当然，流通中的货币准备金的拥有量应该保持在必要的限度内，不能过大。对照我国的情况，企业流动资本特别是自有的流动资本普遍不足，至于货币准备金，更是缺少。在这种情况下，怎么能够保证资本有效地实现周转呢？为了适应市场经济条件下资本周转的要求，一方面要适当增加企业自有的流动资本，另一方面要更好地发挥信用机构的支持作用。如此，才能有效地体现“货币资本的意义和作用”，促进资本的快速周转，提高周转的效益。

三、社会总资本再生产理论

这一理论，是从宏观的角度研究社会资本的再生产和流通，着重揭示社会再生产实现的条件和规律。

什么是社会总资本？就是全社会所有单个资本运动的有机总和。马克思指出："正如每一单个资本家只是资本家阶级的一个分子一样，每一单个资本只是社会总资本中的一个独立的、可以说赋有个体生命的部分。社会资本的运动，由社会资本的各个独立部分的运动的总和，即各个单个资本的周转的总和构成。""社会资本＝单个资本（包括股份资本；如果政府在采矿业、铁路等等上面使用生产的雇佣劳动，起产业资本家的作用，那也包括国家资本）之和，社会资本的总运动＝各单个资本的运动的代数和"。① 这里既说明了单个资本是赋有生命的独立部分，并且包括多种资本形式，又说明了社会资本不是单个资本静止的、孤立的总和，而是所有单个资本运动的有机总和。

考察社会总资本再生产的具体对象，是社会总商品资本（W′），或者说年总产品。因为社会总商品资本既包括社会预付总资本，又包括社会总剩余价值；既包括全部使用价值，又包括全部价值；既包括全部生产资料，又包括全部消费资料，从而能够揭示社会资本再生产的一般规律。正如马克思所指出："如果我们考察社会资本，即总资本……在一年内执行职能的结果，也就是说，如果我们考察社会在一年间提供的商品产品，那么，就会清楚地看到：社会资本的再生产过程是怎样进行的"。②

社会资本再生产必须通过以货币为媒介的产品交换即流通来实现。市场问题是实现再生产的中心问题。所以，必须从生产和流通的统一过程来考察社会资本的再生产。这是《资本论》第二卷第 3 篇标题为"社会总资本的再生产和流通"的缘故。

马克思对社会资本再生产的研究，首先分析社会资本再生产的研究对象、核心问题等理论基础，然后分析简单再生产，最后分析扩大再生产。因此，学习马克思的社会总资本再生产理论，要循着社会资本再生产的理论基础、社会资本、简单再生产理论、社会资本扩大再生产理论三个部分，着重领会以下十个方面的基本原理：关于社会资本再生产主要特征的原理；关于社会资本再生产的核心问题的原理；关于社会总产品两种构成的原理；关于社会资本再生产中货币作用的原理；关于简单再生产的重要地位的原理；关于社会资本简单再生产实现的基本条件的原理；关于社会资本简单再生产中部类内部比例关系的原理；关于社会资本扩大再生产中货币和实际积累的原理；关于社会资本扩大

① 《马克思恩格斯全集》第 24 卷，人民出版社 1972 年版，第 390、113 页。

② 《马克思恩格斯全集》第 24 卷，人民出版社 1972 年版，第 435 页。

再生产实现的基本条件的原理；关于扩大再生产的两种类型的原理。

Ⅰ. 社会资本再生产的理论基础

（一）关于社会资本再生产主要特征的原理与现实

这一原理，中心是说明社会总资本的再生产，是生产消费和生活消费的统一。

社会总资本的再生产与单个资本的再生产，既有共性，又有区别。

其共性主要是：一是资本的再生产过程都是劳动过程和价值增殖过程的统一。这个过程的决定性动机和目的是生产剩余价值。二是资本的再生产过程是直接生产过程和流通过程的统一，因而是资本的循环和周转过程。

社会总资本再生产与单个资本再生产又有明显的区别。我们知道，考察社会总资本再生产的出发点是社会总商品资本（W′），或者年总产品（一年中物质生产部门生产的产品价值的总和）。因此，所谓社会总资本再生产也就是总产品年复一年的再生产。这个再生产过程的主要特点是什么呢？

马克思指出：“这个总过程，既包含生产消费（直接的生产过程）和作为其媒介的形式转化（从物质方面考察，就是交换），也包含个人消费和作为其媒介的形式转化或交换。”①

所谓生产消费和交换，就是资本家用资本购买生产资料和劳动力，将二者结合起来进行生产消费（即直接的生产过程），生产出包含剩余价值的商品，然后通过销售实现资本和剩余价值的过程。所谓个人消费和交换，是指工人用工资（货币），资本家用剩余价值（货币）去购买生活资料，进行个人生活消费的过程。

单个资本再生产的过程只是生产消费和交换的过程。就是说，单个资本家预付一定量的货币资本，经过购买、生产（生产消费）、销售三个阶段，实现资本增殖以后，就完成了资本的使命。至于工人用工资，资本家用剩余价值去实现个人生活消费的过程，尽管是必要的，但它只是单个资本运动或再生产的外部条件。马克思说：“这个剩余价值和工资耗费在商品上（指个人消费品——引者注），并不构成资本流通的环节”。②

但社会总资本的再生产则与此不同。由于它是社会总商品资本（W′）或者总产品的再生产，而总产品本身在价值上包括不变资本、可变资本（工资）和剩余价值；在使用价值形态上包括生产资料和生活资料两大类，因此，只有通过两种消费即生产消费和生活消费，才能实现总产品的再生产。如果只有生

---

① 《马克思恩格斯全集》第24卷，人民出版社1972年版，第390页。

② 《马克思恩格斯全集》第24卷，人民出版社1972年版，第391页。

产消费，而没有生活消费，总产品的一部分（生活资料）就卖不掉、消费不了，怎么可能实现再生产呢？所以，如果说生活消费对单个资本再生产来说是外部条件的话，那么，对社会总资本再生产来说就是内部条件了。正如马克思再次强调的："总的再生产过程既包括资本本身的再生产过程，也包括以流通为媒介的消费过程。"①

总之，社会总资本再生产最主要的特征，是包括两种消费，即生产消费和生活消费的统一。

现实意义

社会总资本的再生产，作为生产消费和生活消费这两者的统一，具有普遍意义。

资本主义生产的目的是榨取剩余价值。但它要达到这个目的，也要以它的社会总产品都能卖掉，为生产和生活两个方面消费掉为前提。资本主义积累的过程必然导致贫富两极分化，使生产的增长超过人民购买力的增长，从而产生经济危机。危机是生产与消费的矛盾尖锐化的表现。这正是生产消费与生活消费统一的内在要求的反抗。通过经济危机对生产力的破坏，又使生产与消费强制地达到统一，因而资本主义再生产才得以继续下去。

在社会主义条件下，生产的根本目的是满足人民日益增长的物质和文化生活的需要，逐步实现共同富裕是社会主义发展的趋势。因此，社会主义再生产的发展，更有必要和可能做到生产消费与生活消费的统一。生产是基础，生活是目的，在发展生产的基础上使人民生活逐步得到改善，是社会主义再生产的一个根本特点。

在社会主义条件下，如何处理发展生产与改善人民生活的关系呢？陈云同志在 1981 年就作过深刻的论述。他指出："我们经济工作的另一个大方针：一、要使十亿人民有饭吃；二、要进行社会主义建设。""必须在保证有饭吃后，国家还有余力进行建设。因此，饭不能吃得太差，但也不能吃得太好。""这里就包含着一个提高人民生活水平的原则界限：只有这么多钱，不能提高太多，必须做到一能吃饭、二能建设。"② 这是正确处理社会主义积累和消费、生产和生活关系的根本指导思想。

（二）关于社会资本再生产核心问题的原理与现实

这一原理。主要是说明社会资本再生产实现的核心问题是两个补偿，归根结底是按比例问题。

---

① 《马克思恩格斯全集》第 24 卷，人民出版社 1972 年版，第 436 页。

② 《陈云文选》（1956—1985 年），人民出版社 1986 年版，第 276 页。

明确了社会总资本再生产的主要特征之后，就要进一步研究社会总资本再生产的核心问题。这就是社会总产品的各个部分如何同时实现价值补偿和物质补偿。

马克思指出："为了我们当前的目的，再生产过程必须从 W'的各个组成部分的价值补偿和物质补偿的观点来加以考察。"① 所谓价值补偿，就是总产品（W'）的各个部分的价值，通过产品交换，收回相等的价值。所谓物质补偿，就是各部门通过产品交换，把在生产中消耗的各种物质资料（包括生产资料和生活资料）如数买回来，使之得到替换。

总产品的价值补偿和物质补偿，表现市场上，就是要求所有生产部门做到两个方面：一是要卖得出去。把产品全部卖掉，使它包含的价值转化为货币收回来，就实现了价值补偿。二是要买得进来。通过购买，把在生产中消耗的各种物质资料如数买回来，就实现了物质补偿。

考察单个资本的再生产，中心问题是价值补偿。即通过投资，生产剩余价值，然后卖掉产品，把资本和剩余价值转化为货币收回来，就完成了单个资本运动的使命。至于资本家把商品卖给何方，满足什么物质需要，又从哪里买回生产资料，他和工人又从哪里买回生活资料，即物质补偿问题，则不是单个资本再生产的主题内容，只作为再生产过程的外部条件予以假定就行了。

考察社会总资本的再生产，就不能把物质补偿作为外部条件来假定，而必须同时研究价值补偿和物质补偿。为什么呢？首先，从生产消费方面看。社会再生产的进行，要求各部门消耗的生产资料从年总产品中得到补偿，这种补偿能否实现，则取决于总产品中的生产资料在物质构成上是否符合各部门物质补偿的需要。如果不符合，物质补偿就不能实现，从而社会再生产就实现不了。其次，从生活消费方面看。社会再生产的进行，要求工人用工资、资本家用剩余价值从年总产品中买到消费品。而这个过程又同单个资本的运动交织在一起。例如，机械厂的资本家把面包烤箱（是他的商品资本）卖给面包厂，然后将工资发给工人，工人又用工资去购买面包，从而使面包厂的商品资本（表现为面包）得到实现。可见，工人购买面包的过程，是同机械厂与面包厂两家的资本运动交织在一起的。而这整个过程能否实现，则取决于机械厂提供的生产资料和面包厂提供的消费品在实物形态上是否互相满足需要，即能否同时实现物质补偿。总之，物质上的补偿和价值上的补偿一起，均构成社会总资本再生产的内在活动。

马克思指出：在社会总资本（W'）的再生产中，"产品价值的一部分再转化为资本，另一部分进入资本家阶级和工人阶级的个人消费，这在表现出总资本执行职能的结果的产品价值本身内形成一个运动。这个运动不仅是价值补

① 《马克思恩格斯全集》第 24 卷，人民出版社 1972 年版，第 436 页。

偿，而且是物质补偿，因而既要受社会产品的价值组成部分相互之间的比例的制约，又要受它们的使用价值，它们的物质形式的制约。”① 这就进一步说明：

第一，社会总资本的再生产过程，是社会总产品内含的生产资料与生活资料之间的交换过程。这个交换过程必然是两个补偿（价值补偿和物质补偿）统一的实现过程。

第二，实现两个补偿的条件，则是社会总产品各个组成部分的按比例。所谓按比例，一方面是指各部分在价值量上要协调，另一方面是指各部分在物质形式（使用价值）上互相符合需要。

由此可见，研究社会总资本再生产的核心问题，归根结底是社会再生产的按比例问题。

现实意义

社会资本再生产的这一原理，给我们指明了社会再生产按比例发展的必要性和按比例的科学含义。按比例是物质上相互适应和价值量上相互协调这两方面的统一。一些同志由于不懂得这一点，往往把按比例简单归结为一个量的关系。这是片面的。比例的首要问题，是产品的使用价值即物质形态的构成问题。只有社会总产品的各个部分在物质形态上互相符合需要，才进一步谈得上数量上的协调问题。全面把握按比例的要求，对于有效地实现国民经济综合平衡的发展，非常必要。

社会生产的比例问题，也就是产业结构问题。经济理论和实践证明，比例或结构是社会再生产或国民经济发展的出发点和基础。只有比例或结构合理。并不断优化，社会生产或国民经济的发展才会形成较高的速度，取得较好的效益。如果比例或结构不合理，就会阻碍社会再生产或国民经济的持续、快速、健康的发展。如果比例或结构严重失调，还会导致经济危机。

怎样判断和实现按比例呢？在市场经济条件下，就要通过市场。如果社会各生产部门都能做到：生产的产品能顺利卖出去，需要的产品都能买进来，就表明社会生产是按比例进行的。如果做不到这一点，就表明社会生产没有按比例发展。所以，市场是检验社会生产按比例发展的晴雨表。同时，社会生产的比例或结构的调整，也要通过市场，以市场为基础来实现调整。同时，也要有必要的国家宏观调控。

（三）关于社会总产品两种构成的原理与现实

这一原理，主要是分析社会总产品在物质上分成两大部类，在价值上分成三个组成部分。

---

① 《马克思恩格斯全集》第24卷，人民出版社1972年版，第437—438页。

马克思对社会总资本再生产过程的分析，是以对社会总产品的科学划分为直接基础的。

1. 社会生产从物质上分为两大部类

“社会总产品，从而社会的总生产，分成两大部类：

Ⅰ. 生产资料：具有必须进入或至少能够进入生产消费的形式的商品。

Ⅱ. 消费资料：具有进入资本家阶级和工人阶级的个人消费的形式的商品。

在这两个部类中，每一部类拥有的所有不同生产部门，总合起来形成一个单一的大的生产部门：一个是生产资料的生产部门，另一个是消费资料的生产部门。”①

生产资料和消费资料两大部类产品划分的依据，是产品的使用领域。凡是进入生产消费过程的，就构成生产资料部类；凡是进入生活消费过程的，就构成消费资料（或生活资料）部类。

有一些产品，既可作为生产资料，也可作为消费资料。例如电，既用于生产，又用于生活。它们究竟如何归类，就要根据它们用于生产和生活的比例来确定。

2. 社会总产品从价值上分为三个组成部分

同资本主义的任何商品一样，社会总产品在价值上也分成三个组成部分：

第一，不变资本 c。它“代表生产上消耗掉的、按其价值来说只是转到产品中去的不变资本 c 的价值部分”。②

第二，可变资本 v。“这个资本等于该生产部门使用的社会劳动力的价值，也就是等于为这个社会劳动力而支付的工资总额。”③

第三，剩余价值 m。“因此，每一部类的全部年产品的价值，和每个个别商品的价值一样，也分成 $c+v+m$”④

这里必须指出的是：“代表生产上消费掉的不变资本的那部分价值 c，是和生产上使用的不变资本的价值不一致的。”⑤ 这是因为，在生产过程中，不变资本中的流动资本（如原材料）价值是一次全部转移到产品中去；但固定资本的价值则是逐渐转移到产品中去，因而与投入使用的固定资本的价值不一致，使用量大于转移量。这样一来，产品中包含的不变资本的价值（即消耗掉的生产资料的价值）就小于生产中使用的不变资本价值（即使用的全部生产资

---

① 《马克思恩格斯全集》第 24 卷，人民出版社 1972 年版，第 438—439 页。

② 《马克思恩格斯全集》第 24 卷，人民出版社 1972 年版，第 439 页。

③ 《马克思恩格斯全集》第 24 卷，人民出版社 1972 年版，第 439 页。

④ 《马克思恩格斯全集》第 24 卷，人民出版社 1972 年版，第 439 页。

⑤ 《马克思恩格斯全集》第 24 卷，人民出版社 1972 年版，第 439 页。

料的价值）。这种由于固定资本的价值补偿过程和实物补偿过程不一致所引起的上述差别，在考察社会总产品的再生产时，可以暂时撇开。也就是说，为了分析的方便，先假定使用的资本和消耗的资本相等，从而，社会总产品的价值补偿和物质补偿相一致。

现实意义

社会总产品在物质上划分为两大部类，在价值上划分为三个组成部分，是马克思研究社会资本再生产的理论前提，或者说是马克思的社会资本再生产理论的基础。马克思对社会资本再生产实现过程的整个分析，都是以此为基础展开的。

关于社会总产品在物质上分成两大部类和价值上分成三个组成部分的原理，是普遍适用的。尽管价值的三个组成部分在不同的社会中体现的社会关系不同，但 c、v、m 作为“价值”财富构成上的三个组成部分，在许多社会都是存在的。列宁指出：“即使在纯粹的共产主义社会里不也有Ⅰv+m 和Ⅱc 的关系吗？”①

这一原理对于社会主义再生产也有现实意义。生产资料生产和消费资料生产，是物质生产领域中最基本的比例，其他比例则是这一基本比例的具体表现和展开。所以，保持两大部类的比例，是实现国民经济综合平衡发展的基础。

近年来，世界各国（包括中国）广泛使用三次产业分类法。第一产业以农业为主，第二产业以制造业为主，第三产业以服务业为主。三次产业划分与两大部类划分的根据和意义各不相同。三次产业的划分，反映了社会分工发展的趋势，反映了经济发展水平和经济结构的联系，有它的科学性和适用性。两大部类的划分是根据产品的使用方向，是为了揭示社会再生产实现的条件和规律。所以，三次三产业的划分并没有否定两大部类的划分，也否定不了马克思的再生产理论。至于第三产业的日益迅速发展，对社会再生产的实现会带来什么新问题，如总产品的范围是否要扩展（把服务产品加进来），服务产品是否也要分成两部类（生产性服务产品和生活性服务产品），等等，是值得研究的。

总产品价值上的三个组成部分，同样是国民经济综合平衡的价值基础。（c+v+m）是总产品的生产价值构成，它们分别代表生产中消耗的生产资料的价值，物质生产劳动者为自己创造的必要产品价值，劳动者为社会创造的剩余产品价值。通过分配和交换，生产价值构成就转变为再生产价值构成（补偿基金、消费基金、积累基金）。前一构成是后一构成的基础，但二者又不完全一致。一般来说，补偿基金必须保证维持原有生产资料（c）的水平。消费基金不能小于 v，否则会降低生活水平。一般说消费基金要适当大于 v（从 m 中

---

① 《列宁全集》第 2 版第 60 卷，人民出版社 1990 年版，第 275 页。

增加一部分）。积累基金一般要小于 m，不能超过 m，否则（如没有其他增补的因素），会挤掉补偿基金和消费基金，影响再生产的正常实现。

（四）关于社会资本再生产中货币作用的原理与现实

这一原理，主要是分析货币在实现社会资本再生产中的作用及其运动规律。

在社会总资本的再生产中，货币和货币资本起着重要的作用。恩格斯指出：在研究社会总资本的再生产时，必须“把货币资本作为社会总资本的一个组成部分来考察。”①

1. 货币资本是再生产的第一推动力和持续推动力

马克思指出：“在考察单个资本的周转时，货币资本显示出两个方面。

第一，它是每个单个资本登上舞台，作为资本开始它的过程的形式。因此，它表现为发动整个过程的第一推动力。

第二，由于周转期间的长短不同和周转期间两个组成部分——劳动期间和流通时间——的比例不同，必须不断以货币形式预付和更新的那部分预付资本价值与它所推动的生产资本即连续进行的生产的规模之间的比例，也就不同。”②

上述两点，同样适用于社会总资本的再生产。第一点，说明货币资本是发动社会资本再生产的第一推动力。市场经济条件下的再生产总是从货币的投放开始的。第二点，说明货币资本是社会资本再生产的持续推动力。在整个再生产过程中，社会总资本总有一部分保持在货币形式上，或者说，资本家总要持有一部分货币资本，以保证再生产的连续进行。至于这个货币资本和它推动的生产资本之间的比例关系如何，取决于资本周转的速度。周转越快，所需要的预付货币资本量越小；反之就越大。

总之，“资本主义的商品生产，——无论是社会地考察还是个别地考察，——要求货币形式的资本或货币资本作为每一个新开办的企业的第一推动力和持续的推动力。特别是流动资本，要求货币资本作为动力经过一段短时间不断地反复出现。”③

2. 货币资本的数量与生产规模之间的辩证关系

一方面，生产规模的大小受预付货币资本数量的限制。马克思说：“能够不断执行生产资本职能的那部分处在过程中的资本价值，总是受必须不断以货

---

① 《马克思恩格斯全集》第 24 卷，人民出版社 1972 年版，第 392 页。

② 《马克思恩格斯全集》第 24 卷，人民出版社 1972 年版，第 393 页。

③ 《马克思恩格斯全集》第 24 卷，人民出版社 1972 年版，第 393 页。

币形式与生产资本同时存在的那部分预付资本价值的限制。”① 这就是说，生产资本的大小与预付的货币资本的大小是相关联的，再生产不能搞“无米之炊”。

另一方面，生产规模又不完全受预付货币资本数量的限制。马克思在分析了货币资本对生产规模的制约关系后，指出：“由此决不能得出结论说，资本执行职能的范围，生产的规模——即使在资本主义的基础上——就其绝对的界限来说，是由执行职能的货币资本的大小决定的。”② “并入资本中的各种生产要素的扩大，在一定的界限之内，不是取决于预付货币资本的量。”③ 其具体表现如下：

第一，在工资不变或不按比例增加时，通过延长劳动时间，提高劳动强度，来扩大生产。

第二，在资本不变或不按比例增加时，通过加强对自然物质（土地、海洋、矿山、森林等）的利用，来扩大生产。

第三，通过对现有固定资本（劳动资料）的充分利用，来扩大生产。

第四，依靠人类科学进步的成果；利用“各种不费分文的自然力”，④ 来扩大生产。

第五，利用生产的社会结合和积累而成的劳动熟练程度，来扩大生产。

第六，在不增加资本支出的情况下，通过提高劳动生产力，来扩大生产。

第七，通过资本集中，来扩大生产。

第八，通过缩短资本周转时间，来扩大生产。

上述“这一切显然和真正的货币资本问题无关。这只是表明，预付资本”……在转化为生产资本之后，包含着生产的潜力，这些潜力界限，不是由这个预付资本的价值界限规定的，这些潜力能够在一定的活动范围之内，在外延方面或内含方面按不同程度发挥作用。”⑤

由此可见，预付的货币资本量与实现生产的规模之间，不是成等比的关系。生产的实现规模会在一定限度内超过预付货币资本的数量。这是再生产的一般规律。

3. 再生产的实现要求货币必须回流

社会总资本（年总产品）再生产的进行，必须通过以货币为媒介的商品交换即商品流通。各个产业资本家为顺利实现这个流通过程，一般要拥有一定的

---

① 《马克思恩格斯全集》第 24 卷，人民出版社 1972 年版，第 393 页。

② 《马克思恩格斯全集》第 24 卷，人民出版社 1972 年版，第 393 页。

③ 《马克思恩格斯全集》第 24 卷，人民出版社 1972 年版，第 393—394 页。

④ 《马克思恩格斯全集》第 24 卷，人民出版社 1972 年版，第 394 页。

⑤ 《马克思恩格斯全集》第 24 卷，人民出版社 1972 年版，第 395 页。

货币准备金，以购买生产资料、支付工资以及购买自己消费用的生活资料。由于社会再生产的实现以总产品的不同部分的互相交换为媒介，所以，“谁预付货币来购买别人的商品，谁就会在出售自己的商品时，重新得到货币。”①

例如，第Ⅱ部类的资本家先用货币向第Ⅰ部类资本家购买生产资料，然后第Ⅰ部类资本家又用货币向第Ⅱ部类购买生活资料（满足自己的生活需要），这样，两大部类的部分产品实现了交换，同时货币回到了货币的预付者即Ⅱ部类资本家手里。再如，与上述过程相反，Ⅰ部类资本家先预付货币购买Ⅱ部类生产的生活资料（满足自己的生活消费），然后Ⅱ部类的资本家又用货币购买Ⅰ部类生产的生产资料，这样，两大部类的又一部分产品实现了交换，而货币又回到了货币的预付者即Ⅰ部类资本家手里。又如，Ⅰ部类资本家用货币向工人支付工资，工人向Ⅱ部类购买生活资料，Ⅱ部类又用货币购买Ⅰ部类的生产资料，这样，两大部类的又一部分产品实现了交换，同时Ⅰ部类的资本家收回了货币。如此等等。

所以，“产业资本家为了促成他们自己的商品流通而投入流通的货币，无论是记在商品的不变价值部分的账上，还是记在存在于商品中的剩余价值（在它作为收入花掉的时候）的账上，总是按照各个资本家为货币流通而预付的数额回到他们手中。”②

马克思通过货币在社会总产品交换中的流通方向的分析，揭示了一个规律性：再生产的正常实现要求货币必须回流。正如马克思所指出的：“当再生产（无论是简单的，还是规模扩大的）正常进行时，由资本主义生产者预付到流通中去的货币，必须流回到它的起点（无论这些货币是他自己的，还是借来的）。这是一个规律”。③

为什么货币回流是再生产的一个规律呢？这是因为，在再生产的一个周转期内，资本家开始为购买生产要素而预付的货币资本只有最后又回到他手里时，才意味着他的投资形成了生产能力，生产出社会需要的产品，并全部销售出去，如数地收回了资本和剩余价值。如果在周转期结束时货币没有按时按量流回来，那就意味着再生产没有正常实现。单个资本的再生产是如此，社会总资本的再生产也是如此。可见，货币回流是反映再生产是否正常实现的一个重要标志。

现实意义

马克思关于货币在社会资本再生产中作用的原理，对社会主义经济具有重

---

① 《马克思恩格斯全集》第24卷，人民出版社1972年版，第460页。

② 《马克思恩格斯全集》第24卷，人民出版社1972年版，第446页。

③ 《马克思恩格斯全集》第24卷，人民出版社1972年版，第512页。

要意义。

在社会主义商品经济条件下，货币仍然是再生产的第一推动力和持续推动力。所以，搞好货币流通，是社会再生产实现的重要条件。根据社会主义建设的经验教训，要发挥好货币的推动作用，一方面必须正确的规定投资政策，给新建企业注入必要数额的资本，特别是留足流动资本，并促使企业在经营中始终保持必要比例的自有资金量，不能“玩空手道”，完全依靠贷款过日子。另一方面，要发展信用制度，改革金融体制，建立和完善资本市场，为发挥货币对再生产的第一推动力和持续推动力的作用创造良好的市场环境。

对于生产经营者来说，预付货币资本是进行再生产的必要条件，不可能搞“无米之炊”。但是，按照再生产的一般规律，生产的规模既受货币资本预付量的限制，又不完全受它的限制。投资量与增产量不是一比一的关系，再生产的实现规模一般会或多或少地超过投资的界限。用一句通俗的话来说，就是“少花钱，多办事”。这是再生产实现的一般趋势。这一点，应该成为社会主义经济工作者的一个共识。同时，还应该根据这一客观要求来检验投资和再生产的比较效益。

社会再生产中货币必须回流的规律，在过去的再生产理论教学和宣传中，几乎完全没有提到。其实，这是马克思在社会资本再生产理论中专门讲到的一个重要规律。无论是资本主义社会，还是社会主义社会，市场经济条件下再生产的正常实现，都要求货币必须回流。这可以说是检验再生产正常实现的一个“晴雨表”。联系当前我国许多企业被“三角债”所困扰从而影响再生产正常进行的实际状况，足见按货币回流规律办事之重要。就宏观经济来讲，再生产中货币必须回流的规律反映在政府调控行为上，就是要重视货币的投放和回笼的平衡。如果只投入不回笼，或者投入过多，回笼过少，那就反映出国民经济出现了严重的失调甚至危机。

Ⅱ. 社会资本简单再生产理论

（一）关于社会资本简单再生产的重要地位的原理与现实

这一原理，主要说明简单再生产在规模扩大的再生产中的重要地位和作用。

人类社会的生产是连续不断进行的再生产。“任何一个民族，如果停止劳动，不用说一年，就是几个星期，也要灭亡，这是每一个小孩都知道的。”①

“在各种不同的社会经济形态中，不仅都有简单再生产，而且都有规模扩

① 《马克思恩格斯选集》第2版第4卷，人民出版社1995年版，第580页。

大的再生产，虽然程度不同。”①

以社会化大生产为基础，以追求剩余价值为目的的资本主义再生产的特征是扩大再生产。所以，“在资本主义基础上，没有任何积累或规模扩大的再生产，是一种奇怪的假定”。②

但是，必须看到，简单再生产在规模扩大的再生产中具有重要的地位和作用。第一，简单再生产是规模扩大的再生产中的重要组成部分。马克思指出：“只要有积累，简单再生产总是积累的一部分，所以，可以就简单再生产本身进行考察，它是积累的一个现实因素。”“简单再生产是每个规模扩大的年再生产的一部分，并且还是它最重要的一部分”。③ 这就是说，在规模扩大的再生产中，就包含着简单再生产。例如，上一年生产钢铁5000万吨，今年扩大到6000万吨，这6000万吨中就包括原有生产能力生产的5000万吨。而且，随着生产基数的逐年增大，简单再生产部分所占的比重一般会越来越大。例如，钢铁生产在下一年从6000万吨增加到7000万吨，其中，原有生产能力产钢的比重$=\frac{6000}{7000}=85.7\%$；而上一年扩大再生产中原有生产能力产钢的比重小于这个数，只有$\frac{5000}{6000}=83.8\%$。

第二，扩大再生产的基础是由简单再生产创造的。马克思说：“如果只考察价值量，扩大再生产的物质基础是在简单再生产内部生产出来的。”④“剩余价值所以能够转化为资本，只是因为剩余产品（它的价值就是剩余价值）已经包含了新资本的物质组成部分。”⑤ 这就是说，进行扩大再生产的资本积累，是原有总产品中的一部分剩余价值转化而来的。同时，扩大再生产的物质条件即追加的生产资料和消费资料，也是由原有总产品中的剩余产品提供的。这个剩余产品的物质技术结构（生产资料和消费资料的比例、生产资料内部各种要素的比例等），制约着扩大再生产的产业结构。例如，如果在原有Ⅰ部类的剩余产品中，在物质形态上用于Ⅰ部类的生产资料（如生产用的缝纫机、面包烤箱等）过多，用于Ⅰ部类本身的生产资料（如轧钢机、采矿机等）过少，就会相应地影响扩大再生产中新增资产的产业结构。

第三，简单再生产的维持过程包含着扩大再生产的潜力。马克思指出：“一定量的资本，没有积累，还是能够在一定界限之内扩大它的生产规模。”“劳动资料大部分都因为产业进步而不断革新。因此，它们不是以原来的形式，

---

① 《马克思恩格斯全集》第23卷，人民出版社1972年版，第656页。

② 《马克思恩格斯全集》第24卷，人民出版社1972年版，第438页。

③ 《马克思恩格斯全集》第24卷，人民出版社1972年版，第438、457页。

④ 《马克思恩格斯全集》第24卷，人民出版社1972年版，第560页。

⑤ 《马克思恩格斯全集》第23卷，人民出版社1972年版，第637页。

而是以革新的形式进行补偿。”① 这就是说，从资本的价值上看，在原有资本数量保持不变的条件下，仍可以多种方式进行扩大再生产。这一点，在分析预付的货币资本量与实现的生产规模之间的关系时已经详细说明。从资本的使用价值上看，可以在固定资本进行实物更新的过程中结合进行技术革新，同时实现扩大再生产。总之，简单再生产的维持过程不简单，它往往可以同时实现不同程度的扩大再生产。

现实意义

马克思关于社会资本简单再生产的重要地位和作用的基本原理，具有普遍意义，对社会主义建设有着重要的指导作用。

以社会化大生产为基础、以公有制为主体、以改善人民生活为根本宗旨的社会主义再生产，其特点是不断扩大的再生产，而且扩大的速度和效益应该高于资本主义。这是首先要肯定的。

但是，按照社会再生产发展的客观趋势，简单再生产在规模不断扩大的再生产中占有越来越大的比重。因此，从整体上看，实现社会扩大再生产的主体一般在简单再生产部分，即原有生产能力的发挥上。这是社会主义经济工作的“重头戏”。如果忽视了简单再生产能力的维持和发挥，片面追求上新项目，铺新摊子，似乎扩大再生产的“愿望”很强烈，其结果，很可能像“狗熊掰棒子”，不仅社会生产实际上扩大不了，而且连简单再生产也达不到。这种情况，在我国经济建设的历史上不是出现过吗（1958年“大跃进”的后果是三年困难时期的“大调整”）？所以，社会主义的扩大再生产，必须坚持以简单再生产为基础，一步一个脚印，扎扎实实地进行。任何时候，都要在有效地发挥原有生产能力这个“主战场”作用的基础上，去开辟“新战场”，这样才能真正有效地实现规模扩大的再生产。

简单再生产的重要作用，还表现在扩大再生产的物质基础是由简单再生产创造的。简单再生产的剩余产品的物质构成和价值总量，在根本上决定着扩大再生产的产业结构和规模。因此，扩大再生产不能随意进行，必须从已有的生产基础出发。为了合理地确定扩大再生产的规模和结构，必须认真分析和研究原有生产的结构和积累能力。只有这样，才能使扩大再生产的设想建立在科学、可靠的基础上，从而有效地实现扩大再生产。否则，就会犯瞎指挥的错误。

总之，社会主义的再生产必须坚持“先简单、后扩大”的指导思想。

（二）关于社会资本简单再生产实现的基本条件的原理与现实

这一原理，主要是从两大部类之间的比例关系上，说明实现社会资本简单

① 《马克思恩格斯全集》第24卷，人民出版社1972年版，第565、190—191页。

再生产的基本条件。

社会资本简单再生产是指生产规模不变的再生产，它以剩余价值全部用于资本家的生活消费为前提，没有资本积累。

1. 社会资本简单再生产的公式

马克思根据社会总产品的物质构成和价值构成的原理，列出了分析社会资本简单再生产的如下公式：

$$全年总商品产品\begin{cases}Ⅰ.4000c+1000v+1000m=6000（生产资料）\\Ⅱ.2000c+500v+500m=3000（消费资料）\end{cases}$$

以上公式包括几个假定条件：一是剩余价值全部用于资本家的生活消费，没有积累；二是两大部类的资本有机构成均为 4∶1；三是剩余价值率 m' 为 100%；四是商品的价值不发生变化，价值与价格一致。

2. 社会总产品实现再生产的交换过程

要实现社会资水再生产，社会总产品的各个部分必须通过交换实现价值补偿和物质补偿。实际的交换行为是成千上万的，但从大宗的交换看，撇开作为媒介的货币流通，不外有以下三大交换过程，其图式如下：

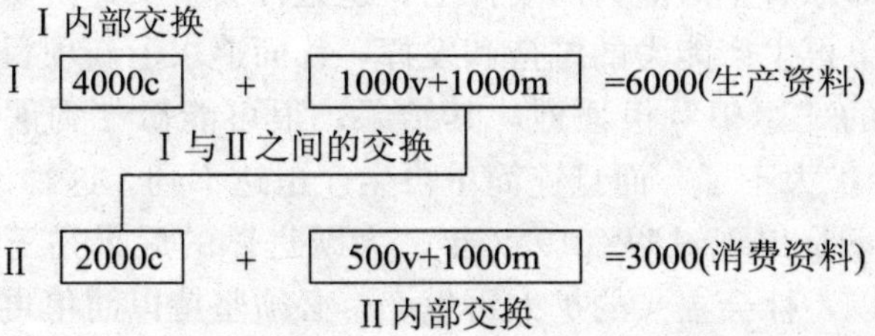

第一，是Ⅰ部类内部为实现 4000c 这部分产品的两个补偿而进行的交换。这部分产品，从价值上看，它们是Ⅰ部类在生产中消耗的不变资本，即转移的生产资料的价值；从实物上看，它们是Ⅰ部类生产的生产资料产品的一部分，而且是制造生产资料的生产资料产品，只能用于第Ⅰ部类。所以，4000c 这部分产品是在Ⅰ部类内部，通过生产资料之间的交换而实现两个补偿的。由此，第Ⅰ部类获得了进行简单再生产的生产资料的条件。

第二，是第Ⅱ部类内部为实现（500v＋500m）这部分产品的两个补偿而进行的交换。这部分产品，从价值上看，它们是Ⅱ部类产品价值的一部分，是工人新创造的可变资本价值和剩余价值，500v 作为工人的工资，要用来购买消费资料，剩余价值 500m，按照简单再生产的要求也要全部用来购买消费资料；从实物上看，它们是Ⅱ部类生产的消费资料产品的一部分。所以，Ⅱ（500v＋500m）这部分产品是在Ⅱ部类内部，通过消费资料之间的交换而实现两个补偿的。由此，第Ⅱ部类内部的工人和资本家获得了进行简单再生产的消费资料的条件。

第三，是第Ⅰ部类的（1000v＋1000m）这部分产品与第Ⅱ部类的 2000c

这部分产品之间的交换。Ⅰ（1000v＋1000m）这部分产品，从价值上看，是Ⅰ部类的工人和资本家的收入，按简单再生产的要求，要全部购买消费资料；但从实物上看，它们都是生产资料产品，所以必须与Ⅱ部类交换消费资料。Ⅱ 2000c这部分产品，从价值上看，它们是第Ⅱ部类在生产中消耗的不变资本，是生产资料转移的价值，因而只能用生产资料来补偿；但从实物上看，它们是Ⅱ部类生产的消费资料的一部分，所以必须与第Ⅰ部类交换生产资料。通过Ⅰ（1000v＋1000m）与Ⅱ2000c之间的交换，使这两部分产品都实现了两个补偿。由此，第Ⅰ部类的工人和资本家获得了进行简单再生产的消费资料的条件，第Ⅱ部类的资本家获得了进行简单再生产的生产资料的条件。

通过以上三大交换过程，年总产品9000都实现了价值补偿和物质补偿，从而能够进行规模不变的简单再生产了。

3. 实现社会资本简单再生产的平衡关系

从上述社会总产品的两个补偿的交换过程，可以看出实现社会资本简单再生产的几个主要的平衡（比例）关系，或者实现条件。

马克思说："由此得出结论：在简单再生产中，第Ⅰ部类的商品资本中的v＋m价值额（也就是第Ⅰ部类的总商品产品中与此相应的比例部分），必须等于不变资本Ⅱc，也就是第Ⅱ部类的总商品产品中分出来的与此相应的部分；或者说，Ⅰ（v＋m）＝Ⅱc。"①

Ⅰ（v＋m）＝Ⅱc，即第Ⅰ部类产品价值中的可变资本与剩余价值之和，必须等于第Ⅱ部类产品价值中的不变资本部分，这是实现社会资本简单再生产首要的平衡关系或实现条件。它集中反映了简单再生产过程中两大部类之间的相互依赖、相互制约的比例关系。这就是：第Ⅰ部类新创造的以生产资料形式存在的价值产品（v＋m）部分，与第Ⅱ部类以消费资料形式存在的不变资本c的部分，在物质上必须能够互相交换，在价值上保持平衡。只有这样，才能实现社会资本简单再生产。如果Ⅰ（v＋m）小于Ⅱc，第Ⅱ部类就有一部分消费资料卖不掉，它消耗的生产资料就有一部分得不到补偿，从而无法实现简单再生产了。如果Ⅰ（v＋m）大于Ⅱc，那实现的就不是简单再生产，而是扩大再生产了。

从Ⅰ（v＋m）＝Ⅱc这个平衡式，还可以派生出第二个平衡式或实现条件，即Ⅰ（c＋v＋m）＝Ⅰc＋Ⅱc。其推导方法，就是在第一个平衡式的两边加上Ⅰc，即成。对于这个条件，马克思指出："生产资料（Ⅰ）的总价值，等于以生产资料（Ⅰ）形式再现的不变资本价值同以消费资料（Ⅱ）形式再现的不变资本价值之和，所以，等于在社会总产品中再现的不变资本价值之和。"②

---

① 《马克思恩格斯全集》第24卷，人民出版社1972年版，第446页。

② 《马克思恩格斯全集》第24卷，人民出版社1972年版，第481页。

从Ⅰ（v+m）=Ⅱc这个平衡式，还可以派生出第三个平衡式或实现条件，且Ⅱ（c+v+m）=Ⅰ（v+m）+Ⅱ（v+m）。其推导方法，就是在Ⅰ（v+m）Ⅱc的两边，同时加上Ⅱ（v+m），再将等式左右一换，即成。对于这个条件，马克思指出："在简单再生产的前提下，每年生产的消费资料的总价值，等于年价值产品，即等于社会劳动在当年生产的全部价值。其所以必然如此，因为在简单再生产中，这全部价值将被消费掉。"① 这里所说的年价值产品，就是指Ⅰ（v+m）与Ⅱ（v+m）之和，它们是当年社会总的活劳动创造的全部新价值。

4. 实现社会资本简单再生产的基本条件的精神实质

以上三个实现社会资本简单再生产的基本条件的精神实质何在呢？我认为，就是在平衡中达到"两个维持"。

第一，是按质按量维持原有的生产资料水平。这一点在Ⅰ（c+v+m）=Ⅰc+Ⅱc这一平衡式中明显地表现出来。即是说，为了实现社会资本简单再生产，第Ⅰ部类生产的全部生产资料必须完全用来补偿两大部类消耗的生产资料，以维持原有生产资料的水平。第二，是按质按量维持两大部类的工人和资本家原有的生活水平。这一点在Ⅱ（c+v+m）=Ⅰ（v+m）+Ⅱ（v+m）这一平衡式中明显地表现出来。即是说，为了实现社会资本简单再生产，第Ⅱ部类生产的全部消费资料，必须完全用来补偿两大部类工人和资本家的生活消费，以维持原有的生活水平。

所谓社会资本简单再生产，说到底，不就是要做到这"两个维持"吗？

现实意义

关于社会资本简单再生产实现的基本条件的原理，同样是普遍适用的，对社会主义经济具有重要的指导意义。

马克思对社会资本简单再生产实现的交换过程和平衡条件的科学分析，深刻地表明，社会再生产的确是一系列按比例的发展过程。特别是两大部类的按比例，对整个社会生产的按比例发展具有全局性的决定作用。由于两大部类的划分带有理论抽象的性质，与现实的产业部门的分类不完全一致，所以，过去对社会生产两大部类的比例分析，是通过农业、轻工业和重工业的关系来进行的。尽管农轻重三者的关系只是近似地反映两大部类之间的关系，但通过分析毕竟使人们在相当的程度上对生产资料和消费资料两大部类按比例发展的重要性和实现条件有所具体的认识。事实证明，这种做法对搞好国民经济的调整和综合平衡工作是起过重要作用的。现在，对产业结构的分析，普遍采用了三次产业分类法。这是必要的，有新的科学意义。然而，

① 《马克思恩格斯全集》第24卷，人民出版社1972年版，第474页。

对三次产业的分析，不能代替对两大部类的分析。因为，迄今为止，社会再生产的实现问题，即总产品的两个补偿，只有通过两大部类的分析，才能得到科学的解决。同时，经济工作的实践表明，从两大部类的基点上把握国民经济的综合平衡，对于正确处理积累和消费、生产和生活、当前生产和基本建设等关系，具有特殊的重要意义。因此，很有必要结合现时国民经济发展的实际，加强对两大部类比例关系的研究，以进一步提高按比例发展国民经济的自觉性和综合平衡工作的水平。

实现社会资本简单再生产的基本条件的精神实质，是做到“两个维持”，即维持原有的生产资料水平和维持原有的生活水平。这一点，乍一看起来似乎很简单，很容易做到，但实际上并非如此。回顾我国几十年社会主义建设的历史，生产资料的维持长期被忽视，生活水平的维持也有做不到的时候（如三年困难时期）。这种情况的存在，既影响了社会再生产的有效实现，严格说起来，也与社会主义的本质不相容。我们的社会再生产是社会主义的再生产。这种再生产起码要做到“两个维持”，并在“两个维持”的基础上求发展。这应当成为社会主义经济的一个铁的法则，一条基本的警戒线。如果我们的社会再生产长时间地做不到“两个维持”，这样的社会主义就没有生命力了。我们必须从这样的高度来提高“两个维持”的自觉性。

在我们这样一个人口众多、经济比较落后、自然灾害比较频繁的社会主义初级阶段的国家，为了有效地做到在“两个维持”的基础上发展国民经济，必须正确处理积累和消费、生产和生活、维修和新建等一系列关系。一般地说，要在首先保证人民生活逐步改善（起码不下降）的前提下确定积累规模；在首先满足生活资料生产需要的前提下发展生产资料的生产；在首先保证固定资产维修和技术改造的前提下安排新建项目的投资，如此等等。而且，无论是发展生产，还是改善人民生活，都不能满打满算，必须留有余地。这样才能立于主动地位。

（三）关于社会资本简单再生产中部类内部比例关系的原理与现实

这一原理，主要是分析社会资本简单再生产过程中Ⅱ部类内部、Ⅰ部类内部以及固定资本补偿中的比例关系。

1. 第Ⅱ部类内部的比例关系

马克思根据资本主义社会中工人阶级和资产阶级消费的性质和特点，将Ⅱ部类消费资料的生产划分为两个分部类，即必要消费资料生产和奢侈消费资料生产，分别以（a）和（b）表示。

这两个分部类产品生产的比例，在一定条件下是一定的，但随着生产和生活条件的变化而变化。在经济繁荣时期，资本家获得的剩余价值增加，可以购买更多的奢侈品，再加上工人就业增加，工资增长，一部分工人也参加对某些奢侈品的消费，所以，这时奢侈品生产在Ⅱ部类消费资料生产的比重会增加。在经济危机时期，资本家取得的剩余价值减少，工人失业严重，工资水平下降，对奢侈品的需求会有所减少，所以，这时奢侈品生产在Ⅱ部类生产中所占比重会缩小，必需品生产的比重会增加。

为了实现社会资本的简单再生产，不仅要求两大部类的生产之间保持一定的比例关系，而且要求Ⅱ部类内部两个分部类的生产之间也保持一定的比例关系。

马克思指出：Ⅱ部类内部必需品与奢侈品两个分部类的“这种分割从根本上影响着生产的性质和数量关系，对生产的总形态来说，是一个本质的决定性的因素。”① 这是因为，必需品和奢侈品生产的比例，不仅直接决定了Ⅱ部类消费资料生产的结构，而且也决定了第Ⅰ部类为Ⅱ部类提供生产资料的生产结构，即用于制造必需品的生产资料生产和用于制造消费品的生产资料生产的比例。进而决定了整个社会的生产结构，即社会总劳动中有多少直接和间接用于必要消费资料的生产，有多少直接和间接用于奢侈消费资料的生产。

由此可见，社会总的消费需求结构决定了消费资料生产的结构；消费资料生产的结构又决定了整个社会生产的结构和面貌。

2. 第Ⅰ部类内部的比例关系

第Ⅰ部类生产资料的生产也存在各种比例关系。其中，主要的比例是制造生产资料的生产资料生产和制造消费资料的生产资料生产这两类生产（可称之为甲类和乙类）的比例。Ⅰ部类中乙类生产直接为第Ⅱ部类提供生产资料，其生产结构受Ⅱ部类消费资料生产结构的制约（这一点上面已作分析）。关于Ⅰ部类中甲类生产结构，马克思指出：

“第Ⅰ部类的不变资本，由大量的不同的资本群构成。它们被分别投入不同的生产资料生产部门，有若干被投入铸铁厂，有若干被投入煤矿，等等。每个这种资本群或每个这种社会的群资本，又由许多大小不等的独立执行职能的单个资本构成。”②

第Ⅰ部类所需要的生产资料的补偿，是通过两种方式进行的。一是从事生产资料生产的各行业之间的交换；二是各行业用自己生产的生产资料进行补偿。顺利实现补偿的关键在于按比例。马克思指出：“第Ⅰ部类的每个资本家按照他作为这4000不变资本的共有者所占的比例，从这个商品总量中取出他所需要的相应的生产资料。如果生产是社会公有的，而不是资本主义的，那么很明显，为了进行再生产，第Ⅰ部类的这些产品同样会不断地再作为生产资料

① 《马克思恩格斯全集》第24卷，人民出版社1972年版，第457页。

② 《马克思恩格斯全集》第24卷，人民出版社1972年版，第472页。

在这个部类的各个生产部门之间进行分配。一部分直接留在这些产品的生产部门，另一部分则转入其他生产场所，因此，在这个部类的不同生产场所之间发生一种不断返往的运动。”①

3. 固定资本补偿中的比例关系

我们知道，固定资本的价值补偿和物质补偿（实物更新）是不一致的。固定资本的价值是逐渐转移到产品中，并随着产品转化为货币而得到价值补偿。固定资本的物质补偿则要在它的实物形式报废时才进行。在这以前，固定资本转移的价值变成货币后，暂不购买机器设备，而是储存起来，形成折旧基金。

固定资本这种价值补偿和物质补偿不一致的情况，似乎给社会资本再生产的实现带来困难。因为，一部分资本家出卖产品、收回折旧基金以后，暂时不购买生产资料，这样就会使别的资本家的一部分生产资料卖不掉，由此引起连锁反应，使社会总产品的再生产难以实现。

然而，上述困难只是表面的。社会的固定资本更新的实际过程，为解决上述困难提供了可能。固定资本的寿命长短不同，投产有先有后，因而进行实物更新的时间不是同步的，而是有先有后的。所以，在任何一个时点，总会有一部分固定资本寿命已尽，折旧完毕，要用积累的折旧基金进行单纯的购买，实现实物更新，这一部分称为固定资本（1），它代表要对固定资本进行实物更新的资本家；另一部分固定资本仍在使用，处在价值折旧过程中，要通过单纯的出卖，继续形成折旧基金，这一部分称为固定资本（2），它代表要对固定资本进行价值补偿的资本家。这样一来，上述的表面困难就解决了。固定资本（1）的实物更新行为，在市场上表现为对生产资料单纯的购买，即G—W；固定资本（2）的价值折旧行为，在市场上表现为单纯出卖生产资料，即W—G。通过买卖过程，前者实现了实物补偿，后者实现了价值补偿。当然，问题的最终解决，还要取决于交换的双方在价值量上的平衡。如果达到了平衡，就使社会总产品的两个补偿没有留下缺口，能正常实现再生产了。“因此，这样一平衡，好象就是规模不变的再生产的规律了”。②

在资本主义再生产中，平衡只是一种偶然现象。所以，固定资水补偿中客观上所要求的平衡关系是难以完全实现的。这种不平衡主要有两种情况：一种情况是；需要从实物上更新的固定资本总量，超过了需要从货币上补偿固定资本的损耗价值总额，这样，市场上就会出现生产资料供不应求。另一种情况是，固定资本的价值折旧部分超过了需要实物更新的部分，这时，市场上就会出现生产资料供过于求。对这两种情形，对外贸易可以起一定限度的调节

---

① 《马克思恩格斯全集》第24卷，人民出版社1972年版，第473—474页

② 《马克思恩格斯全集》第24卷，人民出版社1972年版，第521页。

作用。

现实意义

马克思关于社会资本简单再生产中几个局部比例关系的原理，对社会主义经济具有重要的现实意义。

社会再生产的有效实现，不仅要求两大部类的基本比例保持平衡，而且要求各部类内部的比例以及其他方面的比例保持平衡。社会生产的比例关系是连环性的，局部的比例不平衡，也会影响全局的按比例发展。

马克思在这一原理的分析中，特别强调第Ⅱ部类消费资料生产内部的与人们变化的生活需求相适应的比例关系，对整个社会再生产具有决定性的影响。这是一个十分深刻的思想。它应当成为产业结构调整和优化工作一个理论支点。实践证明，社会生产的比例或结构，是决定国民经济运行的质量和效益的一个关键环节。如何进行结构的调整和优化呢？调整和优化结构的出发点何在呢？马克思的分析告诉我们，首先要研究与人们的需求相适应的消费资料生产的结构。在社会主义条件下，消费资料的生产，不像马克思针对资本主义的情况那样分为必要消费资料和奢侈消费资料，但仍然存在多种的分工和比例关系。例如，生活资料中用于吃、穿、住、用等方面的比例关系；从更大的视角看，人们需要的生活资料还有着生存资料、享受资料和发展资料之间的比例的关系；等等。在我国的社会主义初级阶段，这些比例关系及其变化趋势，既具有一般规定性，又具有中国社会主义的特色。只有把这个根本出发点弄清楚了，才能为整个产业结构的调整和优化提供一个正确的方向或目标。

在总的生产资本中，固定资本一般占主要部分。固定资本的再生产是实现简单再生产的重点和难点。就固定资本补偿中的比例关系来说，社会主义再生产中也存在着固定资本的实物更新部分和价值折旧部分的比例关系。正确处理这一关系，对于有效地实现简单再生产，关系极大。按照马克思揭示的固定资本的更新部分和折旧部分必须保持平衡的客观要求，社会主义经济要力求做到固定资本再生产的大体平衡。为此，一方面要合理地规划基本建设，使历年投产的固定资本逐步增长，避免大起大落（一会儿翻番，一会儿大砍），引起同一时间的更新部分和折旧部分的严重不平衡；另一方面，对企业固定资本的更新改造加强宏观调控，使之有步骤有重点的推进，防止忽冷忽热，陡升陡降，加剧生产资料供求的不平衡。此外，还要建立必要的物质储备，通过外贸进行适度的物资调剂。

社会主义再生产中还存在其他许多比例关系。只有全局和局部的比例都趋于协调，基本达到综合平衡，才有利于社会再生产的有效实现。

Ⅲ. 社会资本扩大再生产理论

（一）关于社会资本扩大再生产中的货币和实际积累的原理与现实

这一原理，主要说明社会总资本扩大再生产中进行两个积累的必要性、相互关系以及积累规模的决定条件。

1. 实现社会资本扩大再生产必须有两个积累

要实现社会总资本的扩大再生产，必须有两方面的积累。

第一，货币积累。即在剩余价值实现的基础上，将货币化的、准备用于扩大再生产的剩余价值积累到足够的数量。建设一个新企业或者扩建一个老企业，都有一个起码的投资量。低于这个投资量，就无法进行扩大再生产。而资本家在每次资本周转后可能积累的剩余价值是有限的。所以，在进行实际的扩大再生产的投资以前，在剩余价值不断货币化的基础上，必须有一个或长或短的货币积累的过程。马克思说："在一定的技术条件下，这个货币额或者足以增加正在执行职能的不变资本，或者足以开办一个新的工业企业。"①

第二，实际积累。即将积累的货币资本转化为相应的生产要素，实际地进行扩大再生产。为此，就要求社会上存在着扩大生产的物质条件。（包括生产资料和劳动力，不过马克思在这里着重分析的是生产资料）。他指出："要使货币（即以货币形式贮藏的剩余价值）能够转化为生产资本的要素，这些要素必须是在市场上可以买到的商品；即使这些要素不是作为成品来买，而是按订货制造，在这里也不会有什么差别。"问题的关键是："再生产扩大的可能性在没有货币的情况下就已经存在；因为货币本身不是实际再生产的要素"。②

总之，要进行扩大再生产，一要有足够的钱，二要有相应的物。

2. 货币积累与实际积累必须平衡

单纯的货币积累过程，意味着不断卖掉商品，但不购买商品。如果资本家都这样进行货币积累，那么谁来用货币购买呢？马克思以第Ⅰ部类为例进行分析，说明资本主义生产过程本身会解决货币来源问题。

由于不同部门、不同企业的资本投入经营时间有长有短，因而它们的剩余价值转化为足够数量的资本积累的时间是有先有后的。例如，在某一时候，一些经营了多年的企业，它们积累的货币已达到足够的数额，可以购买新的生产要素，实现扩大再生产；另一些企业才刚投入经营，它们还要在若干年内不断通过出卖剩余产品而不接着购买来积累货币，过若干年后才能进行实际积累。"因此，一部分资本家不断地把他们的已经增加到相应数量的可能的货币资本

---

① 《马克思恩格斯全集》第 24 卷，人民出版社 1972 年版，第 551 页。

② 《马克思恩格斯全集》第 24 卷，人民出版社 1972 年版，第 552 页。

转化为生产资本，也就是用通过剩余价值的货币化而贮藏起来的货币来购买生产资料，即追加的不变资本要素；而另一部分资本家则仍然从事可能的货币资本的贮藏。因此，这两类资本家是互相对立的：一方作为买者，另一方作为卖者，并且每一方在这两种作用中都只起一种作用。”① 马克思用A代表只卖不买、进行货币积累的资本家；用B代表只买不卖、进行实际积累的资本家。

这两类资本家的交换关系，反映了扩大再生产中的货币积累与实际积累的相互关系。社会资本扩大再生产的实现，要求货币积累与实际积累保持平衡。这个平衡的含义：一是物质构成上的平衡，即A这类资本家出卖的准备用于货币积累的剩余产品的使用价值，符合B这类资本家进行扩大再生产的物质需要；二是价值数量上的平衡，即A这类资本家出卖的准备用作货币积累的剩余产品的价值量与B这类资本家购买追加生产要素的购买力相等。马克思指出：“这里必须具有的前提是，Ⅰm中的A、A′、A″的货币贮藏的部分的单纯的卖，和Ⅰm中B、B′、B″要把贮藏货币转化为追加生产资本要素的部分的单纯的买保持平衡。”② 如果这种平衡遭到破坏，不仅扩大再生产不能正常实现，连简单再生产也会受到影响。

货币积累与实际积累必须保持平衡，这只是社会扩大再生产的客观要求。马克思指出，在资本主义“这种生产的自发形式中，平衡本身就是一种偶然现象。”同时，社会再生产中商品交换“过程本身的复杂性，呈现出同样多的造成过程失常的原因。”③

3. 资本积累规模的决定条件

虽然货币积累是扩大再生产的必要环节，但是一个国家资本积累的规模不取决货币的数量。马克思指出：通过单纯的商品出卖而形成的货币贮藏或货币积累，“决不包含贵金属财富的增加，而只包含到目前为止处于流通中的货币的职能的改变。以前，它作为流通手段执行职能，现在则作为贮藏手段，作为正在形成的、潜在的新货币资本执行职能。因此，追加货币资本的形成和一个国家现有贵金属的数量彼此之间是没有任何因果关系的。”④ 这就是说，A这类资本家之所以能够进行货币积累，是由于他出卖了剩余产品，他积累货币的多少取决于他出卖剩余产品的多少。就货币（这里还是指金属货币）积累本身来说，只是社会已经存在的货币从流通手段变为贮藏手段。所以，一个国家资本积累的数量不决定于该国货币的数量。

那么，资本积累的规模究竟取决于什么呢？马克思以Ⅰ部类为例，阐明了

---

① 《马克思恩格斯全集》第24卷，人民出版社1972年版，第555页。

② 《马克思恩格斯全集》第24卷，人民出版社1972年版，第557页。

③ 《马克思恩格斯全集》第24卷，人民出版社1972年版，第558、559页。

④ 《马克思恩格斯全集》第24卷，人民出版社1972年版，第561页。

这个问题。他指出："已经在一个国家执行职能的生产资本（包括并入生产资本的劳动力，即剩余产品的创造者）越多，劳动的生产力，从而生产资料生产迅速扩大的技术手段越发展，因而，剩余产品的量无论在价值方面或在价值借以体现的使用价值量方面越大，那么，下列二者也就越大：

1. A、A′、A″等手中的剩余产品形式的潜在的追加生产资本，和

2. A、A′、A″手中的要转化为货币的剩余产品的量，即潜在的追加货币资本的量。"①

这就告诉我们，资本积累的规模，从客观条件看，主要取决于Ⅰ部类生产资料生产发展的水平。这个决定作用的过程可用下列图式表示：

生产发展水平（生产规模＋劳动生产力）→剩余产品量（价值量和使用价值量）→资本积累数量（潜在的追加生产资料或潜在的追加货币资本）

总之，资本积累的规模，不取决于钱的多少，只取决于物（剩余产品中可用于积累的数量）的多少。

资本积累和扩大再生产，除了要有追加的生产资料外，还要有追加的劳动力。关于后一方面的条件，马克思说："在资本主义生产的基础上，劳动力总是准备好的；在必要时，不用增加所雇用工人的人数，即不用增加劳动力的量，就可以推动更多的劳动。"② 不过，按照一般趋势，雇佣工人人数总有所增加。即使雇佣工人不增加，生活资料的供应无论如何也要求增加。因此，按照以资本积累为前提的社会扩大再生产的一般规律，不仅要有追加的生产资料，而且要有追加的生活资料。这两个条件，都要由原有社会总产品中的剩余产品部分提供。正如马克思所指出："要积累，就必须把一部分剩余产品转化为资本。但是，如果不是出现了奇迹，能够转化为资本的，只是在劳动过程中可使用的物品，即生产资料，以及工人用以维持自身的物品，即生活资料。所以，一部分年剩余劳动必须用来制造追加的生产资料和生活资料，它们要超过补偿预付资本所需的数量。"③ 可见，扩大再生产的规模和结构，要受原有社会生产的剩余产品的规模和结构的制约。

现实意义

马克思关于社会资本扩大再生产中的货币积累和实际积累相互关系的原理，对社会主义经济具有重要的指导意义。

社会主义条件下的社会扩大再生产过程，同样存在货币积累的必要性，并要和实际积累保持平衡的关系。这是顺利实现社会主义扩大再生产的重要

---

① 《马克思恩格斯全集》第24卷，人民出版社1972年版，第561页。
② 《马克思恩格斯全集》第24卷，人民出版社1972年版，第565页。
③ 《马克思恩格斯全集》第23卷，人民出版社1972年版，第637页。

条件。

社会主义经济是市场经济，扩大再生产同样需要进行货币积累，然后将货币积累转化为实际积累。由于货币流通使商品买卖活动在时间和空间上发生了分离，由于商品交换过程的复杂性，还由于人们主观指导的失误等原因，货币积累和实际积累即钱和物之间仍然存在着脱节的可能性。因此，保持物资供应和投资需求在结构和总量上的平衡，是实现扩大再生产必须解决的一个大问题。如何实现平衡呢？从经济体制上说，首先要发挥市场在配置社会资源中的基础性作用，而不能像过去那样完全依靠指令性的计划分配。其次，完全靠市场自由调节也不行，还必须加强政府必要的宏观调控。

历史的经验证明，实现货币积累和实际积累平衡的关键，在于从国力出发，正确确定积累规模。马克思关于资本积累条件的科学分析告诉我们，积累和扩大再生产的规模，不取决于货币的多少，归根结底看有多少可以用来搞扩大再生产的物质资料。这一点，完全适用于社会主义的扩大再生产。处在社会主义初级阶段的中国正面临着实现现代化的历史任务，必须尽可能地积累资金，加快发展。但是，用于扩大再生产的积累资金的多少，不取决于主观愿望，只取决于国力的大小。早在1957年陈云同志就指出："建设规模的大小必须和国家的财力物力相适应。适应还是不适应，这是经济稳定或不稳定的界限。""基本建设搞多少，不决定于钞票有多少，而决定于原材料有多少。"① 因此，确定积累规模，必须坚持量力而行的原则。并且，在这个前提下搞好财政、信贷、物资、外汇等几大平衡。

（二）关于社会资本扩大再生产实现的基本条件的原理与现实

这一原理，主要是从两大部类之间的关系上分析社会总资本扩大再生产的前提条件和平衡条件。

1. 社会资本扩大再生产的前提条件

实现社会总资本的扩大再生产，必须具有两方面的前提条件：一要有多余的生产资料，二要有多余的消费资料。

为了阐明这一点，首先要了解扩大再生产条件下剩余价值的分割结构。剩余价值先要分成两部分：用于资本积累的部分和用于资本家生活消费的部分，后者用$\frac{m}{x}$表示。用于资本积累的部分又要一分为二：一部分用作追加的不变资本，以$\triangle c$表示；一部分用作追加的可变资本，以$\triangle v$表示。这样，剩余价值

① 《陈云文选》（1956—1985年），人民出版社1986年版，第44、45页。

最终一分为三，即追加的不变资本△c，追加的可变资本△v，资本家消费的剩余价值$\frac{m}{x}$。

（1）多余的生产资料

马克思指出："简单再生产的前提是Ⅰ（v＋m）＝Ⅱc。……资本主义积累的事实排斥了Ⅱc＝Ⅰ（v＋m）这一可能性。"①

要进行社会总资本的扩大再生产，从生产资料这方面的条件看，就要求Ⅰ（v＋m）＞Ⅱc。马克思指出："不言而喻，既然把积累作为前提，Ⅰ（v＋m）就大于Ⅱc，而不象简单再生产那样，和Ⅱc相等；因为1. 第Ⅰ部类已经把它的一部分剩余产品并入自己的生产资本……；2. 第Ⅰ部类要用它的剩余产品，为第Ⅱ部类进行积累时所必需的不变资本提供材料，就象第Ⅱ部类必须为第Ⅰ部类的可变资本提供材料完全一样，这个可变资本应当推动由第Ⅰ部类自己用作追加不变资本的那部分剩余产品。"② 这就是说，只有Ⅰ（v＋m）＞Ⅱc，第Ⅰ部类才有可能为本身的资本积累提供追加生产资料，同时也为Ⅱ部类的资本积累提供追加的生产资料。

如果在Ⅰ（v＋m）＞Ⅱc这个公式两边加上Ⅰc，就变成Ⅰ（c＋v＋m）＞（Ⅰc＋Ⅱc）。其含义是，为了进行资本积累和扩大再生产，第Ⅰ部类生产的全部生产资料，在维持了两大部类原有生产资料补偿（简单再生产）的需要之后，还有多余的部分，这样才能为两个部类的扩大再生产提供追加的生产资料，即（Ⅰ△c＋Ⅱ△c）。

（2）多余的消费资料

马克思指出："Ⅰ（v＋$\frac{m}{x}$）必须总是小于Ⅱ（c＋m），其差额就是第Ⅱ部类的资本家在Ⅱm中无论如何必须由自己消费的部分。"③ 这段话的意思是：要实现扩大再生产，第Ⅱ部类生产的消费资料在扣除了本部类工人的消费（Ⅱv）以后剩下的部分即Ⅱ（c＋m），在维持了第Ⅰ部类的工人和资本家的消费即Ⅰ（v＋$\frac{m}{x}$）之后，还要有一个差额，这个差额至少需要满足Ⅱ部类资本家的消费即Ⅱ$\frac{m}{x}$，此外，还能满足两个部类追加的可变资本（Ⅰ△v＋Ⅱ△v）的

---

① 《马克思恩格斯全集》第24卷，人民出版社1972年版，第589页。

② 《马克思恩格斯全集》第24卷，人民出版社1972年版，第582页。

③ 《马克思恩格斯全集》第24卷，人民出版社1972年版，第590页。

引者注：在1964年出版的郭大力、王亚南的译本中，这段译文似更清楚些，它是："Ⅰ（v＋$\frac{m}{x}$）必须比Ⅱ（c＋m）总是更小。更小多少，就要看第Ⅱ部类资本家阶级在Ⅱm中无论如何必须自己消费多大的部分来定。"（《资本论》第2卷，郭、王译本第581页）。

需要。用公式表示就是：

$$Ⅱ(c+m) > [Ⅰ(v+\frac{m}{x}) + Ⅱ\frac{m}{x}]$$，其差额就是（Ⅰ△v+Ⅱ△v）。

在这一大于式的两边同时加上Ⅱv，就变成如下公式：

$$Ⅱ(c+v+m) > [Ⅰ(v+\frac{m}{x}) + Ⅱ(v+\frac{m}{x})]$$，其差额仍为（Ⅰ△v+Ⅱ△v）。

这一大于式更加明白、全面地表达了扩大再生产的第二个前提条件的含义。这就是：要实现扩大再生产，第Ⅱ部类生产的全部消费资料，在维持了两个部类原有工人的消费和满足了两个部类资本家的消费之后，还有多余的部分，这样才能为两个部类扩大再生产中新增加的劳动力，提供追加的消费资料。

2. 实现社会资本扩大再生产的平衡条件

有了扩大再生产的前提条件，只是意味着扩大再生产具有了可能性。要最终实现扩大再生产，还要通过产品的改组和交换，达到综合平衡。

马克思分析社会资本扩大再生产的实现过程，列举了两个例子。下面主要介绍他对第一例的分析。

（1）分析社会资本扩大再生产的开端式

马克思分析扩大再生产的第一例的开端式是：

Ⅰ. 4000c+1000v+1000m=6000（生产资料）

Ⅱ. 1500c+750v+750m=3000（消费资料）

可以看出，这个开端公式与简单再生产的公式，在社会总产品的价值、两大部类的总产值以及Ⅰ部类的价值构成上是相同的，所不同的只是Ⅱ部类的价值构成。之所以如此设计，是要反映出上述开端式具有扩大再生产的可能性。

为了分析的方便，马克思设想了几个假定条件：一是资本有机构成Ⅰ部类为4∶1，Ⅱ部类为2∶1，并保持不变；二是剩余价值年 m' 两大部类均为100%，保持不变；三是剩余价值中用于积累的比率，Ⅰ部类为1/2，Ⅱ部类与此相适应。

（2）社会资本扩大再生产中的资本积累和交换过程

第一，看第Ⅰ部类的资本积累和交换。按照积累率的假定条件，Ⅰ部类的剩余价值即1000m要有1/2即500m用于积累，资本家消费的剩余价值为500 $\frac{m}{x}$。按照Ⅰ部类资本有机构成4∶1的假定条件，Ⅰ部类积累的500m又要分成追加的不变资本400△c和追加的可变资本100△v。追加的不变资本400△c与原来的不变资本4000c，在第Ⅰ部类内部的交换中实现两个补偿。而要与Ⅱ部相交换的部分，包括Ⅰ部类原有的可变资本部分、追加的可变资本部分和资本家消费的剩余价值，即Ⅰ（$1000v+100△v+500\frac{m}{x}$），共计1600。

第二，Ⅱ部类的资本积累和交换。由第Ⅰ部类有1600的生产资料要向Ⅱ部类交换消费资料，而Ⅱ部类原来要与Ⅰ部类相交换的不变资本部分只有1500c，所以要追加不变资本100△c。Ⅱ部类追加的100△c具有双重意义，一方面是为了完全满足Ⅰ部类对消费资料的需求；另一方面也是为了从Ⅰ部类交换到追加的生产资料，以满足Ⅱ部类扩大再生产的需要。按照Ⅱ部类资本有机构成2∶1的假定条件，既然不变资本追加了100△c，可变资本也要追加50△v。(100△c＋50△v)＝150，这是Ⅱ部类积累的资本，它们都从Ⅱ部类的剩余价值750m中转化而来。所以，Ⅱ部类资本家消费的剩余价值为600 $\frac{m}{x}$。这样，Ⅱ（1500c＋100△c）要与Ⅰ（1000v＋100△v＋500 $\frac{m}{x}$）进行两大部类之间的交换。Ⅱ（750v＋50△v＋600 $\frac{m}{x}$）则在Ⅱ部类内部实现交换。

上述两大部类的资本积累和交换过程可表现为如下公式：

Ⅰ.

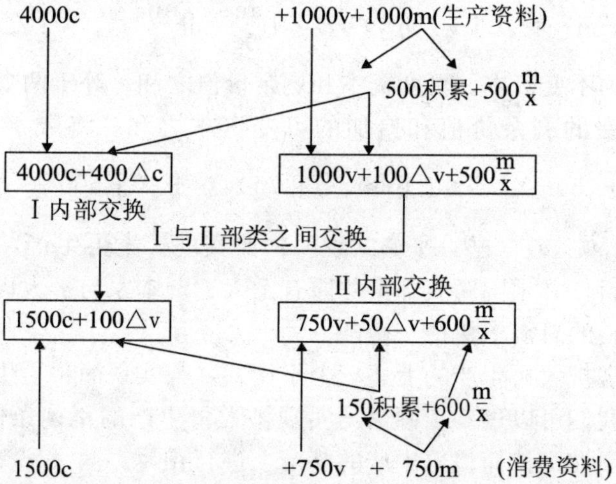

Ⅱ. 通过剩余价值的改组和产品交换，两大部类实现了资本积累：

Ⅰ. 4400c＋1100v

Ⅱ. 1600c＋800v

按照剩余价值率100%的假定条件，两大部类扩大再生产的产值是：

Ⅰ. 4400c＋1100v＋1100m＝6600（生产资料）

Ⅱ. 1600c＋800v＋800m＝3200（消费资料）

（3）实现社会资本扩大再生产的平衡式

从以上分析，可以看出实现社会资本扩大再生产的平衡条件。

马克思指出："在以资本的增加为基础的生产中，Ⅰ（v＋m）必须＝Ⅰc加上再并入资本的那部分剩余产品，加上第Ⅱ部类扩大生产所必需的不变资本的追加部分”。① 用公式表示就是：

Ⅰ（v+m）=Ⅱc+（Ⅰ△c+Ⅱ△c）

将上例的有关数字代进去，即得Ⅰ（1000v+1000m）=Ⅱ1500c+（Ⅰ400△c+Ⅱ100△c）。这是社会资本扩大再生产的首要的、也是最基本的平衡式。它说明：要实现扩大再生产，第Ⅰ部类中相当于价值产品的这部分生产资料，在补偿了第Ⅱ部类原有生产资料的消耗即维持了简单再生产的需求之后，还能够满足两大部类扩大再生产对追加生产资料的需求。

由第一个平衡式还可以派生出以下两个平衡式：

Ⅰ（c+v+m）=（Ⅰc+Ⅱc）+（Ⅰ△c+Ⅱ△c）

即Ⅰ部类的不变资本、可变资本和剩余价值之和，等于两个部类的不变资本与追加的不变资本之和。将数字代入，即得Ⅰ（4000c+1000v+1000m）=（Ⅰ4000c+Ⅱ1500c）+（Ⅰ400△c+Ⅱ100△c）。这一平衡式说明：要实现扩大再生产，第Ⅰ部类生产的全部生产资料，必须同两大部类维持简单再生产与进行扩大再生产对生产资料的总需求保持平衡。

$$\text{Ⅱ}(c+v+m)=(\text{Ⅰ}v+\text{Ⅱ}v)+\left(\text{Ⅰ}\frac{m}{x}+\text{Ⅱ}\frac{m}{x}\right)+(\text{Ⅰ}\triangle v+\text{Ⅱ}\triangle v)$$

即Ⅱ部类的不变资本、可变资本和剩余价值之和，等于两个部类的可变资本、资本家消费的剩余价值和追加的可变资本之和。将数字代入，即得Ⅱ（1500c+750v+750m）=（Ⅰ1000v+Ⅱ750v）+（Ⅰ500 $\frac{m}{x}$+Ⅱ600 $\frac{m}{x}$）+（Ⅰ100△v+Ⅱ50△v）。这一平衡式说明：要实现扩大再生产，第Ⅱ部类生产的全部消费资料，必须同两大部类的原有工人、资本家与扩大再生产中新增劳动力对消费资料的总需求保持平衡。

如果把实现扩大再生产的上述三个平衡式，与实现简单再生产的三个平衡式加以对照，我们可以进一步领悟出实现扩大再生产的平衡条件的基本精神，这就是：一定要在维持简单再生产的基础上进行积累；两大部类必须同时进行积累和扩大再生产；生产资料和消费资料的总供给与总需求保持平衡。

3. 一定条件下的生产资料优先增长

在马克思分析的社会资本扩大再生产的例证中，资本的有机构成在时间上是不变的，两大部类的发展速度从长期看是相同的。在第一例的扩大再生产中，除第一年两大部类增长速度有所差别（Ⅰ部类增长10%，Ⅱ部类增长6%）以外，以后每年两大部类均增长10%。正如列宁所指出：从马克思的图式中，“根本不能得出第Ⅰ部类比第Ⅱ部类占优势的结论，因为这两个部类在

① 《马克思恩格斯全集》第24卷，人民出版社1972年版，第585页。

这里是平行发展的。”①

然而，在社会化大生产的基础上，扩大再生产一般是与技术进步和资本有机构成提高相联系的。列宁把这个因素引入马克思的社会资本扩大再生产图式中，得出了“在资本主义社会中，生产资料的生产比消费资料的生产增长得快”② 的结论。这就是所谓生产资料优先增长的规律。在技术进步、引起资本有机构成提高的条件下，生产资料生产适当快于消费资料生产的增长，这也是实现社会扩大再生产的一个客观要求。

不过，根据理论研究和实践的经验，对生产资料优先增长的规律的理解，要注意以下几点：

第一，生产资料优先增长的根本含义是速度问题，即生产资料生产的增长速度要快于消费资料生产的增长速度。

第二，生产资料生产增长速度更快的经济条件，是技术进步引起资本有机构成提高。

第三，生产资料生产增长速度更快，不是直线式的，更不是加速度式的，而是波浪式的趋势。

第四，生产资料生产增长更快，不能孤立地实现，必须建立在社会生产协调发展的基础上。

第五，生产资料生产增长更快不是目的，它归根结底要以发展消费资料生产为归宿。

在社会主义条件下，只要存在着技术进步引起资本有机构成提高的条件，就存在着生产资料优先增长规律的作用。

综合以上分析，可以把社会资本扩大再生产的实现条件归结为：“两个多余”、“协调发展”、“优先增长”。

现实意义

马克思关于社会资本扩大再生产实现的基本条件的一般原理，是指导社会主义扩大再生产的重要理论基础。

社会扩大再生产的前提条件是“两个多余”，即在维持简单再生产的需要后，一要有多余的生产资料，二要有多余的生活资料。过去多年里社会主义扩大再生产的一个通病是：积累的投资不仅超过生产资料的供应能力，更超过生活资料的供应能力。从这个意义上看，对第一个“多余”还稍微注意一些，对第二个“多余”则严重忽视。因此，我们盖的许多工厂，建设的许多基地，往往是“只有骨头，没有肉”，职工生活供应条件较差，影响了他们积极性的发

① 《列宁全集》第 2 版第 1 卷，人民出版社 1984 年版，第 64 页。

② 《列宁全集》第 2 版第 1 卷，人民出版社 1984 年版，第 67—68 页。

挥，最终也影响了扩大再生产有效的实现。这说明，进行社会主义的积累和扩大再生产，必须同时重视生产资料和生活资料两个方面的前提条件。这既是扩大再生产的一般要求，更是以改善人民生活为根本目的的社会主义扩大再生产的特殊要求。

社会扩大再生产实现的基本平衡条件告诉我们：两大部类必须同时积累，协调发展，不能“一条腿走路”，要“两条腿走路”。我国在1978年党的十一届三中全会以前的一段时间里，在扩大再生产上我们曾经走了一条高积累、低消费的路子。实践证明，这是一条违背社会再生产的规律，也不利于社会主义优越性发挥的歧路。按照扩大再生产的实现规律，两大部类之间，积累和消费之间，是互为条件、互相制约的，缺一不可。因此，在处理它们的关系上，必须实行兼顾、协调、平衡的原则，反对任何片面、孤立的做法。特别需要指出的是，在社会主义条件下，上述关系不仅受再生产一般规律的制约，而且要受社会主义基本经济规律（主要精神是发展生产，改善人民生活）的主导作用的制约。这就要求：在社会扩大再生产综合平衡发展的过程中，必须做到在发展生产的基础上逐步提高人民的生活水平。这是社会主义扩大再生产的根本宗旨。

我们强调两大部类协调发展，不是说两大部类的发展速度要一个样，“齐步走”。按照列宁的创造性分析，在技术进步、引起资本有机构成提高的条件下，生产资料生产必须优先增长。这也是在此种条件下实现两大部类协调发展的客观要求。在社会主义的工业化和现代化的过程中，生产资料生产优先增长规律仍然起作用。问题是对它的理解和运用，要坚持辩证法，反对片面性。特别是要把生产资料生产优先增长规律，同农业是国民经济基础的规律以及三次产业发展的规律等综合起来进行研究，把握它们作用的合力，并且和中国的国情结合起来，找到这些规律综合实现的途径。只有这样，才能真正有效地利用这些规律，推动社会主义经济快速、高效地向前发展。

（三）关于社会资本扩大再生产两种类型的原理与现实

这一原理，主要分析扩大再生产的两种类型，即外延的扩大再生产和内含的扩大再生产。

“生产逐年扩大是由于两个原因：第一，由于投入生产的资本不断增长；第二，由于资本使用的效率不断提高”。①

据此，马克思把扩大再生产分为两种类型，即外延的扩大再生产和内含的扩大再生产。单个资本的扩大再生产是如此，社会总资本的扩大再生产也是如此。

---

① 《马克思恩格斯全集》第26卷第2册，人民出版社1973年版，第598页。

马克思对扩大再生产的这两种方式有不少论述。下面列举重要的几段：

货币资本“在转化为生产资本之后，包含着生产的潜力，这些潜力的界限，不是由这个预付资本的价值界限规定的，这些潜力能够在一定的活动范围之内，在外延方面或内含方面按不同程度发挥作用。如果生产要素——生产资料和劳动力——的价格是已定的，那么，……要预付的资本的价值量是确定的。但这个资本作为价值形成要素和产品形成要素的作用大小是可以伸缩，可以变化的。”①

“积累，剩余价值转化为资本，按其实际内容来说，就是规模扩大的再生产过程，而不论这种扩大是从外延方面表现为在旧工厂之外添设新工厂，还是从内含方面表现为扩充原有的生产规模。”②

“固定资本价值中这个转化为货币的部分，可以用来扩大企业，或改良机器，以提高机器效率。这样，经过一段或长或短的时间，就要进行再生产，并且从社会的观点看，是规模扩大的再生产。如果生产场所扩大了，就是在外延上扩大；如果生产资料效率提高了，就是在内含上扩大。”③

从以上论述可以看出，扩大再生产两种类型的特点在于：如果生产技术和效率不变，单纯依靠增加生产资料和劳动力的数量，扩展生产场所，而实现的扩大再生产，属于外延扩大再生产；如果以技术进步为基础，依靠提高生产资料和活劳动的效率，在原有企业基础上实现的扩大再生产，属于内含扩大再生产。

在实际的扩大再生产中，外延扩大再生产和内含扩大再生产往往是结合一起，互相渗透，你中有我，我中有你的，所以，只能从主导方面去区分。一般来说，新建工厂，铺新摊子，属于外延主导型的扩大再生产；老企业通过革新改造而实现的增产，属于内含主导型的扩大再生产。

从扩大再生产的整个过程看，“外延主导型”和“内含主导型”都是必要的。但在一定时期和一定条件下，总有某一种主导型的扩大再生产起的作用更显著、更突出。一般来说，一个国家在工业化和现代化的前期，外延主导型的扩大再生产的作用更突出。当工业发展到相当规模和水平时，内含主导型的扩大再生产的作用更突出。但是，无论在哪种情况下，都不能搞“一刀切”。在整个社会再生产走以内含为主的发展道路时，不排除某些产业租地方仍可搞些外延主导型的扩大再生产。

不能离开具体的经济环境和条件，孤立地看待不同类型的扩大再生产的经济效益，无条件地认定“外延”的效益一定比“内含”的效益差。必须联系具

① 《马克思恩格斯全集》第24卷，人民出版社1972年版，第395—396页。

② 《马克思恩格斯全集》第24卷，人民出版社1972年版，第356页。

③ 《马克思恩格斯全集》第24卷，人民出版社1972年版，第192页。

体的经济环境和条件来评价它们的效益。在我国“一五”时期，重工业着重搞外延主导型的扩大再生产，建设“156项工程”，就是好效益；而当工业发展到规模相当可观的今天，总体上走以内含为主的发展道路，效益更好。

马克思在分析资本主义农业地租问题时，还论述了粗放与集约经营的区别。他指出：“在经济学上，所谓耕作集约化，无非是指资本集中在同一土地上，而不是分散在若干毗连的土地上。”“一个资本家投资耕种的土地面积较大，也就是在于资本以粗放的方法投在较大的土地面积上。”① 在这里，是把投资的分散与集中作为区别粗放与集约的主要标志。

外延和内含，粗放和集约，是对扩大再生产方式的两种既有联系又不完全相同的类型分析。

现实意义

马克思关于扩大再生产类型的基本原理，对于实现社会主义经济增长方式的转变，具有重要的指导意义。

我们党的十四届五中全会，把在经济增长方式上从粗放型向集约型的根本转变，确定为我国今后一个时期经济工作的一个关键任务。如何理解经济增长方式的这个根本转变？为什么采用粗放型向集约型转变这样一个提法？这个提法同外延和内含扩大再生产的概念有何联系？这里根据马克思的有关分析谈点看法。

马克思区分外延和内含扩大再生产的界限，其根据是生产要素使用效率是否提高。依靠单纯增加生产要素的数量而实现的是外延扩大再生产；依靠提高生产要素的使用效率而实现的是内含扩大再生产。而决定生产要素使用效率提高的因素，马克思着重分析的是科学技术。马克思把农业生产区分为粗放和集约两种方式，根据的是资本对土地投入的分散性和集中性。而这种资本集中的投入，不仅能促进生产技术的进步，而且能提高规模效益，优化产品结构，节约自然资源，利于环境保护等。因此，将粗放和集约这两种增产方式的分析，从农业扩展到整个社会生产，更能全面反映投入产出的效益，其中也把外延和内含两种扩大再生产分析的科学性全部吸收进来了。

按照这种理解，对经济增长方式从粗放型到集约型的根本转变的理解，要注意以下几点：一是不要把集约增长和粗放增长的区别，等同于老企业和新企业的扩大再生产。无论是老企业还是新企业，在经济增长方式上都有个在总体上是依靠单纯增加生产要素还是依靠提高生产要素使用效率的选择，从而都有可能实现粗放或集约增长。二是不要把粗放增长和集约增长的区别简单地归结为技术是否进步，科技含量是否增大。影响生产要素使用效率的提高从而实现

---

① 《马克思恩格斯全集》第25卷，人民出版社1974年版，第760、762页。

集约增长的因素，除了科技这个主要因素外，还有规模效益、结构优化、节约资源等因素，而这几个因素的变化不一定以技术进步为前提。三是同外延和内含两种扩大再生产方式一样，粗放增长方式与集约增长方式也不是单纯的、截然分开的，而是互相结合、互相渗透的，因而只能从主导方面去区分。准确把握经济增长方式的含义是十分必要的。它告诉我们，实现经济增长方式转变的根本目标是同一的，这就是提高生产要素的使用效率；而达到这一根本目标的手段是多样的，包括技术进步（这是主要的），优化结构，扩大规模效益，加强管理，节约资源等。

经济增长方式的转变是相对的、没有止境的。因为，科技是不断进步的，经济效益也是不断提高的，这个过程永远不会完成。在这个过程中，生产要素的“粗”与“精”，科技含量的多与少，经济效益的高与低，都是相对的。机械化与手工劳动相比，前者属集约增长，后者属粗放增长。但相对于电气化，机械化又成为粗放增长。如此等等。因此，经济增长方式从粗放向集约的转变是连续不断的。只是具有阶段性的差别而已。我国经济从粗放型向集约型的转变在现阶段的特殊要求和目标是什么？需要深入的研究。可不可以这样理解，经济增长方式在今后 15 年的主要目标是：科学技术在经济增长方式中的贡献率，从目前的 20%～30%提高至 50%～60%。

总　结

学习《资本论》第二卷应把握的理论联系实际的主要线索：

学习《资本论》第二卷的基本原理，从认识资本主义的角度，可集中抓住“比例——实质——危机”这一基本逻辑来领会。

比例：无论是个别资本还是社会资本，它们再生产的实现客观上都要求按比例，这是由社会化大生产以及社会化商品经济的一般规律决定的。

实质：资本主义的个别资本再生产和社会总资本再生产的目的和实质，都是为了实现从而不断地剥削更多的剩余价值。资本主义的再生产和扩大再生产的过程，同时也是资本主义剥削关系的再生产和扩大再生产的过程。

危机：虽然社会化大生产客观上要求按比例发展，但资本主义的私有制决定了它的社会再生产在总体上不可能自觉地做到按比例，相反还会使消费严重落后于生产的发展，从而导致周期性的经济危机。这是资本主义再生产的局限性。

从学习《资本论》第二卷的一般原理，用以指导社会主义经济建设这一方面看，可着重抓住“比例—速度—效益”这样一条结合线。

比例：无论是企业的再生产，还是社会的再生产，都要求按比例发展。就企业再生产来看，购、产、销三个环节上的资本运行要按比例；劳动者和生产资料之间要按比例；固定资本和流动资本要按比例。就社会再生产来讲，主要是“钱”和“物”要按比例；两大部类的生产要按比例；各个局部也要按比例。一句话，要做到综合平衡。

速度：从企业再生产看，加速资本周转，归根结底要缩短生产时间和流通时间（销售时间在流通时间中更具有决定性的意义）。为了缩短生产时间，要进行技术革新，提高劳动生产率；为了缩短流通时间，要不断改进和发展交通运输。从社会再生产看，速度问题首先是资本积累的数量问题。积累的多少不决定于“钱”的多少，只决定于生产力发展的水平；两大部类的发展要协调；在资本有机构成提高的条件下，生产资料生产要合理地优先增长。

效益：加速企业资本的周转，可以减少预付资本，提高年剩余价值率，即实现少投入，多产出。提高社会再生产效益，要正确处理简单再生产和扩大再生产的关系；正确处理外延扩大再生产和内含扩大再生产的关系；正确处理增加投资和增加生产的关系；正确安排周期长的生产在社会总生产中的比例。货币回流是反映再生产有效实现的重要标志。

由此可见，学习《资本论》第二卷即再生产理论，可以帮助我们掌握微观经济和宏观经济的一般规律，自觉促进社会主义再生产按比例、高速度、好效益地发展。

《资本论》第三卷
资本主义生产的总过程

前　言

《资本论》第三卷，也是由恩格斯根据马克思的遗稿整理而成的，于1894年出版。恩格斯说："第三卷花的力气比我想象的要多，有一章我必须全部重写，而另一章只有一个标题，我只得自己写。"① 这里提到的两章，是指第1篇的3、4章。还有许多地方做了修改和增补。可见，恩格斯为第三卷的出版付出了很大的精力。

第三卷的总标题是"资本主义生产的总过程"。这是对这一卷研究对象的概括。马克思在本卷第1篇第1章的开头，对此作了专门的阐述。他指出："这一卷要揭示和说明资本运动过程作为整体考察时所产生的各种具体形式。"② 根据马克思的论述，作为第三卷研究对象的资本主义生产总过程，应当这样理解：一是这里所说的总过程，不只是指产业资本运动的总过程，而且包括各种独立化的资本（产业资本、商业资本、生息资本等）。二是这里所说的总过程，不仅是直接生产过程和作为交换的流通过程的统一，而且是生产过程、流通过程和分配过程的统一。三是考察这个总过程的中心内容，是剩余价值分配的各种具体形式（利润、地息、地租等），分析各个资本家集团以及土地所有者怎样瓜分剩余价值。所以，恩格斯指出："第三卷所阐述的就是剩余价值的分配规律。""剩余价值的分配就像一根红线一样贯串着整个第三卷。"③

《资本论》第三卷围绕剩余价值分配这个中心，展开了7篇。第1至第6篇主要分析资本主义社会的"三家一主"（产业资本家、商业资本家、借贷资本家和大地主）怎样瓜分剩余价值。第7篇是关于资本主义收入分配的一个总结。因此，第3卷的主要内容可以概括为"五论"：一是产业资本和利润平均化理论（1至3篇）；二是商业资本和商业利润理论（4篇）；三是生息资本和信用理论（5篇）；四是土地所有权和地租理论（6篇）；五是资本主义收入分

① 《马克思恩格斯全集》第37卷，人民出版社1971年版，第117页。

② 《马克思恩格斯全集》第25卷，人民出版社1974年版，第29页。

③ 《马克思恩格斯全集》第22卷，人民出版社1965年版，第511、512页。

配和生产关系总论（7篇）。其中，产业利润论特别是其中关于利润平均化的原理，是整个第三卷的理论基础。

第三卷在分析方法上的一个显著特点，就是运用了转化分析法。这里所说的转化的含义包括两个方面：一方面，是本质形态向现象形态的转化，例如，剩余价值向利润的转化，前者是本质形态，后者是前者转化而成的现象形态；另一方面，现象形态反过来又掩盖了本质形态，如上例，当剩余价值转化为利润以后，利润这个现象形态反过来又掩盖了它来源于剩余价值这个本质的关系，因为利润表现为全部预付资本的产物。第三卷研究方法上的这个特点，是由它的研究对象及其主题决定的。既然第三卷研究的重点是资本和剩余价值的具体形式，当然分析的逻辑思路自然是从抽象到具体，一般到特殊、本质到现象了。通过对资本和剩余价值的一系列转化过程的分析，将资本主义经济的全过程从本质到现象科学地再现在人们面前。

第三卷在全部《资本论》理论体系中占有极其重要的地位。恩格斯指出：第三卷“将阐明马克思对资本主义基础上的社会再生产过程的研究的最终结论。”①“同研究对象有关而在前两卷中必然得不到解决的全部问题，在这里都得到了解决。”② 第三卷“是圆满完成全著的结束部分，甚至使第一卷相形见绌。……这个第三卷是我读过的著作中最惊人的著作”。③ 恩格斯之所以给予如此高度的评价，我理解有如下主要理由：第一，《资本论》前两卷分析的是资本和剩余价值一般的生产和流通，第三卷则通过对资本和剩余价值具体表现形式的分析，将资本主义生产方式从本质到现象和盘托出，使人们达到完整、透彻的认识。第二，马克思研究《资本论》的最终目的，是在揭示资本主义生产方式必然走向灭亡的基础上，彻底阐明它的阶级结构和主要阶级矛盾，得出阶级斗争必然引导到无产阶级专政的结论。这个总结论，只有通过对剩余价值分配的分析，才能最终得出。第三，《资本论》前两卷阐明的许多理论问题，如价值理论、剩余价值生产和流通理论、社会资本再生产和经济危机理论等，只有通过第三卷的分析，才得以完成。

学习《资本论》第三卷，不仅是全面、深刻、具体地认识资本主义的本质、矛盾和必然灭亡的规律所必需的，而且对社会主义市场经济，特别是全面利用市场的机制，搞好生产、流通和分配，具有重要的现实意义。

一、产业资本和利润平均化理论

产业资本是投资于物质生产领域的资本，它区别于流通领域的商业资本、

---

① 《马克思恩格斯全集》第24卷，人民出版社1972年版，第25页。

② 《马克思恩格斯全集》第22卷，人民出版社1965年版，第513页。

③ 《马克思恩格斯全集》第36卷，人民出版社1974年版，第299页。

生息资本等。产业资本获得的利润叫产业利润，它区别于商业利润、利息等。

产业利润理论主要阐述产业资本家是怎样瓜分剩余价值的。其重点内容是利润率的平均化。平均利润和生产价格原理是整个剩余价值分配学说的基础。

马克思对产业利润理论的分析，是从商品价值的构成出发，依次说明了四个转化：①所费资本转化为成本价格；②剩余价值（剩余价值率）转化为利润（利润率）；③利润（利润率）转化为平均利润（平均利润率）；④价值转化为生产价格。这四个转化可图示如下：

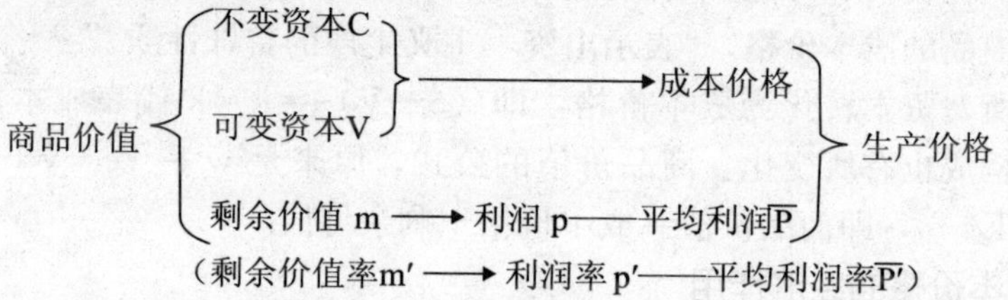

学习产业利润论，要着重抓住以下基本原理；关于所费资本转化成本价格的原理；关于剩余价值转化为利润的原理；关于利润率的数量变化规律的原理；关于平均利润和生产价格的原理；关于利润率趋于下降规律的原理。

（一）关于所费资本转化为成本价格的原理与现实

这一原理，主要说明资本主义的成本价格是怎样形成的，它在资本主义经济中有什么作用。

1. 成本价格的形成

资本主义商品的成本价格，就是资本家在生产商品中所耗费的资本价值，也叫做资本主义生产费用。通俗点说，就是资本家生产商品所花的本钱。

资本主义商品的价值包括三个部分，即 W＝c＋v＋m。其中，m 是资本家无偿占有的剩余价值，（c＋v）是资本家在生产中耗费的资本（本钱）。由于（c＋v）“商品价值的这个部分，即补偿所消耗的生产资料价格和所使用的劳动力价格的部分，只是补偿商品使资本家自身耗费的东西，所以对资本家来说，这就是商品的成本价格。”①

这里必须强调的是，生产商品的资本主义生产费用与生产商品的实际生产费用不是一回事。商品本身的实际生产费用是从劳动的角度计算的，它就是生产中耗费的全部物化劳动和活劳动，它们形成商品的全部价值（c＋v＋m）。马克思把商品的全部价值又称作商品的实际成本价格。商品的资本主义生产费用，则是从资本耗费的角度计算的，只包括耗费的资本价值（c＋v）。显然，商品的资本主义生产费用小于商品的实际生产费用。所以，马克思指出：“商

① 《马克思恩格斯全集》第 25 卷，人民出版社 1974 年版，第 30 页。

品使资本家耗费的东西和商品生产本身所耗费的东西，无疑是两个完全不同的量。”①

既然商品的资本主义生产费用与商品的实际生产费用是两个完全不同的量，那么，为什么资本主义商品的成本价格只归结为资本的耗费呢？这是由资本主义生产方式决定的。资本主义私有制决定了资本家是商品生产的主人，“资本家是实际的商品生产者”，因此，对资本家来说，商品的成本价格必然归结为资本的耗费，不可能归结为劳动的耗费。正是在这个意义上说，把所费资本归结为商品的成本价格，“表示出资本主义生产的特殊性质。”②

随着所费资本转化为成本价格，即（c＋V）＝k（k代表成本价格），商品的价值构成也有所变化。商品价值的公式，原来是 w＝（c＋v＋m），现在变成 W＝k＋m，即商品价值＝成本价格＋剩余价值。

2. 成本价格的经济作用

马克思指出：“商品的成本价格也决不是一个仅仅存在于资本家账簿上的项目。这个价值部分的独立存在，在现实的商品生产中，会经常发生实际的影响”。③ 商品的成本价格在资本主义商品经济中有着重要的作用。

第一，成本价格的收回和补偿，是再生产正常进行的一个必要条件。“商品的成本价格必须不断买回在商品生产上耗费的各种生产要素。”④ 如果成本不能如数收回，再生产就要遭到破坏。

第二，成本价格是盈亏的界限。资本家出卖商品的价格一般必须在成本之上，这样才能赚到钱。如果销售价格低于成本，就会亏本。所以马克思说：“商品出售价格的最低界限，是由商品的成本价格规定的。如果商品低于它的成本价格出售，生产资本中已经消耗的组成部分，就不能全部由出售价格得到补偿。如果这个过程继续下去，预付资本价值就会消失。”⑤

第三，商品的成本价格和价值差额的存在，是资本主义竞争的重要经济基础。“在商品的价值和它的成本价格之间，显然会有无数的出售价格。商品价值中由剩余价值构成的要素越大，这些中间价格的实际活动余地也就越大。”“资本主义竞争的基本规律，即调节一般利润率和由它决定的所谓生产价格的规律，也是建立在商品价值和商品成本价格之间的这种差别之上的，建立在由此引起的商品低于价值出售也能获得利润这样一种可能性之上的。”⑥ 这就是

---

① 《马克思恩格斯全集》第25卷，人民出版社1974年版，第30页。

② 《马克思恩格斯全集》第25卷，人民出版社1974年版，第30、33页。

③ 《马克思恩格斯全集》第25卷，人民出版社1974年版，第33页。

④ 《马克思恩格斯全集》第25卷，人民出版社1974年版，第33页。

⑤ 《马克思恩格斯全集》第25卷，人民出版社1974年版，第45—46页。

⑥ 《马克思恩格斯全集》第25卷，人民出版社1974年版，第45页。

说，由于商品的成本价格与价值之间有一个或大或小的差额，因而在市场上同一种商品可以根据不同情况按不同价格出售，以展开价格上的竞争。上述差额越大，资本家在竞争中越处于主动和优势地位。这也为资本在不同部门之间的转移，形成平均利润率和生产价格提供了经济上的可能性（这一点将在后面专门分析）。

总之，成本价格同资本家经营的好坏、获利的大小以及在市场竞争中的命运，紧密相关。所以，资本家都毫无例外地十分重视商品成本的核算和管理，竭力降低商品的成本。

3. 成本价格掩盖了资本增殖的过程

《资本论》第一卷对剩余价值生产过程的分析，揭示了不变资本 C 和可变资本 V 质的区别，说明 C 的价值是转移的，剩余价值是由 V 购买的劳动力在生产中创造的。然而，当不变资本 C 和可变资本 V 共同转化成成本价格以后，它们的质的区别就被掩盖了，成本价格唯一显现的特性，就是资本价值的耗费，而不管它们在价值增殖中的作用有什么区别。在成本价格上，“我们只看到完成的现有的价值，即加入产品价值形成中的预付资本的各个价值部分，但看不到新创造价值的要素。不变资本和可变资本的区别也就消失了。”①

成本价格之所以会掩盖不变资本和可变资本的区别，直接根源在于资本主义工资形态的假象。在资本主义制度下，实质是劳动力价格的工资却歪曲地表现为劳动的价格。因此，成本价格中的可变资本，看起来就像是对工人在生产中耗费的全部劳动的价格的支付，如同成本价格中的不变资本是对生产资料的价格的支付一个样，只不过是支付在物质形态不同的生产要素上罢了。由此看起来，它们似乎都是既存价值的再现（转移）可变资本在价值增殖中所起的特殊作用看不到了。

从以上分析可以看出，所谓成本价格是所费资本的转化形式，其含义是：一方面，成本的实际内容是由不变资本和可变资本构成的；另一方面，成本价格形成以后又掩盖了不变资本和可变资本的区别。

另外，由于成本价格是资本家出卖商品的最低价格，也是他生产商品而支付的购买（生产要素）价格，因此，“资本家就乐于把成本价格看作商品的真正的内在价值”。② 这样，剩余价值就不是来自生产，而是来自流通，它的真正来源就被掩盖起来了。

现实意义

马克思关于成本价格的原理，撇开资本主义的特殊性质，也适用于社会主

---

① 《马克思恩格斯全集》第 25 卷，人民出版社 1974 年版，第 39 页。

② 《马克思恩格斯全集》第 25 卷，人民出版社 1974 年版，第 46 页。

义经济。

第一，成本从物质上看就是在生产一定的产品中所消耗的物质资料（包括生产资料和维持劳动力再生产的生活资料），表现在价值上，就是消耗的资金或资本。在商品、市场经济中，人们必须计算价值的消耗和产出的比例，这是评价经济效益的一个基本内容。

第二，成本是再生产的补偿资金。它在生产中不断支出，又必须不断收回，这是维持再生产的必要条件。

第三，成本是衡量商品生产盈亏的根本界限。商品的价值以及销售价格只有超过成本，才能赢利；低于成本就会亏损。

第四，商品成本水平的高低，决定了商品生产者在市场竞争中的地位。同样的商品，如果成本水平低，即使销售价格低于价值，照样可以获得相当的利润，这样的商品生产者在竞争中就处于优势。

社会主义经济是商品、市场经济，生产的投入和产出普遍表现为价值的形式，所以，在进行经济核算时沿用了成本这个概念，其内容仍然包括C＋V。只不过是，社会主义公有制经济的成本与资本主义成本所体现的生产关系和生产目的不同罢了。

加强成本的核算和管理，是整个经济管理的基础工程。它对保证社会主义经济的高效益发展，具有极其重要的作用。一是通过规范成本的范围，为企业进行合理的开支提供了共同的依据。这样就能促使企业加强经济核算，增产节约，提高经济效益。二是合理地规定成本的考核水平，是正确计算收益，搞好收入分配，加强宏观调控，正确处理国家、行业、企业和个人等多重利益关系的重要条件。三是成本是价格的基础。只有科学地确定成本，才能够为制定合理的价格提供重要依据。

过去多年里，由于经济工作上“左”的指导思想的影响，生产不讲成本，经济不讲效益的现象十分严重。改革开放以来，虽然国民经济发展的成就显著，但成本核算和管理工作还比较薄弱，各种人为地“增加”成本或“减少”成本的花招层出不穷，企业亏损面不小。这是影响国民经济健康、高效发展的一大障碍。因此，对广大干部特别是经济工作干部进行科学的成本理论的教育，是很有必要的。

为了加强成本核算，必须按照成本的原则规定，正确掌握成本的范围。列入成本的（C＋V），必须是同产品的生产、销售有关，能够形成产品价值中的补偿价值的费用。一句话，只有形成产品价值的支出，才属于成本支出。为了正确地把握成本支出的范围，需要划清这样几个重要界限。一是划清成本和利润的界限，不能互相顶替，互相挤占。二是划清占用资本和消耗资本的界限。进入成本的只能是实际消耗的资本。三是划清生产性费用和非生产性的费用。四是划清生产费用和产品成本的界限。并不是所有生产费用一股脑地列入成本。必须是与本期产品的生产和销售有关的生产费用才计入成本。当然，实际的成本核算和管理工作是很复杂的。现行成本范围的规定和成本的经济内涵存在着某些差别。这些问题，要通过实践，根据是否有利于提高经济效益的原则，不断求得合理的解决。

（二）关于剩余价值转化为利润的原理与现实

这一原理，主要说明资本主义的利润和利润率是怎样形成的，它们有哪些作用。

1. 剩余价值向利润的转化

从剩余价值的生产过程可以看出，剩余价值是可变资本的一个增加额，这一点表现了剩余价值是由雇佣工人的劳动创造的。

但是，由于所费资本（C＋V）转化为成本价格，不变资本和可变资本的区别被掩盖了，“因此，剩余价值首先是商品价值超过商品成本价格的余额。”①

进一步考察，剩余价值“不仅对用商品的成本价格来补偿的所耗费的资本来说是一个价值增加额，而且对生产中所使用的全部资本来说也是一个增加额。”② 为什么呢？

第一，资本家生产的目的，是以资本榨取活劳动，这就决定了他最终关心的是预付总资本（大于所费资本）的增殖。

第二，“总资本虽然只有一部分进入价值增殖过程，但在物质上总是全部进入现实的劳动过程。”所以在资本家看来，“不管怎样，结论总是：剩余价值是同时由所使用的资本的一切部分产生的。”③

第三，资本家比较获利大小的根本尺度，是看剩余价值与预付总资本的比率。

可见，资本主义的经济生活，必然使得资本家歪曲地把剩余价值看成是全部预付资本带来的余额。这样，“剩余价值，作为全部预付资本的这样一种观念上的产物，取得了利润这个转化形式。”④

利润的本质是剩余价值，它们实质上是一个东西。所不同的是，剩余价值与可变资本（雇佣的劳动力）相联系，直接表现了它的本质；而利润在外观上歪曲地表现为全部预付资本带来的产物，因而掩盖了利润的本质内容。

马克思指出：“我们在这里最初看到的利润，和剩余价值是一回事，不过

---

① 《马克思恩格斯全集》第25卷，人民出版社1974年版，第41页。

② 《马克思恩格斯全集》第25卷，人民出版社1974年版，第42页。

③ 《马克思恩格斯全集》第25卷，人民出版社1974年版，第43—44、44页。

④ 《马克思恩格斯全集》第25卷，人民出版社1974年版，第44页。

它具有一个神秘化的形式，而这个神秘化的形式必然会从资本主义生产方式中产生出来。”①

首先，资本主义的私有制决定了资本家是生产的主人，因而所费资本必然表现为商品的成本价格。“成本价格的形成具有一种假象，使不变资本和可变资本之间的区别看不出来了，所以在生产过程中发生的价值变化，必然变成不是由可变资本部分引起，而是由总资本引起。”②

其次，资本主义的工资有一个假象，即表现为劳动的价格，似乎全部劳动都给了代价。这样，剩余价值看起来就不是由劳动创造出来，而是由全部资本所带来。正如马克思所说：“因为在一极上，劳动力的价格表现为工资这个转化形式，所以在另一极上，剩余价值表现为利润这个转化形式。”③

随着剩余价值转化为利润，商品价值的公式也相应发生变化。以 P 代表利润，那么，$w=c+v+m=k+m$ 这个公式，就变成了 $w=k+p$，即商品价值＝成本价格＋利润。

2. 剩余价值率转化为利润率

剩余价值转化为利润，是同剩余价值率转化为利润率紧密相连的。所谓利润率，就是剩余价值和预付总资本的比率。用公式表示就是：$p'=\frac{m}{C}=\frac{m}{c+v}$。其中 p' 代表利润率，c 代表预付总资本。

马克思指出：“应当从剩余价值率到利润率的转化引出剩余价值到利润的转化，而不是相反。”④ 这是因为：

第一，剩余价值和利润在绝对量上是“同一个量”（假定价格和价值是一致的），它们的区别只能相对地表现出来。同一个价值余额，当它作为可变资本的产物，或者与可变资本相比较时，就是剩余价值；当它作为全部预付资本的产物，或者与全部预付资本相比较时，就表现为利润。所以，剩余价值向利润的转化，实际上是以剩余价值率向利润率的转化为前提的。

第二，资本家“实际获利的程度……不是决定于剩余价值率，而是决定于利润率”。前者是看不见的，后者是看得见的。因此，在资本家看来，“不管剩余价值来自何处，它总是一个超过全部预付资本的余额。”⑤ 这也就是说，只有通过资本利润率这个环节，剩余价值才现实地转化为利润。

剩余价值率和利润率的关系，如同剩余价值和利润的关系一样，是本质形

---

① 《马克思恩格斯全集》第 25 卷，人民出版社 1974 年版，第 44 页。

② 《马克思恩格斯全集》第 25 卷，人民出版社 1974 年版，第 44 页。

③ 《马克思恩格斯全集》第 25 卷，人民出版社 1974 年版，第 44 页。

④ 《马克思恩格斯全集》第 25 卷，人民出版社 1974 年版，第 51 页。

⑤ 《马克思恩格斯全集》第 25 卷，人民出版社 1974 年版，第 50、51 页。

态和现象形态的关系。剩余价值率（$\frac{m}{v}$）和利润率（$\frac{m}{c+v}$），是“表示同一个量的不同的比率或关系。”① 即是同一个剩余价值量用不同方法计算出来的比率。所以二者是密切相连的。但是，二者又有明显的区别。一是体现的关系有所不同。剩余价值率直接体现资本对雇佣劳动的剥削关系；利润率则直接表示总资本的增殖程度。二是比率不同。利润率总是小于剩余价值率，因而掩盖了资本主义的剥削程度。

3. 利润在资本主义经济中的作用和实现

在资本主义经济生活中，利润起着轴心的作用。主要表现是：

第一，利润是资本主义生产追求的唯一目的。马克思指出：“资本家生产商品，不是为了商品本身，不是为了商品的使用价值或他的个人消费。资本家实际关心的产品，不是可以摸得着的产品本身，而是产品的价值超过在产品上消费的资本的价值的余额。”②

第二，利润率是资本家唯一关心的效益指标。对于资本家来说，“他唯一关心的，是剩余价值即他出售自己的商品时所得到的价值余额和生产商品时所预付的总资本的比率。而对这个余额和资本的各个特殊组成部分的特定关系以及这个余额和它们之间的内在联系，他不仅不关心，而且掩盖这个特定关系和这种内在联系，正是他的利益所在。”③ 资本利润率是评价资本主义经济效益的根本尺度。

利润来自于生产，但要通过市场来实现。马克思说：“虽然商品价值超过它的成本价格的余额是在直接生产过程中产生的，但它只是在流通过程中才得到实现。……这个余额在现实中、在竞争中、在现实市场上是否实现，实现到什么程度，都要取决于市场的状况”。④ 这个市场状况，包括供求、价格、竞争等一系列因素。

但马克思同时指出：“如果一个商品高于或低于它的价值出售，那只是发生剩余价值的另一种分配；这种不同的分配，即在不同个人之间分割剩余价值的比率的变更，既丝毫不会改变剩余价值的大小，也丝毫不会改变剩余价值的性质。”这里所说的“不会改变”，是指不会改变整个社会的剩余价值总量和剩余价值的资本主义剥削性质。至于对单个资本家来说，他实现利润的多少，“既取决于对劳动的直接剥削，也取决于互相欺骗的行为。”⑤

4. 利润进一步掩盖了资本主义剥削的关系

马克思指出：“尽管利润率和剩余价值率在数量上不同，而剩余价值和利

---

① 《马克思恩格斯全集》第25卷，人民出版社1974年版，第51页。

② 《马克思恩格斯全集》第25卷，人民出版社1974年版，第49页。

③ 《马克思恩格斯全集》第25卷，人民出版社1974年版，第51页。

④ 《马克思恩格斯全集》第25卷，人民出版社1974年版，第51页。

⑤ 《马克思恩格斯全集》第25卷，人民出版社1974年版，第51—52、52页。

润实际上是一回事并且数量上也相等，但是利润是剩余价值的一个转化形式，在这个形式中，剩余价值的起源和它存在的秘密被掩盖了，被抹杀了。”① 这是因为：①利润首先作为成本价格的余额，抹杀了不变资本和可变资本的区别。这样一来，似乎不变资本和可变资本一样，都可以形成剩余价值。②利润进一步表现为全部预付资本的余额，抹杀了所费资本和预付资本的区别。这样一来，似乎尚未耗费的资本也可以产生剩余价值。③利润只有在流通中才能得到实现。它究竟实现到什么程度，取决于市场竞争的状况。这就容易造成一种假象，似乎剩余价值来自商品的流通，与生产过程无关。

马克思还指出："由于资本的一切部分都同样表现为超额价值（利润）的源泉，资本关系也就神秘化了。"②

所谓资本关系的神秘化，也就是资本拜物教，即把价值增殖看成是资本物（财产、金钱）本身具有的神奇力量的歪曲观念，其主要特点就是颠倒人与物、主体与客体之间的关系。这种现象在资本主义直接生产过程中就产生了。本来，劳动者是生产的主人，是财富的创造者，但在资本主义制度下，劳动者成为受资本统治的工具，剩余价值则表现为资本本身创造的。当剩余价值转为利润后，上述颠倒现象又进一步发展了。这时，利润表现为全部预付资本的产物，再加上利润在流通过程实现的种种假象，利润和劳动的联系进一步被掩盖了，好像资本真有自行增殖的神奇力量，黄金真的能"下蛋"。所以，马克思说："剩余价值借助利润率而转化为利润形式的方式，只是生产过程中已经发生的主体和客体的颠倒的进一步发展。"③

现实意义

资本主义利润撇开资本主义的特殊性质，包含着适用于社会主义、市场经济的一般规定性。

第一，利润是剩余产品价值的表现形式，是商品价值超过成本的部分，即产出价值大于耗费价值的部分。

第二，利润和利润率，表现了生产成果与占用资本的对比关系，反映了全部预付资本的增值效益。

社会主义经济是商品、市场经济，经济的运行仍然表现为资本（一般）的运动和增值，剩余产品价值仍然采取利润的形式，因而必然存在着利润和利润率的范畴。

从体现的生产关系上看，社会主义利润（公有制经济的利润）与资本主义

---

① 《马克思恩格斯全集》第25卷，人民出版社1974年版，第56页。

② 《马克思恩格斯全集》第25卷，人民出版社1974年版，第53页。

③ 《马克思恩格斯全集》第25卷，人民出版社1974年版，第53页。

利润也存在着本质的区别。主要表现是：①资本主义利润是剥削的产物。社会主义利润是在生产资料公有制基础上，劳动者为社会劳动的产物，利润属于劳动者共同所有。②资本主义利润的分配体现着不同资本家共同剥削劳动者的关系。社会主义利润的分配则取之于民、用之于民，利润的分配体现着国家、部门、企业和个人之间根本利益一致又有所差别的关系。

利润在社会主义经济中有着十分重要的作用。第一，利润是社会主义实现扩大再生产和改善人民生活的资金来源。没有利润，就谈不到这一切。第二，追求利润是企业生产经营活动的直接目的和动机。社会主义鼓励合法、合理地去创造利润，实现利润，提高利润率。第三，资本利润率是一个比较综合的经济效益指标。运用这个指标，有利于投入和产出的全面比较，促进企业全面提高经济效益。第四，通过利润的合理分配，调节各方面的利益关系，有利于调动一切积极因素，促进国民经济的全面发展。

在社会主义条件下，追求利润与社会主义生产的目的是满足人民的需要是否相矛盾呢？没有根本矛盾，拿国有经济来说，在企业建立规范化的现代企业制度后，企业成为独立的法人实体和市场竞争的主体，它生产经营的目的当然要追求利润。而国家作为资产的所有者或主要所有者，通过其代表，在企业的决策中自觉贯彻宏观调控政策，促使企业经济效益和社会效益结合起来。同时，社会主义的现代市场经济体制，一方面发挥市场对资源配置的基础作用，另一方面主要通过经济手段和法制手段，并辅之必要的行政手段，对市场加以合理的引导和管理。这样，就在根本上保证了企业利益和社会利益的统一。当然，这两者之间也会产生一定的矛盾。但只要坚持社会主义市场经济体制，并使之日益完善和成熟起来，这些局部性的矛盾是会不断得到克服的。

总之，我们既要高度重视利润，提倡合法、合理、更多地创造社会主义利润；又要坚持社会主义生产的大目标，高度重视社会的整体利益，努力实现这两个方面的最佳结合，反对任何一种片面性。

（三）关于利润率数量变化规律的原理与现实

这一原理，主要说明决定利润率的主要因素和利润率变化的一般规律性。

马克思对经济问题一贯坚持从质和量两方面进行分析的方法。他指出：“一个科学只有在成功地运用了数学之后，才算达到完善的地步。”① 马克思对利润率数量变化规律的分析，就是如此。

1. 利润率的基本公式和变化规律

根据利润率是剩余价值和总资本的比率这一科学规定，利润率的公式如下：

---

① 《回忆马克思恩格斯》，人民出版社 1973 年版，第 7 页。

$$p'=\frac{m}{C}=\frac{m}{c+v}$$

其中，C代表预付总资本，包括预付的不变资本 c 和预付的可变资本 v。

由于剩余价值是剩余价值率和可变资本的乘积，即 $m=m'\times v$，将此式替换上述公式中的 m，就得到如下公式：

$$p'=m'\frac{v}{C}=m'\frac{m}{c+v}$$

如将这个等式的两边均除以 m′，又得出如下比例式：

$$p':m'=v:C$$

以上几个公式所表述的内容是一致的。但第二个公式（$p'=m'\frac{v}{c+v}$）是研究利润率数量变化的基本公式。

为了便于数量分析，先要假定利润和剩余价值在数量上相等（实际上是价格和价值相一致），以及一系列对 c、v 和 m 有影响的其他因素（货币的价值、资本的周转、劳动生产率、工作日长度、劳动强度、工资等）不变。

在上述条件下，马克思对利润率的变化作了科学的分析。这些分析告诉我们：

第一，决定利润率的基础因素。决定利润率变化的因素，细分起来，归根结底有三个：剩余价值率 m′、可变资本 v、不变资本 c。

利润率变化和上述三个因素变化的关系是：在其他条件不变的共同前提下，①利润率 p′的高低和剩余价值率 m′的高低按同一方向变化；②利润率 p′的高低和可变资本 v 的大小按同一方向变化；③利润率 p′的高低和不变资本 c 的大小按相反的方向变化。

以上只是抽象的分析。实际上，上述三个因素的变化有多种组合情况：同时变，不同时变；按同方向变，按不同方向变；按同一程度变，按不同程度变。并且，不同因素的变化互相制约，一对利润率的影响可以互相抵消。例如，剩余价值率的提高会引起利润率的提高。但这时经济往往伴随着技术的进步引起不变资本的增加，后者又会导致利润率的下降。所以，利润率的实际变化，是上述各种因素综合作用的结果。

第二，决定利润率的综合因素和变化规律。马克思指出：“利润率取决于两个主要因素：剩余价值率和资本的价值构成。”① 由此决定利润率变化的基本规律是：利润率 P′的高低与剩余价值率的高低成同向变化；与资本有机构成（$\frac{v}{c+v}$或$\frac{1}{\frac{c}{v}+1}$）的高低（看不变资本 c 在总资本中所占比重的大小）成反向变化。利润率的实际变化是这两个因素综合作用的结果。因此，不能把利润

---

① 《马克思恩格斯全集》第 25 卷，人民出版社 1974 年版，第 82 页。

率 P'的变化和剩余价值率 m'的变化等同起来。由于剩余价值率的提高往往引起不变资本数量的增加，二者对利润率变化的作用是相反的，所以，剩余价值率的变化和利润率的变化不一定同时、同步发生。在这中间，不变资本占用量的大小起了重要的限制作用。

马克思对利润率的数量变化分析，先是假定一系列对 c、v、m'有决定影响的因素是不变的。但是，当需要实际地了解和运用利润率变化的规律时，就要考虑这些因素的变化了。

2. 资本的周转和年利润率的公式

这个问题，是在第三卷第一篇第 4 章分析的。马克思在这一章的原稿上只有一个标题，正文由恩格斯写成。恩格斯说："周转时间……的缩短，都会增加所生产的剩余价值量。但是，因为利润率表示的，不过是所生产的剩余价值量和参加剩余价值生产的总资本的比率，所以，很清楚，每一次这样的缩短，都会提高利润率。我们以前在第二卷第二篇对剩余价值的阐述，同样适用于利润和利润率，没有必要在这里重复。不过，我们要着重指出几个要点。"①

（1）加速资本周转的主要方法

加速资本的周转，归根结底要抓两个环节：一是缩短生产时间，二是缩短流通时间。

恩格斯指出："缩短生产时间的主要方法是提高劳动生产率，这就是人们通常所说的工业进步。"然而，在技术进步的过程中，往往出现这样的矛盾，一方面提高了劳动生产率，另一方面又大大增加了投资，因而利润率并未得到应有的提高。针对这种情况，恩格斯强调指出：如果技术进步"不会同时由于添置昂贵的机器等等而引起总投资的大大增加，从而引起按总资本计算的利润率的降低，那么利润率就必然会提高。"②

恩格斯指出："缩短流通时间的主要方法是改进交通。"③ 这里所说的交通包括各种运输和邮电。恩格斯用当时 50 多年世界交通方面发生的"革命"，说明交通的进步对加速世界资本周转的巨大作用。

（2）利润率和资本周转时间的关系

恩格斯指出："在资本百分比构成相等，剩余价值率相等，工作日相等的时候，两个资本的利润率和它们的周转时间成反比。"④

假定有两个企业的资本 A 和 B，它们的资本有机构成都是 4∶1，m'都是 100%，工作日一样长，但 A 资本每年周转 2 次，B 资本每年周转 1 次，即 A

---

① 《马克思恩格斯全集》第 25 卷，人民出版社 1974 年版，第 84 页。

② 《马克思恩格斯全集》第 25 卷，人民出版社 1974 年版，第 84、84—85 页。

③ 《马克思恩格斯全集》第 25 卷，人民出版社 1974 年版，第 85 页。

④ 《马克思恩格斯全集》第 25 卷，人民出版社 1974 年版，第 86 页。

资本周转时间相对短，B资本周转时间相对长，结果，A资本的利润率 p' 比 B 资本的利润率 p' 高 1 倍。计算如下：

A：预付资本及其构成 80c∶20v＝100C，每年周转 2 次，年产值为（160c＋40v＋40m）＝240，$p'=\frac{40m}{100C}=40\%$。

B：预付资本及其构成为 160c＋40v＝200C，每年周转 1 次，年产值为（160c＋40v＋40m）＝240，$p'=\frac{40m}{200C}=20\%$。

可见，资本周转时间越长，利润率越低；资本周转时间越短，利润率越高。

（3）年利润率的公式

恩格斯指出："公式 $p'=m'\frac{v}{C}$，严格地说，只是对可变资本的一个周转期间来说，才是正确的。但是，如果用年剩余价值率 $m'n$ 代替简单的剩余价值率 m'，这个公式也适用于年周转"。①

我们用年剩余价值率 $m'n$ 替换前述利润率公式（$p'=m'\frac{m}{C}$）中的简单剩余价值率 m'，就得到如下年利润率公式：

年 $p'=m'n\frac{v}{C}=m'n\frac{v}{c+v}$

从这一公式可以看出年利润率变化的主要规律性：年利润率的高低，与年剩余价值率的高低成同向变化；与资本有机构成的高低成反向变化；与资本在一年中的周转次数的多少成同向变化（与以上所说的和周转时间成反比的意思是一致的）。

3. 不变资本的节约对利润率的作用

由于不变资本的大小是限制利润率提高的重要因素，因此，节约不变资本是提高利润率的重要途径。

马克思指出："资本主义生产方式一方面促进社会劳动生产力的发展，另一方面也促进不变资本使用上的节约。"②

"资本有一种趋势，就是在直接使用活劳动时，把它缩减为必要劳动，并且利用劳动的各种社会生产力来不断缩减生产产品所必要的劳动，因而尽量节约直接使用的活劳动，它还有一种趋势，要在最经济的条件下使用这种已经缩减为必要程度的劳动，也就是说，要把所使用的不变资本的价值缩减到它的最低限度。"③

不变资本的节约有哪些途径和形式呢？

---

① 《马克思恩格斯全集》第 25 卷，人民出版社 1974 年版，第 59 页。

② 《马克思恩格斯全集》第 25 卷，人民出版社 1974 年版，第 102 页。

③ 《马克思恩格斯全集》第 25 卷，人民出版社 1974 年版，第 103 页。

第一，通过延长劳动时间，增加对不变资本的使用时间，达到相对节约不变资本。

第二，通过发展工厂中的劳动协作，更加充分地发挥不变资本使用的效能，并有利于对排泄物的利用，达到相对节约不变资本。

第三，通过改良机器，节约不变资本。大致有这样几种情况：①改良制造机器的材料，使机器更加耐用，并减少修理费；②提高生产机器的劳动生产力，使生产资料价值降低；③改良机器的质量，使之更便宜更有效；④提高机器的加工精度，使之生产的废品减少；等等。

值得注意的是，改良机器产生的经济效益——节约不变资本和提高利润率，不仅直接表现在使用机器的部门，而且会连锁式地引起整个社会生产效益的提高。对此，马克思深刻地指出："产业的向前发展所造成的不变资本的这种节约，具有这样的特征：在这里，一个产业部门利润率的提高，要归功于另一个产业部门劳动生产力的发展。在这里，资本家得到的好处，仍然是社会劳动的产物，虽然并不是他自己直接剥削的工人的产物。生产力的这种发展，归根结底是来源于发挥着作用的劳动的社会性质，来源于社会内部的分工，来源于智力劳动特别是自然科学的发展。在这里，资本家利用的，是整个社会分工制度的优点。"①

第四，不变资本本身使用上的节约。通过应用自然科学，使用优质原材料，严格按生产需要消耗人力和物力，加强对工人的必要训练和纪律管制等，达到"用最经济的办法，也就是说，在一定的生产规模上，用最少的费用，来实现对别人无酬劳动的这种最大限度的占有。"②

第五，靠牺牲劳动者而达到的不变资本的节约。"资本主义生产方式按照它的矛盾的、对立的性质，还把浪费工人的生命和健康，压低工人的生存条件本身，看作不变资本使用上的节约，从而看作提高利润率的手段。"③

4. 商品价格对利润率的影响

（1）原材料价格对利润率的作用

马克思指出："因为利润率是$\frac{m}{C}$或$=\frac{m}{c+v}$，所以很清楚，一切使c的大小，从而使C的大小发生变化的东西，即使在m和v以及它们相互间的比例保持不变的情况下，也会使利润率发生变化。④

"原材料是不变资本的一个主要部分。"⑤ 因而它的价格高低对利润率的作

① 《马克思恩格斯全集》第25卷，人民出版社1974年版，第97页。

② 《马克思恩格斯全集》第25卷，人民出版社1974年版，第98页。

③ 《马克思恩格斯全集》第25卷，人民出版社1974年版，第102页。

④ 《马克思恩格斯全集》第25卷，人民出版社1974年版，第122页。

⑤ 《马克思恩格斯全集》第25卷，人民出版社1974年版，第122页。

用最为明显。这是因为：一是原材料价值在生产中是全部一次转移到产品中，固定资本的价值是逐渐转到产品中。二是随着劳动生产力的提高，单位劳动时间的产品数量会增加，消耗的原材料比重也会相应增加，而固定资本损耗的比重会相对减少。三是原材料属于流动资本，它不断地实现资本周转，因而它的价格变动的影响会迅速反映出来。

原材料的价格对利润率究竟有怎样的作用呢？马克思指出："我们考察了原料的价格或价值的变动及其对利润率的影响，并且得出了一个普遍规律：在其他条件相同时，利润率和原料价值的高低成反比。"① 这就是说，原材料价格提高，预付资本增加，利润率下降；原材料价格下降，预付资本减少，利润率提高。

（2）资本的增值和贬值、游离和束缚

商品价格的变化，不仅直接影响利润率，而且会引起现有资本的增值和贬值，游离和束缚。

所谓资本的增值和贬值，"它们不外就是指：现有资本由于某些共同的经济原因（因为这里说的不是任何一个私人资本的特殊遭遇）在价值上增加或减少了"。② 生产要素价格的变化或者生产要素使用效率的变化，就是两个主要的共同经济原因。例如，生产资料价格提高了，就会引起相应资本的增值；生产资料价格下降了，就会引起相应资本的贬值。生产资料使用效率提高或下降，也会发生上述情况。

所谓资本的游离，是由于某种原因（如生产要素的价格下降或生产效率提高），维持原有生产规模所需要的资本减少了，因而从原有资本中分离出来一部分，可以自由支配。

所谓资本的束缚，是指生产要按原有规模进行，原有资本就必须全部不断地保持在再生产过程中，不能抽出来自由支配。如果由于某种原因（如生产要素的价格提高或生产效率下降），原有资本要维持原有生产规模已经不够了，这时就要另外增加束缚的资本。

资本的增值和贬值，游离和束缚，既可以发生在不变资本上，也可以发生在可变资本上；在不变资本中，既可以发生在固定资本上，也可以发生在流动资本上。

资本的增值和贬值，游离和束缚，又会引起利润率的变化。

现实意义

马克思关于利润率数量变化规律的原理，撇开资本主义的形式，完全适用于资本主义经济。

---

① 《马克思恩格斯全集》第25卷，人民出版社1974年版，第128页。

② 《马克思恩格斯全集》第25卷，人民出版社1974年版，第127页。

利润率的基本公式（$p'=m'\frac{v}{c+v}$）告诉我们：提高社会主义经济效益，要抓好三个基本环节。

第一，不断提高活劳动生产率，使每个劳动者在单位时间里创造更多的价值。

第二，不断节约生产资料，降低成本，减少资本占用量。如果只注意增加产出，不注意节约投入，利润率也难以提高。

第三，要合理确定资本有机构成。在中国条件下，就国民经济总体而论，资本有机构成要实行高中低档同时并举的方针，以便把充分发挥高科技的作用和充分发挥劳动力资源丰富的优势结合起来，以利于经济效益和社会效益的共同提高。

这里需要着重指出的是，过去人们比较重视节约活劳动，提高活劳动生产率；不大重视节约物化劳动，提高生产资料的使用效率。因此，长期以来我们的许多工厂，固定资本大量闲置，使用效率不高，原材料和能源浪费惊人，资本占用量过大，利润率低下。马克思关于节约不变资本的一系列论述，值得我们深思。现代科学技术和社会化生产发展的趋势表明，技术的进步，效率的提高，不仅表现在劳动者技术装备的增加上，劳动者推动的生产资料的增加上，同时也表现在劳动者使用的技术装备、消耗的能源、材料和自然资源的不断节约上。这是当代生产力发展的一个重要辩证规律。我们在实现中国式的现代化过程中，应该重视对这个辩证规律的研究，并且贯彻到经济发展的战略中去，千万不能搞片面性。

恩格斯关于资本周转对利润率作用的论述非常精辟。加速资本的周转，一是要提高劳动生产率，缩短生产时间；二是要改进交通，缩短流通时间。但同时不要造成昂贵的固定资本过度增加。否则，达不到提高利润率的目的。

生产要素的价格特别是原材料价格，对利润率有重要的作用。而价格的变化有合理的，也有不合理的。不合理的价格体系必然在利润率上造成人为的“苦乐不均”现象。所以，为了使利润率比较实际地反映经济效益，必须改革不合理的价格体系。

马克思在分析不变资本的节约问题时，还提出了一个很深刻的思想：一个部门利润率的提高，往往要归功于另一些部门生产力的发展，进一步说，是利用了整个社会分工制度的优点。这恐怕是社会化大生产条件下经济效益提高的客观规律。社会主义经济效益的理论和实践，更要充分反映这一客观规律的要求。

（四）关于平均利润和生产价格的原理与现实

这一原理，主要是分析利润怎样进一步转化为平均利润以及价值怎样转化为生产价格，揭示自由竞争条件下产业资本瓜分剩余价值的一般规律。

在前面分析剩余价值转化为利润时，是把产业资本作为一个总体来研究，没有涉及不同资本之间的竞争。在分析利润转化为平均利润时，就要分析不同资本特别是不同部门资本之间的竞争了。

马克思通过对这一原理的分析，实际上揭示两个重要规律的转化：剩余价值规律（资本主义基本经济规律）转化为平均利润规律，价值规律（商品经济的基本规律）转化为生产价格规律。可见这一原理地位之重要。

1. 利润转化为平均利润

（1）利润平均化的必然性

不同部门资本利润率的差别，是利润转化为平均利润的前提。前面对利润率的分析说明，决定利润率的主要因素包括剩余价值率、资本有机构成、资本的周转时间等。不同生产部门由于资本有机构成高低不同，资本周转时间长短不同等原因，它们的利润率是有差别的。马克思说："如果其他条件不变，不同生产部门所使用的资本的周转时间不同，或者这些资本的有机组成部分的价值比率不同，那末，同时并存的不同生产部门的利润率就会不同。"①

但是，资本的本性则要求等量资本最低限度获得等量利润。马克思指出："在资本主义生产中，问题不仅在于，要为那个以商品形式投入流通的价值额，取出另一种形式（货币形式或其他商品形式）的等量的价值额，而且在于，要为那个预付在生产中的资本，取出和任何另一个同量资本同样多的或者与资本的大小成比例的剩余价值或利润，而不管预付资本是用在哪个生产部门"。资本家投资的唯一目的是获得利润，即将本求利，因此，对资本家来说，只要是等量资本，不管投在哪个部门，都应该具有平等获得利润的权力，而不能容忍别部门的等量资本获得的利润率比他投资的部门高。这样一来，不同部门的资本家必然展开竞争，通过竞争，使不同部门的特殊利润率转化为平均利润率。正如马克思所说："不管所生产的价值和剩余价值多么不同，成本价格对投在不同部门的等量资本来说总是一样的。成本价格（这里假定预付资本和成本价格相等——引者）的这种等同性，形成不同投资竞争的基础，而平均利润就是通过这种竞争确定的。"②

（2）平均利润率的形成

不同生产部门的"这些不同的利润率，通过竞争而平均化为一般利润率，而一般利润率就是所有这些不同利润率的平均数。"③

在不同生产部门的利润率有极大差别的情况下，唯利是图的资本家必然不

---

① 《马克思恩格斯全集》第25卷，人民出版社1974年版，第161页。

② 《马克思恩格斯全集》第25卷，人民出版社1974年版，第218、172页。

③ 《马克思恩格斯全集》第25卷，人民出版社1974年版，第177页。

断把自己的资本从利润率低的部门转移到利润率高的部门。这样，利润率高的部门因投资增加，商品供过于求，引起价格下降，从而导致利润率下降；而利润低的部门因投资减少，商品供不应求，引起价格上涨，从而导致利润率提高。其结果，就会使各个部门的等量资本大体获得平均利润。下面举例说明（为分析的方便，假定不同部门的剩余价值率和资本周转时间相同，利润率的差别仅由资本有机构成的差别所引起）：

例如有五个部门的资本，它们的资本构成情况分别是：Ⅰ.80C＋20V，Ⅱ.70C＋30V，Ⅲ.60C＋40V，Ⅳ.85C＋15V，Ⅴ.90.5C＋5V。在剩余价值率 m' 均为100％的条件下，它们获得的剩余价值或利润分别是 20、30、40、15、5，它们的利润率分别为 20％、30％、40％、15％、5％，通过竞争和资本的转移而形成的平均利润率 P'，等于上述总资本除以总剩余价值，即＝（20＋30＋40＋15＋5）m÷500C＝22％。

“在一般利润率的形成上，不仅要考虑到不同生产部门利润率的差别，求出它们的简单平均数，而且还要考虑到不同利润率在平均数形成上所占的比重。而这取决于投在每个特殊部门的资本的相对量，也就是取决于投在每个特殊生产部门的资本在社会总资本中占多大的部分。”①

我们还是以上例来说明。假定Ⅰ、Ⅱ、Ⅲ、Ⅳ、Ⅴ各部门的总资本分别为 200、300、600、1000、4000，社会总资本等于 6100。它们分别按照各自的利润率获得的利润量分别为：Ⅰ.200C×20％＝40，Ⅱ.300C×30％＝90，Ⅲ.600C×40％＝240，Ⅳ.1000C×15％＝150，Ⅴ.4000C×5％＝200。这样，社会总利润或总剩余价值为 720，社会资本的平均利润率＝720m÷6100C＝11.8％。所以，平均利润率的公式是：

$$平均利润率=\frac{社会剩余价值总量}{社会预付资本总量}$$

由此可见，所谓利润转化为平均利润，就是通过部门之间的资本竞争而实现的利润率的平均化。平均利润率是不同生产部门的特殊利润率的加权平均数，又称社会一般利润率。“按照这个一般利润率归于一定量资本（不管它的有机构成如何）的利润，就是平均利润。”②

（3）利润转化为平均利润的条件

利润率的平均化，不仅有它的必然性，而且要具备必要的条件。这个条件包括两个方面：

“1. 资本有更大的活动性，也就是说，更容易从一个部门和一个地点转移到另一个部门和另一个地点；2. 劳动力能够更迅速地从一个部门转移到另一

---

① 《马克思恩格斯全集》第 25 卷，人民出版社 1974 年版，第 182 页。

② 《马克思恩格斯全集》第 25 卷，人民出版社 1974 年版，第 177 页。

个部门，从一个生产地点转移到另一个生产地点。第一个条件的前提是：社会内部已有完全的商业自由，消除了自然垄断以外的一切垄断，即消除了资本主义生产方式本身造成的垄断；其次，信用制度的发展已经把大量分散的可供支配的社会资本集中起来，而不再留在各资本家手里；最后，不同的生产部门都受资本家支配。……最后还必须有很高的人口密度。——第二个条件的前提是：废除了一切妨碍工人从一个生产部门转移到另一个生产部门，或者从一个生产地点转移到另一个生产地点的法律；工人对于自己劳动的内容是无所谓的；一切生产部门的劳动都已最大限度地化为简单劳动；工人抛弃了一切职业的偏见；最后，特别是工人受资本主义生产方式的支配。”①

利润转化为平均利润的条件，概括地说就是“两个自由”，一是资本转移的自由，二是劳动力转移的自由。这样的条件并不是在资本主义生产方式的初期就完全具备的。它要求资本主义发展到一定的水平。马克思指出：“资本主义在一个国家的社会内越是发展，也就是说，这个国家的条件越是适应资本主义生产方式，资本就越能实现这种平均化。”②

（4）利润的平均化只是一个趋势

利润转化为平均利润是资本主义自由竞争阶段发展的必然产物，是资本主义的一个客观经济规律。

这里要注意的是，对这个规律及其作用不能作简单化的理解。一是不能以为在平均利润率形成以后，各个部门的资本家在任何时候、任何情况下都是严格地获得平均利润；只能把获得平均利润理解为一种大体上的趋势。二是不能以为资本家满足于获得平均利润。相反，任何资本家都力图追求最高限度的利润，但竞争的客观结果迫使不同部门的资本家只能获得平均利润。三是不能把平均利润率的形成看成是一次完成的结果；而应该把它看成是一个不断被竞争所打破而又由竞争不断形成的过程。四是不能认为在平均利润率规律的作用下，资本家不再可能获得超额利润。利润的平均化是就不同部门之间的资本来讲的。从一个部门内部的各个企业来看，竞争中的优胜企业任何时候都有可能获得超过平均利润的超额利润。

正如马克思在谈到平均利润和生产价格的实际表现时所指出的：“总的说来，在整个资本主义生产中，一般规律作为一种占统治地位的趋势，始终只是以一种极其错综复杂和近似的方式，作为从不断波动中得出的、但永远不能确定的平均情况来发生作用。”③

---

① 《马克思恩格斯全集》第 25 卷，人民出版社 1974 年版，第 219 页。

② 《马克思恩格斯全集》第 25 卷，人民出版社 1974 年版，第 219 页。

③ 《马克思恩格斯全集》第 25 卷，人民出版社 1974 年版，第 181 页。

2. 价值转化为生产价格

（1）生产价格的形成

随着利润转化为平均利润，商品的价值就转化为生产价格。这个转化是资本主义发展到一定阶段实现的。马克思说；“商品按照它们的价值或接近于它们的价值进行的交换，比那种按照它们的生产价格进行的交换，所要求的发展阶段要低得多。而按照它们的生产价格进行的交换，则需要资本主义的发展达到一定的高度。”① 这一点，在前面谈到利润平均化的条件时已作过分析。

生产价格是怎样形成的呢？实际上它和平均利润的形成是同一过程的两个层次。不同生产部门之间的资本竞争形成平均利润率的过程，也就是价值转化为生产价格的过程。只不过，前者是前提，后者是结果。因此，这里主要是从理论上说明生产价格是怎样在利润平均化的基础上形成的。

马克思指出：“求出不同生产部门的不同利润率的平均数，把这个平均数加到不同生产部门的成本价格上，由此形成的价格，就是生产价格。”② 下面用图表说明平均利润和生产价格的形成。

生产部门	预付资本			消耗的C	成本价格	剩余价值率	剩余价值	商品价值	个别利润率	平均利润率	平均利润	生产价格	生产价格与价值之差
	总数	C	V										
	①	②	③	④	⑤等于③加④	⑥	⑦等于③乘⑥	⑧等于⑤加⑦	⑨等于⑦除以①	⑩	⑪等于①乘⑩	⑫等于⑤加⑪	⑬等于⑧与⑫之差
Ⅰ	100	80	20	50	70	100%	20	90	20%	22%	22	92	+2
Ⅱ	100	70	30	51	81	100%	30	111	30%	22%	22	103	−8
Ⅲ	100	60	40	51	91	100%	40	131	40%	22%	22	113	−18
Ⅳ	100	85	15	40	55	100%	15	70	15%	22%	22	77	+7
Ⅴ	100	95	5	10	15	100%	5	20	5%	22%	22	37	+17
合计	500	390	110	202	312		110	422		22%	110	422	0

从上表可以看出：

第一，生产价格的形成是以平均利润率的形成为前提的，是利润平均化的必然结果。

第二，生产价格由成本价格和平均利润两部分构成。“商品的生产价

① 《马克思恩格斯全集》第25卷，人民出版社1974年版，第197—198页。

② 《马克思恩格斯全集》第25卷，人民出版社1974年版，176页。

格，……等于商品的成本价格加上平均利润。”①

商品的生产价格的公式是：生产价格＝成本价格＋平均利润，或者$=k+Cp'$，C代表预付总资本。

第三，生产价格是价值的转化形式。这就是说，一方面，生产价格是在价值的基础上形成的。因为成本价格是由商品价值中包含的不变资本C和可变资本V转化而来，平均利润归根结底是由剩余价值转化而来，是平均化的剩余价值。另一方面，生产价格又和价值不完全相同。在商品价值（k＋p）的场合，不同生产部门的成本价格和利润都具有部门的特殊性。而在资本家按生产价格出卖的场合，“他的成本价格是特殊的。加在这个成本价格上的利润，不以他的特殊生产部门为转移，而只是归于每100预付资本的平均数。”② 也就是说，在生产价格中，只有成本价格具有部门的特殊性，利润则是不同部门剩余价值平均化的结果，具有均等性。生产价格的这一特点，掩盖了价值由劳动创造的本质。

（2）生产价格与价值的数量关系

价值转化为生产价格以后，就不同部门的商品来说，价值和生产价格往往不一致了。这是否违背了价值规律呢？没有。

首先，虽然从部门看，一些部门商品的生产价格高于价值，另一些部门商品的生产价格低于价值，但从全社会看，生产价格的总和等于价值的总和。如前表中五个部门商品的总价值和总生产价格均为422。之所以如此，一是因为平均利润只是剩余价值的平均化，因而社会的剩余价值总和等于平均利润总和。如前表中五个部门商品的剩余价值总和与平均利润总和均为110。二是因为商品的成本价格总和等于生产商品所消耗的生产要素价值的总和。

因此，马克思指出：“如果把社会当作一切生产部门的总体来看，社会本身所生产的商品的生产价格的总和等于它们的价值的总和。”③

其次，生产价格的变化归根结底是由价值的变化引起的。我们知道，成本价格的基础是商品价值中的不变资本和可变资本（c＋v），平均利润的源泉是商品价值中的剩余价值m，所以，生产价格中无论哪一部分发生变化，其根源均在于商品价值中的c、v、m的变化，也就是生产商品的物化劳动和活劳动的变化，正如马克思所说：“生产价格的变化显然总是要由商品的实际的价值变动来说明，也就是说，要由生产商品所必需的劳动时间的总和的变动来说明。”④

---

①《马克思恩格斯全集》第25卷，人民出版社1974年版，第176—177页。

②《马克思恩格斯全集》第25卷，人民出版社1974年版，第178页。

③《马克思恩格斯全集》第25卷，人民出版社1974年版，第179页。

④《马克思恩格斯全集》第25卷，人民出版社1974年版，第186页。

当然，由于每一个商品的生产价格中的平均利润不只是受这个商品价值的决定，更重要的是受社会平均利润率所决定，因此，并非一个商品价值的任何变动都一定会引起生产价格的变化。马克思说：“商品生产价格的一切变动最终都可以归结为价值的变动，但并不是商品价值的一切变动都要表现为生产价格的变动，因为生产价格不只是由特殊商品的价值决定，而还由一切商品的总价值决定。”①

总之，价值仍然是基础，生产价格只是价值的转化形式。

3. 平均利润和生产价格的作用

利润转化为平均利润，价值转化为生产价格，是资本主义自由竞争阶段的基本经济特征，是资本主义的客观经济规律。它们在资本主义经济生活中具有重要的作用。

（1）资本主义自由竞争阶段社会生产、分配、交换的重要调节器

在资本主义自由竞争的条件下，资本主义的基本经济规律即剩余价值规律，是以平均利润率规律起作用的。平均利润率是职能资本（包括产业资本、商业资本、银行资本）瓜分剩余价值的基本尺度。资本家不论生产和经营什么，最低限度要获得平均利润。

在资本主义自由竞争的条件下，商品经济的基本规律即价值规律，是以生产价格规律起作用的。这时，市场价格不再直接围绕价值上下波动，而是围绕生产价格上下波动。生产价格作为价值的代表在生产和流通中起着直接的调节作用。

（2）平均利润的形成，进一步加深了资产阶级与无产阶级之间的对立

平均利润率形成以后，每个资本家获得的平均利润，不完全表现在对本单位工人的剥削程度，更主要的是表现社会总资本对总劳动的剥削程度。所以，每一个部门和每一个企业的资本家，除了对获得超额利润表现特别关心外，还特别关心社会总资本对整个工人阶级的剥削程度。所以，马克思深刻地指出：“我们在这里得到了一个象数学一样精确的证明：为什么资本家在他们的竞争中表现出彼此都是虚伪的兄弟，但面对着整个工人阶级却结成真正的共济会团体。”②

从这里我们可以看出马克思的平均利润学说的伟大革命意义。它以极大的说服力使工人懂得：工人与资本家的对立，决不是个人的对立，而是两大阶级的对立。因此，无产阶级要求得解放，必须推翻整个资产阶级的统治。

（3）平均利润和生产价格的形成，进一步掩盖了资本主义的剥削关系

剩余价值转化为利润，虽然已经掩盖了资本主义剥削关系，但二者在数量

---

① 《马克思恩格斯全集》第25卷，人民出版社1974年版，第229页。

② 《马克思恩格斯全集》第25卷，人民出版社1974年版，第221页。

上毕竟是同一的。实际的差别还只存在于剩余价值率和利润率之间。而当利润进一步转化为平均利润以后，各个资本家获得的平均利润一般不再和他们部门商品中的剩余价值在量上相一致了。“现在，在各特殊生产部门内，利润和剩余价值之间——不仅是利润率和剩余价值率之间——实际的量的差别，把利润的真正性质和起源完全掩盖起来，这不仅对存心要在这一点上自欺欺人的资本家来说是这样，而且对工人来说也是这样。随着价值转化为生产价格，价值规定的基础本身就被掩盖起来。”①

现实意义

马克思关于平均利润和生产价格的基本原理，对社会主义经济同样具有指导意义。

社会主义经济仍然是商品、市场经济。市场在社会资源的配置中起基础性的调节作用。还存在着资本（一般）、成本和利润等经济范畴。不同部门之间也存在利润率的差别。在这种情况下，企业作为微观经济的投资主体，在选择投资方向时，必然要看重利润率的高低，并力图把资本投向价高利大的产品。这就是说，在社会主义市场经济中，也存在着资本的等同性和利润率差别性的矛盾。这个矛盾必然推动资本的竞争和转移，从而产生利润率的平均化和价值转化为生产价格的客观趋势。

当然，在社会主义公有制为主体的条件下，这个过程与资本主义相比，既具有共同性，也具有自己的特点。主要是：一是利润率的平均化不完全是自发的、完全靠市场这只看不见的手形成的，社会主义国家要发挥必要的引导和调控作用。二是与上一点相联系，在促成利润转化为平均利润的过程中，对部门的、局部的利润率的追求不是唯一的推动力（虽然是微观的基础动力），社会的综合利益也是必要的推动力。

在社会主义经济的初期，实行的是计划经济体制，后来虽向市场经济体制转变，但市场经济体制还不成熟，特别是实现资源合理转移的市场体系还不完善，因而利润率的平均化和价值向生产价格转化的条件尚不具备或尚不完全具备。但是，随着社会主义市场经济逐渐走向成熟，这个条件必然会成熟起来。

一旦利润率的平均化和价值转化为生产价格成为一种客观趋势，它们对社会主义市场经济的运行和发展就起着重要的作用。

第一，有利于社会资源的合理流动和优化配置。我们知道，市场对社会资源配置的基础作用，归根结底是价值规律的调节作用。在社会化商品经济条件下，在利润和利润率成为企业主体追求的直接动机的体制下，价值规律必然通过平均利润和生产价格规律发挥调节作用。在宏观调控下，这个作用的趋势，

---

① 《马克思恩格斯全集》第25卷，人民出版社1974年版，第188页。

是资源不断从效益低的部门向效益高的部门流动。其结果，从经营性部门的总体上看，是有利于社会资源的优化配置的。

第二，有利于国民经济现代化的发展。国民经济的现代化在根本上意味着科技因素在生产发展中所起的作用越来越大。在这个过程中，或者在相当长的一个历史时期中，科技因素的增长会引起资本有机构成的提高。然而，在商品按价值交换的条件下，不同生产部门利润率的高低是与资本有机构成的高低成反向变化的。而利润率的高低与资本积累能力的大小是成同向变化的。这样一来，必然造成以下悖理的结果：技术装备水平越高，资本有机构成越高，利润率反而越低，从而积累和扩大再生产的能力越低；反之亦然。显然，这是不利于现代化建设的。只有按生产价格交换，形成利润率平均化的趋势，使资本有机构成高低不同的部门的等量资本大体上获得等量利润，从而具有平等的发展能力，这样，才有利于整个国民经济现代化的发展。

第三，有利于加强微观和宏观经济管理，促进经济效益的提高。从部门内部看，运用部门平均资本利润率，比较各个企业的经济效果，促使企业加强核算和管理，提高企业利润率。从社会范围看，运用社会平均资本利润率，比较不同部门的经济效果，找出差距，对症下药，促进发展，提高部门利润率。

第四，有利于在社会主义市场经济条件下，合理地调节物质利益关系。仅就国有经济来说，在实现“两权分离”的各种体制下，国家作为全民所有者的代表，如何评价企业保值和增值的效益呢？这就要运用在生产价格基础上形成的平均利润率，来作为衡量各部门、各企业资本使用效果的起码标准。这样，才能为下属各个部门和企业提供一个平等竞争的“起跑线”，能够真正根据生产经营的好坏评价优劣，实现收入的合理分配，从而消除各种客观的（如资本有机构成的高低）或人为的（如不合理的价格体系）“苦乐不均”的现象，为社会主义市场经济的高效益发展提供一个合理地体现物质利益原则、充满生机和活力的体制和环境。

关于平均利润和生产价格理论在社会主义经济中的运用，是一个争论很大、尚待深入研究的课题。上述看法，仅供参考。

（五）关于利润率趋于下降规律的原理与现实

这一原理，主要说明利润率趋于下降是资本主义的一个经济规律，这个规律作用的特点以及它如何反映资本主义制度的历史局限性。

1. 利润率下降是资本主义的客观经济规律

（1）利润率下降的客观必然性

利润率的公式表明，利润率的高低取决于两个主要因素：剩余价值率和资本有机构成。利润率的高低，同剩余价值率 m' 的高低成正比，同资本有机构成（c：v）的高低成反比。

如果剩余价值 m' 不变，那么，随着资本有机构成的提高，利润率必然下降。例如，某资本原 $m'=100\%$，总资本及其有机构成为 $100c:100v=1:1$，$m=100$，这样，利润率 p'就$=\frac{100}{200}=50\%$。如果资本总额及其有机构成提高到 $300c:100v=2:1$，m 仍$=100$，这时，利润率就下降到$\frac{100}{400}=25\%$。

即使剩余价值率提高，如果它提高的程度赶不上资本有机构成提高的程度，利润率也会下降。仍以上例为起点说明。原资本的剩余价值率 $m'=100\%$，资本总量及其有机构成为 $100c:100v=c:v$，利润率$=50\%$。如果 m'提高到 150%，即提高 50%，而资本总额及其有机构成则提高到 $1800c:200v=9c:1v$，即资本有机构成提高了 800%，$m=200\times\frac{150}{100}=300$，这时，利润率则下降到$\frac{300}{2000}15\%$。

为什么会这样呢？这是因为，资本主义生产是社会化大生产，随着科学技术的进步和劳动生产力的提高，劳动力推动的生产资料越来越多，从而引起资本有机构成不断提高。正如马克思所说："随着资本主义生产方式的发展，可变资本同不变资本相比，从而同被推动的总资本相比，会相对减少，这是资本主义生产方式的规律。"既然资本有机构成有提高的趋势，而利润率与资本有机构成的高低成反向变化，那么，利润率的下降就成为一个客观趋势了。所以，马克思指出："资本主义生产，随着可变资本同不变资本相比的日益相对减少，使总资本的有机构成不断提高，由此产生的直接结果是：在劳动剥削程度不变甚至提高时，剩余价值率会表现为一个不断下降的一般利润率。"①

按照马克思的分析，利润率的下降固然与生产力的发展有关，但不能把利润率的下降单纯地理解为生产力发展的必然结果。只有在剩余价值表现为利润，不是以人的全面发展而是以追求利润率为唯一目标的资本主义制度下，生产力的发展才表现为利润率的下降。因此，马克思指出："一般利润率日益下降的趋势，只是劳动的社会生产力日益发展在资本主义生产方式下所特有的表现。"②

（2）利润率下降规律的二重表现

利润率的下降，决不意味着利润总量的减少，而是与利润量的绝对增加相结合。这是因为，尽管资本的平均有机构成提高会导致利润率的下降，但资本主义发展的一般趋势会同时引起资本总量的增加，所以，它所支配的劳动总量是增加的，从而生产的剩余价值或利润总量是增加的。正如马克思所指出："劳动的社会生产力的同一发展，在资本主义生产方式的发展中，一方面表现为利润率不断下降的趋势，另一方面表现为所占有的剩余价值或利润的绝对量的不断增加"。③ 所以，利

---

① 《马克思恩格斯全集》第 25 卷，人民出版社 1974 年版，第 236、237 页。

② 《马克思恩格斯全集》第 25 卷，人民出版社 1974 年版，第 237 页。

③ 《马克思恩格斯全集》第 25 卷，人民出版社 1974 年版，第 248 页。

润率趋于下降的规律，表现为这样一个“双重”作用的规律。

当然，这个“双重”作用，即在利润率下降的过程中，同时伴随着利润量的增加，要有一个前提，就是总资本增加的速度比利润率下降的速度快。因此，面对利润率下降的趋势，资本家为了保证利润总量的增加，必须加速资本积累。

利润率下降规律作用的二重性，还表现为单位商品价格的下降和所含利润量的相对（和必要劳动时间创造的价值相比）增加上。这是因为，一方面，生产力的发展意味着同一劳动时间生产的产品越来越多，从而单位商品的价值和价格降低了。另一方面，随着资本有机构成的提高，单位商品中所包含的活劳动量日益减少，而生产力的发展又使剩余价值率提高，从而导致单位商品中利润的相对量增加、绝对量减少，（只是在单位商品价值下降幅度不大而剩余价值率提高特快的一定限度内才会绝对增加）的一般趋势。所以，马克思指出：“利润率因生产力的发展而下降，同时利润量却会增加，这个规律也表现为：资本所生产的商品的价格下降，同时商品所包含的并通过商品出售所实现的利润量却会相对增加。”但从绝对量上看“每个商品中的利润量却会随着劳动生产力的发展而大大减少”。①

2. 阻碍利润率下降的因素

在社会平均利润率下降的过程中，“必然有某些起反作用的影响在发生作用，来阻挠和抵销这个一般规律的作用，使它只有趋势的性质，因此，我们也就把一般利润率的下降叫作趋向下降。”②

阻碍利润率下降的最普遍的原因主要有以下几方面。

（1）提高劳动剥削程度

通过绝对剩余价值特别是相对剩余价值生产的方法，会提高剩余价值率，从而提高利润率，阻碍其下降。但同时又会增加机器设备，提高资本有机构成，从而使利润率下降。

（2）工资被压低到劳动力价值以下

这是阻碍利润率下降的最显著的因素之一，因为这既可以提高剩余价值率，又可以节约预付资本。

（3）不变资本各种要素变得便宜

利润率的高低与不变资本的大小成反比，因此，构成不变资本的各种生产资料商品价值的下降，是阻碍利润率下降的重要的因素。由于劳动生产力的提高，引起生产资料价值降低，因而可以在生产资料的实物量不变甚至增加的情况下，出现不变资本价值的下降。这种下降，可以在购置新机器时发生，也可以通过旧机器的贬值发生。

---

① 《马克思恩格斯全集》第25卷，人民出版社1974年版，第251、252页。

② 《马克思恩格斯全集》第25卷，人民出版社1974年版，第258页。

（4）相对人口过剩

这一方面通过失业工人的压力，降低在业工人的工资，另一方面使一些部门大量采用手工劳动。这样，就可以减少可变资本，提高剥削程度，阻碍利润率下降。

（5）对外贸易

对外贸易对利润率有两方面的影响。一方面，可以使本国的生产资料和生活资料变得便宜，相对减少预付资本，提高剩余价值率，从而阻碍利润率的下降。另一方面，对外贸易又促进资本积累和技术进步，提高资本有机构成，又促进利润率下降。

综上所述，在实际的经济生活中，既存在利润率下降的客观趋势，又同时存在起反作用的各种因素，而且，往往同一个因素有两种相反的作用。马克思指出："引起一般利润率下降的同一些原因，又会产生反作用，阻碍、延缓并且部分地抵销这种下降。这些原因不会取消这个规律，但是会减弱它的作用。……所以，这个规律只是作为一种趋势发生作用；它的作用，只有在一定情况下，并且经过一个长的时期，才会清楚地显示出来。"①

3. 利润率趋于下降的规律和资本主义的矛盾

利润率下降规律的作用，必然加深资本主义的一系列矛盾，反映出资本主义生产方式的历史局限性。

（1）利润率下降规律的内在矛盾与资本主义的基本矛盾

利润率下降规律是一个二重性的规律。它本身包含着一个矛盾：一方面利润率下降，另一方面利润量增加。

这个矛盾，归根到底是资本主义基本矛盾的反映。生产社会化的发展，资本有机构成不断提高，利润率必然趋于下降。但资本主义的私有制决定了资本家对利润的追求是无限的，这就趋使它们拼命积累资本，增大资本总量，从而获得的利润量越来越多。

利润率下降规律的作用，还进一步加深了资本主义基本矛盾。利润率的下降和资本积累是同一个过程的不同表现。在这个过程中，一方面，生产规模日益扩大，生产社会化程度日益发展；另一方面，资本家为增大资本总量，增加剩余价值，必然加强资本的积聚和集中。于是，使生产社会化与资本主义私有制之间的矛盾进一步加深。

（2）剩余价值的生产条件和实现条件的矛盾

马克思指出："直接的剥削条件和实现这种剥削的条件，不是一回事。二者不仅在时间和空间上是分开的，而且在概念上也是分开的。前者只受社会生

① 《马克思恩格斯全集》第25卷，人民出版社1974年版，第266页。

产力的限制，后者受不同生产部门的比例和社会消费力的限制。”①

资本主义生产不是“以享受或者以替资本家生产享受品为直接目的的生产。”“资本主义生产的过程，实质上就是剩余价值的生产”。剩余价值的生产和积累“是资本主义生产的直接目的和决定性动机。”② 在利润率下降的过程中，资本家为了获得最大量的利润，必然拼命积累资本，扩大生产，从而更增强了生产无限扩大的趋向。与此同时，资本主义实行的是剥削的分配方式，工人的收入受劳动力价值的限制，更由于资本积累的增长，必然引起资本有机构成越来越提高，使相对人口过剩日趋严重，从而把社会有支付能力的消费力缩小到最低限度。所以，资本主义的“社会消费力既不是取决于绝对的生产力，也不是取决于绝对的消费力，而是取决于以对抗性的分配关系为基础的消费力；这种分配关系，使社会上大多数人的消费缩小到只能在相当狭小的界限以内变动的最低限度。”③ 这样一来，必然使资本主义生产无限扩大的趋势与市场相对狭小之间的矛盾尖锐化。

（3）生产扩大与价值增殖目的之间的矛盾

资本主义生产方式，是生产社会化与生产资料资本主义私有制的矛盾的统一。社会化的大生产具有无限扩大的趋势，而资本主义正是以此作为它的物质技术基础和手段；但资本主义私有制决定了它生产的目的和动机只是追求价值增殖和利润率的提高，这个目的的唯一性对于社会化大生产无限发展的本性来说是有限的。这两者是不可调和的矛盾。

正是这个矛盾，产生了一系列互相冲突的、甚至荒唐的怪现象。例如，资本主义生产的目的是为了追求高额利润率，而生产的发展却引起资本有机构成提高，导致利润率下降；资本主义积累的发展，一方面产生大量相对过剩人口，另一方面又存在大量过剩资本；资本主义依靠大规模生产赚取利润，同时又使市场相对狭小，造成周期性的生产过剩危机；等等。

所有这些矛盾，集中表现为一个矛盾，这就是：“手段——社会生产力的无条件的发展——不断地和现有资本的增殖这个有限的目的发生冲突。”资本主义生产的不断发展，必然会威胁到它的动力机制——追求高额利润率。正如马克思所说：“利润率，资本主义生产的刺激，积累的条件和动力，会受到生产本身发展的威胁。而且在这里，数量关系就是一切。”由此可见“资本主义生产的真正限制是资本本身”。④

从以上分析最后得出的结论是什么呢？就是“资本主义生产不是绝对的生

① 《马克思恩格斯全集》第25卷，人民出版社1974年版，第272页。

② 《马克思恩格斯全集》第25卷，人民出版社1974年版，第272页。

③ 《马克思恩格斯全集》第25卷，人民出版社1974年版，第272—273页。

④ 《马克思恩格斯全集》第25卷，人民出版社1974年版，第279、289、278页。

产方式，而只是一种历史的、和物质生产条件的某个有限的发展时期相适应的生产方式。”① 它终究要进入历史的博物馆。

现实意义

学习马克思关于利润率趋于下降规律的基本原理，可以使我们从本质上进一步认清资本主义私有制的历史局限性。资本主义生产的唯一目的和动机是追求利润率的不断提高。在资本主义私有制必然存在的历史限度内，这个目的和动机会成为推动生产力发展的强大动力。但问题在于，资本主义把追求高利润率作为决定一切的唯一目的，也正表明了它的局限性。大量的相对过剩人口和过剩资本的存在，周期性的经济危机的爆发，就是这种局限性的反映。而且，随着社会化生产的发展，社会资本有机构成的提高，生产过程中直接劳动因素的减少，是一个大趋势（尽管有时出现相反的情况），因而预付资本利润率的降低从长远看是不可避免的。这样，当社会生产发展到一定高度时，资本主义发展生产的动力就会弱化、止息，要被一个全新的目的和动力——为了一切人的全面、自由的发展所代替。

在社会主义市场经济条件下，商品生产者（包括单位和个人）作为市场经济的微观主体，它从事生产经营活动的直接目的和动机当然是为了实现利润的最大化。提高利润率是提高经济效益的重要内容。但是，从整个社会来看，从公有制经济的主体和国有经济的主导地位看，从客观经济的指导方针看，追求利润不是决定一切的唯一目的，社会生产的根本目的是为了满足全体人民日益增长的物质和文化生活的需要。因此，在社会主义市场经济中，追求利润和提高社会经济效益，不是对立的，而是结合的。这正是社会主义市场经济的一个优势所在。只有发挥这个优势，才能为社会主义经济的持续发展，提供更加强大有效的动力。

在社会主义生产力的发展中，也存在资本有机构成提高引起利润率趋于下降的可能性。在这种情况下，为了保持较好的经济效益，需要采取一些相应的对策。一是要把提高活劳动生产率和节约物化劳动结合起来。二是要把发挥先进设备的作用和充分利用丰富的劳动力资源的优势结合起来，适当多发展一起小型的劳动密集型的企业。三是调整和优化产业结构，加快第三产业的发展。四是大力推行“科教兴国”的战略，在提高人的素质和活劳动的质量上狠下功夫，促进经济效益的不断提高。

在提高经济效益上，我们要学会运用马克思的辩证法，综合地分析影响经济效益的诸因素，然后从中找出一条符合中国国情的最佳的经济发展模式。

---

① 《马克思恩格斯全集》第25卷，人民出版社1974年版，第289页。

二、商业资本和商业利润理论

在《资本论》第三卷第3篇以前（包括一、二卷），马克思都只把产业资本作为考察对象，以产业资本作为资产阶级的代表，研究资本的生产、流通和分配。从第三卷第4篇开始，马克思分别对商业资本、借贷资本以及土地制度进行考察，分析剩余价值在转化为利润和平均利润以后如何进一步分割为商业利润、利息、银行利润、地租等具体形式，全面阐明剩余价值的分配规律。

第三卷第4篇的研究对象是商业资本（或称商人资本）。“商人资本或商业资本分为两个形式或亚种，即商品经营资本和货币经营资本。”① 前者指专门经营商品买卖的资本；后者指专门经营与货币流通有关的技术性业务（如结算、保管、兑换、运送货币）的资本，以后发展为银行资本。商品经营资本是商业资本的主要组成部分，所以，通常说的商业资本就是指商品经营资本。

资产阶级古典经济学的代表人物亚当·斯密和大卫·李嘉图等，都把商业资本和产业资本混为一谈。马克思则对商业资本进行专门的研究，这是他的一个理论创新。通过对商业资本的研究，揭示了商业资本剥削的共性和个性，使平均利润学说得以完成。

商业资本和商业利润理论，主要是论述商业资本的形成、特点、作用和瓜分剩余价值的规律性。

学习商业资本和商业利润理论，应着重领会以下基本原理：关于商业资本的形成和作用的原理；关于商业利润的原理；关于商业资本周转的原理。

（一）关于商业资本的形成和作用的原理与现实

这一原理，主要说明资本主义的商业资本的来源、职能和重要作用。

1. 商业资本是商品资本的转化形式

《资本论》第二卷在分析资本主义再生产时曾经指出，产业资本的运动相继采取货币资本、生产资本、商品资本三种不同的形式，各自完成不同的职能。那时假定，这三种职能都由产业资本家自己完成，即购产销一起抓，没有商业资本家参加。这种假定，不仅是科学的抽象的分析法所必须，而且大体上反映了资本主义经济初期的情况。那时，企业生产规模不大，很多都是“前店后场”的模式，产业资本家一方面经营生产，一方面直销商品，统一完成资本的生产和流通职能。

随着资本主义生产和分工的发展，商品的数量和品种不断增加，市场范围不断扩大，流通业务越来越复杂，于是，销售商品的活动，即商品资本职能的实现，逐渐从产业资本的运动中分离出来，固定地由一部分资本家独立承担。

① 《马克思恩格斯全集》第25卷，人民出版社1974年版，第297页。

这样，商品资本就转化为商业资本。马克思指出：“只要处在流通过程中的资本的这种职能独立起来，成为一种特殊资本的特殊职能，并且固定下来，成为一种由分工给予特殊种类资本家的职能，商品资本就成为商品经营资本或商业资本。”① 这就是说，商业资本的职能只是商品资本职能的独立化的实现形式。

马克思还指出：“商品经营资本只是这个不断处在市场上、处在形态变化过程中并总是局限在流通领域内的流通资本的一部分的转化形式。”② 这就进一步告诉我们，从资本的来源上看，商业资本只是本来处在流通领域中的一部分流通资本（为买卖商品而支出的流通资本）的转化形式。过去它是产业资本家投在流通中的资本的一部分，现在成为一种独立的、以经营商品买卖为专职的资本。这里之所以说是“一部分”，是因为在社会总商品中，总有一部分商品是在产业资本家之间或者企业与消费者之间直接流通的，没有商业资本的介入。

一部分商品资本转化为商业资本的条件是什么呢?

第一，商品经济和社会分工的发展，使商品的买卖由过去产业资本家的兼营活动，变成一种独立存在的业务，成为商人的专门职能。

第二，专门从事商品买卖的商人必须有自己独立的投资，预付一定的货币资本，并通过经营商品买卖而实现增殖，获得利润。

总之，商业资本是产业资本中一部分商品资本的转化和独立化的形式。

2. 商业资本的职能和运动形式

马克思指出：“商品经营资本无非是生产者的商品资本，这种商品资本必须经历它转化为货币的过程，必须在市场上完成它作为商品资本的职能；不过这种职能已经不是生产者的附带活动，而是一类特殊资本家即商品经营者的专门活动，它已经作为一种特殊投资的业务而独立起来。”③ 这说明，商业资本的职能实质上是商品资本的职能。产业资本运动中的商品资本的职能，就是出卖商品，实现资本和利润，即完成 $W'—G'$ 的形态变化。商业资本只不过是把这种由产业资本家附带完成的职能，变成了自己的专门职能而已。

商业资本独立完成商品资本的职能，是通过自己特殊的资本运动形式实现的。这就是，先用货币资本向产业资本家购买商品，然后再把商品卖掉，收回货币。并且，通过实现商品资本的职能，从产业资本那里瓜分到一部分剩余价值，形成商业利润。正如马克思所说：“商人预付货币资本，这种资本之所以能作为资本自行增殖，能执行资本的职能，是因为它只从事一种活动，即作为媒介实现商品资本的形态变化，实现它的商品资本职能，即实现向货币的转

---

① 《马克思恩格斯全集》第 25 卷，人民出版社 1974 年版，第 298 页。

② 《马克思恩格斯全集》第 25 卷，人民出版社 1974 年版，第 299 页。

③ 《马克思恩格斯全集》第 25 卷，人民出版社 1974 年版，第 301 页。

化，而这一点它是通过商品的不断的买和卖来办到的。”① 因此，商业资本的运动公式是 G—W—G′。

总之，商业资本是通过专门买卖商品，实现商品资本的职能，从而达到增殖的资本。

3. 商业资本的作用

商业资本的形成，对促进资本主义市场经济的发展起着重大的作用。

第一，缩短资本的流通时间。买卖商品是商业资本的专门职能。由于“商人专门从事这种业务，所以，不仅生产者可以把他的商品较早地转化为货币，而且商品资本本身也会比它处在生产者手中的时候更快地完成它的形态变化。”②

第二，节约流通领域的资本。“由于分工，专门用于买卖的资本（在这里，除了购买商品的货币以外，还包括在经营商业所必要的劳动方面和在商人的不变资本即仓库、运输等等方面必须支出的货币），小于产业资本家在必须亲自从事他的企业的全部商业活动时所需要的这种资本。”③

第三，促进整个社会资本的周转。“就全部商人资本同产业资本的关系来看，商人资本的一次周转，不仅可以代表一个生产部门许多资本的周转，而且可以代表不同生产部门若干资本的周转。”④ 同一个商业资本，可以为某一个产业部门的许多资本服务，也可以为不同部门的产业资本服务。商业资本的周转不受某一生产部门再生产的限制。因此，商业资本的独立化，加速了整个社会资本的周转。

第四，促进剩余价值的生产。马克思说：“商人资本既不创造价值，也不创造剩余价值，就是说，它不直接创造它们。但既然它有助于流通时间的缩短，它就能间接地有助于产业资本家所生产的剩余价值的增加。既然它有助于市场的扩大，并对资本之间的分工起中介作用，因而使资本能够按更大的规模来经营，它的职能就会提高产业资本的生产效率和促进产业资本的积累。既然它会缩短流通时间，它就会提高剩余价值和预付资本的比率，也就是提高利润率。既然它会把资本的一个较小部分作为货币资本束缚在流通领域中，它就会扩大直接用于生产的那部分资本。”⑤

必须指出的是：商业资本的上述促进作用，有一个大前提，就是商业资本的数量保持在社会再生产必要的限度内，即马克思所说的“商人资本没有超过

---

① 《马克思恩格斯全集》第 25 卷，人民出版社 1974 年版，第 305 页。
② 《马克思恩格斯全集》第 25 卷，人民出版社 1974 年版，第 307 页。
③ 《马克思恩格斯全集》第 25 卷，人民出版社 1974 年版，第 307 页。
④ 《马克思恩格斯全集》第 25 卷，人民出版社 1974 年版，第 307 页。
⑤ 《马克思恩格斯全集》第 25 卷，人民出版社 1974 年版，第 312 页。

它的必要的比例”。① 如果商业的规模超过了社会必要的比例或限度，商业机构臃肿，流通环节过多，商品超储积压，那就不仅会阻碍商业的发展，而且会阻碍社会再生产的进行。

现实意义

马克思关于商业资本的形成和作用的基本原理，对于深刻认识社会主义商业的重要作用，搞好商业工作，具有重要意义。

商业的独立化是商品经济发展的必然产物，是社会经济运行的一大进步。有了商业，社会生产的各部门、各区域乃至世界各国在经济上才真正联系起来。商业是联系国民经济的纽带，是整个流通领域的基础产业。

社会主义经济是市场经济。市场经济的通畅、高效运行，必须有强大的商业系统作为支撑和保证。一是商业是准备和完成再生产过程的必要条件。商业通过买卖商品的活动，既为生产过程提供生产要素，又为生产成果打开销路。二是商业是人民生活得以满足和改善的基本保障部门。在市场经济条件下，如果没有方便的商业服务，人民的生活需要就难以得到实现。三是商业还是开拓市场，搞活经济，提高社会经济效益的重要环节。所谓“无商不活”，简明生动地反映了商业的特殊作用。

马克思的科学分析告诉我们，商业的积极作用的发挥，是以它与社会生产和消费保持必要的比例为前提的。他指出：“生产越不发达，商人资本的总额，同投入流通的商品的总额相比，就越大；但是绝对地说，或者同比较发达的状态相比，就越小。”② 这就是说，在商品经济的不发达阶段，由于市场不够发育，实现同量商品的流通，需要较大比重的商业资本；在商品经济的发达阶段，商品交易额和商业资本的绝对量都会大大增长，但由于市场发育较好，实现同量商品流通所需要的商业资本的相对量反而小。我认为，这一变化趋势也适用于社会主义市场经济。我们现在正处在从计划经济体制向市场经济体制的过渡之中。在这个过程中，商业必须有一个大发展。但在这个发展过程中，必须注意使商业总的发展规模同社会生产和人民消费水平相适应，防止商业投资总量的过度膨胀。同时，更要注意商业内部的行业结构、地区结构、企业结构、网络体系的合理化和优化，防止结构的畸形和趋同化。只有这样，才有利于发挥商业的积极作用，提高商业的经济效益和社会效益。

马克思的科学分析还告诉我们，商业资本只是产业资本中一部分商品资本的转化形式。专业化商业是从事商品流通的主体，但不可能包揽全部商品

---

① 《马克思恩格斯全集》第25卷，人民出版社1974年版，第307页。

② 《马克思恩格斯全集》第25卷，人民出版社1974年版，第309页。

流通业务。生产企业兼营商品流通的现象仍需存在。事实上，专业化商业和兼营化商业都有存在的必要性和可能性。当代市场经济的实践证明，一些大型企业和企业集团，往往集生产和销售为一身（当然这种产销结合不同于早期“前店后场”式的原始结合，而是在专业化分工基础上的高水平结合），显示出特有的优越性。基于这种情况，在发展社会主义商业的过程中，应该实行专业化商业（为主体）和兼营化商业“两条腿走路”的方针，走工商综合经营的路子。

（二）关于商业利润的原理与现实

这一原理，主要说明商业资本如何参加利润的平均化，通过商业职工的劳动，瓜分剩余价值。

1. 商业资本也要获得平均利润

商业资本家投资的目的，也是为了获得利润。商业资本家凭借经营商品买卖而获取的利润，叫商业利润。它也是剩余价值的一种转化形式。

由于商业资本与产业资本一样，也是一种职能资本，只不过产业资本从事的是生产活动，商业资本从事的是流通活动。这些活动，都是商品经济条件下社会再生产所必要的职能性的活动。所以，商业资本也要通过竞争参与利润的平均化，获得平均利润。马克思指出：“因为产业资本的流通阶段，和生产一样，形成再生产过程的一个阶段，所以在流通过程中独立地执行职能的资本，也必须和在不同生产部门中执行职能的资本一样，提供年平均利润。如果商人资本比产业资本提供百分比更高的平均利润，那末，一部分产业资本就会转化为商人资本。如果商人资本提供更低的平均利润，那末就会发生相反的过程。一部分商人资本就会转化为产业资本。”① 通过这种资本的转移和竞争，使商业利润率和产业利润率趋于平均化。

按照马克思的分析，“商品经营资本，——撇开各种各样可能与此有关的职能，如保管、运送、运输、分类、散装等，只说它的真正的为卖而买的职能，——既不创造价值，也不创造剩余价值”。那么，商业资本是怎样获得利润呢？从形式上看起来，商业利润是贱买贵卖的结果，即销售价格高于购买价格，这个购销差价就形成商业利润（这里暂不谈商业费用）。但问题是，最后的销售价格是否总是高于商品的价值，从而否定了价值规律呢？个别地看，价格高于价值的情况往往会发生，但商业资本瓜分剩余价值的规律，不能由此说明，而必须以价格和价值相一致为前提。按此逻辑，马克思指出：“因为商人资本本身不生产剩余价值，所以很清楚，以平均利润的形式归商人资本所有的

---

① 《马克思恩格斯全集》第25卷，人民出版社1974年版，第314页。

剩余价值，只是总生产资本所生产的剩余价值的一部分。”① 这就是说，商业资本获得的平均利润，来源于社会生产资本生产的剩余价值，是剩余价值的一种分配形式。

这里举例说明。假定一年中预付的总产业资本＝720C＋180V＝900，剩余价值率 $m'=100\%$，因而商品的价值＝720C＋180V＋180m′＝1080，平均利润率 $P'=\frac{180}{900}=20\%$。又假定，为了实现这么多商品价值的流通，需要有 100 商业资本参加经营。这样，社会总资本的平均利润率 $P'=\frac{180}{900+100}=18\%$。按照这个平均利润率，产业资本分得的平均利润为 900×18%＝162，商业资本分得的平均利润为 100×18%＝18。于是，产业资本家出卖给商业资本的商品出厂价格＝720C＋180V＋162m＝1062；商业资本家再按 1062＋18＝1080 的价格（即生产价格或商品的总价值）销售商品，从而瓜分到相应的平均利润。

可见，对商业资本家来说，“虽然他的利润只是在流通中并且通过流通才获得的，只是由于他的出售价格超过他的购买价格的余额才获得的。不过，他还是没有高于商品的价值或高于商品的生产价格出售商品，而正是因为他是低于商品的价值或低于商品的生产价格从产业资本家那里购买商品的。”②

商业资本参加利润的平均化，是马克思的平均利润和生产价格理论的完成。

2. 纯粹流通费用的补偿与获利

商业资本家为了经营商品买卖，他不仅要预付购买商品的资本，而且要支出流通费用。流通费用既要补偿，又要获利。对于生产性流通费用来说，由于它们实际地增加商品的价值，所以这部分流通费用的补偿与获利是不成问题的，跟直接生产过程中的费用一样。问题是非生产性的纯粹流通费用。按照马克思的看法，它们不增加商品的价值，但同样要补偿与获利。从何处补偿与获利呢？只能从社会总的剩余价值中扣除。

现以前例为基础说明这个问题。前例假定，产业资本＝900，剩余价值或利润＝180，按产业资本计算的平均利润率＝$\frac{180}{900}=20\%$。商品的总生产价格＝1080。

现在再假定，商业资本家为实现上述商品的流通，预付购买资本 100B，支出纯粹流通费用包括不变资本 30K 和可变资本 20b。它们都要从社会的总剩余价值中获得利润。而它们的补偿则有所不同，购买资本 100B 是一种简单的周转金，它随着商品的出卖而不断收回；而作为纯粹流通费用的 K 和 b，则要

① 《马克思恩格斯全集》第 25 卷，人民出版社 1974 年版，第 314 页。

② 《马克思恩格斯全集》第 25 卷，人民出版社 1974 年版，第 318 页。

从剩余价值中扣除。因此，按产业资本和商业资本的总和形成的平均利润率

$$P'=\frac{180-30k-20b}{900+100B+30k+20b}=12.38\%。$$

按照新的平均利润率，产业资本家获得的利润 = 900 × 12.38% = 111.43。这样，他的商品的出厂价格（也就是商业资本家的购买价格）= 900+111.43=1011.43。

按照统一的平均利润率，商业资本家获得的利润=（100B×12.38%）+（30k×12.38%）+（20b×12.38%）=12.38+3.714+2.476。

商品的最后销售价格 =（1011.43B + 12.38P）+（30K + 3.714P）+（20b+2.476P）=1080。P代表利润。

可见，非生产性的纯粹流通费用的补偿与获利，按照一般规律，是在价值或生产价格以内实现的，是剩余价值的扣除。当然，实际的商品流通过程是复杂的。商业流通费用的补偿和获利的具体方式是多种多样的，最终取决于市场各种参与者竞争的结果。

商业的纯粹流通费用的支出虽然是必要的，但不增加商品的价值，还要从社会总剩余价值中实现补偿与获利。表面上看起来，这似乎增加了社会的负担。实际上，由于商业的独立化和社会化经营，使社会用于流通的资本和费用，与产业资本附带分散经营相比，得到了大大节约。其节约的数量，远比社会用于纯粹流通费用的补偿与获利的非生产性支出多得多。这一点，进一步说明了商业的独立化和合理发展，是有利于社会经济效益提高的。

3. 商业劳动和商业剥削的特点

在资本主义条件下，商业工人和产业工人一样，都是雇佣工人。但根据马克思的分析，商业工人的劳动，除了保管、运输等生产性劳动外，从事纯粹商品买卖的劳动，不是生产劳动，不创造价值和剩余价值。马克思说："因为商人作为单纯的流通当事人既不生产价值，也不生产剩余价值（……），所以，他雇用的执行同样职能的商业工人，也不可能直接为他创造剩余价值。"①

关于从事生产性劳动的商业工人受剥削的情况，与产业工人相同，不再重述。这里仅以买卖商品的劳动为例，分析从事非生产性劳动的商业工人受剥削的问题。从事商品买卖活动的商业工人的劳动，虽是非生产性劳动，但它是社会再生产所必要的劳动。这个劳动的作用，就是实现商品的价值和剩余价值。商业工人通过这个劳动，有权从实现的社会总剩余价值中获得相应的收入。这个收入对商业工人来讲是劳动收入，而且理应全部为他所有。但是，他作为雇佣工人，他的劳动时间也要分为必要劳动时间和剩余劳动时间。商业工人在必要劳动时间应得的收入用于补偿商业资本的可变部分，即构成他的工资；在剩

① 《马克思恩格斯全集》第25卷，人民出版社1974年版，第326—327页。

余劳动时间应得的收入，则无偿地为商业资本所占有，即构成商业利润。正如马克思所说：商业资本家雇佣的“这些办事员的无酬劳动，虽然不会创造剩余价值，但会为他创造占有剩余价值的条件；这对这个资本来说，结果是完全一样的；因此，这种劳动对这个资本来说是利润的源泉。”“正如工人的无酬劳动为生产资本直接创造剩余价值一样，商业雇佣工人的无酬劳动，也为商业资本在那个剩余价值中创造出一个份额。”①

由此可见，按照马克思的观点，商业（撇开其生产性活动）利润是产业工人在生产过程中创造的，由商业资本家在流通过程中通过无偿占有商业工人的剩余劳动而瓜分到一部分剩余价值。商业利润既直接体现了商业资本家对商业工人的剥削关系，也间接体现了他对产业工人的剥削关系。

现实意义

马克思关于商业利润的一般原理，对于正确规范社会主义商业利润，调动商业职工的积极性，提高商业经济效益，具有重要意义。

在实行计划经济体制下，社会主义经济在处理工业和商业利润分配问题上长期奉行“工大于商”的原则，即工业利润率高于商业利润率。近年来在计划经济体制向市场经济体制的转变过程中，在某些方面又出现了商业利润率过高、生产者受益不多、消费者负担加重的现象。显然，按照工商利润率平均化的规律，以上两种极端倾向都是不合理的，也不利于社会主义经济全面的发展。工业利润率长期高于商业利润率的结果，阻碍了商业的发展。如果商业利润率长期高于工业利润率，会导致商业规模的过度膨胀，影响工业的发展和人民生活的改善。我们既然要建立社会主义市场经济体制，就应该按照市场经济规律办事。所以，要重视在工业、商业以及其他职能部门之间，创造适度的平等竞争、资本合理转移的市场环境，使平均利润和生产价格规律发挥积极作用。

就商业部门本身来讲，要把提高利润率的基点放在改善管理、节约流通费用、提高服务质量上来。马克思的分析说明，流通费用的大小是影响商品销售价格和商业利润的一个重要因素。因此，必须合理地规定流通费用的列支范围，严格控制流通费用的支出，不断降低流通费用的水平，力求达到流通费用的最大节约，直至低于同行业的平均水平。这样，既可以适当降低商品销售价格，以增强市场上的竞争力，又可以提高企业的商业利润率。

商业利润是直接依靠商业职工的劳动获得的。按照马克思的观点，商业劳动既包括生产性劳动（如运输、保管、分类、包装等），又包括非生产性劳动（如买卖商品的劳动等）。对后一方面的看法，迄今为止存在着较大的分歧。我

---

① 《马克思恩格斯全集》第25卷，人民出版社1974年版，第327—328、328页。

认为，在这个问题上要坚持实践标准。

第一，马克思指出："单纯买卖时间的费用只是由生产过程的一定的社会形式而产生"。① 这就是说，单纯买卖商品的这种劳动的非生产性，是由私有制商品经济这种特殊社会形式产生的。但实践证明，社会主义公有制经济也是商品经济。从事商品买卖活动的主体是公有制联合体，不再单纯是私人自发进行的。组织好商品流通，成为国民经济实现按比例发展的关键。因此，买卖商品的劳动，不是单纯地实现价值形态变化，而是实现社会再生产的一种社会化生产劳动。

第二，资本主义市场经济发展的历史，日益显示出商业劳动不简单是商品交易行为，而是融进了越来越多的生产性活动（除传统的运输、保管、分割、包装外，还有售后服务、消费咨询等）。特别是商业的发展，对实现社会资源的合理流动和优化配置，起着越来越大的作用。其生产性劳动的性质也越来越被人们所认识，以致将商业劳动的成果正式统计到国民生产总值这一社会财富的综合指标中去了。

第三，马克思曾经指出："生产劳动就是一切加入商品生产的劳动（这里所说的生产，包括商品从首要生产者到消费者所必须经过的一切行为），不管这个劳动是体力劳动还是非体力劳动（科学方面的劳动）"。② 按此逻辑，这里所说的"一切行为"，应该包括通过商品买卖而进行的产品分配和传递的劳动。马克思还指出："随着劳动过程本身的协作性质的发展，生产劳动和它的承担者即生产工人的概念也就必然扩大。"③ 在商业劳动日益成为实现社会协作劳动的重要环节的今天，确有必要把它列入扩大的总体工人劳动的一部分。

第四，买卖商品劳动的生产性质，有一个大前提，就是这种劳动的投入总量必须保持在社会必要的限度内，超出了这个限度，非但不具有生产性，连必要性也消失了，变成了一种负效活动。

第五，商业劳动的生产性效益，既有直接性的表现形式（如加快商品的流通速度、增加商业利润等），又有间接性的表现形式（如促进社会财富的增长、提高国民经济的运行效益等）。这个问题的具体化，需要专门研究。

进一步认清商业劳动的生产性，对于进一步认识商业和商业劳动的重要性，加强商业的建设，转变人们的就业观念，调动广大商业职工的劳动积极性、创造性，是大有好处的。

（三）关于商业资本周转的原理与现实

这一原理，主要说明商业资本周转的特点和作用，特别是对平均利润率和

---

① 《马克思恩格斯全集》第 24 卷，人民出版社 1972 年版，第 152 页。

② 《马克思恩格斯全集》第 26 卷第 3 册，人民出版社 1974 年版，第 476 页。

③ 《马克思恩格斯全集》第 23 卷，人民出版社 1972 年版，第 556 页。

商品价格的影响。

1. 商业资本周转的特点

与产业资本的周转以及货币流通相比，商业资本周转具有如下主要特点。

第一，周转的过程不同。产业资本的周转是生产过程与流通过程的统一。商业资本的周转完全在流通中进行。“商品经营资本的反复周转，始终只是表示买和卖的反复”。① 它的周转时间完全由买卖时间构成。

第二，流通中的形态变化不同。产业资本在流通中的连续变化形态（或者总流通过程）表现为 W_1—G—W_2。这里是两个不同商品的交换，同一货币两次转手。商业资本在流通中的形态变化表现为 G—W—G′，即先买后卖，这里是同一商品换位两次，货币最后回到商人手里。

第三，商业资本的周转与货币充当流通手段相比，有相似之处，都是货币反复周转多次，实现商品的价值。但货币充当流通手段是在不同人之间不断转手，并且不会发生价值增殖。而“在商人那里，却是同一货币资本（……），同一货币价值，按其价值额反复买卖商品资本，因而作为 G+△G 反复流回向一人手里，也就是作为价值加上剩余价值流回它的起点。这就是它的周转作为资本的周转所具有的特征。从流通中取出的货币总是比投入流通的货币多。”②

2. 商业资本的周转和社会再生产的关系

（1）社会再生产对商业资本周转的限制

“商人预付的货币资本的流通速度取决于：1. 生产过程更新的速度和不同生产过程互相衔接的速度；2. 消费的速度。”③

“生产时间也是对产业资本周转时间的一个限制。这对商人资本的周转来说是第一个限制。第二，把再生产消费所造成的限制撇开不说，商人资本的周转最终要受全部个人消费的速度和规模的限制”④。

但是，社会生产和消费的上述限制，“对商人资本来说，只表现为外部条件。”⑤

（2）商业资本周转的相对独立性

社会再生产和消费对商业资本周转的限制作用是有巨大伸缩性的。同时，“由于商人资本的独立化，它的运动在一定界限内就不受再生产过程的限制，因此，甚至还会驱使再生产过程越出它的各种限制。”⑥

---

① 《马克思恩格斯全集》第 25 卷，人民出版社 1974 年版，第 339 页。
② 《马克思恩格斯全集》第 25 卷，人民出版社 1974 年版，第 339 页。
③ 《马克思恩格斯全集》第 25 卷，人民出版社 1974 年版，第 309 页。
④ 《马克思恩格斯全集》第 25 卷，人民出版社 1974 年版，第 339—340 页。
⑤ 《马克思恩格斯全集》第 25 卷，人民出版社 1974 年版，第 339 页。
⑥ 《马克思恩格斯全集》第 25 卷，人民出版社 1974 年版，第 340 页。

上述趋势，由于以下几种原因而增强。一是“商人资本会缩短生产资本W—G的阶段。”产业资本家的商品只要转到商人手里但还没有最终卖到消费者手里之前，就可以实现再生产。二是“一个商人总是把同一商品卖给另一个商人，在投机时期，这种流通会显得非常繁荣”。① 三是“在现代信用制度下，商人资本支配着社会总货币资本的一个很大的部分，因此，它在已买物品最终卖掉以前可以再进行购买。”②

“因此，除了由于商品性质造成的W—G和G—W的分离以外，这里将会产生一种虚假的需求。”③ 这就会加剧生产的盲目性及其与消费的矛盾。

(3) 商业资本对产业资本的外部独立性和内部依赖性的矛盾及其爆发

商业资本对产业资本的外部独立性，表明它的活动在一定限度内不受社会生产和消费的限制，能起到一个商品“蓄水池”的作用。只要这个“蓄水池”保持在必要的水平，对商品经济的发展是有利的。但是，超过了这个限度，就会对社会生产带来消极乃至破坏的后果。这时，商业资本对社会生产和消费的归根结底的“内部联系要通过暴力即通过一次危机来恢复。”“这时，强制拍卖，为支付而进行的出售开始了。于是崩溃爆发了，它一下子就结束了虚假的繁荣。”④

3. 商业资本的周转对利润率的影响

商业资本的周转和产业资本的周转对利润率的作用是不同的。产业资本是从事生产活动的资本，它周转越快，年利润率越高。商业资本（撇开部分生产性活动）是不生产剩余价值的，因而它的周转本身不会自行增加利润。马克思说：“对商人资本来说，利润率是一个已定的量，一方面由产业资本所生产的利润量决定，另一方面由总商业资本的相对量决定，即由总商业资本同预付在生产过程和流通过程中的资本总额的数量关系决定。”⑤

假定社会总资本10000，其中产业资本9000，商业资本1000，后者占总资本的10%。产业资本9000生产的总利润为1800（产业资本的利润率为20%）。这样，全部资本的平均利润率$=\frac{1800}{9000+1000}=18\%$。只要每100产业资本生产的利润不变（20%）商业资本在总资本中的比重也不变（10%），那么，不论总资本怎样变化，平均利润率不变。如总资本增加到20000，商业资本仍占10%，为2000，产业资本为18000，按每100产业资本生产利润20计

① 《马克思恩格斯全集》第25卷，人民出版社1974年版，第340页。

② 《马克思恩格斯全集》第25卷，人民出版社1974年版，第340页。

③ 《马克思恩格斯全集》第25卷，人民出版社1974年版，第340页。

④ 《马克思恩格斯全集》第25卷，人民出版社1974年版，第340、341页。

⑤ 《马克思恩格斯全集》第25卷，人民出版社1974年版，第346页。

算，共生产利润 3600。这样，全部资本利润率仍为$\frac{3600}{20000}=18\%$。

然而，商业资本在社会总资本中的相对量（比重），是可以随商业资本周转速度的快慢而变化的。“假定其他一切条件不变，商人资本的相对量，是和它的周转速度成反比的，因此，也是和再生产过程本身的活力成反比的”。“商人资本周转得越快，总货币资本中充当商人资本的部分就越小；商人资本周转得越慢，总货币资本中充当商人资本的部分就越大。”① 由此，就会引起社会平均利润率的变化。我们仍以上例来说明：假定商业资本在总资本中的比重，由于周转速度加快而减少到 5%。这样，在社会总资本 10000 中，它只占 500，产业资本则增加到 9500，仍按每 100 产业资本生产 20 利润计算，共生产利润 1900，结果，平均利润率提高到$\frac{1900}{10000}=19\%$。可见，加速商业资本的周转，对减少社会总资本中的商业资本的相对量，扩大生产，增加利润，提高社会平均利润率，具有重要作用。

决定商业资本周转速度的因素，除了社会生产和消费的速度外，还有流通过程内在的一系列因素，如流通设施、网络、体制和管理等。马克思说：“各种会缩短商人资本平均周转的情况，例如，运输工具的发展，都会相应地减少商人资本的绝对量，从而会提高一般利润率。反过来，情况也就相反。”②

关于商业资本数量变化的趋势，马克思指出：“同以前的状况相比，发达的资本主义生产方式会对商人资本产生双重影响：同量商品可以借助一个数量较小的实际执行职能的商人资本来周转；由于商人资本周转的加速和再生产过程速度的加快（前者以后者为基础），商人资本和产业资本的比率将会缩小。另一方面，随着资本主义生产方式的发展，一切生产都会变成商品生产，因而一切产品都会落到流通当事人手中。”③ 由此，商业资本的数量又有增长的趋势。

4. 商业资本的周转对商品价格的影响

在一般情况下，商品的销售价格归根结底取决于商品生产价格水平和平均利润率水平。对商人来说，“他的出售价格有两个界限：一方面是商品的生产价格，这是不由他做主的；另一方面是平均利润率，这也是不由他做主的。”④

例如，商人购买一斤砂糖的生产价格是一元，出售后的平均利润率是 15%。如果商业资本购买 100 斤砂糖，需要投资 100 元，加上 15 元的平均利

① 《马克思恩格斯全集》第 25 卷，人民出版社 1974 年版，第 320、308 页。

② 《马克思恩格斯全集》第 25 卷，人民出版社 1974 年版，第 346 页。

③ 《马克思恩格斯全集》第 25 卷，人民出版社 1974 年版，第 346—347 页。

④ 《马克思恩格斯全集》第 25 卷，人民出版社 1974 年版，第 343 页。

润，这100斤砂糖的销售价格就是115元。这说明，商人的商品销售价格的决定基础，是商品的生产价格（这里指企业的出厂价格）和平均利润率。

照此分析，是不是说商人资本的周转对商品销售价格毫无影响呢？不是。恰巧相反，就一个商业部门来说，商人资本周转速度的快慢，对单位商品销售价格的水平有重要作用。这就是：商业资本周转越快，它销售的商品就越多，单位商品所分摊的商业利润就越少，从而商品销售价格就越低；反之则相反。仍以上例来说明。如果购买砂糖的商业资本100元一年周转一次，买卖砂糖100斤，按平均利润率15%，获利15元。这样，100斤砂糖的销售价格就是115元，每斤砂糖的销售价格就是1.15元，其中包含商业利润0.15元。如果商业资本一年周转五次，那么，商业资本用100元预付资本就能连续买卖500斤砂糖。但是，根据等量预付资本获得等量利润的原则，这一年的商业利润原则上仍为15元。因此，每100斤砂糖只能得商业利润3元，按103元的价格销售，每斤砂糖售价为1.03元，其中包含0.03元的商业利润。商业资本只有将500斤砂糖全部卖掉后，才能按平均利润率获得15元的平均利润。可见，加速商业资本的周转，可以降低单位商品的销售价格。正如马克思所说："不同商业部门的商人资本的周转次数，会直接影响商品的商业价格。商业加价的多少，一定资本的商业利润中加到单个商品的生产价格上的部分的大小，和不同营业部门的商业资本的周转次数或周转速度成反比。"①

这里有一个问题需要说明：为什么一个商业部门的利润率（指部门平均利润率）不能由于资本周转速度的加快而超过社会平均利润率呢？这是由部门之间的竞争和利润平均化的规律决定的。"如果情况不是这样，商人资本就会随着它的周转次数的增加，比产业资本提供高得多的利润，而这是和一般利润率的规律相矛盾的。"②

毫无疑问，就一个商业部门的各个商业企业来说，加速资本周转，使之超过本部门商业资本的平均周转速度，"这对单个商人或零售商人来说却有决定意义。在这种情况下，他会象在比平均条件更有利的条件下进行生产的产业资本家那样，赚到超额利润。"③ 即在获得平均商业利润外，还得到超额商业利润。

现实意义

马克思关于商业资本周转的基本原理，对于全面认识社会主义条件下商业的作用，合理发挥其商品"蓄水池"的功能，加速商业资本的周转，降低商品

---

① 《马克思恩格斯全集》第25卷，人民出版社1974年版，第348页。
② 《马克思恩格斯全集》第25卷，人民出版社1974年版，第348页。
③ 《马克思恩格斯全集》第25卷，人民出版社1974年版，第351页。

的销售价格，走薄利多销的道路，具有重要意义。

商业资本周转的相对独立性表明，商业在生产者和消费者之间起着一种商品“蓄水池”的作用。它一方面通过向多个行业和企业收购产品，加快再生产的速度，另一方面保证商品的稳定供应，使各种消费需求得到满足。这个“蓄水池”的大小，不完全受生产和消费的限制。以满足人民需要为根本宗旨的社会主义商业，更要发挥好这个“蓄水池”的作用，建立必要的库存制度，防止因片面强调节约流通费用，不要商品库存，影响为生产和消费服务功能的正常发挥。但是，商业部门的商品“蓄水池”的大小和结构，归根结底要受社会生产和消费的水平和结构的制约。如果超过必要的限度，就会形成“虚假的需求”，给生产部门造成误导，加剧社会生产的失调，也影响商业的经济效益。根据多年的实践经验，要做到商业库存的合理化，一是库存的水平与商品销售速度相适应；二是库存商品的结构与购买需求的结构相适应；三是库存的水平和结构要随着生产和消费的水平和结构的变化而变化。

在保持适度商品库存，有效发挥商业功能的前提下，要千方百计加快商业资本的周转。这可以收到一举多得的效果：一是可以节约流通资本，提高社会平均利润率；二是可以减少单位商品的流通费用和利润含量，降低商品的销售价格，这既有利于消费者，也有利于提高商业企业的竞争力；三是资本周转特别快的商业企业还可以获得超额商业利润。我国商业资本周转的速度，与经济发达国家相比，差距不小。这说明，加速我国商业资本的周转速度，潜力很大，大有可为。

从目前的情况看，加快我国商业资本的周转，必须狠抓以下几点：一是坚持适销对路的进货原则。这样，既促进生产部门更好地按市场需要进行生产，又避免造成不必要的产品积压；二是合理布局销售网点，特别是大力开拓广大农村市场，使商品供应的品种、档次，更加适应我国的城乡购买力；三是改进销售方式和服务态度，搞好广告宣传和售后服务，提高销售艺术和服务质量，增强对购买者的吸引力；四是改革商业的微观（企业）、中观（行业）和宏观体制，搞活整个流通过程，为加快商业资本的周转提供良好的制度保证。

三、生息资本和信用理论

这一理论，是在《资本论》第三卷第五篇阐述的。其中心，是揭示借贷资本瓜分剩余价值的规律。

生息资本是为获得利息而贷放给别人使用的货币资本。它包括前资本主义社会的高利贷资本（利息可高达全部剩余劳动的成果）和资本主义条件下的借贷资本。后者是马克思集中考察的对象。借贷资本是产业资本和商业资本的部分货币资本的独立化形式。它通过信用制度实现运行。借贷资本获得的利息只是工商平均利润的一部分。所以，对借贷资本、信用制度和利息的分析，只能在产业和商业利润平均化的基础上进行。

恩格斯在第三卷的序言中指出：“主要的困难在第五篇。那里讨论的也是全卷最复杂的问题。正当马克思写这一篇时，上面提到的重病又一次发作了。因此，这一篇不但没有现成的草稿，甚至没有可以提供轮廓，以便加以充实的纲要，只不过是开了一个头，不少地方只是一堆未经整理的笔记、评述和摘录的资料。”① 由此可见这一篇研究对象之难度，也可以想象马克思带病写作这一篇时的感人情景和恩格斯整理、编辑这一篇所付出的艰辛。

根据这一篇的主要内容，学习时应着重抓住如下五个方面的基本原理：关于借贷资本和利息特征的原理；关于资本主义信用和银行的原理；关于资本主义股份公司的原理；关于虚拟资本及其和现实资本关系的原理；关于信用制度下货币流通的原理。

（一）关于借贷资本和利息特征的原理与现实

这一原理，主要是说明资本主义的借贷资本和利息的性质、特征，平均利润分割为利息和企业主收入的必然性。

1. 借贷资本的形成和特征

（1）借贷资本的产生和特殊性质

资本主义条件下的借贷资本，是产业资本和商业资本在运动中分离出来的部分货币资本的转化形式。在产业和商业资本的周转过程中，由于各种原因，一方面形成大量闲置的货币资本，寻找贷款的途径；另一方面部分工商企业一时缺少货币资本，寻找借款的途径。这样，必然形成资本的借贷关系，使部分货币资本转化为借贷资本。

所谓借贷资本，就是货币资本家为取得利息而贷给职能资本家的货币资本。借贷资本的主要特征何在呢？就是资本变成了商品；这种商品转让的特殊方式是贷放。

马克思指出：生息资本“就它作为可能的资本，作为生产利润的手段的这种属性来说，它变成了商品，不过是一种特别的商品。或者换一种说法，资本作为资本，变成了商品。”又指出：借贷资本的转让“既不是被付出，也不是被卖出，而只是被贷出；它不过是在这样的条件下被转让：第一，它过一定时期流回到它的起点；第二，它作为已经实现的资本流回，流回时，已经实现它的能够生产剩余价值的那种使用价值。”②

在资本主义条件下，货币资本投入生产和流通后，能生产一定量的剩余价值，或者说能提供一定量的利润。这是任何货币资本所具有的一种权力，或者

---

① 《马克思恩格斯全集》第25卷，人民出版社1974年版，第8—9页。

② 《马克思恩格斯全集》第25卷，人民出版社1974年版，第378、384页。

作为资本来执行职能的特殊的使用价值。假定年平均利润率为20%，一个拥有10万元的货币资本所有者就拥有提供2万元利润的权力或特殊使用价值。如果他本人不使用这10万元资本，而是把资本的使用权暂时地有代价地转让给职能资本家去使用，使用的结果生产了2万利润。到时候，职能资本家不仅要偿还10万元货币资本，而且要将2万利润中的一部分作为利息交给货币所有者。这样，货币所有者的10万元货币资本就变成了一种特殊商品，即资本商品。但这种商品的转让，既不是无代价的付出，也不是等价交换，而是以到期还本付息为代价的贷放。这就是借贷资本的特殊属性。

(2) 借贷资本的特殊流通形式

以贷放为特征的借贷资本具有特别的流通形式。假定A代表借贷资本家，B代表职能资本家（包括产业资本家和商业资本家），借贷资本作为资本商品的整个流通过程就表现为双重的支出和双重的回流。其公式如下：

$$\frac{A}{G}—\frac{B}{G}—W—\frac{B}{G'}—\frac{A}{G'}$$

马克思指出："在生息资本的场合，G的第一次换位，既不是商品形态变化的要素，也不是资本再生产的要素。它在第二次支出时，在用它来经营商业或把它转化为生产资本的那个执行职能的资本家手中，才变成这样的要素。在这里，G的第一次换位，无非表示它已经由A转移到或转交到B手中；这种转移通常在一定的法律形式和条件下进行。"① "与货币作为资本的这种双重支出——其中第一次支出只是由A转移到B——相适应的，是它的双重回流。它作为G′或G+△G，从运动中流回到执行职能的资本家B手中。然后，执行职能的资本家B让它带着一部分利润，作为已经实现的资本，作为G+△G再转给A。在这里，△G不等于利润的全部，而只是利润的一部分，即利息。"②

在上述双重支出和双重回流中，包含着两种性质的运动：$\frac{B}{G}—W—\frac{B}{G}$是现实的资本运动；$\frac{A}{G}—\frac{B}{G}$和$\frac{B}{G'}—\frac{A}{G'}$只是资本的贷放和偿还运动，表现为按法律契约交易的结果。如果把现实资本的运动撇开不论，那么，后者就包括了借贷资本的全部运动。"这个运动——以偿还为条件的付出——一般地说就是贷和借的运动，即货币或商品的只是有条件的让渡的这种独特形式的运动。"③

必须指出的是，虽然表面上看起来，似乎借贷资本的运动可以脱离现实资本的运动，实际上前者最终受后者所决定。马克思在谈到借贷资本的回流时指

---

① 《马克思恩格斯全集》第25卷，人民出版社1974年版，第381页。

② 《马克思恩格斯全集》第25卷，人民出版社1974年版，第381页。

③ 《马克思恩格斯全集》第25卷，人民出版社1974年版，第390页。

出："这种交易实际上是由现实的回流决定的。……如果现实的回流没有按时进行，借入者就必须寻求别的办法来履行他对贷出者的义务。"①

（3）借贷资本最富有拜物教性质

马克思指出："在生息资本上，资本关系取得了最表面、最富有拜物教性质的形式。"②

如前所说，借贷资本的运动是以现实资本的运动为基础的，它运动的全过程表现为双重的支出和回流。但是，在表面现象上，人们看到的只是从货币的支出到更多货币的回流，即 $G—G'$。其间包含的起中介作用的职能资本运动过程的任何痕迹都不见了。同时，利息本来是剩余价值的一种特殊分配形式，其来源是雇佣工人的剩余劳动，但是，在生息资本的表面运动即 $G—G'$中，利息则表现为货币资本的自动增殖，钱能生钱，黄金能下蛋。货币资本"无论它是睡着，还是醒着，是在家里，还是在旅途中，利息都会日夜长到它身上来。"③

因此，"在这里，资本的拜物教形态和资本拜物教的观念已经完成。"④

2. 利息和利息率

货币资本所有者贷放资本的目的，是为了实现资本增殖，增殖的部分就是利息。马克思指出：借贷资本家"预付的价值额要作为资本流回，就必须在运动中不仅保存自己，而且增殖自己，增大自己的价值量，也就是必须带着一个剩余价值，作为 $G+\triangle G$ 流回。在这里，这个 $\triangle G$ 是利息，即平均利润中不是留在执行职能的资本家手中，而是落到货币资本家手中的部分。"⑤ 这就说明，资本主义的利息是职能资本家因取得贷款而付给借贷资本家的平均利润的一部分，它是剩余价值的一种转化形式。

为什么利息一般是平均利润中的一部分呢？这是因为：一方面借款的职能资本家投资的结果，按照平均利润率规律，只能得到平均利润，因而他只能用平均利润的一部分支付利息；另一方面，借贷资本家转让的只是资本的使用权，他既不从事生产，也不从事流通，单纯凭借资本的所有权获得收入，因而他也没有理由要求获得全部平均利润，否则，人家就不借款了。马克思指出：在资本的借贷关系下，"同一货币额作为资本对两个人来说取得了双重的存在，这并不会使利润增加一倍。它所以能对双方都作为资本执行职能，只是由于利润的分割。其中归贷出者的部分叫作利息。"⑥

---

① 《马克思恩格斯全集》第 25 卷，人民出版社 1974 年版，第 390 页。
② 《马克思恩格斯全集》第 25 卷，人民出版社 1974 年版，第 440 页。
③ 《马克思恩格斯全集》第 25 卷，人民出版社 1974 年版，第 443 页。
④ 《马克思恩格斯全集》第 25 卷，人民出版社 1974 年版，第 442 页。
⑤ 《马克思恩格斯全集》第 25 卷，人民出版社 1974 年版，第 392 页。
⑥ 《马克思恩格斯全集》第 25 卷，人民出版社 1974 年版，第 396 页。

由于借贷资本是资本商品，利息是转让资本商品的代价，所以，利息往往被看做是借贷资本的价格。但是，“不要忘记，这里支付的，是利息，而不是商品价格。如果我们把利息叫作货币资本的价格，那就是价格的不合理的形式，与商品价格的概念完全相矛盾。”①

一定资本在一定时期获得的利息，是由该时期的利息率决定的。利息率就是一定时期的利息量与借贷资本量的比率。用公式表示就是：利息率＝$\frac{\text{利息量}}{\text{借贷资本量}}\times 100\%$。

由于利息一般是平均利润的一部分，所以“必须把平均利润率看成是利息的有最后决定作用的最高界限。”“利息的最低界限则完全无法规定。”利息率一般在平均利润率和零之间摆动。在这个大范围内，实际的市场利息率由借贷资本的供求关系决定。正如马克思所说：“借贷资本的供给和借贷资本的需求之间的关系，决定着当时市场的利息状况。”② 马克思的这些论述说明，决定利息率变化的主要因素，一是平均利润率水平的高低，二是借贷资本的供求状况。

至于一个国家平均的或中等的利息率（即按整个产业周期平均计算的利息率，它不同于多变的市场利息率）的确定，则有着更加复杂的因素。马克思说：“在中等利息率不仅作为平均数，而且作为现实的量存在时，习惯和法律传统等等都和竞争本身一样，对它的决定发生作用。在许多法律诉讼中，当需要计算利息时，就必须把中等利息率作为合法的利息率。”③

随着资本主义经济的发展，平均利息率有逐渐下降的趋势。其主要原因是：一是由于资本有机构成提高等因素的作用，平均利润率有下降的趋势。二是由于信用关系的发展、食利者人数的增加等因素的作用，借贷资本的供给有相对增加的趋势。例如，美国银行短期贷款利息率，1866—1880 年为 3.6%～17%，1880—1900 年为 2.63%～9.25%，1901—1920 年为 2.98%～89/6，1921—1935 年为 0.75%～7.81%，1945—1956 年为 0.75%～3.63%。当然，利息率下降的趋势又会受到相反因素的阻碍作用。

3. 利润分割为利息和企业主收入

在借贷资本关系下，利息是平均利润的一部分，因而平均利润必然分割为利息和企业主收入（也可称为企业利润）。后者包括产业利润和商业利润。

平均利润分割为利息和企业主收入，是借贷资本关系下资本的所有权和使用权相分离的必然产物。利息和企业主收入，“一个单纯表现为资本所有权的

① 《马克思恩格斯全集》第 25 卷，人民出版社 1974 年版，第 396 页。
② 《马克思恩格斯全集》第 25 卷，人民出版社 1974 年版，第 403、401、410 页。
③ 《马克思恩格斯全集》第 25 卷，人民出版社 1974 年版，第 408 页。

果实，另一个则表现为用资本单纯执行职能的果实”，① 即执行资本使用权的果实。这种资本的两权分离所带来的不同收入，随着资本主义借贷关系的发展，必然会成为一种广泛的固化的现象。以致不仅对借入资本的职能资本家来说，他生产的利润要分割为利息和企业主收入，而且对完全用自有资本经营的资本家来说，也要这样做。

正如马克思所指出：“用自有的资本从事经营的资本家，同用借入的资本从事经营的资本家一样，把他的总利润分为利息和企业主收入。利息归他所有，因为他是资本的所有者，是把资本贷给自己的贷出者，企业主收入也归他所有，因为他是能动的、执行职能的资本家。”② 这是为什么呢？

第一，在资本借贷关系广泛发展的条件下，资本可以自由地作为商品贷放，利息被看做是使用资本的代价，因此，使用自有资本经营的资本家在评价经营效果时，自然要和借入资本经营的资本家进行比较，从而将总利润同样分成利息和企业主收入两部分。

第二，大多数产业资本家都兼有比例不同的自有资本和借入资本，并且二者比例经常变化，这就使他们从自身的经验中感受到利润分割为利息和企业主收入的客观存在，从而在这种分割的基础上统一计算企业的收益。

无论是利息，还是企业主收入，本质都是剩余价值的形式。资本家往往把企业主收入看做是他进行的“监督劳动的工资”，完全否定其剥削性质。这是站不住脚的。马克思指出：“同货币资本家相对来说，产业资本家是劳动者，不过是作为资本家的劳动者，即作为对别人劳动的剥削者的劳动者。他为这种劳动所要求和所取得的工资，恰好等于他所占有的别人劳动的量”。③ 当然，这是就资产阶级的本质属性来说的。就单个资本家分子来看，不排除有参加一定生产劳动的，因而其收入中除剥削收入外，也有一定的劳动收入。

现实意义

马克思关于借贷资本和利息规定性的一般原理，也适用于社会主义市场经济。

社会主义市场经济的运行，仍然表现为资本价值的运动。资本是一种有限的资源。由于各个部门和各个企业的生产时间和流通时间的差别，社会在任何一个时点，一方面会出现闲置的货币资本，另一方面会缺少货币资本，这样必然产生资本的借贷关系。同时，企业的资金来源，除了一部分来自投资者的直接投资外，一般都有一部分来自贷款。因此，社会主义社会必然存在着资本的

① 《马克思恩格斯全集》第25卷，人民出版社1974年版，第420—421页。

② 《马克思恩格斯全集》第25卷，人民出版社1974年版，第421页。

③ 《马克思恩格斯全集》第25卷，人民出版社1974年版，第435页。

借贷关系即债务关系。市场经济就是信用经济。这是市场经济的必然产物，也是市场经济运行的必要手段。过去那种认为既无内债又无外债是社会主义经济优越性的一大表现的观点，是不正确的。合理地发展社会主义的借贷关系，对于搞活市场经济，促进资本的流动，提高资本的使用效率，具有重要的作用。

资本的借贷关系对市场经济的促进作用是有条件的。其中一个重要的条件，就是要使负债率保持在必要的合理的限度之内。一般说，工商企业的负债率不宜超过总资本的50%左右，一个国家的外债偿还率不宜超过出口收入的30%左右。长期过大的负债率会阻碍经济的发展。另一个重要条件，就是要强化信用观念，使信贷关系建立在法制保障的基础上，以便做到到期偿债，还本付息，不拖债，不赖债。我国一个时期以来严重存在的拖债、逃债、赖债（甚至欠债不还，理直气壮）现象，是违背信用经济运行规律的。这个问题如果久拖不决，就会破坏社会主义的信用关系。再一个重要条件（也是最重要的条件），就是要使资本的借贷行为建立在有效投资的基础上。只有实际投入生产和流通的资本能够增值，按期回流，才能有效地发挥资本的借贷关系对市场经济的积极促进作用。

既然发展资本的借贷关系是社会主义市场经济的客观需要，那就要承认利息收入的必要性，并且有效地发挥利息率这个经济杠杆对国民经济的调节作用。利息的经济作用主要表现在：①利息作为资本有偿使用的一个代价，可以促使企业加强经济核算，节约资本，加速资本周转，提高资本的使用效率。②对存款支付一定的利息，有利于单位和个人把闲置的资金存入银行，以实现资金的集中和再分配，促进国民经济的发展。③通过利息率的适当变动（提高或降低），影响储蓄和贷款的规模，从而对国民经济进行必要的宏观调控。近年来，我国开始运用利息率杠杆调控国民经济，收到了一定的效果。但在这方面还需要逐步加大力度，提高调控的效果。

在资本主义条件下，资产阶级获得的利息实质是剩余价值剥削的一种形式。社会主义条件下的利息如何认识呢？这是一个有一定复杂性的疑难问题。我们的看法是：第一，在市场经济条件下，利息是存款的必要回报，只要合法，无论是谁获得，都应受到保护。这对社会经济的发展是大有好处的。第二，利息的性质取决于资本所有权的社会属性。社会主义公有制企业单位的存款利息收入，只要取之于民、用之于民，就不是剥削。劳动者的一般储蓄收入也不是剥削。作为私人资本企业经营的利息收入则带有剥削的性质。第三，对资本合法的剥削收入的使用方向（用于积累、发展公益事业和个人生活消费等）及其社会作用，要具体分析，依法对待和正确处理。

在社会主义借贷关系下，借入资本获得的利润（应是平均利润）也要分成企业收入和利息两部分。这一分割同样具有普遍性，即一切经营性的企业获得的平均利润都要分割成企业收入和利息两个部分。这对于普遍确立资本的“价格”或“成本”概念，加强资本的核算和节约，全面评价经济效益，减少不必要的债务关系，促进自有资本的积累，是很有意义的。

（二）关于资本主义信用和银行的原理与现实

这一原理，主要说明资本主义信用特别是银行信用的特点和作用。

信用又称信贷，是指以偿还为条件的资本借贷关系。信用制度是这种借贷关系的实现形式。由于借贷行为一般采取商品与货币两种形式，所以信用包括商业信用和银行信用两种基本形式。

1. 商业信用

商业信用是职能资本家之间用赊销商品的方式提供的信用。在赊销交易中，卖者把商品转让给买者，卖者没有同时取得现款，而是得到约定延期支付的票据，到约定之日，卖者才能凭票据取得货币。但赊销商品的价格一般高于现金购买商品的价格，其差额实际是赊购者向赊卖者支付的利息。可见，职能资本家将商品赊销出去，实质上是把资本以商品的形式贷放出去，是以到期还本付息为条件的借贷资本的运动形式。

在简单商品经济条件下，已经产生了赊销商品的信用关系，但只有在资本主义社会，商业信用才得到广泛发展。“随着商业和只是着眼于流通而进行生产的资本主义生产方式的发展，信用制度的这个自然基础也在扩大、普遍化和发展。”① 在资本主义条件下，各工商部门资本周转时间存在差别，在商品交易中会经常产生购买者一时现金不足的矛盾，要求提供商业信用。同时，资本主义生产和流通的发展，需要增加大量商业资本，商业资本家单靠本身的资本积累难以满足这个需要，这也要求发展商业信用。由于商业信用是职能资本家之间直接在商品交换中发生的信用，它为银行信用的发展提供了出发点和支撑点，因而商业信用成为整个信用制度的基础。

商业信用的工具是商业票据。它“是一种有一定支付期限的债券，是一种延期支付的证书。”商业票据分为期票和汇票两种（马克思将这两种票据统称为汇票）。期票是债务人向债权人开出的，承诺在一定时期内支付现款的保证书。汇票则是债权人向债务人发出的指令其在约定时期向第三者支付一定数量现款的命令书。由债权人“背书”（在票据背面签字）的商业票据，可以在一定范围内作为支付手段流通，执行货币的职能，起到互相抵销债权的作用。马克思指出：“为了简便起见，我们可以把这种支付凭据概括为汇票这个总的范畴。这种汇票直到它们期满，支付日到来之前，本身又会作为支付手段来流通；它们形成真正的商业货币。”②

---

① 《马克思恩格斯全集》第25卷，人民出版社1974年版，第450页。

② 《马克思恩格斯全集》第25卷，人民出版社1974年版，第542、450页。

职能资本家之间互相提供的商业信用，对于促进商品流通，加速资本周转，节约流通中的货币和费用，扩大资本主义生产，起着重要的作用。

然而，商业信用又有一定的局限性。主要是：①受商品流转方向的限制，只能是商品的供给方向购买方提供信用，而不能相反；②商业信用是私人资本家之间提供的信用，因而受到个人资本数量的限制，不可能长期、大量地提供商业信用；③商业信用还受到有关资本家本身资本周转状况的限制，一旦某个资本周转受阻，商业信用的债务链就会受到破坏。商业信用的这些局限性，使它不能完全适应资本主义经济的发展。于是，在商业信用的基础上产生了银行信用。

2. 银行信用

（1）银行信用的特点和作用

银行信用是银行向职能资本家贷款而形成的借贷关系。

资本主义银行是经营货币资本业务的企业。其基本职能，一是经营货币资本的借贷业务，充当贷款者和借款者之间的中介（这是主要的）；二是经营与货币流通有关的技术性业务，如货币的支付结算、保管、兑换等业务，充当货币支付的中介。此外，银行还发行银行券、支票等信用工具。

银行信用突破了商业信用的局限性。它提供的信用，既不受单个私人资本的限制，又不受商品流转方向的限制。它能广泛地集中社会的闲置货币资本，提供数量更大、时间更长、范围更广的信用。

就银行的信用业务来讲，包括两个方面：一方面是负债业务，即以吸收存款方式借入资金。存款主要来自：一是职能资本家闲置的货币资本；二是食利阶层的货币资本；三是单位和个人各种只是逐渐花费的收入；四是广大城乡居民的小额零星储蓄。对此，马克思指出："小的金额是不能单独作为货币资本发挥作用的，但它们结合成为巨额，就形成一个货币力量。这种收集小金额的活动是银行制度的特殊作用，应当把这种作用同银行在真正货币资本家和借款人之间的中介作用区别开来。"①

另一方面是资产业务，即对外提供信用和投资。其主要方式包括：期票贴现（银行用现款购买未到期的票据，向要求贴现的持票人提供短期贷款），抵押贷款（以各种有价证券、商品和不动产作为抵押的贷款），信用贷款（以个人信用为基础的贷款），存款透支（银行以允许超过存款的办法向外贷放资金），承购公私债券，买卖有价证券和黄金、外汇，购买股票向企业投资，发行银行券等。

银行的资产业务表明，银行的贷款并不都是现金，相当一部分是信用凭证。其中，银行券是一种重要形式。所谓银行券，就是由银行发行的、持票人

① 《马克思恩格斯全集》第25卷，人民出版社1974年版，第453—454页。

随时可以用来兑换现金的银行票据。它是在商业票据（商业信用货币）运行的基础上产生的。商业票据没有到期之前，可以到银行去“贴现”（代价是扣除未到期间的利息），换取信誉更高、流通范围更广的银行券，以满足加速资本周转的需要。马克思指出：“银行券无非是向银行家开出的、持票人随时可以兑现的、由银行家用来代替私人汇票的一种汇票。”① 可见，银行券是以商业信用货币为基础的银行信用货币。银行券最早产生于17世纪的欧洲。早期的银行券是由私人银行分散发行的。19世纪中叶以后，各国规定只有中央银行或指定的银行才能发行银行券。银行券的发行既要以商业票据为基础，同时又要有黄金保证。

综上所述，可以看出，银行在资本主义经济中具有极其重要的地位和作用。对此，马克思作过一系列重要论述。

银行“以货币资本的实际贷出者和借入者之间的中介人的身分出现。……银行家把借贷货币资本大量集中在自己手中，以致与产业资本家和商业资本家相对立的，不是单个的贷出者，而是作为所有贷出者的代表的银行家。银行家成了货币资本的总管理人。另一方面，由于他们为整个商业界而借款，他们也把借入者集中起来，与所有贷出者相对立。银行一方面代表货币资本的集中，贷出者的集中，另一方面代表借入者的集中。”②

“银行制度造成了社会范围的公共簿记和生产资料的公共的分配的形式，但只是形式而已。……资本的这种社会性质，只是在信用制度和银行制度有了充分发展时才表现出来并完全实现。……因此，信用制度和银行制度扬弃了资本的私人性质，它本身，但也仅仅是就它本身来说，已经包含着资本本身的扬弃。”③

“银行制度，就其形式的组织和集中来说，……是资本主义生产方式的最精巧和最发达的产物。”④

“中央银行是信用制度的枢纽。”⑤

（2）银行资本和银行利润

银行执行自己的职能，是通过银行资本实现的。银行资本从来源看，包括两部分：一部分是银行家投入银行的自有资本，通常在银行总资本中占很小比例；另一部分是银行从外部吸收的存款以及发行的银行券，即借入的资本，它通常在银行总资本中占很大比例。从资本的表现形态或物质构成形式看，银行

---

① 《马克思恩格斯全集》第25卷，人民出版社1974年版，第454页。
② 《马克思恩格斯全集》第25卷，人民出版社1974年版，第453页。
③ 《马克思恩格斯全集》第25卷，人民出版社1974年版，第686页。
④ 《马克思恩格斯全集》第25卷，人民出版社1974年版，第685页。
⑤ 《马克思恩格斯全集》第25卷，人民出版社1974年版，第648页。

资本可分为两部分：一部分是现金（货币和银行券）；另一部分是有价证券。有价证券又包括两部分：一部分是商业票据，它们不能买卖，但可以作为信用货币在一定范围内流通，商业票据的贴现构成银行的一项基本业务；另一部分是公共有价证券，包括公债券、国库券、股票等，它们是能够上市买卖的。银行资本的大部分由各种有价证券构成。

银行资本不同于借贷资本。借贷资本是单纯的所有权资本。银行资本则是经营货币信用和货币流通技术业务的资本，属于职能资本的范畴。所以，银行资本家投资的目的，和工商资本家一样，同样是为了赚取利润，而且，要根据他投入银行的自有资本，至少获得平均利润。如果他得不到平均利润，他就不必投资银行而投资工商业了。通过部门之间的竞争和资本转移，使银行的自有资本大体上获得平均利润。

银行资本获得利润的途径，主要是贷款利息率高于存款利息率的差额。马克思说："银行的利润一般地说在于：它们借入时的利息率低于贷出时的利息率。"① 此外，银行从事货币流通技术业务的收入等，也构成银行利润的一部分。

按照马克思的分析，银行利润的来源，归根结底是雇佣工人创造的剩余价值的一部分。同商业职工一样，银行职工的劳动虽然不创造价值和剩余价值，但这种劳动同样是社会必要的劳动，有权从社会总剩余价值中分得相应的劳动收入。资本主义银行雇员的劳动时间仍然分为必要劳动时间和剩余劳动时间两部分。他们的剩余劳动则为银行资本家提供利润。因此，资本主义银行利润，既直接体现了银行资本家对银行雇员的剥削关系，又间接地体现了他对工商业雇佣工人的剥削关系。

3. 资本主义信用的两重作用

以银行为主导的信用制度，对资本主义经济的发展起着重要的作用。

（1）信用对资本主义经济的促进作用

①信用促进利润率的平均化。信用为资本的自由转移创造了便利条件，从而使利润率的平均化成为可能。

②信用节约了流通费用。信用使相当大一部分商品交易通过商业票据进行，用不着货币；信用加快了流通速度，减少了流通所需要的货币量；信用货币（包括纸币）代替了金属货币。所有这些，减少了货币流通的费用。同时，信用加快了资本的周转，缩短了流通时间，减少了货币准备金，节约了流通资本和费用。

③信用促进了资本的集中和股份公司的发展。"一种崭新的力量——信用事业，随同资本主义的生产而形成起来。起初，它作为积累的小小的助手不声

---

① 《马克思恩格斯全集》第25卷，人民出版社1974年版，第453页。

不响地挤了进来，通过一根根无形的线把那些分散在社会表面上的大大小小的货币资金吸引到单个的或联合的资本家手中；但是很快它就成了竞争斗争中的一个新的可怕的武器；最后，它变成一个实现资本集中的庞大的社会机构。”①

马克思指出：“信用制度以社会生产资料（以资本和土地所有权的形式）在私人手里的垄断为前提，所以，一方面，它本身是资本主义生产方式固有的形式，另一方面：它又是促使资本主义生产方式发展到它所能达到的最高和最后形式的动力。”②

（2）资本主义信用制度作用的矛盾性

信用制度的发展加深了资本主义的基本矛盾。“信用为单个资本家或被当作资本家的人，提供在一定界限内绝对支配别人的资本，别人的财产，从而别人的劳动的权利。对社会资本而不是对自己资本的支配权，使他取得了对社会劳动的支配权。因此，一个人实际拥有的或公众认为他拥有的资本本身，只是成为信用这个上层建筑的基础。”马克思在这里把信用（特别是银行信用）比喻为上层建筑，是说明信用制度是建立在少数资本家支配大量社会资本、社会财富这个经济基础上的。这少数资本家跟投机的批发商一样，为了自己的私利，“是拿社会的财产，而不是拿自己的财产来进行冒险的。……在这里，成功和失败同时导致资本的集中，从而导致最大规模的剥夺。……这种剥夺在资本主义制度本身内，以对立的形态表现出来，即社会财产为少数人所占有；而信用使这少数人越来越具有纯粹冒险家的性质。”③ 由此，生产的社会性与私人占有性之间的矛盾更加深化了。

信用制度还促进了资本主义经济危机的爆发。“如果说信用制度表现为生产过剩和商业过度投机的主要杠杆，那只是因为按性质来说可以伸缩的再生产过程，在这里被强化到了极限。它所以会被强化；是因为很大一部分社会资本为社会资本的非所有者所使用，这种人办起事来和那种亲自执行职能、小心谨慎地权衡其私人资本的界限的所有者完全不同。”一小撮人不付多少个人的成本，利用信用制度大肆进行投机、赌博，必然加剧国民经济的紊乱和危机。由于银行承担了分配资本的社会职能，使“银行和信用同时又成了使资本主义生产超出它本身界限的最有力的手段，也是引起危机和欺诈行为的一种最有效的工具。”④

因此，马克思得出如下结论：

“信用制度加速了生产力的物质上的发展和世界市场的形成；使这二者作

---

① 《马克思恩格斯全集》第23卷，人民出版社1972年版，第687页。

② 《马克思恩格斯全集》第25卷，人民出版社1972年版，第685页。

③ 《马克思恩格斯全集》第25卷，人民出版社1974年版，第496、496—497页。

④ 《马克思恩格斯全集》第25卷，人民出版社1974年版，第498—499、686页。

为新生产形式的物质基础发展到一定的高度，是资本主义生产方式的历史使命。同时，信用加速了这种矛盾的暴力的爆发，即危机，因而加强了旧生产方式解体的各种要素。”①

“信用制度固有的二重性质是：一方面，把资本主义生产的动力——用剥削别人劳动的办法来发财致富——发展成为最纯粹最巨大的赌博欺诈制度，并且使剥削社会财富的少数人的人数越来越减少；另一方面，又是转到一种新生产方式的过渡形式。”②

不过，马克思又指出：“毫无疑问，在由资本主义的生产方式向联合起来劳动的生产方式过渡时，信用制度会作为有力的杠杆发生作用；但是，它仅仅是和生产方式本身的其他重大的有机变革相联系的一个要素。与此相反，关于信用制度和银行制度的奇迹般的力量的种种幻想所以会被赋予社会主义的意义，是由于对资本主义生产方式和作为它的一个形式的信用制度完全没有认识。只要生产资料不再转化为资本（这里也包括土地私有制的废除），信用本身就不会再有什么意义”。③ 这就是说，信用对于促进资本主义生产方式向联合劳动的生产方式的过渡具有重要作用。但实现资本主义社会向新社会的更替，必须通过根本的社会革命。因此，马克思当时对空想社会主义者企图通过信用形式的改良试验来建立社会主义制度的主张，是持批判态度的。

现实意义

马克思高度评价信用制度对资本主义经济的推动作用，指出它“是促使资本主义生产方式发展到它所能达到的最高和最后形式的动力”，同时，它又是“由资本主义生产方式向联合起来劳动的生产方式过渡”的“有力的杠杆”。④《共产党宣言》还指出：无产阶级夺取政权后，要“通过拥有国家资本和独享垄断权的国家银行，把信贷集中在国家手里。”⑤ 恩格斯在总结巴黎公社失败的历史教训时指出：“最令人难解的，自然是公社把法兰西银行视为神圣，而在其大门以外毕恭毕敬地伫立不前。这也是一个严重的政治错误。银行掌握在公社手中，这会比扣留一万个人质更有价值。这会迫使整个法国资产阶级对凡尔赛政府施加压力，要它同公社议和。”⑥ 但是，马克思又认为，“只要生产资料不再转化为资本（在这里也包括土地私有权的废除），信用本身就不会再有

① 《马克思恩格斯全集》第25卷，人民出版社1974年版，第499页。
② 《马克思恩格斯全集》第25卷，人民出版社1974年版，第499页。
③ 《马克思恩格斯全集》第25卷，人民出版社1974年版，第686—687页。
④ 《马克思恩格斯全集》第4卷，人民出版社1958年版，第685、686页。
⑤ 《马克思恩格斯全集》第4卷，人民出版社1958年版，第490页。
⑥ 《马克思恩格斯选集》第2版第3卷，人民出版社1995年版，第10页。

什么意义”。①

实践证明，社会主义经济仍然是商品经济、信用经济，还存在着多种所有制和多元利益主体的关系，资源的配置和经济的运行还要采取资本的形式。在这种情况下，社会主义经济必须大力发挥信用制度特别是银行信用的作用。既然如此，马克思关于信用制度特别是银行信用的一般原理，对社会主义经济就具有重要的现实意义了。

从马克思的有关论述看，在社会主义商品、市场经济条件下，还要继续发挥信用制度的如下重要功能：第一，“银行成为货币资本的总管理人”，起着全社会信用中介的作用。第二，“银行制度造成了社会范围的公共簿记”，成为国民经济的结算中心。第三，银行是商品、市场经济的“最精巧、最发达的产物”，可以成为国家进行宏观调控的最重要的经济组织。第四，银行是资本高度社会化的实现形式，是向联合劳动生产方式的过渡形式，因而在社会主义时期它必然成为促进社会主义生产方式日益发展和走向成熟的强有力的杠杆。

列宁在新的历史条件下，进一步阐明了银行的巨大作用。他指出：“银行是现代经济生活的中心，是整个资本主义国民经济体系的神经中枢。”“没有大银行，社会主义是不能实现的。”② 列宁的这个论断，完全被当代的实践所证实。

在发挥银行制度的作用中，特别要重视中央银行的作用。“中央银行是信用制度的枢纽。”所以，在建立和健全社会主义银行体系中，必须以中央银行为核心。所谓中央银行，就是银行的银行，发行货币的银行，办理政府有关业务的银行，监督和管理整个金融业务的银行。我国的中央银行就是人民银行。把人民银行办成真正的中央银行，建立强有力的中央银行宏观调控体系，是我国金融体制改革的首要任务。

商业信用是信用的自然基础。我国从 1954 年到 1979 年 20 多年间，在高度集中的计划经济体制下，商业信用几乎不存在了。1979 年以后，随着经济体制改革的进行，商业信用又逐步活跃起来。这是商品经济发展的必然结果，是市场调节范围日益扩大的必然结果，也是经济主体多元化导致商品交易过程日益复杂化的必然结果。在发展社会主义市场经济中，在坚持银行信用为主的原则下，有效地发挥商业信用的积极作用是必要的。问题是要加强规范和管理，努力推行商业信用票据化，以保证商业信用的有序和健康运行。

毫无疑问，在社会主义条件下，信用制度的作用也具有两重性，即既有积极作用（这是主要的方面），也有一定的消极作用。后者主要表现为：第一，容易滋长过度投机和欺诈、赌博行为。第二，信用活动容易失控，出现信用膨

---

① 《马克思恩格斯全集》第 25 卷，人民出版社 1974 年版，第 687 页。

② 《列宁选集》第 3 版第 3 卷，人民出版社 1995 年版，第 238、298 页。

胀，从而有可能导致社会经济生活的日益紊乱甚至危机。第三，少数人有可能利用信用关系非法牟取暴利，达到剥削的目的。社会主义制度有利于限制这些消极作用的影响。随着市场经济和信用制度日益走向成熟，这些消极作用会趋于减弱。然而，只要信用制度还存在，其作用的消极性方面就不会完全消除。所以，社会主义国家必须加强对信用制度的规范化和法制化的管理，坚决同一切金融违规、犯罪行为作不懈的斗争。只有这样，才能兴利除弊，充分发挥信用制度对社会主义经济的积极作用。

（三）关于资本主义股份公司的原理与现实

这一原理，是在分析信用制度的基础上，集中说明资本主义股份公司发展的必然性以及它的特点和作用。同时，也涉及到合作工厂的特点和作用。

所谓股份公司，是指通过发行股票的方式合资经营的企业。它包括股份有限公司、有限责任公司等多种形式。其典型特征是：一是股权多元，即多个投资主体。二是两权分离，即资本所有权和经营权既有效分离，又有效制约。三是有限责任，即清偿债务的责任以公司资产为限。四是管理制衡，即在公司的管理上形成由股东大会、董事会、监事会和经理等环节组成的权责分工、相互制衡的科学管理体系。股份公司成为现代企业制度的主导形式。

1. 资本主义股份公司发展的必然性

股份公司早在罗马帝国时代就开始萌芽。在中世纪有所发展。进入资本主义社会后，股份公司逐渐得到广泛发展，并演变为典型的现代企业制度。

资本主义股份公司的大发展，从根本上看，是生产社会化引起资本主义生产方式基本矛盾发展的必然结果。马克思指出：

“猛烈增长着的生产力对它的资本属性的这种反抗，要求承认它的社会本性的这种日益增长的必要性，迫使资本家阶级本身在资本关系内部可能的限度内愈来愈把生产力当做社会生产力看待。无论信用无限膨胀的工业高涨时期，还是由大资本主义企业的破产造成的崩溃本身，都把大量生产资料推向如像我们在各种股份公司中所遇见的那种社会化形式。”①

“生产规模惊人地扩大了，个别资本不可能建立的企业出现了。同时，这种以前由政府经营的企业。成了公司的企业。”②

“一个独立的工业企业为进行有效的生产所必需的资本的最低限额，随着生产力的提高而提高，这种情况在竞争中表现为：只要新的较贵的生产设备普遍得到采用，较小的资本在将来就会被排除在这种生产之外。……但是，资本

---

① 《马克思恩格斯全集》第19卷，人民出版社1963年版，第238页。

② 《马克思恩格斯全集》第25卷，人民出版社1974年版，第493页。

在股份形式上的巨大的结合。在这里也找到了直接的活动场所。”①

资本主义的信用制度是促进股份公司发展的主要基础。马克思指出：“信用制度是资本主义的私人企业逐渐转化为资本主义的股份公司的主要基础，同样，它又是按或大或小的国家规模逐渐扩大合作企业的手段。”②

资本主义的竞争推动了股份公司的发展。马克思说：“当资产者的利益要他们这样做时（……），他们随时随地都可以在竞争和私有财产所容许的范围之内‘协议’的，股份公司就证明了这一点。”③

2. 资本主义股份公司的发展有一个过程

股份公司在资本主义社会的发展也有一个过程。初期主要是政府控制的拥有特权的垄断性公司；后来在手工工场和国际贸易发展的基础上，通过自由竞争，广泛形成民间的股份公司。后者完全是以资本为纽带组成的公司制企业。马克思指出：

“同一些范畴在不同的社会阶段有不同的地位，这就是资产阶级社会的最新形式之一 joint—stock companies［股份公司］。但是，它还在资产阶级社会初期就曾以特权的、有垄断权的大商业公司的形式出现。”④

“股份公司是随着海外贸易和手工工场的出现而产生的，并席卷了它力所能及的一切工商业部门。”⑤

1866 年资本主义经济危机以后，为缓和危机，加快了股份公司的发展。恩格斯总结了这一阶段的情况。他指出：

“为了便于这样流来流去的大量货币资本得到使用，现在又在以前没有设立过有限公司的地方，到处都设立了合法的新式有限公司。以前负无限责任的股东的责任，也或多或少地减轻了”。⑥

“此后，工业就逐渐变成了股份企业。一个部门接着一个部门遭到这种命运。……然后有托拉斯。这种托拉斯创立了实行共同管理的巨大企业（例如联合制碱托拉斯）。普通的独家商号只是越来越成为一种使营业扩大到足以‘建立’股份公司地步的准备阶段。”⑦

“自马克思写了上面这些话（指《资本论》对股份制的分析——引者注）以来，大家知道，一些新的工业企业的形式发展起来了。这些形式代表着股份

---

① 《马克思恩格斯全集》第 25 卷，人民出版社 1974 年版，第 292—293 页。

② 《马克思恩格斯全集》第 25 卷，人民出版社 1974 年版，第 498 页。

③ 《马克思恩格斯全集》第 3 卷，人民出版社 1956 年版，第 430—431 页。

④ 《马克思恩格斯全集》第 12 卷，人民出版社 1962 年版，第 758—759 页。

⑤ 《马克思恩格斯全集》第 3 卷，人民出版社 1956 年版，第 431 页。

⑥ 《马克思恩格斯全集》第 25 卷，人民出版社 1974 年版，第 1029 页。

⑦ 《马克思恩格斯全集》第 25 卷，人民出版社 1974 年版，第 1029 页。

公司的二次方和三次方。……在每个国家里，一定部门的大工业家会联合成一个卡特尔，以便调节生产。一个委员会确定每个企业的产量，并最后分配接到的订货。在个别场合，甚至有时会成立国际卡特尔，例如英国和德国在铁的生产方面成立的卡特尔。但是生产社会化的这个形式还嫌不足。……因此，在有些部门，只要生产发展的程度允许的话，就把该工业部门的全部生产，集中成为一个大股份公司，实行统一领导。”①

3. 股份公司是发展资本主义生产的强大杠杆，它标志着经济生活的一个新时代

股份公司这种企业组织的广泛形成，对资本主义经济的发展产生了巨大的作用，对此，马克思、恩格斯作了高度的评价。

马克思：股份公司“它们对国民经济的迅速增长的影响恐怕估计再高也不为过”，“它们是发展现代社会生产力的强大杠杆”。②

马克思：“在工业上运用股份公司的形式，标志着现代各国经济生活中的新时代。……它显示出过去料想不到的联合的生产能力，并且使工业企业具有单个资本家力所不能及的规模”。③

恩格斯：“由于信用制度、股份公司等等的发展以及由此引起的结果，即自己不成为产业资本家，也很容易把货币转化为资本。”④

马克思：“通过建立股份公司这一比较平滑的办法把许多已经形成或正在形成的资本溶合起来”。“积累，即由圆形运动变为螺旋运动的再生产所引起的资本的逐渐增大，同仅仅要求改变社会资本各组成部分的量的组合的集中比较起来，是一个极缓慢的过程。假如必须等待积累去使某些单个资本增长到能够修建铁路的程度，那么恐怕直到今天世界上还没有铁路。但是，集中通过股份公司转瞬之间就把这件事完成了。”⑤

马克思：“必须有大量资本积聚在资本家手中，才能够承担如此规模的并且周转即实现过程如此缓慢的工程。因此，大部分是股份资本；在这种形式下资本达到了它的最后形式，在这里资本不仅按它的实体来说自在地存在着，而且在它的形式上也表现为一种社会力量和社会产物。”⑥

4. 股份公司是资本主义的自我扬弃

股份公司的发展，不仅对生产力的发展提供了巨大的动力，而且对资本关

---

① 《马克思恩格斯全集》第25卷，人民出版社1974年版，第494—495页。

② 《马克思恩格斯全集》第12卷，人民出版社1962年版，第609、610页。

③ 《马克思恩格斯全集》第12卷，人民出版社1962年版，第37页。

④ 《马克思恩格斯全集》第25卷，人民出版社1974年版，第296页。

⑤ 《马克思恩格斯全集》第23卷，人民出版社1972年版，第688页。

⑥ 《马克思恩格斯全集》第46卷下册，人民出版社1980年版，第22页。

系产生了深刻的影响。这一点，还表现在工人合作工厂上。

(1) 股份制是对私人资本的扬弃

马克思："那种本身建立在社会生产方式的基础上并以生产资料和劳动力的社会集中为前提的资本，在这里直接取得了社会资本（即那些直接联合起来的个人的资本）的形式，而与私人资本相对立，并且它的企业也表现为社会企业，而与私人企业相对立。这是作为私人财产的资本在资本主义生产方式本身范围内的扬弃。"①

马克思："这是一种没有私有财产控制的私人生产。"②

马克思："股份制度——它是在资本主义体系本身的基础上对资本主义的私人产业的扬弃；它越是扩大，越是侵入新的生产部门，它就越会消灭私人产业"。③

马克思："恰恰是各资本作为单个资本而相互作用，才使它们作为一般资本而确立起来，并使各单个资本的表面独立性和独立存在被扬弃。这种扬弃在更大的程度上表现在信用中。这种扬弃的最高形式，同时也就是资本在它的最适当形式中的最终确立，就是股份资本。"④

恩格斯："由股份公司经营的资本主义生产，已不再是私人生产，而是为许多结合在一起的人谋利的生产。如果我们从股份公司进而来看那支配着和垄断着整个工业部门的托拉斯，那末，那里不仅私人生产停业了，而且无计划性也没有了。"⑤

(2) 在股份公司中，资本的所有权与资本的职能相分离，与劳动过程相分离

马克思："实际执行职能的资本家转化为单纯的经理，即别人的资本的管理人，而资本所有者则转化为单纯的所有者，即单纯的货币资本家。……这个资本所有权这样一来现在就同现实再生产过程中的职能完全分离，正象这种职能在经理身上同资本所有权完全分离一样。"⑥

马克思："在股份公司内，职能已经同资本所有权相分离，因而劳动也已经完全同生产资料的所有权和剩余劳动的所有权相分离。"⑦

马克思："与信用事业一起发展的股份企业，一般地说也有一种趋势，就

---

① 《马克思恩格斯全集》第25卷，人民出版社1974年版，第493页。
② 《马克思恩格斯全集》第25卷，人民出版社1974年版，第496页。
③ 《马克思恩格斯全集》第25卷，人民出版社1974年版，第496页。
④ 《马克思恩格斯全集》第46卷下册，人民出版社1980年版，第167页。
⑤ 《马克思恩格斯全集》第22卷，人民出版社1965年版，第270页。
⑥ 《马克思恩格斯全集》第25卷，人民出版社1974年版，第493—494页。
⑦ 《马克思恩格斯全集》第25卷，人民出版社1974年版，第494页。

是使这种管理劳动作为一种职能越来越同自有资本或借入资本的所有权相分离……但是一方面，因为执行职能的资本家同资本的单纯所有者即货币资本家相对立，并且随着信用的发展，这种货币资本本身取得了一种社会的性质，集中于银行，并且由银行贷出而不再是由它的直接所有者贷出；另一方面，又因为那些不能在任何名义下，即不能用借贷也不能用别的方式占有资本的单纯的经理，执行着一切应由执行职能的资本家自己担任的现实职能，所以，留下来的只有管理人员，资本家则作为多余的人从生产过程中消失了。”①

（3）合作工厂和股份制对资本关系的积极扬弃和消极扬弃

马克思：“资本主义的股份企业，也和合作工厂一样，应当被看作是由资本主义生产方式转化为联合的生产方式的过渡形式，只不过在前者那里，对立是消极地扬弃的，而在后者那里，对立是积极地扬弃的。”②

马克思：“在股份制度内，已经存在着社会生产资料借以表现为个人财产的旧形式的对立面；但是，这种向股份形式的转化本身，还是局限在资本主义界限之内；因此，这种转化并没有克服财富作为社会财富的性质和作为私人财富的性质之间的对立，而只是在新的形态上发展了这种对立。”③

以上所说的“积极扬弃”，是指在工人合作工厂内部，实际消除了资本与雇佣劳动之间的剥削关系。“消极扬弃”是指在资本主义的股份公司中，虽然实现了私人资本向社会资本的转变，但还没有消灭资本的私人所有权，从而还存在着资本对雇佣劳动的剥削关系。

5. 股份制是资本主义生产方式向联合生产方式的过渡点

马克思：“资本主义生产极度发展的这个结果，是资本再转化为生产者的财产所必需的过渡点，不过这种财产不再是各个互相分离的生产者的私有财产，而是联合起来的生产者的财产，即直接的社会财产。另一方面，这是所有那些直到今天还和资本所有权结合在一起的再生产过程中的职能转化为联合起来的生产者的单纯职能，转化为社会职能的过渡点。”④

马克思：“这是资本主义生产方式在资本主义生产方式本身范围内的扬弃，因而是一个自行扬弃的矛盾。这个矛盾首先表现为通向一种新的生产形式的单纯过渡点。它作为这样的矛盾在现象上也会表现出来。它在一定部门中造成了垄断，因而要求国家的干涉。它再生产出了一种新的金融贵族，一种新的寄生虫——发起人、创业人和徒有其名的董事；并在创立公司、发行股票和进行股票交易方面再生产出了一整套投机和欺诈活动。这是一种没有私有财产控制的

① 《马克思恩格斯全集》第25卷，人民出版社1974年版，第436页。

② 《马克思恩格斯全集》第25卷，人民出版社1974年版，第498页。

③ 《马克思恩格斯全集》第25卷，人民出版社1974年版，第497页。

④ 《马克思恩格斯全集》第25卷，人民出版社1974年版，第494页。

私人生产。”①

马克思：“把为个人或股份公司谋利的资本主义生产转变成为全社会谋利和按预先拟定的计划进行的社会主义生产，这个转变所需要的物质条件和精神条件，正由资本主义社会本身创造出来，唯有通过这样一个转变，工人阶级的解放，从而没有例外的一切社会成员的解放，才得以实现。”②

马克思：“股份资本，作为最完善的形式（导向共产主义的）。”③

如前所说，资本主义初期的股份公司是一种依靠政治权力组建的特权垄断性公司；资本主义中后期的股份公司是在自由竞争中形成的一种联合资本即社会资本企业。后者是股份公司的典型的、完善的形态，是向新的联合劳动的社会生产方式的过渡点或过渡形式。所谓“导向共产主义”，就是在这个意义上讲的。

6. 合作制内部已扬弃资本和劳动的对立，是向新社会实际过渡的形式

马克思：“工人自己的合作工厂，是在旧形式内对旧形式打开的第一个缺口，虽然它在自己的实际组织中，当然到处都再生产出并且必然再生产出现存制度的一切缺点。但是，资本和劳动之间的对立在这种工厂内已经被扬弃，虽然起初只是在下述形式上被扬弃，即工人作为联合体是他们自己的资本家，也就是说，他们利用生产资料来使他们自己的劳动增殖。这种工厂表明，在物质生产力和与之相适应的社会生产形式的一定的发展阶段上，一种新的生产方式怎样会自然而然地从一种生产方式中发展并形成起来。”④

恩格斯：“我们对于小农的任务，首先是把他们的私人生产和私人占有变为合作社的生产和占有，但不是用强制的办法，而是通过示范和为此提供社会帮助。”“差不多二十年以前，丹麦的社会党人（……）就已提出了类似的计划。一个村庄或教区的农民——在丹麦有许多大的个体农户——应当把自己的土地结合为一个大田庄，共同出力耕种，并按入股土地、预付资金和所出劳力的比例分配收入。”⑤

恩格斯：“在向完全的共产主义经济过渡时，我们必须大规模地采用合作生产作为中间环节，这一点马克思和我从来没有怀疑过。但事情必须这样来处理，使社会（即首先是国家）保持对生产资料的所有权，这样合作社的特殊利益就不可能压过全社会的整个利益。”⑥

---

① 《马克思恩格斯全集》第 25 卷，人民出版社 1974 年版，第 495—496 页。
② 《马克思恩格斯全集》第 22 卷，人民出版社 1965 年版，第 279 页。
③ 《马克思恩格斯全集》第 29 卷，人民出版社 1972 年版，第 299 页。
④ 《马克思恩格斯全集》第 25 卷，人民出版社 1974 年版，第 497—498 页。
⑤ 《马克思恩格斯全集》第 22 卷，人民出版社 1965 年版，第 580、581 页。
⑥ 《马克思恩格斯全集》第 36 卷，人民出版社 1974 年版，第 416—417 页。

现实意义

马克思和恩格斯关于股份制及合作制的基本原理，对社会主义市场经济具有重要的意义。

典型的股份公司实现了资本的所有权与经营使用权（即实际执行资本的职能）的有效分离。投资者将现实的资本投入公司，他们得到的是不能兑换的股票，并且只承担有限的债务责任；公司作为一个经济实体，对联合资本具有统一的法人财产权，能根据市场的需要，自主地进行生产经营活动。投资者不能随心所欲地干预公司的活动。但是，股份公司又没有把资本的所有权与经营使用权完全分割开来，而是建立了二者有效的制约关系。投资者除了拥有收益权之外，一方面通过公司的治理结构（股东大会、董事会等），依法参与公司的决策（即所谓用手投票）；另一方面通过股票交易，影响股票价格，对公司施加压力（即所谓用脚投票）。股份制发展的实践证明，投资的所有权可以有多种类型（包括私人所有、集体所有、国家所有），但这不会妨碍股份制企业成为独立的市场竞争主体。并且，股份制作为市场经济条件下企业的一种财产组织形式，其特殊的社会属性，取决于控股权掌握在不同所有者手里。这就给了社会主义者一个重大的启示：通过股份经济的形式，既可以坚持以公有制为主体，以国有经济为主导，发展多种所有制的资本联合，又可以使企业成为市场经济所要求的微观主体，从而实现社会主义公有制与市场经济的有机结合。

根据股份制的理论和实践，在社会主义条件下，大力发展各种形式的股份制企业（包括股份合作制企业），特别是发展以公有制为主体的、国家控股参股的、股权多元化的股份制企业，具有多方面的优越性。其要者，一是有利于广泛筹集资金，开辟新的融资渠道，加快资本市场的发展；二是有利于资本的快捷流动和优化配置，促进资本的联合和集中，提高规模效益和现代化水平；三是有利于政企分开，促进企业制衡和科学的决策，强化经济管理，注重长远效益的提高；四是有利于更好地发挥公有制的主体和国有经济的主导作用，使社会主义企业成为资本和劳动双重联合的充满生机活力的命运共同体，促进社会主义制度的巩固和发展。

马克思强调指出，股份制是资本主义私有制向社会主义、共产主义的社会所有制过渡的形式。这个思想是很深刻的。可以认为，这是从经济发展的自然过程揭示私有制向公有制转化的一般规律，即私有制必须经过“私有资本的联合”这个过渡阶段，才能平滑地转化为完全的公有制。但由于在阶级社会里经济演变的过程不可能完全自发地实现，必须通过政治斗争，解决政权问题来实现，所以马克思当年反对通过信用制度和股份制的改良试验过渡到社会主义。这无疑是正确的。我们今天已经通过长期的革命斗争建立起了社会主义制度，而这个社会主义又是在我们这样一个经济文化比较落后的国家形成的初级阶段的社会主义。在这种条件下，我们能否跳过马克思指明的股份制这个由资本主义私有制转化为社会公有制的自然的“过渡形式”呢？实践证明，不行。我们今天对国有企业进行公司制的改革，对集体所有制进行股份合作制的改革，就是在新的历史条件下继续实践并将经过一个相当长的时间完成上述的“过渡”。

（四）关于虚拟资本及其和现实资本关系的原理与现实

这一原理，主要说明在资本主义信用和股份经济发展的基础上而形成的虚拟资本的特点、作用、运行规律以及和现实资本的关系。

1. 虚拟资本的形成和特点

资本主义信用制度的发展，产生了债券、汇票等有价证券，股份公司的发展又形成了大量股票。证券交易的发展，又使各种有价证券的价格总量日益膨胀。这样，就形成了巨额的虚拟资本。

所谓虚拟资本，是指能够定期带来收入的以有价证券形式存在的资本。主要包括股票、国债券、企业债券等。从广义来说，它还包括没有黄金保证的银行券和不动产的抵押单据等。

虚拟资本的基本特征包括两个方面：

一方面，虚拟资本不是现实资本，而是现实资本的所有权证书，是现实资本的纸制复本。现实资本是指在社会再生产过程中能够实际发挥资本职能的资本，具体表现为生产资本、商品资本以及货币资本。虚拟资本则是这些现实资本以票据形式存在的所有权证书。例如某投资者用1000万元的货币资本去购买股票或国债，这1000万元作为现实资本将被企业或国家投入实际的再生产或消费过程，而投资者只得到了代表1000万元现实资本的股票或国债券。股票或债券本身没有价值，只不过是“现实资本的证书”，“现实资本的纸制复本”①。股票或公债券的持有者可以凭证取得有规则的收益（股息、债息）。所以，虚拟资本首先只是一种索取收益的权利证书。

另一方面，虚拟资本是收入的资本化。股票和债券等，不仅可以得到固定的收入，更重要的是可以将有规则的收入资本化，把所有权证书作为资本商品加以买卖，从而获得更大的收益。马克思指出：“人们把虚拟资本的形成叫作资本化。人们把每一个有规则的会反复取得的收入按平均利息率来计算，把它算作是按这个利息率贷出的资本会提供的收入，这样就把这个收入资本化了；例如，在年收入＝100镑，利息率＝5%时，100镑就是2000镑的年利息，这2000镑现在就看成是每年有权取得100镑的法律证书的资本价值。对这个所

① 《马克思恩格斯全集》第25卷，人民出版社1974年版，第540页。

有权证书的买者来说，这100镑年收入实际代表他所投资本的5%的利息。”①可见，生息资本的存在和利息范畴的独立化，是虚拟资本形成的客观经济基础。

马克思在谈到股票这种典型的虚拟资本时指出：“这个资本不能有双重存在：一次是作为所有权证书即股票的资本价值，另一次是作为在这些企业中实际已经投入或将要投入的资本。它只存在于后一种形式，股票只是对这个资本所实现的剩余价值的相应部分的所有权证书。”② 这里虽然谈的是股票，但它揭示了虚拟资本的一般特性。同一个资本不可能有两重的现实存在；如果有两重存在，那就只能一重是现实的资本，另一重是幻想的、虚拟的资本。

这里需要指出的是，虚拟资本不同于借贷资本。后者是以实际的货币资本作为生息资本，前者是以有价证券的形式作为生息资本。但它们又具有共性，都是资本主义的信用形式。

由于资本主义信用关系的广泛发展，资本有一种越来越虚拟化的趋势。马克思指出：“银行家资本的最大部分纯粹是虚拟的，是由债权（汇票），国家证券（它代表过去的资本）和股票（对未来收益的支取凭证）构成的。在这里，不要忘记，银行家保险箱内的这些证券，即使是对收益的可靠支取凭证（例如国家证券），或者是现实资本的所有权证书（例如股票），它们所代表的资本的货币价值也完全是虚拟的”。③ 银行之所以把大量虚拟的有价证券作为自己的资本，是出于以下需要：一是可以获得定期收入；二是可以节约自己的预付投资；三是通过买卖证券大量赚钱；四是通过掌握股票、债券控制企业，并影响政府的某些政策。

银行资本的虚拟化，还表现在存款和准备金上。银行的相当一部分存款，只是记在银行账面上。账面的存款远远大于实际存入的现金。这是由于同一笔款项会反复多次存贷（存款变成贷款，贷款又变成存款），同时，存款人相互间提供的贷款由他们的存款支票相互抵消，只反映在银行账面上。所以，银行的贷款会大大超出实际的存款，具有相当大的虚拟性。中央银行的准备金也是如此。资本主义国家中央银行发行的银行券，可以比实际的黄金保证金大得多。马克思说：“正如在这种信用制度下一切东西都会增加一倍和两倍，以至变为纯粹幻想的怪物一样，人们以为终究可以从里面抓到一点实在东西的‘准备金’也是如此。”④

---

① 《马克思恩格斯全集》第25卷，人民出版社1974年版，第528—529页。

② 《马克思恩格斯全集》第25卷，人民出版社1974年版，第529页。

③ 《马克思恩格斯全集》第25卷，人民出版社1974年版，第532页。

④ 《马克思恩格斯全集》第25卷，人民出版社1974年版，第535—536页。

2. 虚拟资本的价格决定规律

股票和债券等虚拟资本作为商品可以进入市场进行买卖。它的价格具有独立的特殊的决定规律。现实资本的价值，是由组成资本的商品价值决定的，最终由生产商品的社会必要劳动时间决定。作为虚拟资本的有价证券是一种特殊商品，其价格由特殊的规律决定。“它们的市场价值，在现实资本的价值不发生变化（即使它的价值已增殖）时，会和它们的名义价值具有不同的决定方法。”①

以股票为例。股票的名义价值就是它的票面额。它的市场价值或市场价格决定于以下三个因素：

第一，股息率的高低。股票市场价格水平的高低与股息率的高低成同向运动。

第二，社会平均利息率的高低。股票市场价格水平的高低与利息率的高低成反向运动。

如一张1000元面额（名义价值）的股票，年预期股息率10%，即一年固定收入为100元。再假定银行的平均年利息率为5%。这样，这1000元一张的股票的市场价格，就＝100元÷5%＝2000元，或者＝1000元×10%÷5%＝2000元。用公式表示：

$$股票价格=\frac{预期股息额}{利息率}，或=\frac{预期股息率}{利息率}\times 股票面额$$

第三，股票的供求关系。在其他因素相同的条件下，股票供不应求，股票价格上涨；股票供过于求，股票价格下跌。

马克思指出：“在货币市场紧迫的时候，这种有价证券的价格会双重跌落；第一，是因为利息率提高，第二，是因为这种有价证券大量投入市场，以便实现为货币。”②

从以上分析可以看出，股票等有价证券的价格变动，一方面与现实资本的生产和流通有一定的关系，主要原因是：一是决定有价证券价格的一个因素即股息和企业债息的高低，反映了现实资本再生产的状况；二是随着资本主义经济的发展，利润率和利息率有下降的趋势，这就会导致有价证券价格的上涨。三是股份公司和股票发行量的增长，在一定程度上反映了社会经济的增长。这也会影响股票价格的变动。另一方面，有价证券的价格变动，有相当大的独立性，它的贬值和增殖，可以和它们代表的现实资本的运动无关，而是由证券的投机买卖所引起。所以往往出现这样的情况：当股票价格暴涨或暴跌时，商品的价值和现实资本的数量没有变化或者不发生相应的变化。

---

① 《马克思恩格斯全集》第25卷，人民出版社1974年版，第530页。

② 《马克思恩格斯全集》第25卷，人民出版社1974年版，第530页。

3. 货币资本积累与现实资本积累的关系

伴随着信用制度和证券市场的发展，社会的货币资本大量地表现为银行的借贷资本和虚拟资本，而与现实的资本呈现出复杂的关系。这里所说的现实资本，是处在社会再生产过程中的生产资本和商品资本，即作为职能资本的一般工商业资本。它们的积累反映社会物质财富的实际增长。这里所说的货币资本的积累，既包括以银行信用为媒介的借贷货币资本的积累，又包括以证券市场为媒介的虚拟资本的积累。

信用关系下货币资本的积累，一方面以现实资本的积累为基础，并反映现实资本的积累；另一方面货币资本的积累具有很大的独立性，不完全反映现实资本的积累，甚至脱离和背离现实资本的积累。

（1）银行借贷货币资本的积累与现实资本积累的关系

马克思指出："一切发放贷款的资本家进行的积累，总是直接以货币形式进行的积累，但我们已经看到，产业资本家进行的现实积累，通常要由再生产中的资本本身的各种要素的增加来实现。因此，只是信用事业的发展和货币借贷业务在大银行手中的异常集中，就必然会使借贷资本的积累，作为一个和现实积累不同的形式加速进行。借贷资本的这种迅速发展是现实积累的结果，因为它是再生产过程发展的结果"。① 如果没有现实资本的积累做基础，就不会有借贷货币资本的积累，这是不言而喻的。

但是，借贷货币资本的积累不是现实资本积累的绝对反映。前者大于后者。这是由于一系列因素造成的。例如：一是产业资本在周转中的一定阶段会形成部分闲置货币资本，或因生产资料价格的降低游离出部分货币资本，它们存入银行形成借贷资本，但它们并不反映生产规模的扩大。二是工商部门形成的用于扩大再生产的利润要积累一段时间，各种个人收入一般也要逐渐花掉，这些货币也会形成银行的借贷资本，它们也不反映现实资本和生产规模的扩大。三是同一笔存入银行的货币资本会在不同人之间反复多次存贷，从而使银行的借贷货币资本的相当大部分也成了"虚拟资本"。所以，马克思指出："货币资本的积累所反映的资本积累，必然总是比现实存在的资本积累更大。"②

同时，从再生产周期看，货币资本数量的变化与现实资本的数量变化也是不一致的。"借贷货币资本的增加，并不是每次都表示现实的资本积累或再生产过程的扩大。"③ 这一点，在经济危机和萧条阶段表现得最为明显。在危机阶段，现实资本过剩，而借贷货币资本紧缺，利息率很高；在危机过后的萧条阶段，现实资本萎缩，由此引起大量借贷货币资本闲置，利息率低微。只有在

① 《马克思恩格斯全集》第 25 卷，人民出版社 1974 年版，第 568—569 页。

② 《马克思恩格斯全集》第 25 卷，人民出版社 1974 年版，第 572—573 页。

③ 《马克思恩格斯全集》第 25 卷，人民出版社 1974 年版，第 549 页。

经济的复苏和繁荣阶段，充裕的借贷货币资本和现实资本的扩大才会结合在一起。

（2）虚拟资本的积累与现实资本积累的关系

如果说以银行信用为媒介的借贷货币资本的积累与现实资本的积累有差异的话，那么，以证券市场为媒介的虚拟资本的积累与现实资本的积累的差异就更大。

国债资本的积累。资本主义的国债是为原来借入并早已用掉的资本而发行的债券。它代表已经消灭的资本的纸制复本。它的积累实际上是过去债务的积累，不反映实际资本的积累。

各种股票的积累。它们是现实资本的纸制复本。当这些证券的积累表示物质生产的扩大时（如原始股的发行），它们的积累就反映现实资本的积累。但是，当它们的价格由于利息率和资本供求的变化而涨落时，就与现实资本的积累相脱离了。马克思说："作为纸制复本，这些证券只是幻想的，它们的价值额的涨落，和它们有权代表的现实资本的价值变动完全无关"。①

商业信用票据的积累。商业信用是产业资本家互相提供的信用。"这种信用和产业资本本身的规模一同增大。""在这里，信用的最大限度，等于产业资本的最充分的动用，也就是等于产业资本的再生产能力不顾消费界限的极度紧张。"② 商业票据是一种有一定支付期限的债券。它们通过银行贴现，构成了银行虚拟资本的一部分。由于商业信用容易造成虚假繁荣，助长买空卖空和投机交易，促进生产过剩危机的爆发，因此，商业信用的发展和商业票据的积累，也具有和现实再生产的有效扩大相脱离的可能性。

总之，对信用制度下货币资本积累和现实资本积累的关系，应把握三个要点：一是现实资本的积累是货币资本积累的前提和基础。二是货币资本的积累既反映现实资本积累，包含"有现实积累的很大一部分"③，但又不完全反映现实资本的积累，甚至与现实资本的积累相背离。这一点，从银行存款额与经济增长的对比中有所反映。例如，从1880年到1935年的55年间，英国工业增长不到2倍，而银行存款增长了近8倍；同期美国工业增长了7.5倍，而银行存款增长了约26倍。三是货币资本（包括虚拟资本）的积累，一方面在一定程度上是过去的现实资本积累的结果；另一方面也是未来现实资本积累的条件。各种货币借贷资本和有价证券都可以通过贷放和交易，再转化为现实资本的积累，实现再生产的扩大。当然，这种再度转化不可能达到百分之百。

---

① 《马克思恩格斯全集》第25卷，人民出版社1974年版，第540—541页。

② 《马克思恩格斯全集》第25卷，人民出版社1974年版，第545、546页。

③ 《马克思恩格斯全集》第25卷，人民出版社1974年版，第541—542页。

4. 虚拟资本和证券市场的两重作用

由于商业和银行信用的发展，股份公司的普遍建立，政府国债券的发行，资本主义社会的资本越来越大量地表现为各种形式的有价证券即虚拟资本。它们作为资本的所有权证书，作为特殊的资本商品进行买卖，形成了特殊的市场即证券市场。这种市场的运行机构就是证券交易所。它在资本主义经济中处于越来越重要的地位。恩格斯指出：交易所有一种发展趋势，“要把包括工业生产和农业生产在内的全部生产，包括交通工具和交换职能在内的全部流通，都集中在交易所经纪人手里，这样，交易所就成为资本主义生产本身的最突出的代表。”①

随着信用制度和股份经济的发展，虚拟资本和证券市场对资本主义经济的发展起着重要的积极作用。

第一，为资本的自由转移、社会资源的配置、产业结构的调整，提供了更加方便的载体和条件。

第二，为企业经济的发展开辟了新的资金渠道。这时，企业发展所需要的投资，不仅可以从银行贷款，而且可以依法通过证券市场获得。这就进一步推动了社会的集资和融资。

第三，虚拟资本和证券市场的发展，还为国家进行财政和金融方面的宏观调控，提供了新的手段和场所。国家可以通过发行各种国债券和中央银行的证券买卖活动，对国家经济进行干预。

可见，虚拟资本“不虚拟”。它的产生、积累和运行，促进了资本主义市场经济的发展。

但是，虚拟资本和证券市场的发展又具有消极作用，加深了资本主义经济的矛盾。

其一，资本主义制度下虚拟资本的积累，实质上是资本索取权的积累。马克思指出：“国债资本的积累，不过是表明国家债权人阶级的增加，这个阶级有权把税收中的一定数额预先划归自己所有。”虚拟资本“这种索取权或权利证书本身的积累，既不同于它由以产生的现实积累，也不同于由发放的贷款实现的未来积累”。② 因此，虚拟资本的积累必然增强资本主义社会的寄生性。

其二，证券交易会滋长投机和赌博行为。马克思说：“证券的市场价值部分地有投机的性质，因为它不是由现实的收入决定的，而是由预期得到的、预先计算的收入决定的。”“由这种所有权证书的价格变动而造成的盈亏，以及这种证书在铁路大王等人手里的集中，就其本质来说，越来越成为赌博的结果。

---

① 《马克思恩格斯全集》第25卷，人民出版社1974年版，第1028页。

② 《马克思恩格斯全集》第25卷，人民出版社1974年版，第539—540、576—577页。

赌博已经代替劳动，并且也代替了直接的暴力，而表现为夺取资本财产的原始方法。”“在这种赌博中，小鱼为鲨鱼所吞掉，羊为交易所的狼所吞掉。”①

其三，虚拟资本和证券交易的发展，促进了经济危机的爆发。马克思指出：“在再生产过程的全部联系都是以信用为基础的生产制度中，只要信用突然停止，只有现金支付才有效，危机显然就会发生，对支付手段的激烈追求必然会出现。所以乍看起来，好象整个危机只表现为信用危机和货币危机。而且，事实上问题只是在于汇票能否兑换为货币。但是这种汇票多数是代表现实买卖的，而这种现实买卖的扩大远远超过社会需要的限度这一事实，归根结底是整个危机的基础。”② 这就是说，虽然危机的根源是社会生产超过社会有支付能力的需求，但虚拟资本和证券交易的增长，会造成虚假的需求，刺激生产的盲目发展，加剧生产与需求的矛盾，从而促进危机的爆发。而信用和货币危机，是生产过剩危机的一个重要表现。

现实意义

社会主义信用制度的发展，也会产生虚拟资本和资本的虚拟化现象。这是由于：一是股份公司的建立和发展，政府和企业单位各种债券的发行，必然形成大量的股票和债券及其交易市场。二是商业信用的发展，会形成商业票据及其贴现活动。三是银行贷款会产生同一资金反复贷放的现象，还有银行不良债务的过分增大，这些都会导致借贷资本的虚拟化。

除银行贷放的货币资本的虚拟化现象属于非正常情况，需要防止或减少到最低限度外，各种证券形式的虚拟资本都有存在的必然性和积极作用。根据上述原理的分析，其积极作用主要是：一是为国民经济的发展开辟了更加广泛、灵活的融资渠道，有利于将全社会的货币资金最大限度地转化为生产资金。二是为社会资源的不断重组和优化配置，提供更加方便、快捷的资本工具。三是证券市场的发展为政府进行宏观调控提供了新的场所和手段。因此，社会主义市场经济必须承认虚拟资本存在的客观必然性，学会发挥它的积极作用。

毫无疑问，虚拟资本及其市场固有的消极作用，不会因为社会制度的改变而消除。如前所述，证券交易市场必然具有投机性，容易产生赌博行为，导致少数人成为暴发户和另一些人破产，加剧资本的超量扩张和社会再生产按比例发展的矛盾，严重时会引起经济危机。所以，社会主义市场经济必须加强对虚拟资本市场的严格规范和管理，以便最大限度地限制其消极作用，发挥其积极作用。

总之，社会主义市场经济对待虚拟资本的基本态度是：一要利用，二要管理。

---

① 《马克思恩格斯全集》第25卷，人民出版社1974年版，第530、541、497页。

② 《马克思恩格斯全集》第25卷，人民出版社1974年版，第554—555页。

社会主义条件下证券市场价格的决定，与资本主义基本相同。以股票为例，它的价格由股息率的高低、利息率的高低和股票的供求关系三个因素决定。懂得这一规律性，就能够正确分析和把握证券价格变化的基本趋势，采取相应的对策、措施，以保证证券市场的健康运行。

（五）关于信用制度下货币流通的原理与现实

这一原理，主要分析信用制度下货币流通的新形式、新特点和国际间货币流通的一般规律。

1. 信用制度下货币流通的形式和特点

在信用制度下，货币（金属货币）仍然充当基本的流通手段。而商业信用特别是银行信用的发展，使流通中的货币量得到了节约。这主要表现在：

（1）信用手段代替了部分货币流通手段

信用制度的发展，使商品交易过程以现金为媒介在相当大的程度上转变为以信用票据为媒介的债务结算关系，货币只是用于支付债务抵消或平衡后的差额，这样就大大减少了现金的流通量。马克思指出：“流通手段的单纯节约，在票据交换所里，在到期汇票的单纯交换上发展到了极点，这时货币作为支付手段的主要职能只是结清余额。但这种汇票的存在本身又是以工商业者互相提供的信用为基础的。”①

（2）信用通过加快货币的流通速度，使货币流通量得到节约

“作为流通手段的货币的流通速度（流通速度又节约流通手段），完全取决于买卖的不断进行，在支付依次以货币进行时，也取决于各种支付的衔接。但信用也会作为媒介，从而提高通货的速度。”② 在信用制度下，企业或个人手中的闲置货币一般会及时存入银行，停留在自己手中的时间减少了。同时，存入银行的货币又会不断贷放出去，再转化为流通手段。这样，必然加快货币在商品所有者之间转手的节奏，从而达到货币流通量的节约。

因此，马克思强调指出：“一切节省流通手段的方法都以信用为基础。”③

信用制度下的货币流通，从广义上看，还包括信用货币特别是银行券的流通。

银行券由于它是金属货币的代表，到期能够兑换金币，因此，它的流通规律仍受金属货币流通量规律的基础性制约。马克思指出：“已知通货的速度和支付的节约，现实流通的货币量是由商品的价格和交易量决定的。银行券的流通也受这个规律的支配。”这就是说，银行券只能作为金属货币的代表起流通

① 《马克思恩格斯全集》第25卷，人民出版社1974年版，第590、591页。

② 《马克思恩格斯全集》第25卷，人民出版社1974年版，第591页。

③ 《马克思恩格斯全集》第25卷，人民出版社1974年版，第590页。

作用。它在流通中的数量是根据商品交易的需要，即由待售商品的价格和货币的流通速度来调节的。如果银行券发行过多，多余的部分就会向银行兑换黄金，返回银行，退出流通。正如马克思所指出："只要银行券可以随时兑换货币，发行银行券的银行就决不能任意增加流通的银行券的数目。""流通的银行券的数量是按照交易的需要来调节的，并且每一张多余的银行券都会立即回到它的发行者那里去。"①

既然银行券的流通归根结底受货币流通规律的支配，那么，银行券的发行就必须具有以下两方面的保证。第一，信用保证。即银行发行银行券要在商业票据贴现的基础上进行，而商业票据的数量反映了现实的商品流通规模。如果银行券的发行量超过了这个基础，其超过部分就会返回银行。第二，黄金保证。即银行券的发行有必要的黄金准备金，保证银行券能随时兑换黄金。否则，银行券就起不了信用货币的作用。

以上两个方面，是保证银行券流通稳定性的必要条件，缺一不可。如果只有信用保证，而无黄金保证，不能兑现，银行券就会丧失信用的基础。如果只有黄金保证，而无信用保证，银行券就会成为兑换黄金的简单的收据，而失去其代替金币执行流通手段的信用功能。

早期发行的银行券是有黄金保证的，能够自由兑换黄金。后来，由于经济危机的冲击，发行的银行券不能自由兑换黄金，因而随流通量的增加而贬值，这样实际上变成了纸币。这种银行券的流通，就直接受纸币流通规律的支配了。对此，恩格斯指出："不能兑现的银行券，只有在它实际上得到国家信用支持的地方，……才会成为一般的流通手段。因此，这种银行券受不能兑现的国家纸币的规律的支配。"②

在信用制度下，银行不仅能够创造流通手段，而且可以自己不付出代价地创造资本，牟取利润。例如，发行没有黄金保证的银行券，形成虚拟资本；开出若干大后兑付的汇票，同时收进现金，这笔现金在汇票到期兑付之前，银行把它作为借贷资本使用；利用银行的信用，将已经贴现的商业汇票通过自己的背书付出，无代价地当作新的资本来运营。

在银行创造流通手段和资本的过程中，大银行处于明显的优势。它们通过资本积聚和集中，控制中小银行，形成银行网络，进而控制工业和商业。在此基础上，银行就逐渐从信用的中介人演变成万能的垄断者。

2. 信用制度下的国际货币流通

在金本位制的条件下，国际货币流通主要表现为贵金属在不同国家之间的运动。

---

① 《马克思恩格斯全集》第25卷，人民出版社1974年版，第592、594页。

② 《马克思恩格斯全集》第25卷，人民出版社1974年版，第594页。

贵金属在国际间的运动有两种情况。一是贵金属从产地流入其他国家，这种运动会绝对增加流通中的金量；二是在贵金属非生产国之间流来流去。如果一国贵金属的输出大于输入，就是流出；如果贵金属的输入大于输出，就是流入。

决定一国贵金属流入和流出的主要因素有：一是商品的国际贸易的顺差和逆差；二是资本的输出和输入；三是其他方面（军事、政务、旅游等）的国际收支状况。

贵金属的流入和流出，可以从一个国家中央银行的贵金属准备金反映出来。马克思指出：贵金属的“输入超过输出以及相反的现象，大体说来，可以用中央银行的金属准备的增加或减少来测量。这个尺度准确到什么程度，当然首先取决于整个银行业务已集中到什么程度。”①

国家银行准备金对一个国家经济的运行具有重要作用。一是“作为国际收支的准备金，也就是作为世界货币的准备金”；二是“作为时而扩大时而收缩的国内金属流通的准备金”；三是“作为支付存款和兑换银行券的准备金”。“因此，这种金属准备会受到涉及这三种职能中任何一种职能的事情的影响”。②

就贵金属的输入和输出来说，它不单纯是作为简单的数量发生作用，“它的作用，象加到天平秤盘上的一根羽毛的作用一样，足以决定这个上下摆动的天平最后向哪一方面下坠。”这是由于，信用制度的发展，使虚拟资本日益代替金属货币，国家银行的贵金属准备金减少到最低限度，因此，一旦社会经济进入危机时期，一切信用形式都急于兑现，这时，贵金属的少量流出或流入，就会通过银行准备金的变动对整个经济生活产生重大影响。从当时的英国看，流通中的金量平均有 7000 万镑，如果有 500 万～800 万镑金流出，就会引发危机。对于这现象，马克思指出：“正是这种发达的信用制度和银行制度，引起了整个机体的这种过敏现象。”③

货币在国际间的流通，产生了汇兑率。它是一国货币单位兑换他国货币单位的比率或价格，简称汇率，又称汇价或外汇行市。汇率有两种表示法。一是直接表示法，即用 1 单位或 100 单位的外币作为标准，折算为一定数量的本国货币，如我国的人民币，可标出 100 美元等于多少人民币。再一种是间接表示法；即用 1 单位或 100 单位的本国货币作为标准，折算成一定数量的外国货币。如我国的人民币，可标出 100 元人民币等于多少美元。

决定汇率的主要因素是：

第一，金本位制下，不同国家单位货币的含金量之比。这个比率称为货币

---

① 《马克思恩格斯全集》第 25 卷，人民出版社 1974 年版，第 642 页。

② 《马克思恩格斯全集》第 25 卷，人民出版社 1974 年版，第 643 页。

③ 《马克思恩格斯全集》第 25 卷，人民出版社 1974 年版，第 647、647—648 页。

平价或汇率平价。例如，在1929—1933年大危机前，1英镑含金量是113格令，1美元含金量是23.22格令，这样，1英镑就等于4.8665美元。汇率平价是外汇行市的基础。

第二，外汇供求状况。在汇率平价的基础上，实际的汇率随外汇供求关系的变化而上下波动。

具体来说，一个国家货币的外汇率可由以下的情况发生变化：

第一，“一时的支付差额。不管造成这种差额的是什么原因——纯粹商业的原因，国外投资，或国家支出，如战时的支出等等，只要由此会引起对外的现金支出。”①

第二，“一国货币的贬值。不管是金属货币还是纸币都一样。”②

第三，“如果一国用银，一国用金作‘货币’，那么，在谈到这两国之间的汇兑率时，这种汇兑率就取决于这两种金属价值的相对变动，因为这种变动显然影响这两种金属的平价。”③

外汇率在国际货币流通中具有重要的作用。恩格斯指出：“汇兑率是货币金属的国际运动的晴雨计。”④

3. 黄金在信用制度下货币流通中的作用

随着信用制度特别是银行信用的发展，信用货币、有价证券以及纸币迅速增加，它们在越来越大的范围内代替贵金属执行货币的职能。马克思指出：当时“作为实际财富或生产力的转让凭证，货币获得上千种形式”。⑤ 各种有价证券成了货币市场和资本市场的绝大部分。“同样作为财富的社会形式的信用，排挤货币（指金属货币——引者注），并篡夺它的位置。”⑥

这种情况是否表明金属货币不再是货币制度的基础了呢？不是。

第一，货币作为充当一般等价物的特殊商品（贵金属），其本质说到底就在于它“是财富的社会性质的独立体现和表现。”“只是由于用货币作媒介，个人的财富才实现为社会的财富。这个财富的社会性质，就体现在货币这个东西上。”⑦ 因此，货币的根本功能是社会生产的媒介，社会财富的代表。

第二，信用制度的发展必然要突破金属货币的限制，使各种非金属货币成为货币的替代形式。这时，只要社会经济正常运行，信用关系不遭破坏，人们

---

① 《马克思恩格斯全集》第25卷，人民出版社1974年版，第668页。

② 《马克思恩格斯全集》第25卷，人民出版社1974年版，第668页。

③ 《马克思恩格斯全集》第25卷，人民出版社1974年版，第668—669页。

④ 《马克思恩格斯全集》第25卷，人民出版社1974年版，第650页。

⑤ 《马克思恩格斯全集》第46卷下册，人民出版社1980年版，第101页。

⑥ 《马克思恩格斯全集》第25卷，人民出版社1974年版，第649页。

⑦ 《马克思恩格斯全集》第25卷，人民出版社1974年版，第649页。

就会忘掉金属货币的存在，而满足于更加方便的信用货币，虚拟资本的作用。正如马克思指出的："只要生产在进行，这一点（指金属货币是社会财富的独立体现物——引者注）就会被人忘记。""正是由于对生产社会性质的信任，产品的货币形式才表现为某种转瞬即逝的、观念的东西，表现为单纯想象的东西。"①

第三，一旦社会经济运行从常态转入危机，信用制度遭到破坏，金属货币的基础作用就显现出来了。马克思说："一当信用发生动摇——而这个阶段总是必然地在现代产业周期中出现——一切现实的财富就都会要求现实地、突然地转化为货币，转化为金和银。""在危机中，会出现这样的要求：所有的汇票、有价证券和商品应该能立即同时兑换成银行货币，而所有的银行货币又应该能立即同时再兑换成金。"所以，"随着信用制度的发展，资本主义生产不断地企图突破这个金属的限制，突破财富及其运动的这个物质的同时又是幻想的限制，但又不断地碰到这个限制。"②

由此可见，尽管信用制度大大突破了金属货币的限制，但是，"货币——贵金属形式的货币——仍然是基础，信用制度按其本性来说永远不能脱离这个基础。"与此相联系，"中央银行是信用制度的枢纽。而金属准备又是银行的枢纽。"③ 这就告诉我们，要重视黄金准备在稳定整个货币制度中的最终基础作用。

现实意义

学习这一原理，有助于我们加深对货币流通的理解。

在发达的信用制度下，货币流通不仅包括金属货币的流通，而且包括信用货币（商业票据特别是银行券）的流通。信用货币的流通，节约了流通货币量，同时加快了货币的流通速度。从而有利于市场经济运行效益的提高。

先期的银行券，是可以随时兑换黄金的。后来，银行券的发行由于没有相应的黄金保证，兑换不了黄金，从而变成了纸币。纸币是由国家强制发行的金属货币的符号。一些国家的纸币虽然规定了含金量，但不具有兑换性，只用于外汇率的计算。本世纪70年代以后，有关国家纷纷实行浮动汇率，取消了黄金官价，纸币的含金量便失去了意义，形同虚设。近年来，无纸贸易广泛发展，纸币又逐渐为电子货币所代替。这个货币演变的历史说明，货币的本质不在于它的实体形式，而在于它是一种信用关系、信用工具。只要这种信用关系存在和发挥作用，其具体的形式是多种多样的，而且是可以不断变换的。由此

① 《马克思恩格斯全集》第25卷，人民出版社1974年版，第649页。

② 《马克思恩格斯全集》第25卷，人民出版社1974年版，第649、650页。

③ 《马克思恩格斯全集》第25卷，人民出版社1974年版，第685、648页。

可见，我国人民币虽然没有规定含金量，但这绝不妨碍它成为货币，并发挥货币的作用。

那么，决定货币这种信用关系得以存在和发挥作用的保证条件是什么呢？马克思关于货币流通的基本原理告诉我们，一是信用基础，二是黄金保证。前者要求纸币的发行量和流通量与商品流通量相适应。货币流通量的规律，实质上是货币流通量必须与商品流通量相适应的规律。只有做到了这个相适应，才能保持物价的稳定，从而保持币值的稳定，使货币正常地发挥职能。后者要求一个国家的中央银行建立必要的黄金保证金（黄金储备）。这是货币正常运行的保险金。在货币具有信用保证从而正常地发挥其职能的条件下，黄金保证似乎不起作用。人们甚至会忘掉它的存在。可是，一旦社会经济陷于危机，信用制度遭到破坏，纸币和一切信用货币就会一起要求兑换黄金，回头抓住这个社会财富的实体代表。这时，一个国家如果没有必要的黄金保证金，整个国民经济就会崩溃。这就告诉我们，为了保证人民币长期稳定的信用，一方面要严格控制人民币的发行量，使之与经济的发展相适应，不搞超经济的发行，另一方面要高度重视必要的黄金储备，为人民币的运行建立必要的黄金保险。

国家之间的货币流通，形成了外汇率。外汇率是国际货币流通的晴雨表。一个国家确立合理、稳定的汇率，对国民经济的健康发展关系很大。而建立必要的外汇储备，是达到这一目标的重要条件。而且，外汇储备的水平，反映了一个国家经济发展的基本态势和综合实力。所以，我们必须努力建立高水平的外汇储备（包括外币和黄金）。在世界经济发展基本正常的情况下，国际货币支付准备金可以在相当大的比例上依靠外币储备，但一旦世界经济普遍陷于严重危机，各国货币纷纷贬值，这时，国际货币流通的保证金就要由黄金来充当了。因此，必须重视必要的黄金储备在保证国际货币流通中的最终基础作用。这是防患于未然的需要。

四、土地所有权和地租理论

这一理论，是在《资本论》第三卷第 6 篇论述的。其任务是“考察资本投入农业而产生的一定的生产关系和交换关系。”① 中心是揭示资本主义大土地所有者如何通过地租的形式瓜分剩余价值。

“地租是土地所有权在经济上的实现”。这就是说，地租是土地所有者单纯凭借土地所有权而获得的收入。这是一切地租的共性。马克思的地租理论研究的对象，则是资本主义这一特殊历史形式的土地所有权及其实现的地租形式。而且，为了便于研究，他假定农业完全受资本主义生产方式的支配，在理论分析上，把其他经济成分（包括个体所有制）抽象掉。马克思指出：“我们只是

① 《马克思恩格斯全集》第 25 卷，人民出版社 1974 年版，第 694 页。

在资本所产生的剩余价值的一部分归土地所有者所有的范围内，研究土地所有权的问题。因此，我们假定，农业和工业完全一样受资本主义生产方式的统治”。同时，假定“资本的自由竞争、资本由一个生产部门转入另一个生产部门的可能性、同等水平的平均利润等等，都已经十分成熟。”① 马克思对地租的分析是以平均利润和生产价格的形成为前提的。

资产阶级古典经济学家特别是李嘉图对地租有过一些科学分析，但他们都抹杀了资本主义地租的特殊历史性。马克思说：“尽管李嘉图已经假定资产阶级的生产是地租存在的必要条件，但是他仍然把他的地租概念用于一切时代和一切国家的土地所有权。这就是把资产阶级的生产关系当作永恒范畴的一切经济学家的通病。”② 而马克思的地租理论，同其他理论一样，坚持了特殊和一般辩证统一的分析方法。

在《资本论》中，地租理论占有重要的地位。《资本论》到第三卷第6篇以前，集中分析的是资本与雇佣劳动的关系以及各个资本家集团瓜分剩余价值的分配关系，没有涉及农业中资本和土地所有权的关系及其在分配上的实现形式问题。而如果“不考察这一点，对资本的分析就是不完全的。”③ 只有分析了地租，马克思的资本、剩余价值乃至价值理论，才得以完成。

马克思的地租理论把地租分为级差地租和绝对地租两种基本类型。就部门来说，不仅有农业地租，还有非农业地租。

根据地租理论的主要内容，学习时应着重抓住如下五个方面的基本原理：关于资本主义土地所有制和地租特性的原理；关于级差地租的原理；关于绝对地租的原理；关于垄断地租和非农业地租的原理；关于土地价格的原理。

（一）关于资本主义土地所有制和地租特性的原理与现实

这一原理，主要说明资本主义土地所有权的特性及其反映在地租形式上的特性。

1. 资本主义土地所有权的特性

地租是土地所有权在经济上实现的形式。所以，研究地租必须从研究土地所有权入手。

什么是土地所有权呢？马克思指出：“土地所有权的前提是，一些人垄断一定量的土地，把它作为排斥其他一切人的、只服从自己个人意志的领域。”④

---

① 《马克思恩格斯全集》第25卷，人民出版社1974年版，第715、693、693—694页。

② 《马克思恩格斯全集》第4卷，人民出版社1958年版，第186页。

③ 《马克思恩格斯全集》第25卷，人民出版社1974年版，第694页。

④ 《马克思恩格斯全集》第25卷，人民出版社1974年版，第695页。

它意味着土地的所有者具有完全按自己的意志支配、处置土地的权利，任何人无权干涉。当然，这种权利的使用既受法律的保护，又受法律的制约。

土地所有权具有历史性，它是不断变化的。马克思在地租篇“所考察的土地所有权形式，是土地所有权的一个独特的历史形式”①，即资本主义土地所有权。它是在封建土地所有制瓦解、农民被剥夺的过程中形成的。

资本主义土地所有权具有如下主要特性：

第一，土地的所有权与使用权相分离，成为纯经济的形式。马克思说：资本主义农业的生产方式，“一方面使土地所有权从统治和从属的关系下完全解放出来，另一方面又使作为劳动条件的土地同土地所有权和土地所有者完全分离，土地对土地所有者来说只代表一定的货币税，这是他凭他的垄断权，从产业资本家即租地农场主那里征收来的，……以致在苏格兰拥有土地所有权的土地所有者，可以在君士坦丁堡度过他的一生。这样，土地所有权就取得了纯粹经济的形式”。② 封建土地所有权和封建特权紧密相连，土地的使用权直接掌握在土地所有者及其代理手里。资本主义土地所有权是一种单纯的财产权，并且一般不经营土地，而是把土地租给资本家经营，按租约获取地租。

第二，劳动者摆脱了封建的依附关系，但他们的土地被剥夺，成为农业资本家的雇佣劳动者。马克思说：资本主义“生产方式的前提，一方面是直接生产者从土地的单纯附属物（在依附农、农奴、奴隶等形式上）的地位解放出来，另一方面是人民群众的土地被剥夺。”③ 在封建土地制度下，农民被束缚在土地上，没有人身自由。在资本主义条件下，农业劳动者有了人身自由，但被剥夺了土地等生产资料，为了生活，只得把劳动力出卖给农场主，“从属于一个为利润而经营农业的资本家。”④

总之，资本主义的农业土地制度，包含着“三个并存的而又相互对立的阶级——雇佣工人、产业资本家、土地所有者。”⑤

资本主义土地制度是对封建土地制度的否定。这是历史的进步。它“使农业合理化，从而第一次使农业有可能按社会化的方式经营”。但是，“资本主义生产方式的这种进步，同它的所有其他历史进步一样，首先也是以直接生产者的赤贫为代价而取得的。”⑥

---

① 《马克思恩格斯全集》第25卷，人民出版社1974年版，第694页。

② 《马克思恩格斯全集》第25卷，人民出版社1974年版，第696—697页。

③ 《马克思恩格斯全集》第25卷，人民出版社1974年版，第696页。

④ 《马克思恩格斯全集》第25卷，人民出版社1974年版，第694页。

⑤ 《马克思恩格斯全集》第25卷，人民出版社1974年版，第698页。

⑥ 《马克思恩格斯全集》第25卷，人民出版社1974年版，第697页。

2. 资本主义地租的特性

资本主义的“地租是土地所有权在经济上借以实现即增殖价值的形式。”① 它与封建地租相比，具有如下主要特性：

第一，体现的生产关系不同。封建地租以封建土地所有权为前提，它体现着封建主直接剥削农民的关系。资本主义地租以资本主义土地所有权为前提，它体现着土地所有者和资本家共同剥削雇佣劳动者的关系。

第二，获取地租的手段有所不同。封建地主获取地租，除依靠土地所有权外，还依靠“超经济的强制”，即凭借封建特权，束缚农民，强迫农民进行各种形式的剩余劳动。资本主义地租则是建立在雇佣劳动的基础上，劳动者有人身自由，剩余价值的生产和分配（包括缴纳地租），表现为一种纯经济的契约关系。

第三，地租的数量不同。封建地租包括全部剩余劳动甚至部分必要劳动的成果。资本主义地租则是剩余劳动成果即剩余价值的一部分，一般是超过平均利润以上的那部分剩余价值的转化形态。马克思所说：“现代意义上的地租，……是超过平均利润即超过每个资本在社会总资本所生产的剩余价值中所占的比例部分而形成的余额。”②

3. 地租与租金

在考察地租时，必须把真正的狭义的地租与租金即广义的地租区别开来。

“真正的地租是为了使用土地本身而支付的，不管这种土地是处于自然状态，还是已被开垦。”③ 这是狭义的地租，是纯粹为土地的所有权（不考虑其他因素）而支付的代价。

租金是农场主为了取得土地的经营权向土地所有者支付的全部货币额，或称广义的地租。马克思说：“租地农场主为了获得经营土地的许可而以租金形式支付给土地所有者的一切，实际上都表现为地租。”④ 租金即广义的地租额除包括真正的狭义的地租外，还包括一些其他因素：

（1）土地资本及其利息

为耕作和改良土地而投入的固定资本，称为“土地资本”。它的折旧和利息，成为租金的重要部分。土地资本是由租地农场主投入的，但周期一到，尚未收回的投资连同土地都归土地所有者了。而在重新签租约时，土地所有者就会将这部分资本的利息及其折旧加到地租之中，从而引起地租和土地价格的上涨。这是“土地所有者日益富裕，他们的地租不断上涨，他们土地的货币价值

① 《马克思恩格斯全集》第25卷，人民出版社1974年版，第698页。
② 《马克思恩格斯全集》第25卷，人民出版社1974年版，第882页。
③ 《马克思恩格斯全集》第25卷，人民出版社1974年版，第698页。
④ 《马克思恩格斯全集》第25卷，人民出版社1974年版，第704页。

不断增大的秘密之一。……但这同时是合理农业的最大障碍之一，因为租地农场主避免进行一切不能期望在自己的周期内完全收回的改良和支出。”①

（2）平均利润和工资的部分扣除

“在租金里面，还可能有一部分，……一是平均利润的扣除，或正常工资的扣除，或同时是这二者的扣除。”② 这是在某些特殊情况下，租地农场主被迫以高昂的租金为条件，以获得低于平均利润率的利润，并将农业工人的工资压低到正常水平以下为代价，租种土地的结果。

（3）某些特殊条件造成的垄断价格的收入

马克思说：在考察土地的租金时，“必须牢牢记住，那些本身没有任何价值，即不是劳动产品的东西（如土地），或者至少不能由劳动再生产的东西（如古董，某些名家的艺术品等等）的价格，可以由一系列非常偶然的情况来决定。”③ 这里涉及一种特殊条件下的地租。某些土地具有特殊优越的条件（如埋藏有珍贵矿石等），能够生产特殊品质的产品，并能以垄断价格出售。因此，这种土地的租金就非常高。但这部分租金不是由土地所有权决定的，而是由特殊条件下的垄断价格决定的。在这种情况下，土地所有者不仅剥削雇佣工人，还剥削广大消费者。

现实意义

马克思对资本主义地租的分析，是以普遍的私有制和商品交换的充分发展为基础的。所以，他认为，在以单一社会所有制为基础的社会主义社会，土地私有权和商品交换关都消灭了，因而地租自然就消失了。然而，社会主义的实践证明，社会主义经济还具有地租存在的条件。因此，马克思关于地租理论的一般原理还有现实的指导意义。

根据马克思的科学分析和现阶段的实际，社会主义经济存在地租的原因、条件主要有以下几方面：

第一，不同的土地所有制以及土地所有权与经营使用权相分离的经济关系。马克思指出：“不论地租有什么独特的形式，它的一切类型有一个共同点：地租的占有是土地所有权借以实现的经济形式，而地租又是以土地所有权，以某些个人对某些地块的所有权为前提。土地所有者可以是代表公社的个人。”④ 恩格斯在19世纪70年代写的《论住宅问题》一文中还指出：“消灭地产并不是消灭地租，而是把地租——虽然形式发生变化——转交给社会。所以，由劳

---

① 《马克思恩格斯全集》第25卷，人民出版社1974年版，第699—700页。

② 《马克思恩格斯全集》第25卷，人民出版社1974年版，第705页。

③ 《马克思恩格斯全集》第25卷，人民出版社1974年版，第714页。

④ 《马克思恩格斯全集》第25卷，人民出版社1974年版，第714页。

动人民实际占有全部劳动工具，决不排除保存租赁关系。”①

在社会主义的一个长时期内，在土地关系上，不仅存在着国有土地与集体所有土地的区别，而且以承包、租赁、股份等多种形式，存在着土地所有权与经营使用权（或法人财产权）的区别。既然地租是土地所有权的实现形式。“真正的地租是为了使用土地本身而支付的”②，那么，在社会主义条件下，对属于不同所有者的土地的经营和使用，仍然必须支付地租（包括绝对地租和级差地租）。

第二，土地资源的有限性和土地经营条件的差别性。土地总是有限的，而且不同的土地存在着自然和经济条件的诸多差别性，如土地肥沃程度的差别，位置好坏的差别，经济发展水平的差别等。这种情况，在社会主义条件下照样存在。

由于土地的有限性和非再生性，那些处于优势条件的土地经营和使用者就会形成程度不同、形式不同的垄断地位，并在商品价值规律的作用下，用同量的资本和劳动能够稳定地获得不同的经济收入。这是不同土地上的使用权实现的结果。因此，作为转让土地使用权的土地所有者，当然要求将这些收入的差额，以不同的地租形式转到自己手里。

第三，商品经济和价值规律的存在。马克思曾经指出：“地租问题的根本实质就在于：地租是由于使不同的生产费用所得到的产品的价格平均化而产生的，但是这种市场价格规律不过是资产阶级竞争的规律而已。”③

社会主义经济仍然是商品经济，价值规律在全社会范围起调节作用。而且，商品经济的进一步发展，必将使利润平均化和生产价格规律得以形成和发挥应有的作用。因此，土地的自然条件、经营条件的差别，必然在不同类型的土地产品（包括服务产品）上，造成个别生产价格与社会生产价格的差别、商品价值与生产价格的差别、市场价格与价值、生产价格的差别、垄断价格与价值、生产价格的差别，从而形成多种多样的超额利润，转化为不同形式的地租。

在传统的僵化观念和计划经济体制下，不承认社会主义经济存在地租，对土地实行无偿调拨、无偿使用。结果产生了不少弊病。实践证明，在发展社会主义市场经济中，承认地租的存在，发挥它（地租也是一种经济杠杆）应有的调节作用，是大有好处的。一是有利于实行土地的有偿使用，促进土地资源的节约和使用效率的提高。二是合理分配土地的经营收入，正确处理国家、部门、地方、企业、个人等各方面的经济关系。三是地租涉及物价、税收等经济

① 《马克思恩格斯选集》第2版第3卷，人民出版社1995年版，第217页。

② 《马克思恩格斯全集》第25卷，人民出版社1974年版，第698页。

③ 《马克思恩格斯〈资本论〉书信集》，人民出版社1976年版，第31页。

环节，合理地确定各种地租收入，是搞好价格体制、税收体制改革的一个必要条件。四是土地价格是地租的资本化，科学地规范地租，是正确决定土地价格，促进房地产市场健康发展的基础。

（二）关于级差地租的原理与现实

这一原理，主要说明级差地租的形成、特点和形式。

1. 级差地租的形成和一般特征

级差地租是等量资本投在面积相等的土地上具有不同的生产率所形成的、由个别生产价格和社会生产价格的差额所构成的超额利润转化而成的地租形式。

（1）级差地租形成的条件

马克思指出：在分析地租时，首先要从下面这个前提出发："土地和矿山的产品，象一切其他商品一样，是按照它们的生产价格出售的。"① 生产价格等于成本价格＋平均利润。农业资本家投资于农业必须获得平均利润，否则，他就不投资农业了。因此，级差地租只能是超过平均利润的超额利润。

这种超额利润来自何处呢？"它来自劳动的某种较大的自然生产力，这种生产力和一种自然力的利用结合在一起，但这种自然力不象蒸汽的压力那样，可以在同一生产部门让一切资本自由支配……这种自然力是一种可以垄断的生产力"。土地就是有这样的条件。土地的自然生产力是有差别的。所以，等量资本投入品质不同面积相等的地块所生产的同一农产品的产量显然是不同的，因而单位产品的成本价格也是不相同的。优等地产量高，成本低；其他土地产量低，成本高（这里暂且只分析优等地和其他土地的差别）。假定前者资本为90元，后者资本为100元，投资全部进入成本，社会平均利润率为10%，这样，优等地单位产品的个别生产价格就＝90元＋（90元×10%）＝99元，其他土地单位产品的个别生产价格＝100元＋（100元×10%）＝110元。在这种情况下，如果农产品的社会生产价格由其他（一般）土地产品的个别生产价格即110元决定，那么，优等地的产品按这个生产价格出卖，就可以获得11元（＝110元－99元）的超额利润。并且，优等地由于其有限性，可以形成一种垄断地位，从而能稳固地取得超额利润。由此构成级差地租的实体。正如马克思所指出：级差地租"总是产生于支配着一种被垄断的自然力的个别资本的个别生产价格和投入该部门的一般资本的一般生产价格之间的差额。"②

（2）级差地租形成的原因

土地的差别性和有限性，只是形成级差地租的自然基础。只有在此基础

---

① 《马克思恩格斯全集》第25卷，人民出版社1974年版，第721页。

② 《马克思恩格斯全集》第25卷，人民出版社1974年版，第726、728页。

上，通过资本主义的经营垄断，才现实地形成级差地租。

农业土地生产力的差别是多样的，但大体上可分为劣等、中等和优等三种类型。马克思指出："土地是有限的，而有水力资源的土地更是有限的。"这也就是说，有优越条件的土地更是有限的。因此，谁租种了条件好的土地，就获得了一种经营垄断权，它排斥别人进入这个领地，使别人只能租种较差的土地。而不管租种多么差的土地，对农业资本家来讲至少要获得平均利润。如果得不到平均利润，他就把资本转移到别的部门去了。这时，农产品的供应就会减少，引起价格上涨，直到经营劣等地的"资本主义的租地农场主恰好用这个价格来补偿已经用掉的资本加上平均利润；简单说来就是，市场价格对他提供了他的商品的生产价格。"[①]

事实上，为满足社会对农产品的需要而租种的土地总是有优、中、劣（相对的）之别的。这就内含着承认租种劣等地的农场主也有获得平均利润的必要和权利。这个权利，也是对土地的经营垄断权的一个表现。

因此，农产品的社会生产价格，不是由中等地产品的个别生产价格来调节，而是由劣等地产品的个别生产价格来调节，即由劣等的生产条件来决定。这样，农业中高于劣等生产力的一切耕地都可以持久地获得超额利润。这个超额利润，就是由中等、优等地的个别生产价格与劣等地决定的社会生产价格的差额构成的。作为级差地租的超额利润由此形成。

（3）级差地租的占有

构成级差地租的超额利润的形成，与土地所有权没有关系。土地所有权只是将已经形成的超额利润从农业资本家那里作为级差地租瓜分到自己手里。

马克思在谈到利用瀑布生产创造超额利润时指出："土地所有权并不创造那个转化为超额利润的价值部分，而只是使土地所有者，即瀑布的所有者，有可能把这个超额利润从工厂主的口袋里拿过来装进自己的口袋。它不是使这个超额利润创造出来的原因，而是使它转化为地租形式的原因"。[②] 这个分析，完全适用于农业级差地租。

（4）级差地租的源泉

级差地租的内容是超额利润。马克思指出："自然力不是超额利润的源泉，而只是超额利润的一种自然基础"。[③]"如果对地租有正确的理解，自然会首先认识到，地租不是来自土地，而是来自农产品，也就是来自劳动"[④]。资本主义的级差地租是剩余价值的一种转化形式，它的源泉来自农业雇佣工人的剩余

---

① 《马克思恩格斯全集》第25卷，人民出版社1974年版，第727、845页。

② 《马克思恩格斯全集》第25卷，人民出版社1974年版，第729页。

③ 《马克思恩格斯全集》第25卷，人民出版社1974年版，第728页。

④ 《马克思恩格斯全集》第26卷第2册，人民出版社1973年版，第158页。

劳动，体现着对工人的剥削关系。

2. 级差地租的形式

级差地租有两种形式，即级差地租Ⅰ和级差地租Ⅱ。

（1）级差地租Ⅰ

级差地租Ⅰ是等量资本投在面积相等的不同地块上，具有不同生产率而形成的级差地租。

在这里，土地的肥沃程度的差别和位置的差别，是形成等量资本的生产率的差别，从而是形成级差地租的主要因素。所以，级差地租Ⅰ是与土地肥力和位置的差别相联系的级差地租形式。

土地的肥力首先是指自然肥力。“撇开气候等要素不说，自然肥力的差别是由表层土壤的化学结构的差别，也就是由表层土壤所含植物养分的差别形成的。”不过，“在自然肥力相同的各块土地上，同样的自然肥力能被利用到什么程度，一方面取决于农业化学的发展，一方面取决于农业机械的发展。这就是说，肥力虽然是土地的客观属性，但从经济学方面说，总是同农业化学和农业机械的现有发展水平有关系，因而也随着这种发展水平的变化而变化。”①

“土地的位置。这一点对殖民地来说是一个决定性的因素，并且一般说来，各级土地耕种的顺序就是由此决定的。”②

“级差地租的这两个不同的原因，肥力和位置，可以发生相反的作用。一块土地可能位置很好，但肥力很差；或者情况相反。”③ 当然，也有发生相同作用的。土地的肥力和位置这两个因素会随着经济的发展而变化。

按照级差地租形成的一般特性，级差地租Ⅰ形成的过程举例分析如下：

假定三个农场主备用1000元资本，分别投入劣等、中等和优等三块面积相等的土地上，生产的农产品分别为8担、10担、12担。假定社会平均资本利润率为20%，这样，三个农场主获得的平均利润均为200元。按照生产价格（成本价格＋平均利润）的规定，优中劣三块地分别生产的农产品的个别生产价格的总和都是1200元，但单位（每担）农产品的个别生产价格却依次为1200元÷8担＝150元（劣等地），1200元÷10担＝120元（中等地），1200元÷12担＝100元（优等地）。可是，与土地的有限性相联系的资本主义经营垄断，决定了农产品的社会生产价格由劣等地产品的个别生产价格来决定（调节），即每担农产品的社会生产价格为150元。按这个社会生产价格出卖的结果，中等地每担农产品获得超额利润30元，10担共获得300元；优等地每担农产品获得超额利润50元，12担共获得600元。这些超额利润就构成级差地租Ⅰ。现列表显示如下：

---

① 《马克思恩格斯全集》第25卷，人民出版社1974年版，第733页。

② 《马克思恩格斯全集》第25卷，人民出版社1974年版，第732—733页。

③ 《马克思恩格斯全集》第25卷，人民出版社1974年版，第733页。

土地等级	投资（元）	平均利润（元）	产量（担）	个别生产价格（元）		社会生产价格（元）		级差地租（元）
				全部产品	每担	每担	全部产品	
劣等地	1000	200	8	1200	150	150	1200	0
中等地	1000	200	10	1200	120	150	1500	300
优等地	1000	200	12	1200	100	150	1800	600

马克思在谈到级差地租Ⅰ产生的原因时指出："级差地租是由于农业发展各个阶段的土地自然肥力的差别而产生的（这里还是把土地的位置撇开不说），就是说，它的产生是由于最好土地面积有限，是由于等量资本必须投在对等量资本提供不等量产品的不同的各级土地上。"①

以上分析了由土地肥力差别所形成的级差地租Ⅰ。土地位置差别同样可以形成级差地租。凡经营的土地距离市场较远的农场主，其产品的运输费用就大一些；反之，交通费用就小一些。按照级差地租形成的一般规律，这种情形下农产品的社会生产价格由离市场最远的土地产品的个别生产价格决定。因此，经营的土地离市场较近的农场主就可以稳定地获得超额利润、从而形成级差地租Ⅰ。

马克思通过对级差地租Ⅰ的分析，还强调了以下几点：

第一，级差地租Ⅰ的产生和土地的耕种序列没有关系。一个国家或地区土地的耕种，可以是逐渐由优到劣，也可以是由劣到优，也可以是交叉推进，但都不影响级差地租的形成。"级差地租和级差地租的分等情况，可以按下降的序列，即由较好土地到较坏土地的序列产生，也可以反过来，按上升的序列，即由较坏土地到较好土地的序列产生，还可以按两个方向相互交叉的序列产生"。②

第二，级差地租Ⅰ与农产品价格的变动趋向没有关系。"按照级差地租的形成方式，级差地租在土地产品价格不变、上涨和下降时都可以形成。"级差地租的"条件不过是土地等级的不同。在涉及到生产率的发展时，级差地租的前提就是：土地总面积的绝对肥力的提高，不会消除这种等级的不同，而是使它或者扩大，或者不变，或者只是缩小。"③

第三，级差地租是一种虚假的社会价值。级差地租来自由劣等条件决定的社会生产价格与个别生产价格的差额，这种差额构成的超额利润，马克思认为是一种虚假的社会价值。

马克思在分析价值向社会生产价格的转化时曾经指出，整个社会商品的价值与生产价格的总量是一致的。其实，这种情况只适用于能够自由竞争的工业

---

① 《马克思恩格斯全集》第25卷，人民出版社1974年版，第742页。

② 《马克思恩格斯全集》第25卷，人民出版社1974年版，第742页。

③ 《马克思恩格斯全集》第25卷，人民出版社1974年版，第742、743页。

加工制品。至于农业，由于土地的有限性，阻碍了资本向农业的自由转移和竞争，其总产品的市场价值或社会生产价格的总额是超过实际的生产价格或个别生产价格的总额的。如前表，劣、中、优三块地所生产的 30 担农产品的社会生产价格或市场价值（这里等于出售价格）的总额为 4500 元，而实际的生产价格或个别生产价格的总额为 3600 元。这是社会为生产农产品而付出的实际成本（3000 元）加上应得的平均利润（600 元），它们构成农产品的实际价值。可是，由于农产品的社会生产价格或市场价值由劣等地决定，使社会购买农产品的支出增加了 900 元，这 900 元是社会的购买价格超出实际价值的余额，也就是社会为购买农产品而付出的劳动量大于农产品实际消耗的劳动的部分，所以称之为虚假的社会价值。

为什么会出现虚假的社会价值？马克思说："这是由在资本主义生产方式基础上通过竞争而实现的市场价值所决定的"。"产品（也包括土地产品）市场价值的决定，是一种社会行为"①。在自由竞争条件下，产品的市场价值一般是由中等生产条件决定。可是，在资本主义农业中，由于土地的有限性和经营垄断，农产品的市场价值或社会生产价格必须由劣等地决定。这样，必然形成虚假的社会价值。

虚假的社会价值，对社会来讲意味着过分负担，但它对土地所有者来讲则成为级差地租的来源。所以，马克思说：在"资本主义的社会形式已被推翻，社会已被组成一个自觉的、有计划的联合体"② 之后，虚假的社会价值就会消失。

（2）级差地租Ⅱ

级差地租Ⅱ是在同一块土地上连续追加等量资本的生产率不同而形成的级差地租。由于农产品的社会生产价值由劣等地决定，因此，只要在同一块土地上的连续投资所形成的生产率超过劣等地的生产率，因而连续投资生产的农产品的个别生产价格低于劣等地所决定的农产品生产价格，就可以产生级差地租Ⅱ。

下面用表说明级差地租Ⅱ的形成：

土地等级	投入资本（元）	平均利润（元）	产量（担）	个别生产价格（元）		社会生产价格（元）		级差地租（元）
				全部产品	每担	每担	全部产品	
劣等地	1000	200	8	1200	150	150	1200	
优等地	1000	200	12	1200	100	150	1800	600
	第 1 次追加资本 1000	200	15	1200	88	150	2250	1050
	第 2 次追加资本 1000	200	10	1200	120	150	1500	300

① 《马克思恩格斯全集》第 25 卷，人民出版社 1974 年版，第 744—745、745 页。

② 《马克思恩格斯全集》第 25 卷，人民出版社 1974 年版，第 745 页。

以上表明，优等地形成的级差地租Ⅰ为600元。优等地第一次追加投资1000元，增产农产品15担，高于劣等地7担，形成的级差地租Ⅱ为1050元；第二次追加投资1000元，增产农产品10担，高于劣等地2担，形成级差地租Ⅱ300元。

对比级差地租Ⅱ与级差地租Ⅰ的形成过程，可以看出二者的共性、区别和联系。

第一，看共性。马克思指出："级差地租Ⅱ只是级差地租Ⅰ的不同的表现，而实质上二者是一致的。""级差地租实质上终究只是投在土地上的等量资本所具有的不同生产率的结果。"① 两种级差地租的共同点是等量资本具有不同的生产率。这种不同的生产率，体现在不同的地块上，就形成级差地租Ⅰ；体现在对同一块土地上的连续投资上，就形成级差地租Ⅱ。

第二，看区别。主要表现为：一是反映农业增长方式的不同阶段。级差地租Ⅰ主要反映农业的"粗放经营"，这时农业发展以扩张土地为主要手段。"资本以粗放的方法投在较大的土地面积上。"投资额的大小还没有成为农业耕作的决定要素。级差地租Ⅱ主要反映农业的"集约经营"。"在经济学上，所谓耕作集约化，无非是指资本集中在同一土地上，而不是分散在若干毗连的土地上"。这时，投资额的大小成为决定要素。所以，"在级差地租的第Ⅱ形式上，除了肥力的差别，还有资本（以及获得信用的能力）在租地农场主之间的分配上的差别。"② 二是超额利润转化级差地租的情况有所不同。在级差地租Ⅰ的场合，超额利润转化为地租比较简单，和土地租约时间的长短关系不大。在级差地租Ⅱ的场合，超额利润转化为地租会遇到困难。"地租是在土地出租时确定的，地租确定后，在租约有效期间，由连续投资所产生的超额利润，便流入租地农场主的腰包。正因为这样，租地农场主总是力争签订长期租约；但另一方面，由于地主的力量占优势，每年更换租约的现象却增加了。"所以，在超额利润向地租的转化上，"后一个方法会把这种转化限制在一方面更为狭小，另一方面更不稳定的界限内。"③

第三，看联系。"级差地租Ⅱ的基础和出发点，不仅从历史上来说，而且就级差地租Ⅱ在任何一个一定时期内的运动来说，都是级差地租Ⅰ"。这就是说，从历史上看，在资本主义生产方式的初期，由于农业以粗放经营为主，土地肥力和位置的差别。是形成超额利润的主要因素，所以那个阶段的级差地租主要是第Ⅰ形式。后来，随着农业由粗放经营转向集约经营，投资量的大小成为形成超额利润的主要因素，因此，级差地租Ⅱ成为这个阶段的重要形式。从

---

① 《马克思恩格斯全集》第25卷，人民出版社1974年版，第763、759页。

② 《马克思恩格斯全集》第25卷，人民出版社1974年版，第762、760、762页。

③ 《马克思恩格斯全集》第25卷，人民出版社1974年版，第760页。

现实看，级差地租Ⅱ的形成和运动，也要以级差地租Ⅰ为基础。因为，只有在追加投资的生产率高于劣等地生产率的前提下，才能形成级差地租Ⅱ。而劣等地与其他土地的种种差别，正是级差地租Ⅰ形成的基础，所以，马克思在谈级差地租的两种形式时指出：“一开始就要记住：级差地租Ⅰ是作为出发点的历史基础。另一方面，级差地租Ⅱ的运动，在任何一定的瞬间，都只是出现在这样一个领域内，这个领域本身又是级差地租Ⅰ的形形色色的基础。”①

3. 最坏耕地有级差地租

以上考察级差地租的形成时，均以劣等地没有级差地租为前提。这是理论抽象分析的需要。事实上，劣等地同样可以产生级差地租。

马克思指出：“只要级差地租Ⅱ通过连续的投资而产生出来，上涨的生产价格的界限，就能够由较好土地来调节；这时，最坏土地（级差地租Ⅰ的基础）也能够提供地租。因此，单纯就级差地租来说，所有的已耕地都会提供地租。”②

最坏土地产生级差地租有以下三种情况：

第一，较好土地某一追加投资的生产率下降到劣等地以下，使劣等地形成级差地租。假设，原来一块劣等地投资 1000 元平均利润率 20%，平均利润 2100 元。生产农产品 8 担，每担个别生产价格 150 元。由于它的个别生产价格与社会生产价格相一致，没有超额利润形成级差地租。这时，如果社会对农产品的需求增加，要求增加投资和产量。而在较好土地上又一次追加投资 1000 元（平均利润 200 元）之后，农产品只增加 6 担，所以，它的个别生产价格上升到 200 元。按照级差地租形成的规律，农产品的社会生产价格就得由这一次生产率最低的投资产品的个别生产价格即 200 元来决定。这样，劣等地农产品按 200 元出卖的结果，每担获超额利润 50 元，8 担共获 400 元，由此形成级差地租。

第二，最坏土地追加投资的生产率高于初始投资的生产率，从而形成级差地租。按上例所设。劣等地在初始投资 1000 元（平均利润 200 元）的情况下，生产农产品 8 担，每担生产价格 150 元，没有超额利润形成级差地租。如果农产品的社会生产价格不变，而社会还需要农业增加投资和产量，这时，劣等地追加投资 1000 元（平均利润 200 元），增产农产品 10 担，每担个别生产价格 120 元。它按原社会生产价格（150 元）出卖的结果，每担获超额利润 30 元，10 担共获 300 元，由此形成级差地租。

第三，最坏土地追加投资的生产率低于初始投资的生产率，同样可以形成级差地租。仍按上例所设。劣等地初始投资 1000 元（平均利润 200 元），生产

① 《马克思恩格斯全集》第 25 卷，人民出版社 1974 年版，第 761、762 页。

② 《马克思恩格斯全集》第 25 卷，人民出版社 1974 年版，第 833 页。

农产品 8 担，每担的生产价格为 150 元，没有级差地租。如果社会需要增加农产品的供应，这时，劣等地追加投资 1000 元（平均利润 200 元），增产农产品只有 6 担，所以，它的个别生产价格就是 200 元。按照级差地租形成的规律，农产品的社会生产价格就得由这一次生产率最低的投资产品的个别生产价格 200 元来决定。这样，劣等地初始投资生产的农产品按 200 元出卖的结果，每担获超额利润 50 元，8 担共获 400 元，由此形成级差地租。

所有这些情况，都要以社会对农产品的增加为条件。但不管哪种情况，劣等地级差地租的形成，都要以投入土地的同等投资具有不同的生产率为前提。

现实意义

马克思关于级差地租的基本原理，对社会主义经济具有明显的意义。

在农村，土地存在着肥沃程度、距离市场远近的差别，连续投资的生产率也存在差别，所以具有形成级差地租的条件。另外，我国农村集体经济普遍实行家庭联产承包责任制，土地的集体所有权与经营权发生了分离。由于土地是有限的，较好的土地更是有限的，因此，对较好土地的承包经营，就形成了一种排他性的经营垄断权。在价值规律的作用下，承包较好的土地自然会形成超额收入，并要作为级差地租交给集体土地所有者代表机构。当然，由于我国还处在由计划经济体制向市场经济体制的转轨过程中，市场还不够成熟，平均利润和生产价格尚未形成，价格体制还没有完全理顺，土地的集体所有者和农业的承包者之间的收入分配还不规范，因而级差地租还没有完全按照应有的客观必然性来形成和实现。但是，随着改革的深化和商品经济的发展，这些问题是会得到解决的。马克思在谈到小土地所有制时曾经指出："土地产品的平均市场价格不管是怎样决定的，级差地租，即质量较好的土地或位置较好的土地所享有的商品价格的余额部分，在这里显然和资本主义生产方式中一样，必然是存在的。即使这个形式是出现在一般市场价格根本还没有发展的社会状态内，这个级差地租也还是存在；这时，它表现为超额的剩余产品。"① 由此联想，在社会主义市场经济走向成熟的过程中，级差地租规律必然会发挥出它应有的作用。

讲到级差地租问题，自然会涉及农产品价格形成的生产条件问题。长期以来，我国农产品的收购价格不是以劣等地的生产条件为依据，而是以中等生产条件为依据。这种情况，是造成不少农民"亏本种田"，影响农业发展和农民生活改善的一个重要原因。在社会主义市场经济条件下，在价值规律客观作用的基础上，国家对农产品价格的调控，要适当考虑级差地租形成的客观要求，正确处理相关利益关系。达到既能保证劣等地的承包经营者得到必要的收入，发

① 《马克思恩格斯全集》第 25 卷，人民出版社 1974 年版，第 907 页。

展生产，改善生活，又有利于推进整个农业的集约化增长，促进全国农业生产的发展和农民生活的提高。同时，还有利于缩小工农业产品价格的剪刀差，实现工农业产品比价的合理化，增强农业的基础地位，促进工农业的协调发展。

社会主义级差地租收入的分配，要正确处理国家、集体和个人三者的关系。我国集体农业经济中的级差地租收入的主要部分应归土地的集体所有者的代表组织所有，这对于维护集体所有制的发展，壮大集体直接经营的经济、文化事业，同时适当调节农户之间收入的非劳动部分的差距，更好地体现按劳分配为主的原则，逐步走向共同富裕，是有利的。但是，土地的肥沃程度和位置的好坏，与国家的投资也有密切关系。如国家投资兴建大型水利设施，进行大规模农用基本建设，营造防护林带等，使土地、气候得到改良；国家投资发展多种形式的交通运输事业，建设新的城市，使一些位置不好的土地变成较好的土地。所以，农业集体经济组织中级差地租收入的适当部分，以某税费、价格等形式转归国家所有，也是必要的。而且，这样做，有利于集体经济单位之间的收入分配更加合理化。此外，少量的级差地租特别是级差地租第Ⅱ形式的收入的一部分，为农户实际占有是不可避免的。这对于调动农民投资土地，改良土壤，不断提高农业生产率的积极性，是有好处的。

（三）关于绝对地租的原理与现实

这一原理，主要说明绝对地租形成的原因、条件及其发展趋势。

1. 绝对地租形成的原因

绝对地租是由土地私有权的垄断直接产生的、无论好坏土地都必须支付的地租。

在分析级差地租时，有一个一般的假定前提，就是最坏土地不支付地租，进一步说，就是投在土地上的生产率最低的投资产品是不形成级差地租的。其实，只要土地属于一定的所有者，在任何情况下租种任何土地，都要向土地所有者缴纳地租，否则，土地就不可能投入耕种。这样一来，劣等地生产的农产品就必须按照高于社会生产价格的价格出卖了。只有这样，投资劣等地的农业资本家才能在获得平均利润以后，还有一个超额利润作为绝对地租交给土地所有者。所以，马克思指出：“如果最坏土地 A——虽然它的耕种会提供生产价格——不提供一个超过生产价格的余额，即地租，就不可能被人耕种，那么，土地所有权就是引起这个价格上涨的原因。土地所有权本身已经产生地租。”①

绝对地租与级差地租的形成相比较，土地所有权所起的作用是不同的。“级差地租有这样一个特点：土地所有权在这里仅仅取去超额利润”。“在这里，土地所有权并不是创造这个价格组成部分的原因，也不是作为这个组成部分的

① 《马克思恩格斯全集》第 25 卷，人民出版社 1974 年版，第 851 页。

前提的价格上涨的原因。”① 而对绝对地租来说，土地所有权本身就是产生地租的直接原因。

2. 绝对地租形成的条件

以上说明，绝对地租是农产品的销售价格高于社会生产价格所形成的超额利润。那么，这个超额利润是怎样产生的呢？马克思的分析告诉我们，这是由于农业的资本有机构成低于工业，因而农产品的价值大于社会生产价格的结果。

商品的价值向生产价格的转化表明，就单个商品来说，价值和生产价格往往不一致。“一个商品的生产价格可以高于它的价值，或低于它的价值，只有在例外的情况下才和它的价值相一致。”因此，“农产品高于它们的生产价格但低于它们的价值出售的现象是可能的”。②

为什么农产品的价值会高于生产价格呢？这是因为：在国民经济发展的一个相当长的时期内，“在生产发达的各国，农业的发展没有达到加工工业那样的程度”。因而，农业的资本有机构成低于工业的资本有机构成。在剩余价值率大体相同的条件下，“农业上一定量的资本，同有社会平均构成的同等数量的资本相比，会生产较多的剩余价值”③。这样一来，农业与工业相比较，同量资本生产的商品价值就大于生产价格，由此产生超额利润。

这样的超额利润，在工业中也存在。但由于工业中的资本自由竞争和利润的平均化，这种超额利润一般只是暂时的，成不了稳定性的收入。工业部门的总价值和总生产价格是一致的。而在农业当中，由于土地私有权的垄断，限制了资本的自由竞争和农业剩余价值参加社会的平均化，这就使价值超过生产价格的超额利润能稳定地留在农业中，形成绝对地租。

马克思指出：绝对地租“就是价值超过生产价格的余额或这个余额中的一部分。地租究竟是等于价值和生产价格之间的全部差额，还是仅仅等于这个差额的一个或大或小的部分，这完全取决于供求状况和新耕种的土地面积。”④

现将绝对地租形成的情形用表说明如下：

生产部门	资本有机构成	剩余价值率	剩余价值	平均利润	商品价值	生产价格	绝对地租
工业	80c＋20v	100%	20	20	120	120	0
农业	60c＋40v	100%	40	20	140	120	20

① 《马克思恩格斯全集》第25卷，人民出版社1974年版，第851页。
② 《马克思恩格斯全集》第25卷，人民出版社1974年版，第855页。
③ 《马克思恩格斯全集》第25卷，人民出版社1974年版，第856、857页。
④ 《马克思恩格斯全集》第25卷，人民出版社1974年版，第859页。

假定工业和农业部门的资本各为100，剩余价值率均为100%，平均利润20%，工业和农业的平均利润都是20。工业部门的资本有机构成为80c+20v，它的产品价值和生产价格均为120。农业部门的资本有机构成为60c+40v，产品的价值为140，而生产价格是120，这两者的差额20就构成超额利润，这就形成绝对地租。

由此可见，绝对地租是土地私有权直接决定的，由农业资本有机构成低于工业的条件形成的、农产品的价值超过生产价格的超额利润构成的地租。它也是剩余价值的一种转化形式。“绝对地租的本质在于：不同生产部门内的各等量资本，在剩余价值率相等或劳动的剥削程度相等时，会按它们的不同的平均构成（指部门的资本有机构成——引者），生产出不等量的剩余价值。”①

3. 绝对地租的演变趋势

绝对地租形成的一个条件，是农业资本有机构成低于工业资本有机构成。因此，“如果农业资本的平均构成等于或高于社会平均资本的构成，那么，上述意义上的绝对地租，也就是既和级差地租不同，又和以真正垄断价格为基础的地租不同的地租，就会消失。”②

马克思不仅从理论上指明了这一点，而且预见了农业经济发展的这种趋势。他说：“在资本主义生产蓬勃发展的时期，同农业比较，工业生产率发展很快，虽然工业的发展以农业中可变资本和不变资本之比已经发生巨大变化为前提，就是说，以大批人从土地上被赶走为前提。以后，生产率无论在工业中或农业中都增长起来，虽然速度不同。但是工业发展到一定阶段，这种不平衡必定开始缩小，就是说，农业生产率必定比工业生产率相对地增长得快。”③

马克思的这个预见已被当代发达资本主义国家经济的发展所证实。以美国为例，从20世纪60年代到80年代的20年中，农业劳动生产率提高3.1倍，工业劳动生产率提高1.7倍，农业快于工业。1975年，美国加工工业每个职工平均拥有的机器设备的价值为14705美元，而1976年每个农业劳动力平均拥有的机器设备的价值为15080美元。这表明，在少数发达资本主义国家，农业资本有机构成已经赶上了工业。在这种情况下，上述意义的绝对地租自然就不存在了。

但能否说在这些国家绝对地租完全不存在了呢？不能。绝对地租是由土地所有权的垄断产生的，目前，虽然这些国家的农业资本有机构成低于工业的情况已不存在，但土地私有权还存在，它对耕种土地的普遍限制权和要求租种任何土地都必须支付地租的绝对索取权还存在。因此，必然存在着另一种意义上

---

① 《马克思恩格斯全集》第25卷，人民出版社1974年版，第869页。

② 《马克思恩格斯全集》第25卷，人民出版社1974年版，第862页。

③ 《马克思恩格斯全集》第26卷第2册，人民出版社1973年版，第116页。

的绝对地租。但它的来源，不再是农产品的价值超过生产价格的余额，而是来自其他方面。从马克思的论述看，可能有以下两个方面：

第一，土地所有权产生的垄断价格。“绝对地租的先决条件或者是产品价值超过它的生产价格以上的已经实现了的余额，或者是超过产品价值的垄断价格。”在农业资本有机构成低于工业的条件已经消失，从而出现农产品的价值和生产价格趋向一致的情况下，绝对地租“只能来自市场价格超过价值和生产价格的余额，简单地说，只能来自产品的垄断价格。”不过，这种垄断价格主要是土地私有权的垄断形成的。马克思指出：“如果由于土地所有权对在未耕地上进行不付地租的投资造成限制，以致谷物不仅要高出它的生产价格出售，而且还要高于它的价值出售，那么，地租就会产生垄断价格。”①

显然，由垄断价格形成的绝对地租是由农产品的消费者负担的，是对消费者收入的扣除。不过，“只要真正的农业地租单纯是垄断价格，那么，这种垄断价格只能是微小的”。②

第二，平均利润和工资的克扣。马克思说过：“如果在一个国家，农业资本的构成与非农业资本的平均构成相等，……在这种场合，农产品的价值就会同它的费用价格相等。这时只可能支付级差地租。那些不提供级差地租、只能带来〔真正的〕农业地租（指绝对地租——引者）的地段，这时就根本不可能支付任何地租了。……这样一来，土地所有者只好自己耕种这些土地，或在租金的名义下，把他的租佃者的一部分利润甚至一部分工资刮走。一个国家可能发生这种情况。”③ 由此形成的绝对地租，减少了农业资本家和工人的正常收入，因而会加深土地所有者和他们之间的矛盾。

绝对地租的具体来源尽管有多种情况，但终究要归结为社会剩余价值的扣除。正如马克思指出：“一切地租都是剩余价值，是剩余劳动的产物。”④

现实意义

马克思关于绝对地租的基本原理，对社会主义经济同样具有意义。

绝对地租是土地所有权的必然产物，是一切土地无例外地都必须缴纳的地租形式。在社会主义条件下，虽然土地私有制消灭了，但不同的土地所有权还存在，同时还普遍存在着土地的承租和使用权转让的关系。在这种情况下，土地所有者理所当然地要求一切土地的承租和使用者无例外地、绝对地交纳地

---

① 《马克思恩格斯全集》第25卷，人民出版社1974年版，第907、863、874页。

② 《马克思恩格斯全集》第25卷，人民出版社1974年版，第869页。

③ 《马克思恩格斯全集》第26卷第2册，人民出版社1973年版，第448页。

④ 《马克思恩格斯全集》第25卷，人民出版社1974年版，第715页。

租。马克思指出：“土地所有权的恰当表现，是绝对地租”[①]。恩格斯指出：“消灭地产并不是消灭地租，而是把地租——虽然发生变化——转交给社会。”[②] 这个交给社会的地租，显然包括绝对地租。如果不交纳绝对地租，就意味着部分土地（劣等地和未开发地）没有土地所有权或者土地所有权得不到经济上的实现。这无疑是和社会主义土地所有权的普遍存在是不相容的。

事实上，绝对地租在我国以多种形式存在着。从农村集体土地所有制来看，例如，在农民土地承包户向集体所有制经济组织缴纳的集体提留款中，在乡镇企业向集体经济组织租用的土地租金中，在小集镇建设用地的补偿费中，在城乡建设、外资企业、经济特区占用农村用地的补偿费中，在集体经济组织相互占用土地的补偿费中，等等，都包含有绝对地租（当然还有其他地租形式）。就国家土地所有制来看，在国有土地有偿使用收入中，在城镇土地使用税中，在耕地占用税中，在土地增殖税中，在资源税中，等等，也包含有绝对地租（当然还有其他地租形式）。

关于绝对地租形成的途径，马克思在分析资本主义农业的绝对地租时指明了两种：一是在农业资本有机构成低于工业资本有机构成的条件下，由农产品的价值（价格）高于生产价格的差额形成；二是在上述条件消失以后，由农产品的“真正的垄断价格”来形成。社会主义条件下绝对地租形成的途径如何，这个问题需要专门研究。总的说，要在利润平均化和生产价格确立的基础上，采取多种途径来形成。其量的规定，主要由全社会最坏土地上形成的超过平均利润的超额利润来调节。

绝对地租与级差地租既有共性，又有区别。绝对地租是土地所有权的直接产物和绝对表现。承认社会主义条件下绝对地租的存在，无疑有利于全面节约土地资源，提高土地经济效益，稳定增加国家和集体的财源，促进社会主义公有制经济的发展。

（四）关于垄断地租和非农业地租的原理与现实

这一原理，主要说明垄断地租和建筑、矿山部门地租的特点。

1. 垄断价格和垄断地租

在资本主义地租中，除了级差地租和绝对地租这两种基本形式外，还存在垄断地租。所谓垄断地租，是由土地产品的“真正的垄断价格”形成的地租。

为了把握垄断地租的特点，需要区别两类与地租相关的垄断价格（撇开垄断资本形成的垄断价格）。

第一，土地的经营权和所有权的垄断决定的、由地租产生的垄断价格。这

---

① 《马克思恩格斯全集》第26卷第2册，人民出版社1973年版，第375页。

② 《马克思恩格斯选集》第2版第3卷，人民出版社1995年版，第217页。

里又有三种情况。

①提供级差地租的农产品价格也是一种垄断价格。马克思指出："这里提供地租的产品的价格也是垄断价格，不过这种垄断在一切生产领域都有，它只是在这个生产领域才固定下来，因而采取了不同于超额利润（指一般性的超额利润—引者注）的地租形式。"①

②提供绝对地租的农产品价格也是一种垄断价格。马克思说："农产品总是按垄断价格出售，这并不是因为它们的价格高于它们的价值，而是因为它们的价格等于它们的价值，或者，因为它们的价格低于它们的价值，但又高于它们的生产价格。农产品的垄断在于：它们不象价值高于一般生产价格的工业品那样，会平均化为生产价格。"②

③高于价值和生产价格的农产品垄断价格。在农业资本有机构成低于工业的情况改变以后，由农产品的价值大于生产价格而形成的绝对地租消失了。但绝对地租还存在。"这种地租在这种情况下，只能来自市场价格超过价值和生产价格的金额，简单地说，只能来自产品的垄断价格。"③

马克思把这类垄断价格称为非真正的垄断价格。在这里，"是因为有地租存在，所以产品才按垄断价格出售。"④

第二，真正的垄断价格。即由于对少数特殊优越的自然条件的垄断而形成的垄断价格。其主要特点是：

①这种垄断价格产生于对特殊自然条件的垄断，而与土地所有权无关。马克思说："一个葡萄园在它所产的葡萄酒特别好时（……），就会提供一个垄断价格。"⑤

②这种垄断价格的高低，"只由购买者的购买欲和支付能力决定，而与一般生产价格或产品价值所决定的价格无关。"⑥

③这种垄断价格不是由地租产生，相反，它产生地租。"在这里，是垄断价格产生地租"。⑦

这种"以真正垄断价格为基础的地租"⑧，就是垄断地租。土地所有权只是使这个真正垄断价格形成的高额超额利润作为地租，落入土地所有者的

---

① 《马克思恩格斯全集》第26卷第2册，人民出版社1974年版，第179页。

② 《马克思恩格斯全集》第25卷，人民出版社1974年版，第859—860页。

③ 《马克思恩格斯全集》第25卷，人民出版社1974年版，第863页。

④ 《马克思恩格斯全集》第25卷，人民出版社1974年版，第873页。

⑤ 《马克思恩格斯全集》第25卷，人民出版社1974年版，第873—874页。

⑥ 《马克思恩格斯全集》第25卷，人民出版社1974年版，第873页。

⑦ 《马克思恩格斯全集》第25卷，人民出版社1974年版，第874页。

⑧ 《马克思恩格斯全集》第25卷，人民出版社1974年版，第862页。

手里。

2. 建筑地段地租

建筑地段的地租，是资本家为建造各种建筑物而租种土地向土地所有者缴纳的地租。

建筑地段“地租的基础，和一切非农业土地的地租的基础一样，是由真正的农业地租调节的”。① 它包括级差地租、绝对地租和垄断地租等形式。

建筑地段地租与农业地租相比，具有如下主要特点：

第一，“首先是位置在这里对级差地租具有决定性的影响”。② 位置好的土地，如接近城市和交通枢纽的地方，建筑地段地租就比别的地方高。

第二，“垄断价格在许多情况下”占“优势”。③ 某些具有特殊优越条件的地方，如适于建海港、码头、车站、铁路的特殊地段，有瀑布、温泉、地热、独特景观、名胜古迹的特殊地块，以及城市的金融、商业、文化中心等，由于其产品、服务的垄断价格或垄断性的经济收入，垄断地租占有明显的优势。

建筑地段地租有不断增长的趋势。“不仅人口的增加，以及随之而来的住宅需求的增大，而且固定资本的发展（这种固定资本或者合并在土地中，或者扎根在土地中，建立在土地上，如所有工业建筑物、铁路、货栈、工厂建筑物、船坞等等），都必然会提高建筑地段的地租。”④

建筑地段地租的增长，会促使房地产投机的发展。“在迅速发展的城市内，……建筑投机的真正对象是地租，而不是房屋。”⑤ 投机者主要不是通过营造房屋赚钱，而是要在地租的不断上涨进而在地价的不断上涨中大发其财。房地产投机活动的加强，反过来又推动了建筑地段地租的进一步上涨。

建筑地段地租的迅速膨胀，必然影响建筑业和城市建设的发展，限制资本积累和扩大再生产，导致房租和地价大幅上涨，恶化人民大众的生活条件。

3. 矿山地租

矿山地租是资本家租用矿山向土地所有者交纳的地租。

“真正的矿山地租的决定方法，和农业地租是完全一样的。”⑥ 它同样包括各种地租形式。

第一，矿山的级差地租。各矿山的蕴藏丰度不同，距离市场和交通枢纽远近不同，单位产品的个别生产价格是有高有低的。而矿产品的社会生产价格和

---

① 《马克思恩格斯全集》第 25 卷，人民出版社 1974 年版，第 871 页。

② 《马克思恩格斯全集》第 25 卷，人民出版社 1974 年版，第 871 页。

③ 《马克思恩格斯全集》第 25 卷，人民出版社 1974 年版，第 871 页。

④ 《马克思恩格斯全集》第 25 卷，人民出版社 1974 年版，第 872 页。

⑤ 《马克思恩格斯全集》第 25 卷，人民出版社 1974 年版，第 872 页。

⑥ 《马克思恩格斯全集》第 25 卷，人民出版社 1974 年版，第 873 页。

农业一样，是由劣等条件决定的。这样，中等和优等矿山的生产就可以获得超额利润，形成级差地租。

第二，矿山的绝对地租。在采矿业中，由于不需要购买原材料，资本有机构成通常低于加工工业的资本有机构成，这就使矿产品的价值高于它的生产价格。土地私有权的存在，限制了对矿山的自由投资和竞争，从而使矿产品能够按高于生产价格的价值出卖，于是形成了绝对地租。

第三，矿山的垄断地租。某些稀有矿产品，如钻石矿，可以按真正的垄断价格出卖，形成垄断地租。

矿山私有权和地租的存在，提高了矿产品的价格，限制了矿业资本的积累和扩大再生产。

马克思在谈到土地私有权及其索取地租的历史作用时指出："土地所有权本来就包含土地所有者剥削土地，剥削地下资源，剥削空气，从而剥削生命的维持和发展的权利。"所以，"从一个较高级的社会经济形态的角度来看，个别人对土地的私有权，和一个人对另一个人的私有权一样，是十分荒谬的。"①据此，马克思认为，一旦资本主义的生产方式达到必须改变外壳，为高级的社会经济形态代替时，土地私有权及其实现的地租形式这种在一定历史时期在经济上有存在理由的东西，就会消失。

现实意义

按照马克思关于地租的基本原理，在社会主义非农业中，主要是建筑用地和矿山用地中，同样存在着地租。下面仅从国家土地所有制的范围谈几点体会。

首先，从制度上看。城市建筑用地和矿山用地的所有权属于国家。在计划经济体制下，企业吃国家的大锅饭，土地的使用是无偿的，谈不上地租问题。在向社会主义市场经济体制的转变中，国家与企业之间形成了财产所有权与法人财产权的分离，其中，当然包括国有土地的所有权与使用权的分离。土地实行了有偿使用的原则。同时，企业对较好土地（如位置好的建筑用地、资源丰富的矿山等）的占有和使用，实际上也会形成一种经营权的垄断。这就必然形成地租。

其次，从自然和经济上的条件看。土地的有限性，要求工商企业无论使用何种土地都要付费，从而形成绝对地租。建筑用地和矿山用地的自然条件以及历史形成的经济条件的差别，使土地产品或土地上的企业经济效益形成不同程度的差别，即同等投资形成不同的利润率。这样，取得较好土地的经营垄断地位的企业，必然形成稳定的超额利润，从而转化为级差地租。另外，在少数条

① 《马克思恩格斯全集》第25卷，人民出版社1974年版，第872、875页。

件特别优越的土地上，还会形成真正的垄断价格，产生垄断地租。可见，在非农业地租中，存在着多种地租形式。这些地租形式，主要以上缴利税的形式以及某些价格手段转归国家所有。其中也有一定部分留给企业，以促进它们对土地资源的有效利用。

再次，从地租的作用看。承认建筑和矿山用地多种地租的存在，并实现合理的分配，具有重要的经济意义。一是促使工矿企业节约土地，提高土地的使用效率，努力实现经济的集约化增长。二是通过地租收入的合理分配，消除因自然和历史因素造成的收入苦乐不均现象，创造平等竞争的环境，促进经济效益的提高。三是增强国家的财力，利于国民收入的再分配，推动国民经济全面发展。

（五）关于土地价格的原理与现实

这一原理，主要说明土地价格的含义、决定因素及其变化趋势。

1. 土地价格的含义

“土地价格无非是出租土地的资本化的收入。”也就是资本化的地租。它实际上是用资本利息率计算的地租的购买价格。“这个购买价格不是土地的购买价格，而是土地所提供的地租的购买价格，它是按普通利息率计算的。”① 因此，土地价格的基本公式是：

$$土地价格=\frac{地租额}{利息率}$$

例如，一块土地每年的地租额为1000元，普通利息率为5%，这块土地的价格就=1000元÷5%=20000元。这就是说，1000元的地租收入相当于存入银行的20000元的利息收入。

土地本来不是劳动的产品，没有价值，因此，土地价格同一切非劳动产品的价格一样，是一个不合理的范畴。马克思说：“资本化的地租形成土地的购买价格或价值，一看就知道，它和劳动的价格完全一样，是一个不合理的范畴，因为土地不是劳动的产品，从而没有任何价值。”②

然而，“在这个不合理的形式的背后，却隐藏着一种现实的生产关系。”③ 一方面，土地私有权的存在，使土地所有者能够固定地获得地租收入，他有权将土地出卖，就是转让获得地租的权力，因而当然要索取相应的代价，这个代价就是土地的价格。另一方面，货币普遍转化为资本，货币资本的价格就是利息。拥有货币资本的人在购买土地时，必然要把购买土地后所能得到的地租收入，

---

① 《马克思恩格斯全集》第25卷，人民出版社1974年版，第705、703页。

② 《马克思恩格斯全集》第25卷，人民出版社1974年版，第702页。

③ 《马克思恩格斯全集》第25卷，人民出版社1974年版，第702页。

与他把这笔购买土地的货币资本存入银行所得的利息进行比较，权衡相当，才能成交。所以，土地价格作为出租土地的资本化的收入，有其存在的必然性。

2. 土地价格的决定因素

决定土地价格的主要因素是：

第一，地租（包括各种地租）的数量。在其他条件不变的情况下，土地价格的高低与地租额的大小成同向变化。

第二，利息率的高低。在其他条件不变的情况下，土地价格的高低与利息率的高低成反向变化。

第三，投入土地的资本和活劳动的物化价值的折旧以及资本的利息等。它们构成土地租金中的非纯粹地租部分。在某些情况下，这部分租金还包括部分平均利润和工资的扣除。马克思在谈到这部分租金时指出："从经济学上来说，无论这个部分或那个部分都不形成地租；但实际上它们都形成土地所有者的收入，是他的垄断权在经济上的实现，和真正的地租完全一样。并且，和真正的地租一样，对于土地的价格，也有决定作用。"① 所以，全面地说，土地价格是全部土地租金的资本化。

第四，土地的供求状况。马克思说过："必须牢牢记住，那些本身没有任何价值，即不是劳动产品的东西（如土地），或者至少不能由劳动再生产的东西（如古董，某些名家的艺术品等等）的价格，可以由一系列非常偶然的情况来决定。要出售一件东西，唯一需要的是，它可以被独占，并且可以让渡。"② 由此可知，土地的供求关系无疑是决定土地价格的重要因素。

土地的实际价格不是由哪一个因素单独决定的，而是上述诸多因素的综合力决定的。马克思说："使一般土地价格或个别土地价格提高的不同条件，可以部分地互相竞争，部分地互相排斥，并且只能交替地发生作用。"③

3. 土地价格的变化趋势

在资本主义市场经济条件下，土地价格有提高的趋势。其主要原因是：

第一，由于社会对土地产品需求的增加和土地资本的增加，土地的地租、租金有提高的趋势。

第二，伴随着平均利润率下降的趋势，利息率也有下降的趋势。

第三，由于经济的发展和人口的增长，未开发地和闲置土地逐渐减少，已投入使用的经济和生活用地的负荷也日益加重，从而使土地的供求关系在总体上呈紧张的发展趋势。

当然，土地价格的上升，不是直线式的，而是波浪式的。

---

① 《马克思恩格斯全集》第 25 卷，人民出版社 1974 年版，第 705 页。

② 《马克思恩格斯全集》第 25 卷，人民出版社 1974 年版，第 714 页。

③ 《马克思恩格斯全集》第 25 卷，人民出版社 1974 年版，第 879 页。

土地价格的过度上涨，对经济发展和人民生活是不利的。这也是土地私有权历史局限性的一个表现。

现实意义

土地是重要的生产要素。建立社会主义要素市场体系，就包括土地市场。

我国法律规定，土地属于国家和集体所有。土地的所有权不能作为商品进入市场。作为商品进市场的只是土地的使用权。但是，土地使用权作为商品进入市场，与土地所有权和使用权的统一体作为商品进入市场是不同的。前者转让的是一定时间的使用权，到期是要收回来的。后者的转让是永久性的，是所有权者的根本改变。

土地的使用权作为商品进入市场交易，也要合理规定土地价格。这个土地价格也是地租的资本化。土地价格的高低取决于地租额的大小、利息率的高低、土地的供求关系以及土地资本的折旧及其利息等因素。

科学地确定土地价格，对于促进土地资源的合理流动和优化配置，提高土地资源的利用效益，具有重要作用。为了达到这一目的，必须对土地市场进行严格的规范，加强管理，依法行事，防止单纯地“炒地皮”，形成土地“泡沫经济”。

五、资本主义收入分配和生产关系总论

这一理论，是在第 7 篇阐述的。它是第三卷的总结。从一定意义上说，也是全部《资本论》理论部分的总结。

这个总结，主要是综合分析资本主义制度下各种收入及其源泉，批判资产阶级庸俗经济学的“三位一体的公式”，阐明资本主义生产关系和分配关系的内在联系及其历史性质，揭示资本主义社会的阶级结构和阶级斗争的发展规律。

马克思在第 7 篇所作的理论总结十分精彩。可惜的是，这个总结最后没有写完。恩格斯曾经指出：“第七篇很精彩。遗憾的是只有一个骨架，而且叙述还带有失眠症的明显痕迹。”①

学习这一理论，主要领会三个方面的基本原理：关于资本主义社会收入分配源泉的原理；关于生产关系和分配关系内在联系的原理；关于资本主义生产方式的历史特性和阶级斗争的原理。

（一）关于资本主义收入分配源泉的原理与现实

这一原理，主要是批判资产阶级庸俗经济学掩盖资本主义剥削关系的“三位一体的公式”，说明资本主义的各种收入的源泉是雇佣工人的劳动，其分配

---

① 《马克思恩格斯〈资本论〉书信集》，人民出版社 1976 年版，第 582 页。

关系体现了资本家和地主阶级对雇佣工人的剥削关系。

1. 所谓“三位一体的公式”

“三位一体的公式”是指资产阶级庸俗经济学宣扬的所谓资本创造利润（或利息）、土地创造地租、劳动创造工资的谬论。其代表人物，是法国资产阶级庸俗经济学的创始人让·萨伊（1767—1832年）。

“三位一体”这个用语本身来源于基督教义。据《新约全书》说，约瑟之妻马利亚在结婚之前就由于被圣灵所感而怀孕，她生的儿子就是耶稣。圣灵为上帝意志的化身即圣父，而耶稣是圣灵之子即圣子，同时他又是圣灵的化身。所以，圣父、圣子、圣灵是“三位一体”的东西，它们都是上帝的化身。马克思借用基督教的这个说教，来讽刺资产阶级庸俗经济学的上述谬论。本来，资本主义的利润（或利息）、地租、工资均来源一个：雇佣工人的劳动。可是，萨伊则认为，利润（利息）、地租、工资这三种收入形式，分别由资本（生产资料）、土地和劳动这三个要素创造的。这同基督教把同一个上帝区分为“圣父、圣子、圣灵”的“三位一体”的说教是一样的。

萨伊在收入分配上的“三位一体的公式”，是以他的庸俗价值理论为基础的。他认为：商品的“价值是劳动（或不如说是人类的勤劳）的作用、自然所提供的各种要素的作用和资本的作用联合生产的成果。”因此，在收入分配上，他自然认为利润（他把利润又分为资本的利息和资本家的企业主收入）、地租、工资分别来自资本、土地、劳动三个不同的源泉。马克思指出：“资本—利润（企业主收入加上利息），土地—地租，劳动—工资，这就是把社会生产过程的一切秘密都包括在内的三位一体的公式。”① 由于利息表现为资本单纯所有权的产物，企业主收入在资本家看来表现为他的“监督工资”，所以，“三位一体的公式”又可以进一步表现为：资本—利息，土地—地租，劳动—工资。

2. 对“三位一体的公式”的批判

马克思对资产阶级庸俗经济学的“三位一体的公式”进行了深刻的批判。

（1）“三位一体的公式”在逻辑上是混乱的、不能成立的

一是把资本、土地、劳动作为收入的三个源泉，毫无共同之处。“资本不是物，而是一定的、社会的、属于一定历史社会形态的生产关系，它体现在一个物上，并赋予这个物以特有的社会性质。”与资本并列的土地，则是无机的自然界本身。而与资本、土地并列的劳动，又是人类共同具有的活动。可见，这三个所谓源泉，实际上是风马牛不相及的东西。马克思说：“每年可供支配的财富的各种所谓源泉，属于完全不同的领域，彼此之间毫无共同之处。它们相互之间的关系，就象公证人的手续费、甜菜和音乐之间的关系一样。”②

---

① 《马克思恩格斯全集》第25卷，人民出版社1974年版，第919页。

② 《马克思恩格斯全集》第25卷，人民出版社1974年版，第920页。

二是在收入与所谓源泉之间不存在通约的关系。在土地—地租这一公式里，土地是一种自然的使用价值，地租则是一种价值形式，二者无法通约。进一步看，地租是剩余价值的一部分，而“价值是劳动，因此，剩余价值不可能是土地创造的。”① 在资本—利息这个公式中，如果把资本理解为一个价值额，那么，说一个价值是比它所值更大的价值，显然是无稽之谈。资本—利息是无概念的公式，在这里，剩余价值到利润再到平均利润再到平均利润的分割这一系列转化过程都看不到了。如果把资本理解为使用价值（生产资料），那么，资本—利息又是一个不可通约的关系。在劳动—工资这一公式中，前者是价值实体，后者表现为劳动的价格，这显然是一个既和价值又和价格相矛盾的不合理公式。总之，“土地—地租，资本—利息，劳动—工资或劳动价格，是三个显然不可能综合在一起的部分。”②

（2）“三位一体的公式”根本否定了劳动创造价值的客观真理

马克思指出：作为收入的“这种分配是以这种实体已经存在为前提的，也就是说，是以年产品的总价值（指全年劳动新创造的价值——引者注）为前提的，而这个总价值不外就是物化的社会劳动。”而在资产阶级看来，资本、土地所有权和劳动这三个不同的独立的源泉，不仅产生了利息、地租和工资这些收入形式，“而且这个价值本身，从而这些收入形式的实体，也是从这些源泉产生出来的。”③ 这样一来，就根本否定了劳动是创造全部收入的真正的源泉。事实上，雇佣工人的劳动，分为必要劳动时间和剩余劳动时间两个部分，前者成为工资的来源，后者成为利润（利息）和地租的来源。

（3）“三位一体的公式”完全掩盖了资本主义的剥削关系

利润、利息、地租本来是资本家和地主阶级无偿瓜分雇佣工人创造的剩余价值的不同具体形式，而“三位一体的公式”却把这些剥削收入看成是资本（生产资料）和土地这些物本身自然的产物，这就集中地表现了资本主义剥削制度的拜物教特征，表现了本质与现象的颠倒关系。所以，马克思指出：“在资本—利润（或者，更好的形式是资本—利息）、土地—地租，劳动—工资中，在这个表示价值和一般财富的各个组成部分同财富的各种源泉的联系的经济三位一体中，资本主义生产方式的神秘化，社会关系的物化，物质生产关系和它的历史社会规定性直接融合在一起的现象已经完成：这是一个着了魔的、颠倒的、倒立着的世界。在这个世界里，资本先生和土地太太，作为社会的人物，同时又直接作为单纯的物，在兴妖作怪。”④

---

① 《马克思恩格斯全集》第25卷，人民出版社1974年版，第920页。

② 《马克思恩格斯全集》第25卷，人民出版社1974年版，第923页。

③ 《马克思恩格斯全集》第25卷，人民出版社1974年版，第929—930页。

④ 《马克思恩格斯全集》第25卷，人民出版社1974年版，第938页。

(4)"三位一体的公式"的阶级实质

马克思深刻地指出：资本主义"实际的生产当事人对资本—利息，土地—地租，劳动—工资这些异化的不合理的形式，感到很自在，这也同样是自然的事情，因为他们就是在这些假象的形式中活动的，他们每天都要和这些形式打交道。庸俗经济学无非是对实际的生产当事人的日常观念进行训导式的、或多或少教条式的翻译，把这些观念安排在某些合理的秩序中。……同时，这个公式也是符合统治阶级的利益的，因为它宣布统治阶级的收入源泉具有自然的必然性和永恒的合理性，并把这个观点推崇为教条。"①

3. 各种收入的真正源泉

在资本主义生产方式下，利润（包括利息）、地租和工资等收入的真正来源，是雇佣工人的劳动新创造的价值或称国民收入。工资只是工人创造的价值的一部分（相当于劳动力的价值），其余部分则作为剩余价值被资本家和地主阶级无偿占有。

马克思指出："正象职能资本家从工人身上吸取剩余劳动，从而在利润的形式上吸取剩余价值和剩余产品一样，土地所有者也要在地租的形式上，按照以前已经说明的规律，再从资本家那里吸取这个剩余价值或剩余产品的一部分。""因此，资本利润（企业主收入加上利息）和地租不过是剩余价值的两个特殊组成部分，不过是剩余价值因属于资本或属于土地所有权而区别开来的两个范畴，两个项目。它们丝毫也不会改变剩余价值的本质。它们加起来，就形成社会剩余价值的总和。资本直接从工人身上吸取体现为剩余价值和剩余产品的剩余劳动。"②

其实，就人类社会劳动来讲，"一般剩余劳动，作为超过一定的需要量的劳动，必须始终存在。只不过它在资本主义制度下，象在奴隶制度等等下一样，具有对抗的形式，并且以社会上的一部分人完全游手好闲作为补充。为了对偶然事故提供保险，为了保证必要的、同需要的发展以及人口的增长相适应的累进的扩大再生产（从资本主义观点来说叫作积累），就需要一定量的剩余劳动。资本的文明面之一是，它榨取剩余劳动的方式和条件，同以前的奴隶制、农奴制等形式相比，都更有利于生产力的发展，有利于社会关系的发展，有利于更高级的新形态的各种要素的创造。"③

4. "斯密教条"的错误和总产品、总收入、纯收入的区分

庸俗经济学的"三位一体的公式"，与英国古典经济学家亚当·斯密的错误教条是有联系的。该教条认为，商品的价值最终会全部分解为工资、利润和

---

① 《马克思恩格斯全集》第 25 卷，人民出版社 1974 年版，第 939 页。

② 《马克思恩格斯全集》第 25 卷，人民出版社 1974 年版，第 927、927—928 页。

③ 《马克思恩格斯全集》第 25 卷，人民出版社 1974 年版，第 925—926 页。

地租三种收入，这三种收入构成商品的价值。由于这一错误观点为后来许多资产阶级经济学家所承袭，因而被称之为“斯密教条”。

斯密之所以犯这个教条错误，主要原因是：

第一，不懂得生产商品的劳动的二重性。社会每年投入的新劳动，一方面作为抽象劳动，只创造收入（v＋m），另一方面作为具体劳动，在创造全部使用价值的同时，把不变资本（生产资料）的旧价值c转移到商品中去了。这个不变资本c与收入（v＋m）同时存在于商品之中，构成商品的总价值，但这个c是不能分解成收入的。

第二，不理解社会再生产中资本与收入的交换过程。在社会资本再生产（这里仅分析简单再生产）过程中，Ⅰ（v＋m）必须等于Ⅱc。但这并不意味着Ⅱc本身在价值上分解成了收入。实际上，Ⅱc是过去劳动创造的价值，Ⅰ（c＋m）是当年劳动创造的价值。Ⅱc所以等于Ⅰ（V＋m），仅仅是由于它们在实物上（一方面是生活资料，另一方面是生产资料）可以互换，在价值上相平衡的缘故。

第三，混同了价值决定和收入的分配。工人一年新创造的价值，形成利润、地租和工资的来源。而当它们成为三个要素的所有者（资本所有者、土地所有者、劳动力所有者）的固定化、独立化的收入之后，就会产生一种假象，似乎商品的价值就由这些收入所构成。实际上，价值的实体是劳动，它构成收入的源泉；收入（价值）的分配不能反过来决定价值。

为了彻底批判斯密教条，清除“三位一体的公式”的错误，马克思进一步剖析了社会总资本再生产的结果，说明了总产品（总收益）、总收入和纯收入之间的区别。

“总收益或总产品是再生产出来的全部产品。把固定资本中曾经使用但是没有消费掉的部分撇开不说，总收益或总产品的价值，等于预付的、并在生产中消费掉的资本即不变资本和可变资本的价值，加上分解为利润和地租的剩余价值。”① 这就是说，总产品的价值等于不变资本、可变资本和剩余价值三者之和，即W＝c＋v＋m。

总收入是总产品价值扣除不变资本的余下部分，即收入（v＋m）部分。“因而，总收入等于工资（或要重新转化为工人收入的产品部分）＋利润＋地租。”② 从整个社会看，总收入也就是国民收入。

“纯收入却是剩余价值，因而是剩余产品”。③ 纯收入等于全部剩余价值m，包括利润和地租。

---

① 《马克思恩格斯全集》第25卷，人民出版社1974年版，第950页。

② 《马克思恩格斯全集》第25卷，人民出版社1974年版，第950页。

③ 《马克思恩格斯全集》第25卷，人民出版社1974年版，第950页。

区别总产品、总收入、纯收入这三个层次的概念，具有重要的意义。

现实意义

马克思对“三位一体的公式”的批判告诉我们，尽管资本主义社会的收入分配表现为利润、利息、地租和工资等多种形式，但来源只有一个，这就是工人阶级的劳动。利润、利息、地租等收入体现了资产阶级各个集团和地主阶级对雇佣工人的剥削关系。资本主义收入分配这一根本关系，仍然适用于当代资本主义。这一点，是不能也是不应该否定的。

“三位一体的公式”的要害，是否认劳动是创造价值和收入的唯一源泉，认为资本（生产资料）、土地同劳动一样，也是创造价值和收入的源泉。对此，至今还有些人持有类似的看法，其原因是复杂的。从理论上讲，可能同对以下几个区别认识不清有关系。

第一，创造价值的源泉与创造价值的必要条件（因素）的区别。资本（生产资料）、土地是劳动的必要条件，当然也是劳动创造价值的必要条件。马克思曾经指出：“虽然只有可变资本部分才能创造剩余价值，但它只有在另一些部分，即劳动的生产条件也被预付的情况下，才会创造出剩余价值。”① 但是，必要的客观条件毕竟是物化的、被动的因素，其价值是既定的、不变的，只能被转移到产品中去；唯有活劳动的发动才能有生产行为，创造出价值。所以，劳动才是创造价值的唯一原动力或源泉。

诚然，生产的各种客观条件对同一活劳动创造的价值量是有影响、制约作用的。马克思就说过：“良好的自然条件”具有“提供剩余价值或剩余产品的可能性”，但“绝不能提供它的现实性”。② 要把这种可能性变为现实性，只有通过活劳动。劳动创造价值不单是一个纯生理上的体力和脑力的耗费过程，更重要的是一个社会行为、社会过程。因此，活劳动将各种潜在的价值增殖可能性变为现实性的过程，必然意味着活劳动的质量和效益的提高，即创造价值的现实源泉的增强。从而，一切价值的增殖，都只能归结于活劳动这个唯一的现实的创造价值的源泉之上。

第二，价值创造和收入分配的区别。在商品、市场经济条件下，资本、土地这些生产要素是属于不同所有者的，它们能进入市场，并且有一定的价格，因此，它们对生产的投入是要有回报的。否则，谁会无偿地投入资本和土地呢？但是，这种回报只是一种收入的分配关系，而不是价值和收入的创造过程。价值和收入（价值的一部分）只能在生产过程中由劳动创造出来。

第三，收入的分配本身要区别多种性质。考虑到社会主义市场经济中也存

① 《马克思恩格斯全集》第25卷，人民出版社1974年版，第50页。

② 《马克思恩格斯全集》第23卷，人民出版社1972年版，第562页。

在利润、利息、地租、工资的情况，对生产要素的收入的性质不能一概而论，要作进一步的区分。主要是：①劳动收入和非劳动收入的区别，前者是依靠劳动力或劳动获得的收入；后者是凭借非劳动因素（资本和土地等）获得的收入。这两类收入，既可以是个人的，也可以是集团的。②剥削收入和非剥削收入的区别。在非劳动收入中，有剥削性质的收入，如资本家单纯凭借资本所有权、依靠雇工获得的利润（当然，不排除其中某些个人有部分劳动收入）。承认社会主义市场经济条件下按资分配的必要性，不能导致完全否定资本主义收入的剥削性。劳动者个人的一般投资收入（利息、股息等）是非剥削性质的非劳动收入，这是对他们劳动积累，投资的一种奖励，实际上不过是把他们为企业和社会提供的剩余劳动价值收回一部分而已。社会主义国有经济或集体经济的投资收入，取之于民，用之于民，也是非剥削性的非劳动收入，实质上是社会主义的公共收入（当然有国家与集体不同范围的差别）。③在剥削收入中，还要区分合法的收入和非法的收入。在社会主义条件下，合法的剥削收入受到法律保护，对非法的剥削收入要坚决取缔。

认清上述多方面的区别，有利于深入理解资本主义社会收入分配的剥削实质，正确认识和处理社会主义市场经济条件下的收入分配问题。

既然劳动是收入的唯一源泉，所以，社会主义社会要增加收入的分配，就必须增加劳动的有效投入，特别是在提高劳动的质量和效率上狠下功夫。为此，必须实现生产要素的优化组合，充分发挥科技作为第一生产力的作用。

国民收入只是社会总产值的一部分。国民收入由可变资本 v 和剩余价值 m 所构成。剩余价值是积累的主要源泉。因此，区别总产品（c+v+m、）、总收入（v+m）和纯收入（m）三个基本概念，对于正确认识社会生产的成果，合理进行国民收入的分配，增加有效的积累，实现持续的扩大再生产，具有重要意义。

（二）关于生产关系和分配关系内在联系的原理与现实

这一原理，主要说明生产关系和分配关系内在联系的一般规律。

资产阶级庸俗经济学一般都把收入的分配关系看成是与生产关系没有联系的自然的关系。某些小资产阶级经济学家虽然承认分配关系的历史性质，却否认生产关系的历史性质，把生产关系看成是不变的东西。马克思针对上述错误观点，以资本主义为典型，在前面具体分析的基础上，进一步集中地阐明了分配关系和生产关系的同一性和历史性。

1. 生产关系决定分配关系

在分析这个问题以前，首先要明确分配的含义。分配有两种，一是生产条件的分配。如在资本主义条件下，生产资料属于资本家所有，劳动者只拥有人身的劳动力材料。这种生产条件的分配，是“生产关系本身范围内”的事情，实际是生产方式本身。所以，“这种分配关系赋予生产条件本身及其代表以特殊的社会性质。它决定着生产的全部性质和全部运动。”另一种是在生产基础上所进行的个人收入的分配。“人们用这种分配关系来表示对产品中归个人消费的部分的各种索取权。”① 如利润、地租、工资等。后一种分配关系，才是我们这里要考察的对象。

资产阶级庸俗经济学把收入分配关系看成是与生产关系完全无关的事情，是违背客观实际的。

拿资本主义社会来说，“只是由于劳动采取雇佣劳动的形式，生产资料采取资本的形式这样的前提，——也就是说，只是由于这两个基本的生产要素采取这种独特的社会形式，——价值（产品）的一部分才表现为剩余价值，这个剩余价值才表现为利润（地租）”。价值（产品）的另一部分才表现为工资（劳动力的价格）。如果没有资本、土地所有权与雇佣劳动对立这样一种生产关系，就不会有利润（利息）、地租和工资这样的分配关系。正如马克思所指出：“工资以雇佣劳动为前提，利润以资本为前提。因此，这些一定的分配形式是以生产条件的一定的社会性质和生产当事人之间的一定的社会关系为前提的。因此，一定的分配关系只是历史规定的生产关系的表现。”②

2. 分配关系和生产关系的历史性

将分配关系看成历史性的，而把生产关系看成是永恒的观点，一方面，反映了小资产阶级经济学对资本主义的有限批判。他们幻想保留资本主义的生产方式，改变资本主义的分配关系。另一方面，混同了社会的生产过程和简单的劳动过程。劳动作为人和自然的结合过程，是一切社会所共有的。但是，劳动生产力的发展水平和劳动的社会形式，在不同的历史阶段显然是不相同的。因此，生产关系与分配关系一样，都具有历史性。

马克思说：“所谓的分配关系，是同生产过程的历史规定的特殊社会形式，以及人们在他们生活的再生产过程中互相所处的关系相适应的，并且是由这些形式和关系产生的。这些分配关系的历史性质就是生产关系的历史性质，分配关系不过表示生产关系的一个方面。资本主义的分配不同于各种由其他生产方式产生的分配形式，而每一种分配形式，都会同它由以产生并且与之相适应的一定的生产形式一道消失。”③“分配关系本质上和生产关系是同一的，是生产关系的反面，所以二者都具有同样的历史的暂时的性质。”④

分配关系和生产关系的历史性的根源，在于它们都只是与一定的生产力水平相适应，而生产力是不断发展的。当生产力发展到一定阶段时，就会引起生

① 《马克思恩格斯全集》第25卷，人民出版社1974年版，第994页。
② 《马克思恩格斯全集》第25卷，人民出版社1974年版，第997页。
③ 《马克思恩格斯全集》第25卷，人民出版社1974年版，第998—999页。
④ 《马克思恩格斯全集》第25卷，人民出版社1974年版，第993页。

产关系和分配关系的变革。马克思说："当一方面分配关系，因而与之相适应的生产关系的一定的历史形式，和另一方面生产力，生产能力及其要素的发展，这二者之间的矛盾和对立扩大和加深时，就表明这样的危机时刻已经到来。这时，在生产的物质发展和它的社会形式之间就发生冲突。"① 正是这个客观规律，决定了资本主义生产关系和分配关系最终要退出历史舞台。

现实意义

马克思关于生产关系与分配关系内在联系的基本原理，对正确认识和搞好社会主义收入的分配具有重要的指导意义。

首先，生产关系决定分配关系。我国现在处在社会主义的初级阶段。生产力发展的低水平和多层次性，决定了现在只能建立以公有制为主体、多种所有制共同发展的所有制结构。在这样一种所有制关系的基础上，只能实行以按劳分配为主和按多种生产要素分配相结合的收入分配制度。一定数量的按资分配的存在，一定范围的剩余价值剥削关系的存在，是不可避免的。这样做，在总体上有利于社会主义生产力的发展。

其次，社会主义经济仍然是商品和市场经济。市场不仅对社会生产起基础性的调节作用，而且对收入分配也起着基础性的调节作用。一切劳动成果只有通过市场才能确定其价值，形成现实的收入，从而才谈得上收入的分配。而且，一定的收入转化为消费也要通过市场，受到市场和价格的影响。所以，社会主义收入的形成和分配必须通过市场，以市场为基础。当然，在这个前提之下，也要发挥政府必要的宏观调控作用，如通过税收等手段适当调节收入的分配，又克服市场调节的某些局限和缺陷，实现社会主义收入更加合理的分配。

最后，分配关系和生产关系都具历史性。因此，分配关系不是一成不变的，必须根据生产条件的变化而变化。我国正在实现经济体制和经济增长方式的根本转变。在现代化的步骤上，已经基本解决了温饱问题，在 20 世纪末要达到小康水平，到 21 世纪中叶，将过上比较富裕的生活。我们的根本目标是达到全体人民的共同富裕。在这个过程中，我们必须在保持现阶段收入分配政策基本稳定的前提下，适时、适度地调整收入的分配，使之始终与社会生产的发展相适应，充分调动广大人民的积极性，有力地推动生产力的发展。

（三）关于资本主义生产方式的历史特性和阶级斗争的原理与现实

这一原理，主要说明资本主义的生产方式的基本特征和阶级斗争发展的趋势。

1. 资本主义生产方式的基本特征

马克思指出："资本主义生产方式是一种特殊的、具有独特历史规定性的

---

① 《马克思恩格斯全集》第 25 卷，人民出版社 1974 年版，第 999 页。

生产方式”。① 这就是说，它是与一定历史阶段的生产力相适应的，生产资料和劳动者以资本和雇佣劳动的对立形式相结合的生产方式。这种生产方式具有以下两个主要特征：

（1）商品生产占统治地位，资本和雇佣劳动的关系起着决定作用

马克思对这一特征的分析，包括以下要点：

第一，资本主义生产方式“和其他生产方式相区别的，不在于生产商品，而在于，成为商品是它的产品的占统治地位的、决定的性质。”②

第二，资本主义商品生产的独特标志，是劳动力成了商品，因而“劳动就表现为雇佣劳动。……资本和雇佣劳动的关系……决定着这种生产方式的全部性质。”③

第三，资本主义生产不仅表现为商品生产，而且表现为资本产品的生产，因而，再生产过程表现为多种形式的流通关系。流通成为再生产的内在过程。

第四，资本主义“全部生产由价值来进行调节。……价值规律不过作为内在规律，对单个当事人作为盲目的自然规律起作用，并且是在生产的各种偶然变动中，维持着生产的社会平衡。”④

第五，资本主义的商品生产具有普遍的拜物教性质。马克思说：“在商品中，特别是在作为资本产品的商品中，已经包含着作为整个资本主义生产方式特征的生产的社会规定的物化和生产的物质基础的主体化。”⑤ 一方面，各种人与人的关系表现为物与物的关系，另一方面，生产的物质基础（生产资料等）又异化为人统治人的关系，即资本家主宰工人的关系。

（2）剩余价值的生产是资本主义生产的直接目的和决定动机

马克思对这一特征的分析，包括以下要点：

第一，资本的本质决定了它要不断地生产剩余价值。马克思指出：“剩余价值的生产是生产的直接目的和决定动机。资本本质上是生产资本的，但只有生产剩余价值，它才生产资本。”⑥ 资本的扩张和竞争本性，决定了它要不断积累资本（即生产资本），壮大资本实力。要做到这一点，就必须不断地生产剩余价值，使之成为资本主义生产的实质。

第二，剩余价值生产具有二重作用。“为了价值和剩余价值而进行的生产，……包含着一种不断发生作用的趋势，要把生产商品所必需的劳动时

---

① 《马克思恩格斯全集》第 25 卷，人民出版社 1974 年版，第 993 页。

② 《马克思恩格斯全集》第 25 卷，人民出版社 1974 年版，第 994 页。

③ 《马克思恩格斯全集》第 25 卷，人民出版社 1974 年版，第 995 页。

④ 《马克思恩格斯全集》第 25 卷，人民出版社 1974 年版，第 995 页。

⑤ 《马克思恩格斯全集》第 25 卷，人民出版社 1974 年版，第 995—996 页。

⑥ 《马克思恩格斯全集》第 25 卷，人民出版社 1974 年版，第 996 页。

间，也就是把商品的价值，缩减到当时的社会平均水平以下。力求将成本价格缩减到它的最低限度的努力，成了提高劳动社会生产力的最有力的杠杆，不过在这里，劳动社会生产力的提高只是表现为资本生产力的不断提高。”① 这就是说，对剩余价值的追求，极大地促进了社会生产力的发展，但这种发展却同时表现为资本统治力量的增长，资本与雇佣劳动对立的加深。

第三，在剩余价值生产中，资本家确立了作为资本人格化的管理权威。在资本主义生产中，资本家必然成为生产的指挥者和统治者，并具有“严格管理的权威的形式”。但“这种权威的执掌者，只是作为同劳动相对立的劳动条件的人格化，而不是象在以前的各种生产形式中那样，以政治的统治者或神权的统治者的资格得到这种权威的”。② 在奴隶制和封建制下面，奴隶主和封建主作为管理者的权威，是与政治特权和神权结合在一起的，因而管理权威带有浓厚的超经济强制的性质。而资本家的管理权威则是作为资本人格化的权威，一般不具有超经济强制的性质。

第四，扩大再生产表现为资本主义的积累过程。剩余价值或利润作为资本主义生产的成果，并不完全用于资本家的个人消费，而是将越来越大的一部分作为追加资本，实现扩大再生产。正因为如此，资本主义“整个再生产过程的扩大，才表现为资本主义的积累过程。”③

第五，雇佣劳动虽然对整个资本主义生产的特殊性质起决定作用，但它不能否定商品价值规律的基础作用。马克思指出：“尽管劳动作为雇佣劳动的形式对整个过程的面貌和生产本身的特殊形式有决定的作用，雇佣劳动却并不决定价值。在价值的决定上所涉及的，只是社会一般劳动时间，只是社会一般可以支配的劳动量，而不同的产品在这个劳动量中所吸收的相对量，又在一定程度上决定着它们各自在社会上所占的比重。”雇佣劳动只是使商品生产普遍化，成为资本主义生产的一般形式。但它不能改变“社会劳动时间在商品价值上作为决定要素起作用”④ 的客观规律，相反，资本主义生产正是建立在这一基础规律之上的。

综上所述，资本主义生产方式的确是一个与一定的生产力相适应的具有独特历史性的生产方式。它既促进了社会生产力的进一步的巨大的发展，同时又使它内在的各种对抗关系不断发展。随着这些矛盾的日益加深，资本主义生产方式必然趋于灭亡。

---

① 《马克思恩格斯全集》第 25 卷，人民出版社 1974 年版，第 996 页。

② 《马克思恩格斯全集》第 25 卷，人民出版社 1974 年版，第 996 页。

③ 《马克思恩格斯全集》第 25 卷，人民出版社 1974 年版，第 997 页。

④ 《马克思恩格斯全集》第 25 卷，人民出版社 1974 年版，第 997 页。

2. 资本主义社会的阶级结构和阶级斗争

资本主义的生产方式和生产关系，决定了资本主义社会的阶级结构。这就是："单纯劳动力的所有者、资本的所有者和土地的所有者，——他们各自的收入源泉是工资、利润和地租，——也就是说，雇佣工人、资本家和土地所有者，形成建立在资本主义生产方式基础上的现代社会的三大阶级。"①

当然，在现实的资本主义社会中，即使像英国那样典型的资本主义高度发展的国家里，"阶级结构也还没有以纯粹的形式表现出来。在这里，也还有若干中间的和过渡的阶段到处使界限规定模糊起来"。② 不过，这种情况对研究资本主义的本质和发展趋势来说是无关紧要的。"资本主义生产方式的经常趋势和发展规律，是使生产资料越来越同劳动分离，分散的生产资料越来越大量集中成群，因此，劳动转化为雇佣劳动，生产资料转化为资本。另一方面，适应于这种趋势，土地所有权同资本和劳动相分离而独立，换句话说，一切土地所有权都转化为适应于资本主义生产方式的土地所有权形式。"③

"什么事情形成阶级?"④ 马克思在《资本论》的最后一章提出了这个问题。并且指出，从表面上看，似乎是收入的不同来源决定了不同的阶级，果真如此，医生和官吏也会构成两个阶级，显然这是不能成立的。

就在要阐明这个问题的地方，手稿中断了。其原因何在? 恩格斯写的《资本论》第三卷序言有一个解释，指出："最后一章只有一个开头。在这一章，同地租、利润、工资这三个主要收入形式相适应的发达资本主义社会的三大阶级，即土地所有者、资本家、雇佣工人，以及由他们的存在所必然产生的阶级斗争，应该当作资本主义时期的实际产物加以论述。这个结论性的总结，马克思通常总要留到快付印的时候再作最后的校订，因为那时最新的历史事件会按照必然的规律性为他的理论阐述提供最现实的例证。"⑤

关于划分阶级的根据问题，在马克思和恩格斯的著作中有一系列论述。列宁对这个问题有过明确的论断。他指出："从收入来源中去寻找社会不同阶级的基本特征，这就是把分配关系放在首位，而分配关系实际上是生产关系的结果。这个错误马克思早已指出过，他把看不见这种错误的人称为庸俗的社会主义者。区别各阶级的基本标志，是它们在社会生产中所处的地位，也就是它们对生产资料的关系。占有某一部分社会生产资料，将其用于私人经济，用于目的在出售产品的经济，——这就是现代社会中的一个阶级（资产阶级）同失去

---

① 《马克思恩格斯全集》第 25 卷，人民出版社 1974 年版，第 1000 页。

② 《马克思恩格斯全集》第 25 卷，人民出版社 1974 年版，第 1000 页。

③ 《马克思恩格斯全集》第 25 卷，人民出版社 1974 年版，第 1000—1001 页。

④ 《马克思恩格斯全集》第 25 卷，人民出版社 1974 年版，第 1001 页。

⑤ 《马克思恩格斯全集》第 25 卷，人民出版社 1974 年版，第 11 页。

生产资料、出卖自己劳动力的无产阶级的基本区别。”[①] 他还指出：“所谓阶级，就是这样一些大的集团，这些集团在历史上一定的社会生产体系中所处的地位不同，同生产资料的关系（这种关系大部分是在法律上明文规定了的）不同，在社会劳动组织中所起的作用不同，因而取得归自己支配的那份社会财富的方式和多寡也不同。所谓阶级，就是这样一些集团，由于它们在一定社会经济结构中所处的地位不同，其中一个集团能够占有另一个集团的劳动。”[②]

马克思写作《资本论》的目的，就是从经济自身发展的客观规律上为无产阶级解放全人类的革命提供科学根据。马克思在谈到他的理论贡献时指出：“无论是发现现代社会中有阶级存在或发现各阶级间的斗争，都不是我的功劳。……我的新贡献就是证明了下列几点：(1) 阶级的存在仅仅同生产发展的一定历史阶段相联系；(2) 阶级斗争必然要导致无产阶级专政；(3) 这个专政不过是达到消灭一切阶级和进入无阶级社会的过渡”。[③] 而马克思的这个新贡献的根据，主要是由《资本论》（包括其手稿）这部不朽的宏著阐明的。

现实意义

马克思在对资本主义生产关系作总结性的分析时，突出地论述了资本主义生产方式（生产资料和劳动者的结合方式）的主要特征，指出资本和雇佣劳动的对立决定着资本主义经济的全部性质和全部运动，既决定了它在历史上的巨大功绩，又决定了它要最终走向灭亡。我们观察、分析资本主义社会的变化，不能离开这个基本点。资本主义在几百年的发展中，它的生产方式的根本性质（资本和雇佣劳动的对立）没有改变，但生产方式的表现形式是随着生产力的发展不断变化的，因而资本主义社会的发展呈现出阶段性的变化。首先是自由竞争的资本主义阶段，后来是垄断资本主义阶段。在后一个阶段，资本主义的矛盾曾经达到激化的程度，导致了部分国家的资本主义制度的灭亡。但是，从20世纪下半个世纪以来，资本主义特别是发达资本主义世界进入了基本稳定发展的时期。这个大变化，和资本主义生产方式本身的调整有密切的关系。这个调整的主要内容是什么？有些什么经验？这个调整对资本主义今后的发展乃至世界历史的发展有何深远的影响？这些问题很值得思考和研究。

对资本主义生产方式的主要特点，马克思概括了两点：第一，商品生产占统治地位，资本和雇佣劳动的关系起着决定作用；第二，剩余价值生产是资本主义生产的直接目的和决定动机。马克思在作这个概括时，还没有社会主义的

---

① 《列宁全集》第2版第7卷，人民出版社1986年版，第30页。

② 《列宁选集》第3版第4卷，人民出版社1995年版，第11页。

③ 《马克思恩格斯全集》第28卷，人民出版社1973年版，第509页。

实践，更没有想到社会主义还会搞市场经济。现在的实践证明，商品经济仍然是社会主义经济的普遍形式，在市场体系中包括劳动力市场和资本市场，经济的运行同样表现为资本的运动和增值。在这种情况下，对资本主义生产方式特征的理论概括还要进一步深化。实践推动理论的发展。商品经济的普遍化（包括劳动力的市场化）与资本的运动和增值，是社会化商品经济和市场经济的普遍规律，是资本主义经济与社会主义经济的共性。资本主义生产方式的真正特殊性，在于资本与雇佣劳动者之间的关系是建立在生产资料私有制基础上的剥削关系，这种关系发展的趋势必然导致贫富两极分化，由此决定资本主义生产方式最终走向灭亡。社会主义生产方式的特殊性，在于生产资料（资本）与劳动者通过市场而实现的结合，是建立在生产资料公有制为主体基础上的一种平等互利关系，这种关系发展的趋势是逐步实现共同富裕，并且最终走向共产主义。

在社会主义条件下，特别是在我国社会主义的初级阶段，如何实现生产资料和劳动者的最佳结合，既坚持公有制为主体、国有制为主导的方向，又能充分体现广大劳动者主人翁的地位，最大限度地调动他们的积极性、创造性，使经济的运行取得最大的效益，这是一个需要进一步研究和实践的核心问题，当然也是一个需要伴随着生产力的发展不断解决、不断完善的核心问题。

关于资本主义社会的阶级结构。马克思在《资本论》的最后一章根据当时英国的典型情况，概括地指出了由雇佣工人、资本家和土地所有者构成的“三大阶级”。在当代资本主义社会，资产阶级与工人阶级这两大阶级的对立状况依然存在。但阶级尤其是阶层结构显然比马克思时代的资本主义复杂得多了。中小资产者和个体劳动者的人数有了显著的增加。这种情况的出现，与生产资料的社会化的发展有密切关系。这种社会化，一方面表现为马克思所说的“分散的生产资料越来越大量集中成群”①，另一方面表现为以密切的分工协作为基础的生产资料的小型化、分散化，中小型企业在企业总量中占绝大部分。这两种趋势，无疑都会影响阶级的变化。这个问题，需要深入研究。

马克思在总结他的理论贡献时，强调阶级斗争必然导致无产阶级专政，这个专政是达到消灭一切阶级和进入无阶级社会的过渡。这个思想对我国现阶段的社会主义实践仍然具有指导意义。但与马克思对历史发展进程的设想有所不同的是：第一，我国首先建立的是特殊的社会主义初级阶段，在这个阶段，剥削制度和剥削阶级已基本消灭，阶级斗争只在局部范围内存在，已不再是主要矛盾。第二，在整个社会主义历史阶段，必须坚持无产阶级专政，但这个专政的首要的中心的任务是进行社会主义现代化建设。在这个前提之下，也面临着国内局部阶级斗争的任务和保卫国家独立和领土完整的任务。

---

① 《马克思恩格斯全集》第25卷，人民出版社1974年版，第1000页。

总　结

学习《资本论》第三卷应把握的理论联系实际的主要线索：

从加深认识资本主义的角度，可集中抓住“瓜分—掩盖—斗争”这一基本逻辑来领会。

瓜分：资本主义社会的各个资本家集团和地主阶级，都以不同的形式瓜分雇佣工人创造的剩余价值。整个资本主义制度这个庞然大物，都是靠剥削工人阶级的剩余劳动生存和发展的。

掩盖：由于资本主义制度建立在商品普遍化的基础上，特别是采取劳动力买卖的形式，因此，剩余价值的瓜分具有神秘的拜物教性质。利润（利息）表现为资本的产物，地租表现为土地的报酬，这就把资本主义剥削关系完全掩盖了。这说明，资本主义剥削制度是最具有隐蔽性、欺骗性的剥削制度。

斗争：虽然资本主义的分配关系披上了神秘的外衣，但丝毫不会改变资本主义剥削的实质。马克思的科学分析有力地证明，各个资本家集团之间、资本家和地主之间，尽管在“分赃”上有狗咬狗的斗争，但它们在剥削无产阶级这一根本利益上是完全一致的，可以结成“神圣同盟”。因此，工人和资本家的斗争，千真万确不是个人之争，而是两个阶级之间的斗争。无产阶级要获得解放，必须联合起来，推翻资产阶级的统治，建立无产阶级专政。

联系社会主义经济，可着重抓住“形态—机制—分配”这条结合线。

形态：社会主义经济作为社会化商品经济，其社会资本同样表现为产业资本、商业资本、信用资本等独立化的形式。社会主义国民经济宏观结构，应包括发达的产业体系、发达的商业（服务）体系和发达的金融体系，只有这样才能高效益地运转。

机制：社会主义商品经济必须在国家的宏观调控下，以市场为基础，充分发挥价值、价格、成本、利润、平均利润、信用、利息、股票、租赁、地租等一系列经济机制的综合作用。这个过程同样应该是一个公平竞争的过程。

分配：生产要素的各个所有者都要通过收入的分配实现各自的经济利益。生产关系决定分配关系。社会主义现阶段实行的是以公有制为主体、全民所有制为主导、多种经济成分和经济形式长期并存的所有制结构。在公有制内部，也存在着国家、部门、地方、企业和个人利益上的同一性和差别性。社会主义分配关系，必须和上述多元性、多层次、利益上既基本一致又有差别的生产关系相适应。总的说，社会主义现阶段收入的分配，既要坚持按劳分配为主，又要实行按生产要素分配的原则，适当承认非按劳分配的因素；既要坚决打破“大锅饭”，承认各种合理的差别，但又要有利于公有制的巩固和发展，有利于全体劳动者逐步走向共同富裕的道路。

总之，学习《资本论》第三卷，有助于我们研究怎样适应社会化商品经济的要求，建立起充满活力的社会主义经济体制和机制。

综 述

《资本论》是一部博大精深的恢宏之作。由于这部著作研究的对象是资本主义这一前社会主义经济形态中最发达、最复杂、也最成熟的形态，其理论使命是阐明人类社会从私有制向公有制转变的历史大趋势，实现政治经济的根本变革，奠定科学社会主义的理论基础，其研究方法是以唯物辩证法为基础的逻辑和历史、一般和特殊、论证和批判等一系列相结合的方法，因而它的科学分析既有重心，有深度，又有广阔的视野和纵深的历史感，其洞察力穿透社会经济机体组织的多个层面，这就决定了这部著作本身具有极其深广而丰富的内涵和光彩照人的理论魅力。同时，历史证明，一部内涵精深、意义深远的不朽之作，后人对它的内容的广度、深度及其意义的理解，往往随着实践的变化有一个认识的发展过程。马克思的《资本论》正是这样一部著作。所以，虽然今天资本主义生产方式与过去相比发生了很大变化，社会主义经济的实践在某些方面也突破了马克思的设想，但人们仍然可以从《资本论》这部伟大著作中找到锐利的思想武器，吸取多方面的营养。

关于《资本论》的基本原理和现实意义，前面已从纵的角度，即按第一、二、三卷的思想脉络比较详细地作了分析。现在再从横的角度进行综合的分析，以帮助大家进一步领会《资本论》的思想精华和现实的生命力。根据《资本论》多层次的一般和特殊的理论内涵和当代实际的需要，可以把《资本论》的思想精华综合为四大方面：关于资本主义必然灭亡的理论；关于未来社会经济特性的理论；关于市场经济基础的理论；关于社会生产一般规律的理论。下面就这“四论”及其现实意义，谈谈自己学习的体会。

一、《资本论》关于资本主义必然灭亡的理论与现实

《资本论》研究的对象，是人类社会一定历史阶段的特殊的资本主义生产关系，核心是揭示资本主义生产关系发生、发展和必然灭亡的规律，目的是为无产阶级进行推翻资本主义制度、建立社会主义、共产主义制度的伟大革命，提供科学的理论根据。这是《资本论》内涵的特殊性，也是它的主题思想。从这个角度看，《资本论》实质上是一部“资本主义必亡论”。其逻辑要点可以归结为“五大支点”，即由“一个基础”、“一个关系”、“一个中心”、“一个矛盾”、“一个结论”组成的逻辑链。

“一个基础”，就是劳动价值论。马克思首创地分析了生产商品的劳动的二重性（“商品中包含的劳动的这种二重性，是首先由我批判地证明了的。这一点

是理解政治经济学的枢纽”），揭示了价值的源泉（“只是社会必要劳动量，或生产使用价值的社会必要劳动时间，决定该使用价值的价值量”①），阐明了价值运动的规律（“价值规律……是商品生产的基本规律”②），建立了科学的劳动价值论。这就为他科学地剖析资本主义剥削制度的本质、矛盾和必然灭亡的趋势，奠定了坚实的基础。正如马克思所指出：“资产阶级制度的生理学——对这个制度的内在有机联系和生活过程的理解——的基础、出发点，是价值决定于劳动时间这一规定。”③

“一个关系”，就是资本与雇佣劳动的对立。“资本和雇佣劳动的关系……决定着这种生产方式的全部性质。”④ 它表明，资本主义同样是一种剥削制度，但这种剥削制度采取了劳动力买卖的形式，具有自由、平等的假象，因而它是一种富有欺骗性、隐蔽性的剥削制度。

“一个中心”，就是剥削剩余价值。“生产剩余价值或赚钱，是这个生产方式的绝对规律。”⑤ 而且是在资本主义全部经济活动中起主导作用的基本经济规律。恩格斯在谈到《资本论》的主要内容时指出：“马克思的整本书都是以剩余价值为中心的”。⑥《资本论》第一卷着重阐明剩余价值的生产，二卷着重阐明剩余价值的实现，三卷着重阐明剩余价值的分配。

“一个矛盾”，就是生产的社会化与生产资料的资本主义私有制之间的对抗性矛盾。它是资本主义生产方式的基本矛盾。这个矛盾，在社会关系中主要表现为资产阶级与无产阶级之间的矛盾。随着社会化生产的发展和资本主义积累的扩大，资本主义的基本矛盾日益加深。由此决定资本主义制度必然走向灭亡。马克思总结性地指出：“资本的垄断成了与这种垄断一起并在这种垄断之下繁盛起来的生产方式的桎梏。生产资料的集中和劳动的社会化，达到了同它们的资本主义外壳不能相容的地步。这个外壳就要炸毁了。资本主义私有制的丧钟就要敲响了。剥夺者就要被剥夺了。”⑦

“一个结论”，就是资本主义制度最终要走向灭亡。全部《资本论》科学地证明了一个伟大真理，这就是：资本主义私有制只是与生产力发展的一定阶段相适应的特殊的历史形式，它必然随着社会生产力的进一步发展而趋于灭亡，为社会主义公有制所代替。正如恩格斯所说：马克思在《资本论》中，“根据

---

① 《马克思恩格斯全集》第 23 卷，人民出版社 1972 年版，第 55、52 页。

② 《马克思恩格斯选集》第 2 版第 3 卷，人民出版社 1995 年版，第 663 页。

③ 《马克思恩格斯全集》第 26 卷第 2 册，人民出版社 1973 年版，第 183 页。

④ 《马克思恩格斯全集》第 25 卷，人民出版社 1974 年版，第 995 页。

⑤ 《马克思恩格斯全集》第 23 卷，人民出版社 1972 年版，第 679 页。

⑥ 《马克思恩格斯选集》第 2 版第 3 卷，人民出版社 1995 年版，第 557 页。

⑦ 《马克思恩格斯全集》第 23 卷，人民出版社 1972 年版，第 831—832 页。

以无可怀疑的知识所作的绝对认真的研究，得出了这个结论：整个‘资本主义生产方式’必定要被消灭。”①

正是《资本论》所揭示的资本主义必然灭亡的伟大真理，教育了一代又一代共产党人和革命者抱着坚定的理想信念走向革命。现在，尽管我国已进入了社会主义社会，但在新的形势下，用《资本论》关于资本主义发展历史趋势的科学真理进一步武装广大干部和群众特别是年轻一代的头脑，增强社会主义、共产主义必胜的信念，仍然大有必要。

如何从理论和实际的结合上，正确认识当代资本主义的本质和发展的历史大趋势呢？我认为要着重把握以下几点：

1. 从理论逻辑上进一步认识社会主义、共产主义制度终究要代替资本主义制度的铁的必然性

马克思在谈到资本主义发展的客观趋势时指出：“问题本身并不在于资本主义生产的自然规律所引起的社会对抗的发展程度的高低。问题在于这些规律本身，在于这些以铁的必然性发生作用并且正在实现的趋势。”② 我们知道，决定资本主义必然灭亡的根据在于它的基本矛盾，即生产社会化和生产资料的资本主义私有制之间的矛盾。现在要问，其中的道理何在呢？根据马克思的分析，这个道理包含以下几层意思：

第一，生产的社会化，首先意味着生产资料使用方式的公共化，即众多的劳动者共同使用生产资料，（不像小生产那样由个人分散地使用生产资料）。这种对生产资料共同使用的性质，最终必然要求对生产资料的联合劳动所有。

第二，生产的社会化还意味着社会劳动过程的分工协作化，这就要求对社会生产进行统一、自觉、合理的调节。这一点，只有在生产力高度发展同时建立了生产资料社会公有制的条件下，才能得到最有效的实现（在资本主义私有制的条件下，虽然政府也可以采取某些宏观调控措施，但其效果毕竟受到私有制局限）。

第三，生产的社会化还意味着劳动成果的社会化，即任何一件产品、任何一笔收入不是少数个人的产物，是社会协同劳动的结果。这一点，也最终要求对经济收入共同占有，实行有利于广大劳动者的分配，从而要求建立生产资料公有制。

第四，生产社会化的发展，必然使人的全面自由发展成为一种不可阻挡的趋势。这一趋势，最终必然要求建立以自由人联合体为标志的社会所有制。

这些看起来似乎是抽象的推理，实际上是社会化大生产发展的必然逻辑结果。

---

① 《马克思恩格斯全集》第16卷，人民出版社1964年版，第237页。

② 《马克思恩格斯全集》第23卷，人民出版社1972年版，第8页。

2. 资本主义的基本矛盾在当代有所缓和，它还有相当的生命力

资本主义的基本矛盾的运动不是直线式的，而是曲折的。在第二次世界大战以前，资本主义的矛盾激化到要从挑起世界大战中寻找出路，结果，战争引起革命，导致世界资本主义体系部分崩溃。第二次世界大战以来，在新的科学技术和生产力发展的基础上，资本主义特别是发达资本主义国家在制度上作了一系列局部的调整，如资本采取的形式更加社会化了，资本在加强集中的同时伴随着股权在社会扩散面的加大；国家加强了对社会经济的宏观调控，特别是对收入分配的第二次调节，社会保障加大了力度；广大劳动人民的生活比过去有明显的改善；资本对外扩张的手法也有一些变化，主要依靠自己的经济优势达到掠夺的目的；等等。尽管这些调整没有根本改变资本主义的本质，消除其矛盾和固有的制度弊病，但应当承认，资本主义的矛盾比过去有所缓解（如个别企业的有组织性与整个社会生产无政府状态的矛盾就大大缓解了），它的体制比过去成熟了，还有相当的生命力，资本主义制度在地球上存在的寿命比过去的预期更长了。

对马克思主义者来说，战后资本主义的这个变化也没有什么奇怪的。马克思不是说过吗："无论哪一个社会形态，在它们所能容纳的全部生产力发挥出来以前，是决不会灭亡的；而新的更高的生产关系，在它的物质存在条件在旧社会的胎胞里成熟以前，是决不会出现的。所以人类始终只提出自己能够解决的任务，因为只要仔细考察就可以发现，任务本身，只有在解决它的物质条件已经存在或者至少是在生成过程中的时候，才会发生。"① 既然资本主义制度经过调整后还有相当的生命力已是事实，那就应该如实地承认这个事实。从历史唯物主义的观点看，这不仅对人类社会的发展有益处，而且对社会主义国家更好地利用以和平与发展为主题的世界形势，集中力量搞好改革开放和现代化建设，也是有好处的。总之，资本主义的调整和发展，归根结底是有利于人类社会向社会主义、共产主义过渡的。

3. 资本主义的基本矛盾依然存在

当代资本主义与马克思、列宁生活的时代相比，的确发生了许多新的变化。但是，《资本论》所阐明的生产社会化与生产资料资本主义私有制之间的矛盾依然存在。请看以下事实：

第一，当代资本主义社会的经济基础（或主体）仍然是私有制，社会财富主要控制在垄断资产阶级手里。例如，1995 年，占美国人口 0.2%的超级富翁拥有美国公司财富的 60%左右，约占美国人口 1.69%的富人则占有美国股票总数的 80%。这种极少数人控制社会财富的所有制关系，是与日益社会化的生产力发展的本性要求不相容的。

---

① 《马克思恩格斯选集》第 2 版第 2 卷，人民出版社 1995 年版，第 33 页。

第二，当代资本主义发达国家仍然存在着严重的两极分化的趋势。例如，美国1994年占全国人口20%的富人拥有全国财富的80%以上，而处于社会底层的20%的穷人的收入只占全国税后总收入的5.7%。在某些时候，穷人的收入水平还出现绝对下降的情况。如1979—1989年，美国占全国1%的高收入家庭的收入增加了将近75%，而占20%的低收入家庭的收入下降了34.4%。美国1973年生活在贫困线以下的人口达2300万，占美国人口的11.1%，1983年贫困人口上升到4000万人，占全国人口的16%。据有的学者估计，美国的贫困人口实际上有5000万之多，占总人口的20%，无家可归者达数百万人。美国黑人的贫困状况更加严重。

第三，当代资本主义世界的富国和穷国的矛盾日益加深。据统计，1995年，占世界人口10%的48个最穷的国家，其经济收入仅占世界总数的0.1%，而7个经济发达国家占世界人口12%，却占有世界总收入的62.5%。世界富国和穷国的人均国民生产总值，在50年代相差10倍左右，进入90年代扩大到60倍左右。现在世界上处于绝对贫困的人口约15亿，这个数字每年以0.25亿的数量增加。

仅从以上事实可以看出，资本主义的基本矛盾及其导致的贫富两极分化的趋势，在当代资本主义世界不仅依然存在，而且在某些方面还表现得相当尖锐。因此，资本主义必然走向灭亡的历史大趋势没有根本改变。

4. 资本主义走向完全灭亡的过程是长期的、复杂的、曲折的

由于资本主义矛盾变化的曲折性，由于社会主义实践的不成熟性和发展的曲折性，由于世界上社会主义弱于资本主义的历史态势将持续一个相当长的时间，所以，在全世界完全实现社会主义代替资本主义的伟大变革，必然是一个长期的、复杂的、曲折的过程。在这个问题上，马克思主义者既不应做悲观论者，也不应做速胜论者，而应该做实事求是的持久必胜论者。

今后如何实现社会主义代替资本主义这一伟大的历史变革，其实现的过程、途径、形式和条件有何新特点，必须以马克思主义为指导，根据新的情况进行新的研究和探索。

这里有一个问题值得研究：社会主义制度代替资本主义制度是不是同样要遵循“量变—部分质变—根本质变”这一历史发展的辩证法？进一步说，就是资本主义社会是否会产生社会主义制度的因素？过去这是一个“禁区”。我认为，现在是该打破这个“禁区”、提倡研究的时候了。

这首先是因为，马克思多次论述了这一思想。例如，他指出：“资本主义生产的历史趋势被归结成这样：‘资本主义生产本身由于自然界变化的必然性，造成了对自身的否定’；它本身已经创造出了新的经济制度的要素，它同时给社会劳动生产力和一切生产者个人的全面发展以极大的推动；实际上已经以一种集体生产方式为基础的资本主义所有制只能转变为社会所有制。”① 他还指出：“工人自己的合作工厂，是在旧形式内对旧形式打开的第一个缺口，虽然它在自己的实际组织中，当然到处都再生产出并且必然会再生产出现存制度的一切缺点。但是，资本和劳动之间的对立在这种工厂内已经被扬弃，虽然起初只是在下述形式上被扬弃，即工人作为联合体是他们自己的资本家，也就是说，他们利用生产资料使他们自己的劳动增殖。这种工厂表明，在物质生产力和与之相适应的社会生产形式的一定的发展阶段上，一种新的生产方式怎样会自然而然地从一种生产方式中发展并形成起来。”② 马克思在谈到社会形态演变的规律性时还明确指出：“正象各种不同的地质层系相继更迭一样，在各种不同的社会经济形态的形成上，不应该相信各个时期是突然出现的，相互截然分开的。”“在这里，起作用的普遍规律在于：后一个〔生产〕形式的物质可能性——不论是工艺条件，还是与其相适应的企业经济结构——都是在前一个形式的范围内创造出来的。”③

其次是因为，现实的资本主义社会的确已经出现了若干社会主义因素。例如，美国目前有 95000 家公司实行职工持股制度，参加者约 1000 万人，总资产达 2250 亿美元。西欧国家约有各种合作社 1400 多万个，为成员提供 55％的生产资料，销售 60％的产品。这些经济组织虽然还不能说是完全社会主义性质的，但说它们具有不同程度的社会主义因素，是完全够格的。

承认资本主义社会有社会主义因素，不是所谓的“趋同论”，而是“代替论”，只不过是社会主义代替资本主义的过程会按照“量变—部分质变—根本质变”的历史辩证法实现罢了。至于最后实现根本质变的方式，则要由将来实际面临的情况来决定，而马克思主义者不会排斥和平变革的可能性。

承认资本主义社会有社会主义因素，决不意味着资本主义制度和资产阶级的本质会轻易改变，自动消除固有的落后性和反动性。对此，必须保持高度的警惕，进行必要的斗争。这是不言而喻的。

承认资本主义社会可以产生社会主义因素，在理论和实践上有四方面的意义。一是打开了一条认识社会主义生命力的新思路。社会主义的生命力不仅表现为社会主义国家的发展，而且表现在资本主义社会中社会主义因素的产生和发展。二是可以为社会主义国家的体制改革提供一种更加实际的参照系。三是有利于资本主义国家工人运动探索新的发展战略。四是为今后在全世界实现社会主义代替资本主义的伟大革命，开辟一条可能的新途径。

社会主义代替资本主义的历史性变革，当然首先取决于资本主义社会内在

---

① 《马克思恩格斯选集》第 2 版第 3 卷，人民出版社 1995 年版，第 341 页。

② 《马克思恩格斯全集》第 25 卷，人民出版社 1974 年版，第 497—498 页。

③ 《马克思恩格斯全集》第 47 卷，人民出版社 1979 年版，第 472 页。

矛盾的发展，但同时又和社会主义国家的发展密切相关。因为革命的本质是人民大众对社会制度的选择，在“一球两制”的态势下，只有现实的社会主义制度明显表现出优越于资本主义，生活在资本主义制度下的人民大众才会自觉地选择社会主义。正因为如此，中国人民在这个历史大变革上的最大贡献，就是努力做好自己的事情，建设好有中国特色的社会主义，使社会主义优越性充分发挥出来。

按照以上理解，就使我们的理想信念建立在科学、求实的基础上。

二、《资本论》关于未来社会经济特性的理论与现实

《资本论》在批判资本主义旧世界的过程中，还发现了新世界。马克思指出：“如果我们在现在这样的社会中没有发现隐蔽地存在着无阶级社会所必需的物质生产条件和与之相适应的交往关系”，那么，一切推翻资本主义制度的。“尝试都是唐·吉诃德的荒唐行为。”① 因此，《资本论》必然要预见未来社会（社会主义、共产主义社会）的一些经济特性。从这个角度看，《资本论》又是一部“未来社会经济特性论”。

（一）关于未来社会经济特性的部分论述

为便于大家学习和研究，下面把《资本论》及其他有关著作对未来社会经济特性的一些重要论述，汇集成十个方面。

1. 未来社会是自由人联合体

马克思在批判商品拜物教时，提出了未来社会是“一个自由人联合体”②。

马克思和恩格斯合著的《共产党宣言》进一步指出：“代替那存在着阶级和阶级对立的资产阶级旧社会的，将是这样一个联合体，在那里，每个人的自由发展是一切人的自由发展的条件。”③

2. 生产资料实行公有制

马克思：联合体的成员“用公共的生产资料进行劳动，并且自觉地把他们许多个人劳动力当作一个社会劳动力来使用。”④

马克思和恩格斯：“联合起来的个人对全部生产力总和的占有，消灭着私有制。”⑤

马克思：“资本家对这种劳动的异己的所有制，只有通过他的所有制改造

---

① 《马克思恩格斯全集》第46卷上册，人民出版社1979年版，第106页。

② 《马克思恩格斯全集》第23卷，人民出版社1972年版，第95页。

③ 《马克思恩格斯选集》第2版第1卷，人民出版社1995年版，第294页。

④ 《马克思恩格斯全集》第23卷，人民出版社1972年版，第95页。

⑤ 《马克思恩格斯全集》第3卷，人民出版社1956年版，第77页。

为非孤立的单个人的所有制，也就是改造为联合起来的社会个人的所有制，才可能被消灭”。①

3. 生产的目的是满足社会发展了的人的需要

马克思：未来社会生产的发展，“是取决于生产和社会需要即社会地发展了的人的需要之间的关系”。②

恩格斯：“通过社会生产，不仅可能保证一切社会成员有富足的和一天比一天充裕的物质生活，而且还可能保证他们的体力和智力获得充分的自由的发展和运用”。③

恩格斯：“通过有计划地利用和进一步发展一切社会成员的现有的巨大生产力，在人人都必须劳动的条件下，人人也都将同等地、愈来愈丰富地得到生活资料、享受资料、发展和表现一切体力和智力所需的资料。”④

4. 未来社会注重时间的合理分配和节约，提高经济效益

马克思：“如果共同生产已成为前提，时间的规定当然仍有重要意义。社会为生产小麦、牲畜等等所需要的时间越少，它所赢得的从事其他生产，物质的或精神的生产的时间就越多。正象单个人的情况一样，社会发展、社会享用和社会活动的全面性，都取决于时间的节省。一切节约归根结底都是时间的节约。正象单个人必须正确地分配自己的时间，才能以适当的比例获得知识或满足对他的活动所提出的各种要求，社会必须合理地分配自己的时间，才能实现符合社会全部需要的生产。因此，时间的节约，以及劳动时间在不同的生产部门之间有计划的分配，在共同生产的基础上仍然是首要的经济规律。这甚至在更加高得多的程度上成为规律。”⑤

恩格斯：“价值是生产费用对效用的关系。价值首先是用来解决某种物品是否应该生产的问题，即这种物品的效用是否能抵偿生产费用的问题。只有在这个问题解决之后才谈得上运用价值来进行交换的问题。如果两种物品的生产费用相等，那么效用就是确定它们的比较价值的决定性因素。”“这个基础是交换的唯一正确的基础。……不消灭私有制，就不可能消灭物品本身所固有的实际效用和这种效用的决定之间的对立，以及效用的决定和交换者的自由之间的对立；而在私有制消灭之后，就无须再谈现在这样的交换了。到那个时候，价值这个概念实际上就会愈来愈只用于解决生产的问题，而这也是它真正的活动

---

① 《马克思恩格斯全集》第48卷，人民出版社1985年版，第21页。

② 《马克思恩格斯全集》第25卷，人民出版社1974年版，第288页。

③ 《马克思恩格斯选集》第2版第3卷，人民出版社1995年版，第633页。

④ 《马克思恩格斯选集》第2版第1卷，人民出版社1995年版，第330页。

⑤ 《马克思恩格斯全集》第46卷上册，人民出版社1979年版，第120页。

范围。”①

马克思：“劳动时间的社会的有计划的分配，调节着各种劳动职能同各种需要的适当的比例。”②

5. 社会生产更加需要经济核算

马克思：“簿记对资本主义生产，比对手工业和农民的分散生产更为必要，对公有生产，比对资本主义生产更为必要。”③

马克思：“在资本主义生产方式消灭以后，但社会生产依然存在的情况下，价值决定仍会在下述意义上起支配作用：劳动时间的调节和社会劳动在各类不同生产之间的分配，最后，与此有关的簿记，将比以前任何时候都更重要。”④

6. 社会总产品实行合理分配，个人消费品先后实行按劳分配和按需分配原则

马克思：“联合体的总产品是社会的产品。这些产品的一部分重新用作生产资料。这一部分依旧是社会的。而另一部分则作为生活资料由联合体成员消费。因此，这一部分要在他们之间进行分配。这种分配的方式会随着社会生产机体本身的特殊方式和随着生产者的相应的历史发展程度而改变。仅仅为了同商品生产进行对比，我们假定，每个生产者在生活资料中得到的份额是由他的劳动时间决定的。……劳动时间又是计量生产者个人在共同劳动中所占份额的尺度，因而也是计量生产者个人在共同产品的个人消费部分中所占份额的尺度。”⑤

马克思：“我们这里所说的是这样的共产主义社会，它不是在它自身基础上已经发展了的，恰好相反，是刚刚从资本主义社会中产生出来的，因此它在各方面，在经济、道德和精神方面都还带着它脱胎出来的那个旧社会的痕迹。所以，每一个生产者，在作了各项扣除以后，从社会领回的，正好是他给予社会的。……他以一种形式给予社会的劳动量，又以另一种形式领回来。”⑥

马克思：“在共产主义社会高级阶段，在迫使个人奴隶般地服从分工的情形已经消失，从而脑力劳动和体力劳动的对立也随之消失之后；在劳动已经不仅仅是谋生的手段，而且本身成了生活的第一需要之后；在随着个人的全面发展，他们的生产力也增长起来，而集体财富的一切源泉都充分涌流之后，——只有在那个时候，才能完全超出资产阶级权利的狭隘眼界，社会才能在自己的

---

① 《马克思恩格斯全集》第1卷，人民出版社1960年版，第605页。

② 《马克思恩格斯全集》第23卷，人民出版社1972年版，第96页。

③ 《马克思恩格斯全集》第24卷，人民出版社1972年版，第152页。

④ 《马克思恩格斯全集》第25卷，人民出版社1974年版，第963页。

⑤ 《马克思恩格斯全集》第23卷，人民出版社1972年版，第95—96页。

⑥ 《马克思恩格斯选集》第2版第3卷，人民出版社1995年版，第304页。

旗帜上写上：各尽所能，按需分配！”①

7. 未来社会仍然存在必要劳动和剩余劳动

马克思：“只有消灭资本主义生产形式，才允许把工作日限制在必要劳动上。但是，在其他条件不变的情况下，必要劳动将会扩大自己的范围。一方面，是因为工人的生活条件日益丰富，他们的生活需求日益增长。另一方面，是因为现在的剩余劳动的一部分将会列入必要劳动，即形成社会准备基金和社会积累基金所必要的劳动。”②

马克思：“一般剩余劳动，作为超过一定的需要量的劳动，必须始终存在。……在一个更高级的社会形态内，使这种剩余劳动能够同一般物质劳动所占用的时间的较显著的缩短结合在一起。”③

马克思：“充当保险基金”的“这种基金是收入中既不作为收入来消费也不一定用作积累基金的唯一部分。它是否事实上用作积累基金，或者只是用来补偿再生产上的短缺，取决于偶然的情况。这也是在剩余价值、剩余产品、从而剩余劳动中，除了用来积累，即用来扩大再生产过程的部分以外，甚至在资本主义生产方式消灭以后，也必须继续存在的唯一部分。当然，这要有一个前提，就是通常由直接生产者消费的部分，不再限于它目前的最低水平。除了为那些由于年龄关系还不能参加生产或者已不能参加生产的人而从事的剩余劳动以外，一切为养活不劳动的人而从事的劳动都会消失。”④

8. 未来社会能够有效地实现人和自然的物质变换

马克思：“社会化的人，联合起来的生产者，将合理地调节他们和自然之间的物质变换，把它置于他们的共同控制之下，而不让它作为盲目的力量来统治自己；靠消耗最小的力量，以最无愧于和最适合于他们的人类本性的条件下来进行这种物质变换。”⑤

恩格斯：“如果说共产主义社会在将来某个时候不得不象已经对物的生产进行调节那样，同时也对人的生产进行调节，那么正是那个社会，而且只有那个社会才能毫无困难地作到这点。”⑥

9. 未来社会必须建立在生产力高度发展的基础上

马克思：资本家“狂热地追求价值的增殖，肆无忌惮地迫使人类去为生产而生产，从而去发展社会生产力，去创造生产的物质条件；而只有这样的条

---

① 《马克思恩格斯选集》第2版第3卷，人民出版社1995年版，第305—306页。

② 《马克思恩格斯全集》第23卷，人民出版社1972年版，第578页。

③ 《马克思恩格斯全集》第25卷，人民出版社1974年版，第925—926页。

④ 《马克思恩格斯全集》第25卷，人民出版社1974年版，第958页。

⑤ 《马克思恩格斯全集》第25卷，人民出版社1974年版，第926—927页。

⑥ 《马克思恩格斯全集》第35卷，人民出版社1971年版，第145页。

件，才能为一个更高级的、以每个人的全面而自由的发展为基本原则的社会形式创造现实基础。”①

马克思和恩格斯：“私有制只有在个人得到全面发展的条件下才能消灭，因为现存的交往形式和生产力是全面的，所以只有全面发展的个人才可能占有它们，即才可能使它们变成自己的自由的生活活动。”②

马克思：“事实上，自由王国只是在由必需和外在目的规定要做的劳动终止的地方才开始；因而按照事物的本性来说，它存在于真正物质生产领域的彼岸。……在这个必然王国的彼岸，作为目的本身的人类能力的发展，真正的自由王国，就开始了。但是，这个自由王国只有建立在必然王国的基础上，才能繁荣起来。工作日的缩短是根本条件。”③

10. 商品经济的未来发展趋势

马克思：“人的依赖关系（起初完全是自然发生的），是最初的社会形态，在这种形态下，人的生产能力只是在狭窄的范围内和孤立的地点上发展着。以物的依赖性为基础的人的独立性，是第二大形态，在这种形态下，才形成普遍的社会物质变换，全面的关系，多方面的需求以及全面的能力的体系。建立在个人全面发展和他们共同的社会生产能力成为他们的社会财富这一基础上的自由个性，是第三个阶段。第二个阶段为第三个阶段创造条件。”④

马克思：“随着大工业的发展，现实财富的创造较少地取决于劳动时间和已消耗的劳动量，较多地取决于在劳动时间内所运用的动因的力量，而这种动因本身——它们的巨大效率——又和生产它们所花费的直接劳动时间不成比例，相反地却取决于一般的科学水平和技术进步，或者说取决于科学在生产上的应用。”“劳动表现为不再象以前那样被包括在生产过程中，相反地，表现为人以生产过程的监督者和调节者的身分同生产过程本身发生关系。”“在这个转变中，表现为生产和财富的宏大基石的，既不是人本身完成的直接劳动，也不是人从事劳动的时间，而是对人本身的一般生产力的占有，是人对自然界的了解和通过人作为社会体的存在来对自然界的统治，总之，是社会个人的发展。……一旦直接形式的劳动不再是财富的巨大源泉，劳动时间就不再是，而且必然不再是财富的尺度，因而交换价值也不再是使用价值的尺度。群众的剩余劳动不再是发展一般财富的条件，同样，少数人的非劳动不再是发展人类头脑的一般能力的条件。于是，以交换价值为基础的生产便会崩溃，直接的物质生产过程本身

---

① 《马克思恩格斯全集》第 23 卷，人民出版社 1972 年版，第 649 页。

② 《马克思恩格斯全集》第 3 卷，人民出版社 1956 年版，第 516 页。

③ 《马克思恩格斯全集》第 25 卷，人民出版社 1974 年版，第 926—927 页。

④ 《马克思恩格斯全集》第 46 卷上册，人民出版社 1979 年版，第 104 页。

也就摆脱了贫困和对抗性的形式。”①

以上这些论述虽然只是预断，但不是主观臆想，而是反映了社会化大生产的发展在突破了资本主义私有制的桎梏后所要建立的新社会（社会主义、共产主义社会）的一系列客观的基本特性和发展趋势。正如恩格斯所说：“我们对未来非资本主义社会区别于现代社会的特征的看法，是从历史事实和发展过程中得出的确切结论”。②

近80年的社会主义实践证明，《资本论》对未来社会的一系列重要论述，除个别的以外，大体上反映了社会主义经济的本质和发展方向。虽然社会主义初级阶段的实践与马克思设想的要求有相当大的差距，例如，我国的社会主义还处在初级阶段，存在多种所有制结构和个人收入的多种形式，但毕竟坚持了以公有制为主体和以按劳分配为主体的基本制度；消灭两极分化，实现共同富裕被确定为社会主义的本质和奋斗目标。这说明，具有中国特色的社会主义仍然是沿着马克思指明的科学社会主义的基本航向发展的。因此，认真学习《资本论》等著作关于未来社会经济特性的论述，对于在改革开放和现代化建设的复杂过程中坚持社会主义方向和共产主义理想，正确实现计划经济体制向社会主义市场经济体制的转变，继续探索社会主义前进的道路，具有重要意义。

（二）对“重新建立个人所有制”要义的探讨

马克思在《资本论》分析资本主义积累的历史趋势时有一段名言：“从资本主义生产方式产生的资本主义占有方式，从而资本主义的私有制，是对个人的、以自己劳动为基础的私有制的第一个否定。但资本主义生产由于自然过程的必然性，造成了对自身的否定。这是否定的否定。这种否定不是重新建立私有制，而是在资本主义时代的成就的基础上，也就是说，在协作和对土地及靠劳动本身生产的生产资料的共同占有的基础上，重新建立个人所有制。”③

如何理解马克思这里所说的“重新建立个人所有制”，实际上关系到对《资本论》对未来社会看法的一个中心思想——“自由人的联合体”的正确理解。但长期以来对这个问题的看法分歧很大。迄今为止，主要有以下三种观点：一是理解为消费资料的个人所有制；二是理解为生产资料的个人私有制；三是理解为既是公有又是个人所有的生产资料所有制。我对这三种理解都不赞成。我认为马克思这里所说的重建个人所有制，不是从法律意义上的财产归属权，而是从人的彻底解放的高度，来揭示共产主义生产资料社会公有制的本质特征。由于对这个问题的理解涉及到从语言逻辑、分析方法到一系列基本观点

① 《马克思恩格斯全集》第46卷下册，人民出版社1980年版，第217、218页。

② 《马克思恩格斯全集》第36卷，人民出版社1974年版，第419—420页。

③ 《马克思恩格斯全集》第23卷，人民出版社1972年版，第832页。

的认识，有一定的难度，被称为经济学的哥德巴赫猜想，而对这个问题的不同理解所导致的结论对现实又有重要的影响。因此，为了说明我的上述看法，不得不涉及一些必要的方面。

第一，“重新建立个人所有制”不是马克思早期著作的一个提法，也不是在分析个别问题时出现的一个提法，而是《资本论》这部划时代的著作在专门分析资本主义必然灭亡的历史趋势时所使用的一个结论性的概念，因此应该给予足够的重视，把它看成是科学社会主义的一个重要观点。而对这个观点原意的正确理解，不能望文生义，也不能以个别论断或别的什么理由为依据，只能以马克思提出这个论断的语言逻辑（而且是《资本论》的最后修订本的语言逻辑）、主题思想以及全部有关论述的思想体系为根据。

第二，“重新建立个人所有制”指的是什么？首先遇到的一个问题，就是对其前提条件即“在协作和对土地及靠劳动本身生产的生产资料的共同占有的基础上”这句话的理解。有一种传统观点把这句话理解为生产资料公有制。我认为这是个误解。根据前后文的意思，这里所说的“共同占有”是对“资本主义成就”即社会化大生产的具体说明，不是指的生产资料公有制。生产力社会化的一个重要表现，就是生产资料的共同使用、共同占有。在《资本论》以及马克思的其他著作中，在很多地方用这样的提法来表达生产的社会性。所以，前面那段引文中的最后的意思应该是：在资本主义成就的基础上，即在社会化大生产的基础上，重新建立个人所有制。而不是在生产资料公有制的基础上重新建立生活资料个人所有制。

第三，这里所说的“个人所有制”是指生活资料所有制还是生产资料所有制？传统的观点认为是指生活资料所有制，理由是在共产主义社会，生产资料是公有的，只有生活资料才可以作为个人所有。这个理解本身，就它反映了共产主义社会全部物质资料（包括生产资料和生活资料）的不同归属关系来说，是不错的。但是，马克思在这里论述的主题是生产资料所有制的变革问题。《资本论》第一卷“资本主义积累的历史趋势”这一节的中心思想，就是揭示资本主义生产方式的基本矛盾——生产的社会化与生产资料的资本主义私有制之间的矛盾，由此得出“剥夺者就要被剥夺”、“资本主义所有制转化为公有制”① 的历史必然性的结论。从马克思经济理论体系看，他在考察社会制度更替的标志时，从来是着重分析生产条件所有制的变化，而把生活资料所有制的变化仅仅作为派生的东西。因此，他在集中概括地论述资本主义生产方式必然为新的生产方式代替的历史规律时，不可能把理论的落脚点放在生活资料所有制的变化上。更何况在资本主义条件下，工人在拿到工资以后已经实现了生活资料的个人所有制。

---

① 《马克思恩格斯全集》第23卷，人民出版社1972年版，第832页。

第四，“重新建立个人所有制”绝不是指建立生产资料的私有制。因为马克思在上述引文中明确指出：作为资本主义自身的“这种否定不是重新建立私有制”。紧接着在下面一段论述中，也明白无误地认定是“资本主义所有制转化为公有制”。马克思在谈到股份公司资本是向新的生产者的财产形式转化的过渡点时也强调指出：新社会的“这种财产不再是各个互相分离的生产者的私有财产，而是联合起来的生产者的财产，即直接的社会财产。”① 可见，那种把“重新建立个人所有制”作为否定社会主义公有制的主体地位，推行私有化的根据的看法是完全错误的。

第五，“重新建立个人所有制”不能从法律意义上的财产归属权来理解。有一种较为流行的观点认为，马克思在这里所说的个人所有制与公有制是完全一致的。这个看法的基本思路是对的。但要有一个前提，即这种一致不是法律意义的财产归属权上的一致。因为，从法律上的财产归属权看，共产主义社会公有财产的归属主体，只能是不可分割的社会联合体。虽然这个联合体是由个人组成的，并且从总体上代表所有个人的利益，但从法律上讲，每个人不可能同时成为公有财产的主体。总之，从法律意义上看，社会公有制财产的最终所有权具有不可分割的统一性，而个人的财产最终所有权则具有分割性、排他性，二者是不可能统一的。更谈不上完全统一。

第六，杜林之所以不理解马克思所说的“重新建立个人所有制”，把它歪曲为“既是个人的又是社会的所有制的混沌世界”，其原因之一就是从财产归属权上去理解。恩格斯在《反杜林论》中针对杜林的这个错误观点，从归属权上分清了新社会中生产资料的公有制和生活消费品的个人所有制，指出“社会所有制涉及土地和其他生产资料，个人所有制涉及产品，那就是涉及消费品”②，是完全必要的。这也是共产主义整个所有制关系的题中应有之义。但是，应当看到，这个看法没有反映出马克思的“重新建立个人所有制”的深层的要义和主旨。

第七，从人的彻底解放来看“重新建立个人所有制”。在这里，我想从马克思的一系列论述中引证若干有代表性的论述，来说明这个问题。

——马克思指出：“资本家对这种劳动的异己的所有制，只有通过他的所有制改造为非孤立的单个人的所有制，也就是改造为联合起来的社会个人的所有制，才可能被消灭。”③ 这表明，马克思在“重新建立个人所有制”中所说的个人，不是作为私有者的孤立的个人，而是联合的个人，即以生产资料社会

---

① 《马克思恩格斯全集》第25卷，人民出版社1974年版，第494页。

② 《马克思恩格斯选集》第2版第3卷，人民出版社1995年版，第473、472、473页。

③ 《马克思恩格斯全集》第48卷，人民出版社1985年版，第21页。

公有制为基础的联合体中的个人。这是消灭劳动异化，实现人的彻底解放的根本前提。

——马克思认为，在共产主义条件下，由于生产的高度社会化和人的交往的普遍发展，“个人必须占有现有的生产力总和”。而“对生产工具的一定总和的占有，也就是个人本身的才能的一定总和的发挥。”① 这表明，马克思在“重新建立个人所有制”中所说的个人，不是屈从于旧的社会分工的片面劳动的个人，而是全面发展的个人。这是实现人的彻底解放所必要的素质条件。

——《共产党宣言》指出：“代替那存在着阶级和阶级对立的资产阶级旧社会的，将是这样一个联合体，在那里，每个人的自由发展是一切人的自由发展的条件。”② 马克思还指出：在新的联合体中，“个人是作为个人参加的。它是个人的这样一种联合（自然是以当时已经发达的生产力为基础的），这种联合把个人的自由发展和运动的条件置于他们的控制之下。”“在真实的集体的条件下，各个个人在自己的联合中并通过这种联合获得自由。”③ 这表明，马克思在“重新建立个人所有制”中所说的个人，不是受异己力量（表现在自然和社会方面）支配的个人，而是自由发展的个人。这是实现人的彻底解放的集中表现。这里所说的自由，一方面以联合体为前提，通过联合体的协调作用获得个人的自由；另一方面每一个人的自由又是构成真实的集体，保证一切人的自由发展的条件。

1894 年，一个叫《新纪元》的杂志请恩格斯题词，以表明将要到来的“新纪元”的主要特征。恩格斯特别用了《共产党宣言》中的这句话：在代替旧社会的联合体中，“每个人的自由发展是一切人的自由发展的条件”作为题词，并解释说：除了这句话之外，“我再也找不出合适的了”④。可见，通过联合实现个人的自由发展，在马克思主义构想的共产主义中具有何等重要的地位。按照马克思主义的观点，人的自由发展的最高境界是人的个性自由发展。马克思指出的人类社会经济运行方式的第三个阶段（第一阶段是自然经济基础上的人对人的依赖，第二阶段是商品经济基础上的人对物的依赖）的特征，就是“建立在个人全面发展和他们共同的社会生产能力成为他们的社会财富这一基础上的自由个性”。⑤ 很显然，这一境界的到来，意味着人真正成为自然的主宰，社会的主宰，自身的主宰。与此相适应，人类社会才从必然王国进入自由王国。

---

① 《马克思恩格斯全集》第 3 卷，人民出版社 1956 年版，第 76 页。

② 《马克思恩格斯选集》第 2 版第 1 卷，人民出版社 1995 年版，第 294 页。

③ 《马克思恩格斯全集》第 3 卷，人民出版社 1956 年版，第 85、84 页。

④ 《马克思恩格斯全集》第 39 卷，人民出版社 1974 年版，第 189 页。

⑤ 《马克思恩格斯全集》第 46 卷上册，人民出版社 1979 年版，第 104 页。

——以上分析说明，马克思的“重新建立个人所有制”中的个人，是联合的个人，是全面发展的个人，是自由发展的个人。一句话，就是人的彻底解放。明确了这一基本思想以后，我们就可以明白马克思为什么要用“重新建立个人所有制”这一提法来表达共产主义社会公有制的根本特征了。马克思指出：“真正的财富就是所有个人的发达的生产力。”① 因此，共产主义所有制作为“私有财产的积极的扬弃，……不应当仅仅被理解为占有、拥有。人以一种全面的方式，也就是说，作为一个完整的人，占有自己的全面的本质。”② 这段论述的主要意思是：第一，共产主义所有制作为对私有制的根本的、彻底的否定，当然也是一种人对物的占有或所有形式，但不应当仅仅停留在这样的理解上。甚至可以说，这不是最重要的。第二，共产主义所有制的实质是人作为联合的、全面发展的个人，完全拥有并能得到充分发挥的人的能动性、创造性、自由个性。由此，使人获得彻底解放，真正成为主客观财富的主人，从而成为真正意义上的“所有者”。这才是马克思的“重新建立个人所有制”的要义所在。

马克思在分析所有制发展的历史时指出，财产所有制的初始意义无非是指人本能地把他生活的自然条件当作他生存和发展的条件。所以，对财产的“实际的占有，从一开始就不是发生在对这些条件的想象的关系中，而是发生在对这些条件的能动的、现实的关系中，也就是实际上把这些条件变为自己的主体活动的条件。”③ 这就是说，人们占有财产的目的不是别的，而是为了能动地发展自已。占有财产是手段，发展自己是目的。后者是前者的落脚点。可见，从人的彻底解放的高度来理解共产主义社会所有制即“重新建立个人所有制”的根本特征，正好在更高的水平上螺旋式地回到所有制的本原规定性上来了。所有制从最初作为人对自然生活条件的实际占有，到后来几千年人们斤斤计较财产的不同归属权及其差别，再发展到强调人的全面、自由发展和彻底解放，这恐怕也是一种历史的否定之否定吧！

第八，马克思用“重新建立个人所有制”的提法，着重从人的发展的角度，来表达他设想的未来社会公有制的根本特征，是具有历史背景，具有很强的针对性的。那时，资产阶级攻击共产主义的一个重要伎俩，就是诬蔑公有制消灭人的个性，扼杀人的积极性；而小资产阶级则把共产主义歪曲为普遍的私有制。马克思通过小私有制（有利于人的个性发展，但很有限）——资本主义私有制（使人全面异化，但又为人的全面发展创造了物质条件）——在新的基础上“重新建立个人所有制”。(使人在联合中得到全面、自由的发展）这一辩

---

① 《马克思恩格斯全集》第 46 卷下册，人民出版社 1980 年版，第 222 页。

② 《马克思恩格斯全集》第 42 卷，人民出版社 1979 年版，第 123 页。

③ 《马克思恩格斯全集》第 46 卷上册，人民出版社 1979 年版，第 493 页。

证的、否定之否定的历史过程的分析，有力地批判了资产阶级和小资产阶级的谬论，深刻地揭示了共产主义所有制的真谛和优越性。

第九，既然马克思的“重新建立个人所有制”的深刻内涵是实现人的彻底解放，因而，这是共产党人的最高理想。它的实现需要很高的条件，即生产力高度发达，产品极大丰富，人得到全面发展，必要劳动时间大大缩短，自由时间大大增加，消费品实行按需分配，商品货币关系走向消亡，国家机器完全进入“博物馆”。这个时候，就是通常所说的共产主义高级阶段。虽然重建个人所有制要达到的理想境界是很高的，但它包含着一个基本的思路，这就是“联合＋主人”，即一方面坚持以公有制为基础的劳动者的联合，另一方面充分发挥每个劳动者的主人翁的积极性、创造性。这两个方面的有机结合，可以说是我们今天学习和领会马克思的“重新建立个人所有制”的科学论断应当抓住的精髓，也是“自由人的联合体”的经纬所在。如果这一思想精华的发掘是可取的话，那么，它对我们今天乃至今后进行社会主义改革和现代化建设就具有重大的现实意义和深远的历史意义了。回顾历史的经验，面对当前的实际，展望发展的趋势，可以看出，社会主义公有制本身改革的最大主题和难题，不就是既要实事求是地坚持公有、联合的主导方向，又要最大限度地调动广大劳动者的主人翁的积极性吗？“联合＋主人”，这是社会主义生命力的基因之所在，是社会主义优越性的源泉之所在。

第十，“联合＋主人”是社会主义、共产主义所有制关系发展全过程的核心内容。但在不同的阶段其实现的形式有所不同。在共产主义高级阶段，“联合＋主人”是与产品极大丰富、人得到全面发展、劳动成为人的第一需要、消费品实行按需分配相联系的。可以说，那时的联合体是“乐生劳动者的联合体”。在社会主义阶段，“联合＋主人”是与生产力还不很发达、劳动还具有谋生的性质、消费品实行按劳分配、还存在商品经济相联系的。可以说，这样的联合体是“谋生劳动者的联合体”。在我国社会主义初级阶段，“联合＋主人”是与经济和文化水平较低、存在公有制为主体的多种所有制结构和经济形式、存在按劳分配为主体的多种分配方式、计划经济体制向市场经济体制转变相联系的。这时建立的只能是以公有制和按劳分配为主体的有诸多利益差别的“多元经济人的联合体”。

依照上述理解，联系历史的经验和当前的实际，在公有制的实现形式上如何有效地体现“联合＋主人”的要求，大有文章可做。

就“联合”方面来说，首先，要从中国现阶段的国情出发，适当地确定公有制经济特别是国有经济的规模，既要坚持公有制为主体，国有经济为主导，但又必须打破“一大二公三纯”的僵化模式，发展多种所有制形式。国有经济的主导作用不必体现在它的资产占绝对优势上，关键在于它的质量和掌握国民经济的控制力，真正对国民经济的发展起导向作用。其次，在公有制经济特别是国有经济内部也要打破“大锅饭”，在联合中承认不同利益主体的差别。最后，打破公有制与非公有制的界限，发展以公有制为主体的多种所有制的联合。

就“主人”方面来说，首先，要打破主人个人不能有生产性资产的禁区，在坚持公有财产为主的前提下，允许个人成为股东和投资者。这样的主人才有实感，这样的企业才能成为真正的“命运共同体”。其次，要打破劳动力指令计划分配的旧模式，发展劳动力市场，通过市场竞争和企业结合，允许劳动力合理有序的流动，使劳动者不仅成为生产资料的主人，而且成为能够支配自己劳动力的主人。再次，在企业的治理结构上，真正体现广大工人的主人翁地位，使他们有效参与企业的必要决策和监督，坚决维护职工各方面的合法权益。最后，努力提高劳动者的素质，使他们能够自觉地和有效地履行主人的权利和义务。

我们一定要在社会主义经济体制的改革中，在与市场经济的结合中，始终抓住“联合＋主人”这个公有制本身的大主题，努力推动社会主义公有制不断完善、发展和壮大。

这里特别需要指出的是，以公有制完全代替私有制，建立以自由人的联合为特征的社会公有制，要经历一个长期的过程。恩格斯指出：“能不能一下子就把私有制废除?”“不，不能，正像不能一下子就把现有的生产力扩大到为实行财产公有所必要的程度一样。因此，很可能就要来临的无产阶级革命，只能逐步改造现社会，只有创造了所必需的大量生产资料之后，才能废除私有制。”① 马克思也指出：“以自由的联合的劳动条件去代替劳动受奴役的经济条件，只能随着时间的推进而逐步完成（这是经济改造）；他们不仅需要改变分配，而且需要一种新的生产组织，……还需要在全国范围内和国际范围内进行协调的合作。……目前‘资本和地产的自然规律的自发作用’只有经过新条件的漫长发展过程才能被‘自由的、联合的劳动的社会经济规律的自发作用’所代替”。② 对于一个经济落后的国家来说，这个代替的过程就更加漫长，任务更加艰巨。我国正处在特殊的社会主义初级阶段。这个阶段的国情，决定我们只能建立公有制为主体、多种所有制共同发展的基本经济制度；公有制经济包括国有经济和集体经济及其在混合所有制中的公有成分；公有制经济还要采取股份制、股份合作制等多种实现形式。这是对科学社会主义的重大突破和发展。事实证明，这种经济制度和体制的格局，适合社会主义初级阶段生产力发展的要求，必须长期坚持。只有经过社会主义初级阶段的发展，再经过中级和高级社会主义阶段的发展，直至向共产主义高级阶段过渡，才能完全建立起自

---

① 《马克思恩格斯选集》第2版第1卷，人民出版社1995年版，第239页。

② 《马克思恩格斯选集》第2版第3卷，人民出版社1995年版，第98—99页。

由人的联合体经济。显然，这是需要几十代人甚至更长的历史时期方能实现的伟大目标。

三、《资本论》关于商品—市场经济的基础理论与现实

《资本论》在揭示资本主义生产方式发生、发展和必然灭亡的特殊规律的过程中，还详细地、多层次地剖析了商品经济特别是社会化商品经济的规定性和运行规律，并构成一个科学的理论体系。从这个角度看，《资本论》又是一部“市场经济基础论”。

（一）《资本论》作为市场经济基础理论的根据

有人认为，《资本论》既没有市场经济的概念，也没有商品经济的概念，而且它认为社会主义社会是不存在商品、货币和市场的，那为什么在我国的社会主义决定要搞市场经济以后，要把《资本论》作为市场经济的基础理论来学习呢？这个问题提得好。下面从三个层次来谈谈对这个问题的认识。

1. 商贸经济与市场经济的关系

马克思的确没有商品经济的提法，但他有商品生产、商品交换、商品流通、商品关系的大量概念。按照后来的马克思主义者对商品经济的共识，把商品经济这个范畴规定为商品生产和商品交换（或商品流通）的统一。

马克思没有市场经济的提法，但他有“交换经济”、“货币经济”、“信用经济”的提法。在他看来，这三个概念是与“自然经济”相对立的交换形式发展的三个阶段，而且他认为这三个阶段都是从交易方式而不是从生产过程、生产方式提出来的。他认为，资本主义商品生产普遍发展的标志是劳动力变成了商品，资本家和雇佣劳动者的关系决定了资本主义商品生产的社会性质，正是这种“生产的社会性质”决定了“交易方式的社会性质”，而不是相反。马克思指出：“不是把生产方式的性质看作和生产方式相适应的交易方式的基础，而是反过来，这是和资产阶级眼界相符合的，在资产阶级眼界内，满脑袋都是生意经。”① 他还指出：“市场是流通领域本身的总表现，不同于生产领域”。②

根据马克思的上述提示和《资本论》对商品生产与商品交换统一的分析，同时根据西方经济学对市场经济内涵的规定和研究的主要内容，可以认为，商品经济和市场经济作为两个规范化的概念，既不是等同的关系，也不是并列的关系，而是从属的关系。商品经济是商品生产和商品交换的辩证的统一；市场经济是以市场为基础对社会资源进行配置的经济方式。按此理解，商品经济是市场经济的母体和基础，它本身就包含着市场对资源的配置作用和运行过程；

---

① 《马克思恩格斯全集》第24卷，人民出版社1972年版，第133、133—134页。

② 《马克思恩格斯全集》第49卷，人民出版社1982年版，第309页。

市场经济则是商品经济中部分内容（主要是交换或流通过程）的独立化和进一步发展。因此，要了解市场经济一般，首先就要了解商品经济一般。不懂得商品、货币、价值规律，不懂得资本的循环、周转和再生产，不懂得利润、利息、地租的本质规定和变化规律，怎么能科学地理解市场经济？实际表明，只有首先学习和掌握马克思关于商品经济的基础理论，同时学习西方经济学关于市场经济的基本知识，才能深刻地理解邓小平的社会主义市场经济理论。

2.《资本论》对商品经济特别是社会化商品经济的系统分析

商品是资本主义经济的细胞，商品经济是资本主义经济的一般基础。因此，《资本论》为了透彻地、从本质到现象、全面科学地揭示资本主义生产方式运动的规律，必然要详细、深入地剖析商品经济特别是社会化商品经济运行的一般规律。

马克思把商品经济分为两个阶段：简单商品经济和资本主义商品经济。前者建立在小生产的基础上，以个体私有和个体劳动为特征；后者建立在社会化大生产的基础上，以资本和雇佣劳动的对立为特征。

对简单商品经济的分析，主要集中在《资本论》第一卷第 1 篇。它主要阐明了商品交换产生的条件，商品的二因素，生产商品的劳动二重性，货币的本质、职能和流通规律，价值规律，商品拜物教和货币拜物教等。这些一般规定性适用于一切商品经济，当然也适用于社会主义商品经济。

对资本主义商品经济的分析，则是以剩余价值的生产、流通和分配为中心展开的。本来马克思认为社会主义社会不存在商品经济，“发达的商品生产本身就是资本主义的商品生产”①，资本主义生产是商品生产的最后阶段。但实践早已突破了这个观念。社会主义经济同样是建立在社会化大生产基础上的商品经济，而且它和资本主义商品经济具有许多共性，而这些共性大大超过了商品经济一般的含义。这就提出了一个问题，要不要建立一个新层次的商品经济范畴？我认为，为了科学地反映商品经济发展的全过程，同时进一步扩大《资本论》对社会主义商品经济的指导意义，有必要建立一个“社会化商品经济”的新概念。

所谓社会化商品经济，既区别于简单商品经济，又区别于特殊的资本主义商品经济和社会主义商品经济，它是由资本主义商品经济和社会主义商品经济的丰富的共性所构成的一种新层次的商品经济。马克思的《资本论》对资本主义商品经济的分析，撇开其私有制和剥削的特殊性质以外，就是对社会化商品经济的科学分析，或者说，是一部“社会化商品经济论”。从这当中，我们可以看出社会化商品经济具有如下基本规定性：

第一，商品经济建立在以大机器为主要劳动手段的社会化大生产基础上，

---

① 《马克思恩格斯全集》第 24 卷，人民出版社 1972 年版，第 127 页。

商品生产具有广泛而细密的分工和协作关系。

第二，商品经济成为社会经济的普遍形式，生产要素一般通过市场实现组合和配置，流通过程特别是销售环节越来越起着重要的作用。

第三，企业成为从事商品经济活动的独立主体，大都程度不同地实行所有权和经营权相分离的形式，股份公司成为企业体制的典型形式。

第四，商品经济的运行过程表现为价值的运动和增殖，其运行公式是 C—W—C′，即产出的价值大于投入的价值。

第五，社会逐渐形成完备的市场体系，价值（及其转化形式——生产价格）规律在全社会范围内发挥作用，市场成为国民经济运行的基础。

第六，国民经济不仅有发达的产业体系，而且有发达的商业体系和金融体系，这时的商品经济发展为货币经济和信用经济。

第七，社会再生产以货币流通为媒介，流通成为社会再生产的内在因素，“钱”和“物”的平衡成为国民经济综合平衡的集中表现。

第八，社会化商品经济是一种全面开放的经济，对外经济交流成为促进各国经济发展的必要条件。

上述几点中，商品经济的普遍化和经济运行表现为价值增殖，是社会化商品经济区别于简单商品经济的主要标志。

有了社会化商品经济的概念，可以进一步也是更加如实地认识资本主义经济和社会主义经济的共性，认识《资本论》对社会主义商品经济的指导意义。

3. 社会主义商品经济与资本主义商品经济共性的边界或真正的区别

随着对社会化商品经济共性的认识，许多曾经作为资本主义经济特有的概念，如价值增殖、平均利润、股份制、地租等，已经用到社会主义经济中来了，不仅是非公有制经济（这是不言而喻的），而且包括公有制经济。人们在这样做的时候，自觉或不自觉地撇开了这些概念原本反映的特殊的资本主义剥削关系，仅将其中的一般规定性用于社会主义公有制经济。这是对《资本论》意义再认识的一大进步。但是，对于资本、劳动力商品、剩余价值等概念，不少人则完全固守《资本论》的历史规范，只作为反映资本主义剥削关系的特殊概念来对待，认为社会主义公有制经济中绝对不存在也不容许存在这些东西。其理由是，这些概念是反映资本主义剥削本质的“核心范畴”，不能作“一分为二”（特殊与一般）的分析，以扩展其社会的适用范围，否则就会混淆资本主义与社会主义的区别。

然而，社会主义市场经济的实践却越来越迫使人们要在这个领域打破传统的观念，对资本、劳动力商品、剩余价值等概念作特殊与一般的分析。

在市场经济条件下，社会主义再生产无论在微观还是宏观上都表现为资本的周转和增殖；企业的生产经营活动不能回避“将本求利”的必要性；国有企业亏损严重，必须善于用活资本，实现保值和增殖，成为急待解决的一个大问题；随着股份制和证券市场的发展，必然出现各种收入的资本化，资本市场的出现不可避免。这种经济现实，是“资金”这一过于宽泛的概念难以准确表达的，需要用具有“垫支性”、“增殖性”、“流动性”、“回归性”、“风险性”的“资本”概念来反映。

在劳动力方面，出现了成百上千万的民工流动大潮，国有企业职工的下岗和再就业问题越来越突出，公有制企业职工择业的市场取向和流动性也日益增强；劳动者和工作单位的结合越来越采取双向选择，引入竞争机制来实现，合同工逐渐代替“铁饭碗”，劳动力市场成为社会主义市场体系中的重要组成部分；商场经济条件下的按劳分配不能不反映劳动力的价格。在这种情况下，再不承认劳动力是商品是不可能了。

社会主义公有制经济创造的国民收入，从根本的社会性质上说，是取之于民、用之于民，但直接分到劳动者个人手里的主要是相当于劳动力价值的工资部分，其剩余部分主要由企业和国家掌握使用，从这个意义上说，后者也是一种剩余价值，只不过它的分配不体现剥削关系罢了。马克思曾经指出，社会主义社会也存在剩余劳动。他在说这个话时认为社会主义社会是非商品经济的社会。而现实的社会主义经济仍然是商品经济，在这种条件下，对剩余劳动创造的价值不叫剩余价值就不合逻辑了。

可见，承认社会主义经济中还存在资本、劳动力商品、剩余价值，是社会化商品经济从资本主义扩展到社会主义的合乎逻辑的发展，是社会主义市场经济理论彻底性的必然要求。

照此办理，是否会混淆资本主义与社会主义的本质区别呢？不会。

马克思指出：“在一定意义上来理解”，“说资产阶级经济的范畴适用于一切其他社会形式这种说法是对的。”① 只不过不要忘记不同社会的本质区别就是了。我们党伟大的无产阶级革命家、著名经济学家、对《资本论》研究造诣很深的张闻天同志，在1963年写的《关于生产关系的两重性问题》中也有一段精辟的论述。他说：“马克思关于资本主义的许多经济概念和范畴，在改变其资本主义性质之后，也仍然可以运用，而且实际上也已经运用了的。在社会主义政治经济学，有人企图用全新的概念和范畴去代替马克思在《资本论》中所使用的一切概念和范畴，这种尝试，看来没有十分必要而且也难于成功，因为这些概念和范畴除了表现资本主义生产的特殊性以外，还表现社会生产的一般性。只要预先说明这些概念和范畴的性质在社会主义社会不同于资本主义社会，那么，在社会主义政治经济学中使用它们，是利多害少的。”② 因此，在商品、市场经济的外延已经超出资本主义的今天，我们完全有必要和可能根据

---

① 《马克思恩格斯选集》第2版第2卷，人民出版社1995年版，第23页。

② 《张闻天社会主义论稿》，中共党史出版社1995年版，第218—219页。

马克思关于特殊和一般可以转化的辩证观点，对资本、劳动力商品、剩余价值作特殊和一般的剖析。

资本的一般性在于，它是投资主体在生产经营中预付的、并且不断循环和增殖的价值，具有补偿性、增殖性、流动性和回归性。资本主义资本的特殊性在于，它以资本主义私有制为基础，是资本家进行剥削的本钱。社会主义资本的特殊性在于，它以公有制为基础，是发展生产、改善人民生活的手段。

劳动力商品的一般规定性在于，在社会化商品经济条件下，劳动力属于劳动者个人所有，劳动者具有转让劳动力的自主权和自由，劳动力必须通过市场与生产资料相结合，劳动力具有使用价值和价值，工资反映劳动力的价格。资本主义制度下的劳动力商品的特殊性在于，劳动者不是生产资料的所有者，他们和资本家在流通领域是等价交换关系，进入生产过程后则成为资产阶级的剥削对象。社会主义制度下劳动力商品的特殊性在于，劳动者是生产资料的共同所有者，他们通过市场交易和企业相结合，进入生产过程后，为社会、企业和个人统一的利益而劳动，不是被剥削的对象，而是生产的主人。

剩余价值的一般规定性在于，它是劳动者在剩余劳动时间创造的价值，一般不直接为单纯的劳动者个人所占用。资本主义剩余价值的特殊性在于，它为资本家无偿占有，体现着剥削关系，收入分配的后果必然是贫富两极分化。社会主义剩余价值的特殊性在于，它归根结底取之于民，用之于民，不体现剥削关系，收入分配的结果是逐步实现共同富裕。

由此可见，资本主义与社会主义的根本区别，或者说它们的共性的边界线，不在于是否存在资本、劳动力商品、剩余价值，而在于它们是以私有制为基础还是以公有制为基础，是不是包含剥削关系，发展的趋势是两极分化还是共同富裕。正如邓小平在谈到姓“资”与姓“社”的区别时所说的：“社会主义的本质，是解放生产力，发展生产力，消灭剥削，消除两极分化，最终达到共同富裕。就是要对大家讲这个道理。”①

这样做的结果，是否否定了《资本论》的真理呢？没有。相反，使《资本论》的真理更加明晰，更加突出，具有更加广阔的意义。这是因为，从根本上看，资本主义经济的特殊本质，不在于形式上劳动力买卖，货币成为资本，生产剩余价值，而在于其中体现的是资产阶级对无产阶级的剥削关系；这种剥削关系的基础是资本主义的私有制；这种私有制与社会化生产之间存在着对抗性矛盾；这个矛盾的发展必然导致两极分化，并决定资本主义最终走向灭亡。这正是马克思的资本和剩余价值学说的特殊真谛。现在，我们根据实践的发展，把这个特殊真谛从资本、劳动力商品、剩余价值等范畴中剥离出来，从而同其中的一般规定性分开，这样，通过学习《资本论》，一方面使人们更加彻底、

---

① 《邓小平文选》第3卷，人民出版社1993年版，第373页。

更加集中、更加鲜明地认识资本主义制度的本质、矛盾和必然灭亡的规律，另一方面又能够更加全面、更加透彻、更加切合实际地认识包括资本、劳动力商品和剩余价值一般规定性在内的商品、市场经济运行的普遍规律，从而更好地指导社会主义市场经济的发展。这样一来，岂不是使《资本论》的真理更加光辉夺目，具有更加伟大的生命力吗?

总之，尽管《资本论》由于受到历史条件的限制，没有看到社会主义和商品、市场经济结合的必要性，但这一点并不妨碍它对商品经济特别是社会化商品经济一般规律的系统科学分析，能够成为我们今天学习和研究市场经济所必须掌握的基础理论。

（二）《资本论》作为市场经济基础理论的主要内容

《资本论》对商品经济特别是社会化商品经济一般规律的分析，内容是深刻的、丰富的，无愧于成为市场经济的马克思主义理论基础。从我国当前学习、研究和实践市场经济的情况看，着重提出以下要点。

1. 关于商品、市场经济存在的经济根源

马克思认为商品经济产生的条件有两个方面，一是社会分工，二是不同的所有制。根据商品经济的范围扩展到同一个公有制内部的新情况，循着马克思分析的思路进一步深化，就可以把商品经济产生的经济根源归结为一个公式：(社会分工＋不同利益主体）→商品经济。有了这样一个明晰的认识，就可以概括地认识一切商品经济产生的原因，特别是深刻认识社会主义社会为什么必须始终要搞商品、市场经济的原因。

在社会主义的长时间里，不仅存在不同所有制的多元利益主体；而且在同一个公有制内部，在根本利益一致的前提下，由于诸多经济差别的存在和劳动的特殊谋生性质等原因，同样存在多元利益主体的关系。因此，经济的运行必须采取以等价交换为根本原则的商品、市场经济的形式。由此，我们可以从深层的根基上充分认识邓小平提出社会主义要搞市场经济的必要性和长期性，更加坚定社会主义走现代市场经济道路的决心。

2. 关于市场经济基础作用的实质

市场经济的基本规定性是对社会资源的配置起基础的调节作用。这个基础的调节作用的实质何在呢？就是价值规律的作用。

恩格斯指出："价值规律……正是商品生产的基本规律。"① 它对社会资源的配置作用主要表现如下：

第一，通过同一种商品的价值由社会必要劳动时间决定的要求，形成社会价值与个别价值的差额，推动同一个部门优胜劣汰的竞争，使资源分配不断向

---

① 《马克思恩格斯选集》第2版第3卷，人民出版社1995年版，第663页。

优势企业倾斜。

第二，通过价格围绕价值上下波动，形成价格与价值的不同差别，调节社会资源在不同部门之间的分配。

第三，在价值转化为生产价格后，通过利润率的平均化趋势，推动社会资源不断从利润率低的部门向利润率高的部门转移，促进产业结构的合理化和社会经济效益的提高。

第四，“不仅在每个商品上只使用必要的劳动时间，而且在社会总劳动时间中，也只把必要的比例量使用在不同类的商品上。”① 通过决定商品价值的第二含义的社会必要劳动时间的作用，使社会资源的配置建立在社会劳动按比例分配规律的基础上，从而为社会资源的合理分配规定了一个宏观的界限。

西方经济学对市场配置资源的作用，多半停留在商品的供求和价格信号的分析上，这固然有可取之处，但如果不懂得价值规律，那么，对市场配置资源作用的理解还只是表层的。

3. 关于市场经济运行的载体和目的

“资本作为自行增殖的价值，不仅包含着阶级关系，包含着建立在劳动作为雇佣劳动而存在的基础上的一定的社会性质。它是一种运动，是一个经过各个不同阶段的循环过程，这个过程本身又包含循环过程的三种不同的形式。因此，它只能理解为运动，而不能理解为静止物。……在这里，价值经过不同的形式，不同的运动，在其中它保存自己，同时使自己增殖，增大。”②

撇开资本体现的特殊社会性质，资本就是市场经济运行的共同载体。它的共同规定性就是：垫支性、有偿性、增殖性、运动性、回归性。其实质和灵魂就是价值的保值和增殖。市场经济运行的直接动机和目的也就在这里。从这个意义上说，市场经济就是讲求赚钱的经济。问题是要合法地赚钱，用提高效率的办法赚钱（至于赚钱又是为了什么，那就要由社会制度决定了）。对资本主义市场经济来说是如此，对社会主义市场经济来说也是如此。

社会主义的传统计划经济的一大弊病就是没有资本的观念。其结果只能是低效益。社会主义现在要搞市场经济，提高经济效益，就要明确地建立和强化资本的观念，以资本作为纵横运动的纽带，促进经济体制与经济增长方式的根本转变。

4. 关于市场经济的企业组织形式

股份公司最早萌芽于罗马帝国时代。它经过在资本主义时期的广泛发展，成为典型的现代企业制度。同时，在资本主义经济的发展中，还出现了合作制企业。

---

① 《马克思恩格斯全集》第25卷，人民出版社1974年版，第716页。

② 《马克思恩格斯全集》第24卷，人民出版社1972年版，第122页。

马克思指出：股份资本“取得了社会资本”的形式，“它的企业也表现为社会企业”，“这是作为私人财产的资本在资本主义生产方式本身范围内的扬弃。”“在股份公司内，职能已经同资本所有权相分离，因而劳动也已经完全同生产资料的所有权和剩余劳动的所有权相分离。”① “资本主义生产极度发展的这个结果，是资本再转化生产者的财产所必需的过渡点，不过这种财产不再是各个互相分离的生产者的私有财产，而是联合起来的生产者的财产，即直接的社会财产。”② “股份资本，作为最完善的形式（导向共产主义的）。”③ “在工业上运用股份公司的形式，标志着现代各国经济生活中的新时代。”“它们对国民经济的迅速增长的影响恐怕估计再高也不为过”，“它们是发展现代社会生产力的强大杠杆。”④

马克思指出：“工人自己的合作工厂，是在旧形式内对旧形式打开的第一个缺口”，在合作工厂中，资本与雇佣劳动的“对立是积极地扬弃的。”⑤ 恩格斯说：“在向完全的共产主义经济过渡时，我们必须大规模地采用合作生产作为中间环节”。⑥

马克思、恩格斯关于股份公司和合作制的思想，对建立与社会主义市场经济相适应的现代企业制度具有重要的现实意义和深远的历史意义。

第一，它为实现社会主义与市场经济的结合提供了重要启示。长期以来坚持改革的社会主义者存在一个难题：社会主义坚持生产资料公有制（其中包括居于主导地位的全民所有制），它讲求根本利益的统一性，而市场经济则要求企业成为独立的利益主体和市场竞争主体，这两者怎么能结合呢？现代股份公司为解决这个难题提供现实的途径。因为规范的股份公司既实现了投资权与企业经营权的有效分离，又保持了投资者（特别是控股者）对经营者的有效约束。而且，股份公司的经营方向，主要取决于控股者的意志，即“嫁鸡随鸡，嫁狗随狗”。这样，社会主义国家就可以通过公司化的改革，在坚持公有制为主体、国有制为主导的前提下，把公有制特别是国有制企业改造成为与市场经济相适应的利益主体和竞争主体。目前，我国广泛发展的股份合作制企业，则融合了合作制与股份制的特点，是一种劳动与资本双重联合的企业，更便于实现集体所有制与市场经济的有效结合。

第二，为加快社会主义资本的集中，优化产业结构，提高规模经济效益，

---

① 《马克思恩格斯全集》第25卷，人民出版社1974年版，第493、494页。

② 《马克思恩格斯全集》第25卷，人民出版社1974年版，第494页。

③ 《马克思恩格斯全集》第29卷，人民出版社1972年版，第299页。

④ 《马克思恩格斯全集》第12卷，人民出版社1962年版，第37、609、610页。

⑤ 《马克思恩格斯全集》第25卷，人民出版社1972年版，第497—498、498页。

⑥ 《马克思恩格斯全集》第36卷，人民出版社1974年版，第416页。

指明了有效的途径。马克思对股份制在促进生产力发展中的作用给予很高的评价，说它是发展现代生产力的强大杠杆，开辟了经济生活的新时代，对它在推动国民经济迅速发展中的作用估计再高也不为过。这其中的一个重要原因，就在于股份制能够广泛而便捷地筹集资本，迅速而平滑地集中资本，灵活机动地流动资本，显著地提高规模经济效益，创造出分散的资本根本不可能创造的大事业。这一点对我国很有现实意义。当前我国经济建设的一个突出问题就是结构不合理，资金分散，规模效益差，亏损严重。在这种情况下，就要把结构的调整与公司化的改革这两个方面结合起来，促进资本的合理流动、优化组合、快速集中，实行大集团战略，提高规模经济效益。在市场经济条件下，离开股份制的运作，结构的调整和规模效益的提高是难以奏效的。

第三，为社会主义公有制的发展壮大指明了方向。马克思关于股份制是私人资本向未来社会所有制的过渡形式的思想，是非常深刻，值得深思的。可以认为，这是从经济发展的自然过程上揭示私有制向公有制转化的一般规律。在无产阶级夺取政权以前，这个过程不能完成。在无产阶级夺取政权之后，是否应该继续进行这个过渡过程呢？按照经济发展的自然规律，不是没有这个必要和可能的。过去的历史且不说它。在我国的社会主义初级阶段，应该说存在着这个继续“过渡”的任务。现在，我国实行的是以公有制为主体、多种所有制共同发展的所有制结构。这种状况将持续一个相当长的历史时期。在这种情况下，社会主义公有制如何与非公有制相联系，如何引导它们健康发展，将来又如何共同走上社会所有制的道路呢？最现实、最有效的办法就是通过股份制。因为这种财产组织形式，既实现了资本的社会化，又保持多元的投资权；而控股者可以用更少的自有资本支配更大量的社会资本。这样，随着公有制特别是国有制经济改革的成功和优势的发挥，必然使公有制为主体、国有投资为主导、股权多元化的混合股份制企业得以广泛发展。这不仅使“主体”和“主导”的作用能够得到更有效的发挥，而且为将来完成私有制向社会所有制的过渡开辟了一条现实的道路。当然，这个过渡的完成，必须以高度发展的物质文明和精神文明为条件。

5. 关于市场经济的运行过程和生命线

市场经济的运行表现为资本的再生产过程。单个资本的再生产表现为资本的循环和周转。产业资本的循环是购产销三者的统一。企业资本的按比例分配和连续的运转是实现购产销三者的统一，搞活企业的基本条件。资本的连续循环就是资本周转。资本周转的速度决定于固定资本和流动资本的比例、固定资本的折旧率和资本的周转时间。加速资本的周转速度，有利于节约预付资本，提高年利润率。社会总资本再生产的核心问题，是同时实现社会总产品的价值补偿和物质补偿。两大部类的协调发展，“钱与物”的总量和结构平衡，是实现社会再生产的基本条件。比例—速度—效益是贯穿整个再生产过程中的一条红线。马克思的再生产理论，揭示了市场经济运行的一般规律，是搞好微观经济和宏观经济的基础理论。

这里特别需要提出的是，马克思非常强调市场特别是销售市场在市场经济运行中的决定作用。马克思指出：

第一，“要生产商品，他不仅要生产使用价值，而且要为别人生产使用价值，即生产社会的使用价值。……要成为商品，产品必须通过交换，转到把它当作使用价值使用的人的手里。”①

第二，“W—G。商品的第一形态变化或卖。商品价值从商品体跳到金体上，……是商品的惊险的跳跃。这个跳跃如果不成功，摔坏的不是商品，但一定是商品所有者。”②

第三，在产业资本循环所经过的购产销三个阶段中，“卖比买更为重要。”“流通时间的一部分——相对地说最有决定意义的部分——是由出售时间，即资本处在商品资本状态的期间构成的。”③

第四，社会总资本再生产的核心问题，是总产品同时实行“价值补偿和物质补偿”④。所谓价值补偿，就是把生产的产品卖掉，将全部价值以货币形式收回，所谓物质补偿，就是把消耗的物质资料用货币如数地买回来。因此，市场问题是实现两个补偿的中心问题。

第五，商品的成本和利润“在现实中、在竞争中、在现实市场上是否实现，实现到什么程度，都要取决于市场的状况”⑤。而市场是不断变化的，“某种产品今天满足一种社会需要，明天就可能全部地或部分地被一种类似的产品排挤掉。”⑥

第六，“社会需要，即社会规模的使用价值，对于社会总劳动时间分别用在各个特殊生产领域的份额来说，是有决定意义的。……因此，只有当全部产品是按必要的比例进行生产时，它们才能卖出去。社会劳动时间可分别用在各个特殊生产领域的份额的这个数量界限，不过是整个价值规律进一步发展的表现，虽然劳动时间在这里包含着另一种意义。为了满足社会需要，只有这样多的劳动时间才是必要的。在这里界限是通过使用价值表现出来的。”⑦

仅从以上论述，足以看出，销售市场的确是市场经济运行的动力、龙头和

---

① 《马克思恩格斯全集》第23卷，人民出版社1972年版，第54页。
② 《马克思恩格斯全集》第23卷，人民出版社1972年版，第124页。
③ 《马克思恩格斯全集》第24卷，人民出版社1972年版，第144、276页。
④ 《马克思恩格斯全集》第24卷，人民出版社1972年版，第436页。
⑤ 《马克思恩格斯全集》第25卷，人民出版社1974年版，第51页。
⑥ 《马克思恩格斯全集》第23卷，人民出版社1972年版，第125页。
⑦ 《马克思恩格斯全集》第25卷，人民出版社1974年版，第716—717页。

生命线。因此，任何一个成功的商品生产经营者，都必须把产品的开发和销售置于首要地位，作为重中之重的任务抓好。否则，就一定会被市场经济所淘汰。

6. 关于市场经济中的市场体系

作为社会化市场经济中的市场体系，是由多种形态的市场构成的。从基本的形态上说，包括产品市场、劳动力市场、资本市场和土地市场。成熟的市场经济，必须以成熟的市场体系为条件。

《资本论》分析了这些市场形态的一般规定性。这些分析对我们今天建立和健全社会主义市场体系仍有重要的意义。

（1）关于产品市场

马克思指出，商品的基本属性就是使用价值和价值的统一体，它们只有在交换中才能实现。这就告诉我们，商品市场竞争的主要内容不外两个方面："物美价廉"，即使用价值质量要好，价格要低廉。马克思又指出："商品是天生的平等派"。商品生产者"不承认任何别的权威，只承认竞争的权威，只承认他们互相利益的压力加在他们身上的强制"①。这说明，要建立成熟的市场体系，必须造成平等的竞争环境，打破一切人为的封锁。马克思又指出：商品的价格"是由买者和卖者之间的竞争即需求和供给的关系决定的。"② 而供求又是不断变动的。这就是说，商品价格的基础虽然是价值，但直接决定商品价格高低的是供求关系。因此，社会主义商品价格体制改革的一个主要目标，就是要使价格反映商品的供求状况及其变化趋势。马克思又指出，资本在不同部门的竞争和转移，必然导致利润率的平均化，从而使价值转化为生产价格。这是市场经济走向成熟时商品价格决定的方向。马克思还指出："市场的大小有两层意思：第一，消费者的数量，他们的人数；第二，也包括彼此独立的行业的数量。"③ 这就启示我们，要发展市场体系，归根结底要提高整个社会成员的现实购买力，同时大力发展社会分工协作关系。

（2）关于劳动力市场

我们党在关于建立社会主义市场经济体制的决定中，已明确要建立社会主义的劳动力市场。但在这方面，存在一个争议较大的问题，就是社会主义经济（以国有经济为代表）中的劳动力是不是商品？大体有三种回答：不是商品；是商品；具有两重性（既具有商品的性质，又具有非商品的性质）。

关于劳动力商品的学说，是马克思首次创立的，其针对性是资本主义的剥削制度。现在的问题是：能否从马克思的有关分析特别是分析的方法中，找到

---

① 《马克思恩格斯全集》第23卷，人民出版社1972年版，第103、394页。
② 《马克思恩格斯选集》第2版第1卷，人民出版社1995年版，第338页。
③ 《马克思恩格斯全集》第26卷第3册，人民出版社1974年版，第296页。

认识社会主义劳动力性质问题的启示?

我认为,《资本论》对资本主义劳动力市场的分析有以下几点值得重视:一是劳动力和劳动者以及劳动是有区别的。劳动力是存在于劳动者身上的一种劳动能力(包括体力和脑力)。劳动是劳动力实际发挥的过程。工人出卖的只是劳动力,不是劳动者,也不是劳动。二是劳动力商品有价值和使用价值两个因素。它的价值就是再生产劳动力所耗费的生活资料价值的总和(包括本人、家庭和必要的教育费用,而且随经济文化的发展而变化)。它的使用价值是特殊的,即劳动,能创造价值,而且能够创造出大于劳动力自身的价值。三是在流通领域,劳动力与资本的交换原则上是等价的。“他们彼此只是作为商品所有者发生关系,用等价物交换等价物。”① 这是劳动力商品性的直接表现。一旦离开流通领域,进入生产过程,劳动力就转化为活劳动,而不再能够作为商品买卖了。四是劳动力只是在生产过程中生产出剩余价值,并被资本家无偿占有,由此才实际发生了剥削关系。正如马克思所指出的:“劳动力的价值和劳动力在劳动过程中的价值增殖,是两个不同的量。资本家购买劳动力时,正是看中了这个价值差额。”② 五是这个差额之所以作为剩余价值被资本家无偿占有,原因是资本家垄断了生产资料,工人一无所有。可见,资本主义剥削关系产生的关键所在,并不在于工人的劳动力形式上成为商品,而在于把劳动力卖给了垄断生产资料的私人资本家。

在社会主义市场经济中,国有企业(这里仅以国有经济作为分析的代表)的资产虽然属于全民所有,但在市场经济体制下国有企业成了独立的利益主体和法人实体;工人虽然是生产资料全民所有者中的一分子,但他作为劳动者个人还不能直接和生产资料相结合,而只能以自己的劳动力与国有企业通过市场进行双向选择和等价交换而实现结合。在这里,即流通领域,劳动力就表现为商品。承认这种商品性,对于体现劳动者的自主性与合理的流动性,实现劳动力和生产资料的有效结合,以及解决我国突出的劳动就业问题,是有必要的。

由此是否否定了劳动者的主人翁地位呢?没有。劳动力一旦进入社会主义国有企业的生产过程,就表现出与资本主义的明显区别了。劳动者的劳动虽然同样分为必要劳动和剩余劳动两部分,前者再生产劳动力的价值或工资,后者创造剩余价值,但由于国有企业的资产属于全民所有,所以剩余价值不再为私人无偿占有,成为剥削收入,而是由国家和企业按需要占用,其性质归根结底是取之于民、用之于民。这就实际地体现出了全民所有制企业职工的联合主人地位。同时,在企业的管理中,按照社会主义原则的要求,职工将实际地发挥出主人翁的作用。由此可见,在社会主义市场经济中,承认劳动力市场和劳动

① 《马克思恩格斯全集》第23卷,人民出版社1972年版,第199页。

② 《马克思恩格斯全集》第23卷,人民出版社1972年版,第219页。

力的商品性，与社会主义公有制的根本性质和劳动者的主人翁地位，是不存在根本矛盾的，是能够辩证地统一起来的。

当然，社会主义公有制经济中职工的主人翁地位的真正体现和作用的充分发挥，涉及一系列制度和条件，这是需要认真解决的。

（3）关于资本市场

随着信用制度和股份公司的发展，必然产生各种债券、股票等有价证券，形成资本市场。有价证券的价格决定有特殊规律。以股票为例，它的价格＝$\frac{\text{预期股息总额}}{\text{利息率}}$。同时还取决于股票的供求关系。

马克思、恩格斯对资本主义信用制度的高度评价包含着资本市场。恩格斯说：资本主义的交易所有一种趋势，“要把包括工业生产和农业生产在内的全部生产，包括交通工具和交换职能在内的全部流通，都集中在交易所经纪人手里，这样，交易所就成为资本主义生产本身的最突出的代表。”作为证券交易的资本市场的积极作用主要表现在：一是为资本的自由转移和经济结构的调整提供了便捷的渠道；二是为企业的经济发展和加速资本集中开辟了社会场所；三是为国家进行财政和金融方面的宏观调控提供了有效的手段等等。但是，证券市场的发展又有一定的消极作用。如滋长资本交易的过分投机和赌博行为；造成泡沫经济和虚假的繁荣，甚至导致经济危机；产生少数靠欺诈和赌博发财的社会寄生虫，等等。马克思指出：“证券的市场价值部分地有投机的性质，因为它不是由现实的收入决定的，而是由预期得到的、预先计算的收入决定的。”“由这种所有权证书的价格变动而造成的盈亏，以及这种证书在铁路大王等人手里的集中，就其本质来说，越来越成为赌博的结果。”“在这种赌博中，小鱼为鲨鱼所吞掉，羊为交易所的狼所吞掉。”①

马克思关于资本市场的深刻分析告诉我们，在发展社会主义市场经济中，要逐步发展证券交易市场，以严格的法制手段，有效地发挥它的积极作用，限制其消极作用。

（4）关于土地市场

在市场经济条件下，土地作为重要的生产要素进入市场，形成土地市场。“土地价格无非是出租土地的资本化的收入。”② 其基本公式是：土地价格＝$\frac{\text{地租额}}{\text{利息率}}$。决定土地价格的因素还包括土地的供求关系、土地资本的折旧、增殖及其利息等。在社会主义条件下，土地属于国家和集体所有。土地所有权不

---

① 《马克思恩格斯全集》第25卷，人民出版社1974年版，第1028、530、541、497页。

② 《马克思恩格斯全集》第25卷，人民出版社1974年版，第705页。

能作为商品转让，但土地使用权可以进入市场转让。土地使用权的转让费也要反映土地价格的决定规律。土地市场是社会主义市场体系的一个重要的组成部分，需要逐步开发，加强管理，发挥它的积极作用。

7. 关于市场经济下的信用制度

商品经济的发展，必然产生资本的借贷关系和信用制度，从而使商品经济、货币经济进一步发展到信用经济。马克思的《资本论》对资本的借贷关系和信用制度进行了系统、深刻的分析。

第一，借贷资本是商品经济发展的必然产物。它是以"贷款"为特征的资本商品。利息是借贷资本贷款的收入，是职能资本家获得的平均利润中的一部分，它表现为借贷资本的"价格"。利息率一般低于平均利润率，在这个界限内，利息率的高低由借贷资本的供求关系决定。借贷资本的正常运转建立在职能资本正常周转的基础上，只有职能资本有效地运行，借贷资本家才能按期收回本息。

第二，信用制度是借贷资本的实现形式。它包括商业信用和银行信用两种基本形式。商业信用是在商品赊销活动中产生的信用。商业信用的工具是商业票据，它"是一种有一定支付期限的债券，是一种延期支付的证书。"① 商业信用是信用制度的基础形式。信用的进一步发展，产生了银行信用，它是银行资本家提供的信用。银行的基本职能，一是经营货币资本的借贷业务；二是经营与货币流通有关的技术业务。银行资本家投资的目的也是为了追求利润。银行自有资本具有职能资本的性质，它也要求获得平均利润。

第三，银行在市场经济中具有重要的地位和作用。马克思指出："银行家成了货币资本的总管理人。另一方面，由于他们为整个商业界而借款，他们也把借入者集中起来，与所有贷出者相对立。银行一方面代表货币资本的集中，贷出者的集中，另一方面代表借入者的集中。""银行制度，就其形式的组织和集中来说，……是资本主义生产方式的最精巧和最发达的产物。""银行制度造成了社会范围的公共簿记和生产资料的公共的分配的形式，但只是形式而已。……资本的这种社会性质，只是在信用制度和银行制度有了充分发展时才表现出来并完全实现。……因此，信用制度和银行制度扬弃了资本的私人性质"。②

第四，中央银行作为货币的发行机关，货币政策的决策和执行机构，以及最大的金融组织，在银行信用体系中居于关键地位。马克思指出："中央银行是信用制度的枢纽。而金属准备又是银行的枢纽。"③

第五，资本主义信用制度的作用具有两重性。在资本主义经济的发展中，

---

① 《马克思恩格斯全集》第 25 卷，人民出版社 1974 年版，第 542 页。

② 《马克思恩格斯全集》第 25 卷，人民出版社 1974 年版，第 453、685、686 页。

③ 《马克思恩格斯全集》第 25 卷，人民出版社 1974 年版，第 648 页。

信用制度起了巨大的推动作用。它促进了社会资本的集中，“通过一根根无形的线把那些分散在社会表面上的大大小小的货币资金吸引到单个的或联合的资本家手中。”① 它“是促使资本主义生产方式发展到它所能达到的最高和最后形式的动力。”“信用制度加速了生产力的物质上的发展和世界市场的形成”。但同时信用制度又加深了资本主义的矛盾。“信用为单个资本家或被当作资本家的人，提供在一定界限内绝对支配别人的资本，别人的财产，从而别人的劳动的权利。”② 这就使少数投机家像批发商一样，“拿社会的财产，而不是拿自己的财产来进行冒险”。“在这里，成功和失败同时导致资本的集中，从而导致最大规模的剥夺。”“银行和信用同时又成了使资本主义生产超出它本身界限的最有力的手段，也是引起危机和欺诈行为的一种最有效的工具。”总之，“信用制度固有的二重性是：一方面，把资本主义生产的动力——用剥削别人劳动的办法来发财致富——发展成为最纯粹最巨大的赌博欺诈制度，并且使剥削社会财富的少数人的人数越来越减少；另一方面，又是转到一种新生产方式的过渡形式。”③

马克思的这些分析，虽然针对的是资本主义的信用，但它包含着适用于市场经济条件的一般规定性，其中不少论述十分精辟。学习这些思想，对于我们全面认识社会主义的信用制度，进一步加强社会主义金融建设，深化金融体制改革，严格法制化管理，更好地发挥以中央银行为核心的金融体系在国民经济中的作用，无疑是大有好处的。

8. 关于市场经济中的货币和货币资本的作用和运行规律

市场经济是以货币和货币资本为媒介和动力运行的经济。马克思的《资本论》在这方面也有着一系列重要的论述。

第一，货币是商品交换的必然产物。货币的本质是充当一般等价物的特殊商品，是商品经济条件下社会财富的一般代表。货币具有价值尺度、流通手段、贮藏手段、支付手段和世界货币等职能。

第二，货币流通有一定的规律，即流通中必要货币量的决定规律。“$\frac{\text{商品价格总额}}{\text{同名货币的流通次数}}$=执行流通手段职能的货币量。这个规律是普遍适用的。”“纸币的发行限于它象征地代表金（或银）的实际流通的数量。”④ 如果纸币的发行量超过了这限度，就会发生通货膨胀。

---

① 《马克思恩格斯全集》第23卷，人民出版社1972年版，第687页。

② 《马克思恩格斯全集》第25卷，人民出版社1974年版，第685、499、496页。

③ 《马克思恩格斯全集》第25卷，人民出版社1974年版，第496—497、497、686、499页。

④ 《马克思恩格斯全集》第23卷，人民出版社1972年版，第139、147页。

第三，货币资本是再生产的动力和媒介。货币资本的循环是再生产过程的一般表现。“资本主义的商品生产，——无论是社会地考察还是个别地考察，——要求货币形式的资本或货币资本作为每一个新开办的企业的第一推动力和持续的动力。特别是流动资本，要求货币资本作为动力经过一段短时间不断地反复出现。”①

第四，社会总资本再生产的按比例发展，集中表现为“钱”和“物”在总量和结构上的平衡。社会扩大再生产的实现，要求货币积累与实际积累保持平衡。积累的规模，归根结底不取决于货币的多少，只取决于社会剩余产品的规模和构成。

第五，社会再生产的顺利实现要货币必须回流。马克思指出：“当再生产（无论是简单的，还是规模扩大的）正常进行时，由资本主义生产者预付到流通中去的货币，必须流回到它的起点（无论这些货币是他们自己的，还是借来的）。这是一个规律。”② 如果在再生产的周期应该回流的货币没有按期回流，必然意味着再生产受到破坏。

第六，信用制度的发展，产生了信用货币。如商业票据、银行券等。马克思通过对银行券流通规律的分析，进一步揭示了纸币发行的基本条件。这就是：一要有信用保证。即银行券的发行要反映（通过商业票据的贴现）实际的商品流通的规模。二要有黄金保证。即要有必要的黄金准备金，以供银行券兑现。这两个条件缺一不可。实际上，这两个条件也是保持纸币稳定的必要条件。不过其中的黄金保证可以扩展为外汇储备保证。

第七，信用制度下的货币资本积累与现实资本积累的关系比较复杂。这里所说的货币资本，既包括银行的借贷资本，也包括各种虚拟资本（如股票、国债等）。货币资本的积累既反映现实资本的积累，但又不完全反映，甚至有脱节的危险性。这是因为，“借贷资本的增加，并不是每次都表示现实的资本积累或再生产过程的扩大。”而虚拟资本“作为纸制复本，这些证券只是幻想的，它们的价值额的涨落，和它们有权代表的现实资本的价值变动完全无关”③。如果货币资本的积累严重脱离现实资本的积累，就会形成“泡沫经济”，甚至导致金融危机。

马克思的这些论述，对我们全面认识社会主义市场经济条件下的货币和货币资本的重要作用、运行规律以及可能出现的问题，从宏观经济上高度重视货币和货币资本问题，正确制定和实施有效的货币政策，加强对货币资本的管理，具有重要的现实意义。

---

① 《马克思恩格斯全集》第 24 卷，人民出版社 1972 年版，第 393 页。

② 《马克思恩格斯全集》第 24 卷，人民出版社 1972 年版，第 512 页。

③ 《马克思恩格斯全集》第 25 卷，人民出版社 1974 年版，第 549、540—541 页。

9. 关于市场经济条件下的收入分配

市场经济的收入，是劳动者创造的新价值（v+m），或者叫国民收入。市场经济的效益体现在收入的分配上。马克思和恩格斯通过对资本主义收入分配的分析，阐明了收入分配的一般规律。

第一，生产关系决定分配关系。“分配的结构完全决定于生产的结构。分配本身是生产的产物，不仅就对象说是如此，而且就形式说也是如此。”① “一定的分配形式是以生产条件的一定的社会性质和生产当事人之间的一定的社会关系为前提的。因此，一定的分配关系只是历史规定的生产关系的表现。”②

第二，分配方式取决于可分配的产品数量。“分配方式本质上毕竟要取决于有多少产品可供分配，而这当然随着生产和社会组织的进步而改变，从而分配方式也应当改变。”③

第三，分配关系和生产关系都具有历史性。“分配关系本质上和生产关系是同一的，是生产关系的反面，所以二者都具有同样的历史的暂时的性质。”④

第四，分配反过来影响生产和交换。“分配并不仅仅是生产和交换的消极的产物；它反过来也影响生产和交换。”⑤

第五，商品经济条件下的收入分配，只能是通过产品的销售形成货币化了的实际收入所进行的分配。马克思指出：“商品量 W'，作为已经增殖的资本的承担者，还必须全部完成形态变化 $W'—G'$。在这里，出售商品的数量，成为决定性的事情。”⑥ 如果商品卖不掉，或者只是卖掉相当于不变资本 C 的部分产品，那是谈不上收入的分配。

关于收入分配的这些基本原理，完全适用于社会主义市场经济收入的分配。

第一，由于我国现阶段建立的是以公有制为主体、多种所有制并存的生产资料所有制结构，同时劳动还是一种谋生的手段，因此，收入的分配只能实行以按劳分配为主、多种分配形式相结合的收入分配结构。其中，劳动收入是主要形式，此外还有非劳动收入，以及部分合法的剥削收入。

第二，社会主义经济是商品、市场经济。市场不仅对生产要素的分配起基础性的调节作用，而且对收入的形成和分配同样起着基础性的调节作用。一切劳动的成果只有通过市场，把产品卖掉，才能形成现实的收入可供分配。而

---

① 《马克思恩格斯选集》第 2 版第 2 卷，人民出版社 1995 年版，第 13 页。

② 《马克思恩格斯全集》第 25 卷，人民出版社 1974 年版，第 997 页。

③ 《马克思恩格斯选集》第 2 版第 4 卷，人民出版社 1995 年版，第 691 页。

④ 《马克思恩格斯全集》第 25 卷，人民出版社 1974 年版，第 993 页。

⑤ 《马克思恩格斯选集》第 2 版第 3 卷，人民出版社 1995 年版，第 491 页。

⑥ 《马克思恩格斯全集》第 24 卷，人民出版社 1972 年版，第 49 页。

且，在不同部门、不同地区、不同企业之间，由于存在着多方面的经济乃至自然条件的差别，同一劳动在市场的作用下所形成的货币收入，是不相同甚至是大不相同的。在这种情况下，收入的分配既要坚持以市场调节为基础，又要进行必要的宏观调控，以形成比较合理的分配格局。

第三，在市场经济条件下，生产要素的投入是收入分配的直接根据。在信用关系和股份制日益发展的形势下，收入的分配必然包括劳动收入和资本收入两种类型。前者根据劳动力的价格和劳动的数量与质量进行分配，后者根据投资的数量进行分配。投资收入既有非劳动收入，也有剥削收入。在社会主义初级阶段，这种收入分配的结构是不可避免的，在总体也是有利于生产力发展的。为了全面认识和正确处理现阶段收入的分配，需要对收入分配的性质作进一步的具体分析。一是要区别劳动收入和非劳动收入，就整个社会来说，劳动收入是主要的。二是要区别一般的非劳动收入和剥削收入，就总体来讲，前者是主要的。三是要区别合法的剥削收入和非法的剥削收入，前者要受到法律保护，后者要依法制裁。就一些私营企业主来讲，他们的收入也可能包括三个部分；管理劳动的收入，投资的风险收入，剥削收入。认清这些界限，对于实事求是地搞好现阶段的收入分配是有益的。

第四，社会主义国民收入不能吃光花光，必须在分配上留有必要的积累和后备。正如马克思指出的："在任何社会生产（例如，……）中，总是能够区分出劳动的两个部分，一个部分的产品直接由生产者及其家属用于个人的消费，另一部分即始终是剩余劳动的那个部分的产品，总是用来满足一般的社会需要。"① 恩格斯也指出："劳动产品超出维持劳动的费用而形成的剩余，以及社会生产基金和后备基金靠这种剩余而形成和积累，过去和现在都是一切社会的、政治的和智力的发展的基础。"② 当今，在我国市场经济体制的建设过程中，遇到了一个突出的问题就是社会保障体系的建立。这既是现代市场经济发展的题中之义，又关系到社会主义优越性的一个重要表现。因此，在今后一个相当时期，必须着重抓好这件大事，为城乡的失业者和丧失劳动力的人口创造一个必要的生活保障条件。

第五，收入的分配必须根据生产条件的变化而变化。我国基本实现现代化的战略目标在人民生活上的体现，首先是解决温饱问题，然后达到小康水平，最后到 21 世纪中叶过上比较富裕的生活。在这个过程中，我们的收入分配政策，必须在保持基本稳定的前提下不断地、适时适度地进行调整，使之愈来愈合理化，确保广大人民真正逐步地走上共同富裕的道路。

---

① 《马克思恩格斯全集》第 25 卷，人民出版社 1974 年版，第 992 页。

② 《马克思恩格斯选集》第 2 版第 3 卷，人民出版社 1995 年版，第 538 页。

10. 关于市场经济的历史作用和发展趋势

商品经济在历史上存在了几千年，“是历史上完全不同的社会经济形态所共有的。”① 其中包括奴隶制和封建制社会。“但是，只有资本主义的商品生产，才成为一个划时代的剥削方式，这种剥削方式在它的历史发展中，由于劳动过程的组织和技术的巨大成就，使社会的整个经济结构发生变革，并且不可比拟地超越了以前的一切时期。”② 这既是对资本主义历史作用的高度评价，也是对商品、市场经济历史作用的高度评价。

为什么社会化商品经济和市场经济有如此巨大的历史作用呢？根本原因在于社会化商品经济的特点。我们知道，社会化商品经济是建立在社会分工与不同利益主体关系基础上的、以普遍的等价交换和自由竞争为特征的经济形式。因此，它与自然经济和传统的计划经济相比，具有明显的优势，主要是：生产经营的自主性，最大利益的驱动性，优胜劣汰的竞争性，经济效益的实现性（卖出去才算数），资源配置的流动性，经济运行的开放性等。其集中的表现，就是有利于调动企业和劳动者的积极性，有利于经济效益的提高，有利于社会生活水平的提高，也有着提高精神文明的作用。西方和东方市场经济的实践已经证明了这一点。

然而，商品、市场经济有没有消极作用呢？回答是肯定的。这里且不说市场调节对资源的配置有一定的局限性和盲目性，市场竞争会产生一些无序现象，也不说完全按市场要素进行的收入分配有加剧社会不公的趋势，这里仅说商品拜物教的问题。

关于商品拜物教的原理，是马克思的商品经济理论的重要组成部分。商品拜物教是商品生产者把商品物当作神来崇拜的一种宗教迷信。马克思指出：“劳动产品一旦作为商品来生产，就带上拜物教性质，因此拜物教是同商品生产分不开的。”“商品世界的这种拜物教性质，……是来源于生产商品的劳动所特有的社会性质。”这个特有的社会性质，就是由商品经济存在的原因所产生的私人劳动（或扩大了的个别劳动）、与社会劳动之间的矛盾，即商品经济的基本矛盾。货币产生以后，商品拜物教就发展为货币拜物教。“货币拜物教的谜就是商品拜物教的谜，只不过变得明显了，耀眼了。”资本主义就是“颂扬金的圣杯是自己最根本的生活原则的光辉体现。”③ 当货币转化为资本以后，商品和货币拜物教又进一步发展为资本拜物教。特别是在“生息资本的形式上，资本拜物教的观念完成了。”④ 商品、货币、资本拜物教，是导致社会一

① 《马克思恩格斯全集》第23卷，人民出版社1972年版，第193页。

② 《马克思恩格斯全集》第24卷，人民出版社1972年版，第44页。

③ 《马克思恩格斯全集》第23卷，人民出版社1972年版，第89、111、153页。

④ 《马克思恩格斯全集》第25卷，人民出版社1974年版，第449页。

些病态、腐败和犯罪现象的一个重要因素。它明显地反映了商品、市场经济的负面效应。有人提出，只能说市场有消极作用，不能说市场经济有消极作用。这既不符合事实，也不符合逻辑。市场经济不就是以市场为基础配置社会资源的经济形式吗？怎么市场一旦成为“经济”就改变了市场的作用了呢？

当然，在市场经济必然存在的历史限度内，它的积极作用是主要的。而且，随着市场经济日益走向成熟，特别是有关法制体系的完善，其消极作用会趋于减弱。在社会主义制度下，更有利于发挥市场经济的积极作用，限制其消极作用。但是，只要市场经济的土壤和矛盾（个别劳动与社会劳动的矛盾）还存在，其固有的消极作用不会完全消除。

因此，应该在理论上明确地认识市场经济作用的两重性。这样，我们在发展社会主义市场经济的整个历史过程中，就会更加坚定、更加自觉地坚持邓小平提出的一系列“两手抓、两手都要硬”的方针，保证社会主义市场经济健康、高效地向前发展；同时，我们的广大党员和干部就会在市场经济的实践中，始终保持清醒的头脑，警惕拜金主义的影响，坚持社会主义的义利观。

马克思的《资本论》还提出了商品经济发展的历史趋势。指出在以物的依赖为特性的商品经济发展的基础上，人类将“建立在个人全面发展和他们共同的社会生产能力成为他们的社会财富这一基础上的自由个性”① 的经济方式。“以交换价值为基础的生产便会崩溃。”②（详见前面的引论）当然，这个目标，只能在产品极大丰富、实行按需分配的共产主义高级阶段才能实现。不过，在我们今天正在发展社会主义市场经济的时候，看到未来发展的这个趋势，也不是没有意义的。特别是对作为政治家要求的高级领导干部来说，树立科学的历史发展观，眼光看得远一些，更是必要的。

（三）《资本论》作为市场经济基础理论的优势

为了全面、具体地理解社会主义市场经济理论，有效地推进社会主义市场经济体制的建立，光学习《资本论》是不够的，还必须学习西方经济学，从中获取有益的知识。应当承认，西方经济学对市场经济的研究比较具体，具有务实、可操作性、注重量化分析等长处，有一定的科学性，这些正是传统的社会主义经济学所欠缺的。但是必须看到，在对商品、市场经济的研究上，马克思的《资本论》与西方经济学在根本的立场、观点和方法上是不同的，或者说前者与后者相比具有根本性的理论优势。其主要表现至少有如下几点：

1. 关于商品价值理论

西方经济学没有科学的商品价值理论，并且大都反对劳动价值学说，这就

① 《马克思恩格斯全集》第46卷上册，人民出版社1979年版，第104页。

② 《马克思恩格斯全集》第46卷下册，人民出版社1980年版，第218页。

意味着它的整个经济理论缺乏科学的根基，更重要的是必然掩盖剥削与被剥削的关系，而这个关系是当代商品、市场经济中客观存在的不能抹杀的重要关系。《资本论》对商品、市场经济的分析，建立在科学的劳动价值理论的基础上，它既坚持社会必要劳动是创造价值的唯一源泉（原动力），又如实地承认各种非劳动因素在价值形成中的制约、影响作用，从而为其全部经济理论奠定了坚实的科学基础。

这里想就活劳动作为创造价值的源泉和非活劳动因素（如生产资料、自然条件等）在价值形成中的作用问题，谈点自己的认识。

第一，说劳动创造价值，就是指活劳动是创造价值的唯一源泉。因为只有活劳动才是生产过程和价值创造过程的唯一的能动因素、唯一的启动力。一句话，只有人才是劳动的主体。

第二，非活劳动因素是活劳动创造价值的必要条件，甚至影响同一劳动创造价值的数量，或者说具有价值增殖的潜在的可能性，但它绝不提供价值增殖的现实性。马克思指出："虽然只有可变资本部分才能创造剩余价值，但它只有在另一些部分，即劳动的生产条件也被预付的情况下，才会创造出剩余价值。"①"良好的自然条件始终只提供剩余劳动的可能性，从而只提供剩余价值或剩余产品的可能性，而绝不能提供它的现实性。"② 这个逻辑，也适用于一切人造的高新技术设备。

第三，非活劳动因素虽然具有价值增殖的可能性，但要把这种可能性变成现实性，必须通过活劳动。劳动不单纯是生理的支出，而是社会性的支出，所以，良好的生产资料和劳动的结合，只意味着提高了活劳动的质量和效率，成了过去劳动的倍加。马克思指出："生产力特别高的劳动起了自乘的劳动的作用，或者说，在同样的时间内，它所创造的价值比同种社会平均劳动要多。""生产效率较高的国民劳动在世界市场上也被算作强度较大的劳动。"③ 因此，在这种情况下新生产的比过去更大的价值总量，仍然是以活劳动作为唯一源泉创造的。

第四，尽管非活劳动条件不是创造价值的源泉，但在商品经济条件下，它们成为占有和买卖的对象。所以，它们的投入当然是有偿性的，要有相应的回报。越是良好的生产条件，回报率越高。这是市场经济的法则。但是，生产条件的回报，只是业已形成的收入的分配，而不是价值的创造。二者不能混同。

总之，在商品价值理论上，既要坚持活劳动是创造价值的唯一源泉，又要如实地承认非活劳动因素在价值形成上的客观制约作用。将这两个方面辩证地

---

① 《马克思恩格斯全集》第25卷，人民出版社1974年版，第50页。

② 《马克思恩格斯全集》第23卷，人民出版社1972年版，第562页。

③ 《马克思恩格斯全集》第23卷，人民出版社1972年版，第354、614页。

统一起来。

2. 关于经济学研究的对象

西方经济学作为研究国民财富生产和分配的科学，主要研究物与物的关系。至于人与人的关系，则一般限于抽象的描述商品的人格化的关系，竭力回避和掩盖不同所有制下的人与人的特殊社会关系特别是阶级关系，实际上是维护资本主义的剥削制度。马克思的经济学作为研究生产关系的科学，坚持从人与物的结合上着重揭示人与人的关系，指明这种人与人的关系不单是一种商品化的关系，更本质的是建立在一定生产力基础上的不同的所有制和收入分配关系，包括不同的阶级关系。因此，在发展社会主义市场经济中，不仅要注重社会资源的配置，而且要注重人的利益关系的变动，正确处理各种矛盾特别是大量的人民内部矛盾，促进社会主义生产关系的完善、巩固和发展，促进市场经济的合理、有效的运行。

3. 关于商品、市场经济的历史性

西方经济学一般把商品、金钱关系看成是人的本性所要求的永恒关系，把市场调节的作用万能化。即使看到市场的某些负面效用，也不能进行完全科学的分析。总的看西方经济学受到商品、货币、资本拜物教的束缚。马克思的《资本论》则把商品、货币关系看成是一定历史阶段的产物，既充分肯定商品经济特别是资本主义商品经济的巨大积极作用，又深刻地分析了它的消极作用及其根源，彻底地批判了商品拜物教、货币拜物教和资本拜物教。在此基础上，揭示了商品经济必然走向消亡，为自由人联合经济所代替的历史大趋势。这里需要指出的是，马克思对商品、市场经济的历史局限性和消亡的历史必然性的分析原则上是正确的，只不过由于实践的限制，他对商品存在和消亡的长期性估计不足罢了（他认为在实行按劳分配的社会主义阶段就不存在商品关系，实际上在这个阶段，按劳分配和商品经济是同根生的“双胞胎”，它们只能在产品极大丰富、实行按需分配的共产主义高级阶段一起退出历史舞台）。但这一点是不能苛求于他的。

由此可见，我们通过《资本论》来学习社会主义市场经济的基础理论，可以学到从西方经济学中学不到的根本真理。而掌握这些真理，对于我们特别是作为政治家要求的高级干部，从社会历史哲学和市场经济学双重结合的大视角，来全面、深刻、历史地把握社会主义市场经济理论，在纷繁复杂的工作实践中保持求实而又清醒的头脑，正确处理各种矛盾，坚持“两手抓、两手都要硬”的方针，保证社会主义市场经济高效、健康地向前发展，是至关重要的。

如果说，社会主义公有制的优势在于“联合＋主人”的话，那么，现代市场经济的优势则在于“竞争＋制衡”。社会主义市场经济应该是这两方面优势的综合。据此，我们可以把社会主义市场经济归结为一个公式，即＝（联合＋主人）＋（竞争＋制衡）。理解这一点，有助于我们高屋建瓴地把握社会主义市场经济的精髓，全面发挥社会主义市场经济的优势。

四、《资本论》关于社会生产一般规律的理论与现实

生产关系不是凭空产生和发展的，而总是在一定生产力的基础上产生和发展的。所以，《资本论》为了科学地揭示资本主义生产关系发生、发展和必然灭亡的规律，对社会生产一般规律进行了详细的分析。从这个角度看，又可以把《资本论》看成是一部“社会生产一般规律论”。这方面的内容是极其丰富的。下面仅围绕经济增长方式转变这个中心，着重提出以下要点，以供思考。

1. 经济增长与消费需求

马克思：“人从出现在地球舞台上的第一天起，每天都要消费，不管在他开始生产以前和在生产期间都是一样。”①

马克思：“没有生产，就没有消费；但是，没有消费，也就没有生产，因为如果没有消费，生产就没有目的。”②

马克思：“消费从两方面生产着生产：

（1）因为产品只是在消费中才成为现实的产品，例如，一件衣服由于穿的行为才现实地成为衣服；一间房屋无人居住，事实上就不成其为现实的房屋；因此，产品不同于单纯的自然对象，它在消费中才证实自己是产品，才成为产品。消费是在把产品消灭的时候才使产品最后完成，因为产品之所以是产品，不在于它是物化了的活动，而只是在于它是活动着的主体的对象。

（2）因为消费创造出新的生产的需要，也就是创造出生产的观念上的内在的动机，后者是生产的前提。消费创造出生产的动力，它也创造出在生产中作为决定目的的东西而发生作用的对象。如果说，生产在外部提供消费的对象是显而易见的，那么，同样显而易见的是，消费在观念上提出生产的对象，把它作为内心的图象、作为需要、作为动力和目的提出来。消费创造出还是在主观形式上的生产对象。没有需要，就没有生产。而消费则要把需要再生产出来。”③

马克思：“消费的需要决定着生产。”④

马克思：“消费，作为必需，作为需要，本身就是生产活动的一个内在要素。”⑤

马克思：“社会需要，即社会规模的使用价值，对于社会总劳动时间分别

---

① 《马克思恩格斯全集》第 23 卷，人民出版社 1972 年版，第 191 页。

② 《马克思恩格斯选集》第 2 版第 2 卷，人民出版社 1995 年版，第 9 页。

③ 《马克思恩格斯选集》第 2 版第 2 卷，人民出版社 1995 年版，第 9 页。

④ 《马克思恩格斯选集》第 2 版第 2 卷，人民出版社 1995 年版，第 17 页。

⑤ 《马克思恩格斯选集》第 2 版第 2 卷，人民出版社 1995 年版，第 12 页。

用在各个特殊生产领域的份额来说，是有决定意义的。”①

这些论述告诉我们：消费既是生产的目的和完成，又为生产提供需求和动力。社会主义经济增长的目的，就是满足人民日益增长的物质和文化生活的需要。我们要转变经济增长方式，首先要转变经济增长的目的性。从过去生产与消费脱节转变到生产面向市场，面向消费，要提高产品的销售率，把积压减少到最小限度。今后，没有市场需求的产品绝不要再生产了。同时，还要不断提高人民的消费力，不断开发新的持久性的消费热点，以此带动经济的增长。离开了这一根本点，国民经济就不可能达到持续增长。

2. 经济增长与劳动生产率

马克思：“在一切社会状态下，人们对生产生活资料所消费的劳动时间必然是关心的，虽然在不同的发展阶段上关心的程度不同。”②

马克思：“真正的经济——节约——是劳动时间的节约（生产费用的最低限度——和降低到最低限度）。而这种节约就等于发展生产力。”③

马克思：“劳动生产率等于用最低限度的劳动取得最大限度的产品，从而使商品尽可能变便宜。”④

马克思：“真正的财富在于用尽量少的价值创造出尽量多的使用价值，换句话说，就是在尽量少的劳动时间里创造出尽量丰富的物质财富。”⑤

马克思：“劳动生产率的提高正是在于：活劳动的份额减少，过去劳动的份额增加，但结果是商品中包含的劳动总量减少；因而，所减少的活劳动要大于所增加的过去劳动。”“一种新的生产方法要证明自己实际上提高了生产率，就必须使固定资本由于损耗而转移到单个商品中的追加价值部分小于因活劳动的减少而节约下来的价值部分，总之，它必须减少商品的价值。”“因此，加入商品的劳动总量的这种减少，好象是劳动生产力提高的主要标志，无论在什么社会条件下进行生产都一样。在生产者按照预定计划调节生产的社会中，甚至在简单的商品生产中，劳动生产率也无条件地要按照这个标准来衡量。”⑥

马克思：“除了各个人的先天的能力和后天获得的生产技能的区别，劳动生产力主要应当取决于：

首先，劳动的自然条件，如土地的肥沃程度、矿山的丰富程度等等；

其次，劳动的社会力的日益改进，引起这种改进的是：大规模的生产，资

---

① 《马克思恩格斯全集》第25卷，人民出版社1974年版，第716页。

② 《马克思恩格斯全集》第23卷，人民出版社1972年版，第88页。

③ 《马克思恩格斯全集》第46卷下册，人民出版社1980年版，第225页。

④ 《马克思恩格斯全集》第49卷，人民出版社1982年版，第98页。

⑤ 《马克思恩格斯全集》第26卷第3册，人民出版社1974年版，第281页。

⑥ 《马克思恩格斯全集》第25卷，人民出版社1974年版，第290、291页。

本的积聚，劳动的联合，分工，机器，改良的方法，化学力及其他自然力的应用，利用交通和运输工具而达到时间和空间的缩短，以及其他各种发明，科学就是靠这些发明来驱使自然力为劳动服务，劳动的社会性质或协作性质也由于这些发明而得以发展。”①

这些论述告诉我们：经济的有效增长，在产品的使用价值满足社会需要的前提下，还必须提高劳动生产率，用更少的投入达到更大的产出。回顾不算经济账的历史教训，面对当前企业严重亏损的现实，深感马克思的教导很有现实意义。搞市场经济，就必须强化产出大于投入的意识。

提高劳动生产率的一个重要标志，是技术进步引起生产商品的物化劳动的增加额小于减少的活劳动量，从而导致单位商品价值量的降低。所以，在技术革新中，不能满足新的机器设备代替了多少活劳动，而必须以上述的比较为标准来衡量是否真正提高了劳动生产率。从社会范围看，劳动生产力的提高是一系列因素综合作用的结果。其中包括：社会的和自然的、客观的和主观的、生产的和流通的、规模的和结构的等等。马克思列举的这些因素，为我们提高社会主义社会的劳动生产力指明了途径。

3. 经济增长的基点和主体

马克思：“只要有积累，简单再生产总是积累的一部分，所以，可以就简单再生产本身进行考察，它是积累的一个现实因素。”②

马克思：“简单再生产是每个规模扩大的年再生产的一部分，并且还是它最重要的一部分。”③

马克思：“如果只考察价值量，扩大再生产的物质基础是在简单再生产内部生产出来的。”④

马克思：“劳动资料大部分都因为产业进步而不断变革。因此，它们不是以原来的形式，而是以革新的形式进行补偿。”⑤

马克思：“一定量的资本，没有积累，还是能够在一定界限之内扩大它的生产规模。”⑥

马克思：“预付资本……在转化为生产资本之后，包含着生产的潜力，这些潜力的界限，不是由这个预付资本的价值界限规定的，这些潜力能够在一定

---

① 《马克思恩格斯选集》第2版第2卷，人民出版社1995年版，第71页。
② 《马克思恩格斯全集》第24卷，人民出版社1972年版，第438页。
③ 《马克思恩格斯全集》第24卷，人民出版社1972年版，第457页。
④ 《马克思恩格斯全集》第24卷，人民出版社1972年版，第560页。
⑤ 《马克思恩格斯全集》第24卷，人民出版社1972年版，第190—191页。
⑥ 《马克思恩格斯全集》第24卷，人民出版社1972年版，第565页。

的活动范围之内，在外延方面或内含方面按不同程度发挥作用。”①

这些论述告诉我们：在规模扩大的再生产中，简单再生产即原有生产能力的再生产具有重要的地位，用马克思的话说，是“最重要的一部分”。因为，随着生产基数的扩大，原有生产能力在整个扩大的生产能力中所占的比重一般说是越来越大的，从而成为经济增长的主体部分。

同时，原有的生产能力，无论从物质形态（固定资产）看，还是从价值形态（资本）看，它们在再生产过程中，都不是简单地保持原有的规模，而是有相当的扩张力，能实现扩大再生产。这种扩大再生产不管采取什么类型（外延型和内含型），就节约资本来说，比新增投资实现的扩大再生产效果要好。

可见，在有效的经济增长中，必须把提高存量资产的运行效率作为基点和主要战场。

4. 经济增长的不同类型

马克思：“生产逐年扩大是由于两个原因：第一，由于投入生产的资本不断增长；第二，由于资本使用的效率不断提高。”②

马克思：“科学和技术使执行职能的资本具有一种不以它的一定量为转移的扩张能力。”③

马克思：“积累，剩余价值转化为资本，按其实际内容来说，就是规模扩大的再生产过程，而不论这种扩大是从外延方面表现为在旧工厂之外添设新工厂，还是从内含方面表现为扩充原有的生产规模。”④

马克思：“固定资本价值中这个转化为货币的部分，可以用来扩大企业，或改良机器，以提高机器效率。……从社会的观点看，是规模扩大的再生产。如果生产场所扩大了，就是在外延上扩大；如果生产资料效率提高了，就是在内含上扩大。”⑤

马克思：“在已耕地同未耕地相比只占较小面积，地力还没有枯竭的时候（……），这种刚刚开始的新生产方式同农民生产的区别，主要在于由一个资本家投资耕种的土地面积较大，也就是在于资本以粗放的方法投在较大的土地面积上。”⑥

马克思：“在经济学上，所谓耕作集约化，无非是指资本集中在同一土地

---

① 《马克思恩格斯全集》第24卷，人民出版社1972年版，第395页。

② 《马克思恩格斯全集》第26卷第2册，人民出版社1973年版，第598页。

③ 《马克思恩格斯全集》第23卷，人民出版社1972年版，第664页。

④ 《马克思恩格斯全集》第24卷，人民出版社1972年版，第356页。

⑤ 《马克思恩格斯全集》第24卷，人民出版社1972年版，第192页。

⑥ 《马克思恩格斯全集》第25卷，人民出版社1974年版，第762页。

上，而不是分散在若干毗连的土地上。”①

这些论述告诉我们：经济的增长有两种基本方式或类型，一种是外延的或粗放的，其根本特征是单纯依靠增加生产要素的投入数量而实现的生产增长；另一种是内含的或集约的，其根本特征是主要依靠提高生产要素的使用效率而实现的生产增长。生产要素的使用效率是否提高，是区别两种增长方式的根本界限。

根据理论和实践，我们党和国家把实现经济增长方式从粗放型向集约型的根本转变，作为今后国民经济工作的一个中心任务，是十分正确的、意义深远的。必须坚决抓紧贯彻执行。

值得注意的是，对两种经济增长方式的区别和转变的理解要准确。一是不能把粗放增长和集约增长，等同于新企业增长和老企业增长。其实，无论是旧企业还是新企业，都有选择哪种增长方式的问题。二是不能把粗放增长和集约增长的区别，绝对地归结为投入生产要素的数量与质量（后者意味着增加科技含量）的区别。其实，集约增长的一个要求是提高规模效益。规模效益的提高就要求生产要素的投入达到一定数额。因此，两种增长方式的区别仅在于生产要素的使用效率是否提高。三是不能把两种增长方式截然分割开。实际上它们是互相结合、互相渗透的。只能从主导方面去区别。四是不能把增长方式的转变看成是一次完成的过程。其实“粗放”与“集约”是相对的，在任何时候都相对地存在这种差别。所以，增长方式的转变是没有止境的，只有阶段性目标的区别。五是经济增长方式的转变，在不同地区、不同部门、不同企业之间应有所区别，不能搞“一刀切”。

5. 经济增长的投入要素

马克思：“劳动生产力是随着科学和技术的不断进步而不断发展的。”②

马克思：“科学的力量也是不费资本家分文的另一种生产力。”③

马克思：“大工业把巨大的自然力和自然科学并入生产过程，必然大大提高劳动生产率，这一点是一目了然的。”④

马克思：“随着大工业的发展，现实财富的创造较少地取决于劳动时间和已耗费的劳动量，较多地取决于在劳动时间内所运用的动因的力量，而这种动因自身——它们的巨大效率——又和生产它们所花费的直接劳动时间不成比例，相反地却取决于一般的科学水平和技术进步，或者说取决于科学在生产上

---

① 《马克思恩格斯全集》第25卷，人民出版社1974年版，第760页。

② 《马克思恩格斯全集》第23卷，人民出版社1972年版，第664页。

③ 《马克思恩格斯全集》第47卷，人民出版社1979年版，第553页。

④ 《马克思恩格斯全集》第23卷，人民出版社1972年版，第424页。

的应用。”①

恩格斯：“在马克思看来，科学是一种在历史上起推动作用的、革命的力量。任何一门理论科学中的每一个新发现，即使它的实际应用甚至还无法预见，都使马克思感到衷心喜悦，但是当有了立即会对工业、对一般历史发展产生革命影响的发现的时候，他的喜悦就完全不同了。”②

马克思：“自然界没有制造出任何机器，没有制造出机车、铁路、电报、走锭精纺机等等。它们是人类劳动的产物，是变成了人类意志驾驭自然的器官或人类在自然界活动的器官的自然物质。它们是人类的手创造出来的人类头脑的器官；是物化的知识力量。固定资本的发展表明，一般社会知识，已经在多么大的程度上变成了直接的生产力，从而社会生活过程的条件本身在多么大的程度上受到一般智力的控制并按照这种智力得到改造。”③

马克思：“节约劳动时间等于增加自由时间，即增加使个人得到充分发展的时间，而个人的充分发展又作为最大的生产力反作用于劳动生产力。从直接生产过程的角度来看，节约劳动时间可以看作生产固定资本，这种固定资本就是人本身。”④

马克思：“真正的财富就是所有个人的发达的生产力。”⑤

马克思：“比较复杂的劳动只是自乘的或不如说多倍的简单劳动，因此，少量的复杂劳动等于多量的简单劳动。”⑥

马克思：复杂劳动者的“劳动力需要较高的教育费用，它的生产要花费较多的劳动时间，因此它具有较高的价值。既然这种劳动力的价值较高，它也就表现为较高级的劳动，也就在同样长的时间内物化为较多的价值。”⑦

马克思：“撇开自然物质不说，各种不费分文的自然力，也可以作为要素，以或大或小的效能并入生产过程。它们发挥效能的程度，取决于各种方法和科学进步，这些也是不花费资本家分文的。”⑧

这些论述告诉我们：科学技术的确是像邓小平同志进一步概括的那样，是第一生产力。因此，要实现经济增长方式从粗放型到集约型的转变，必须转变投入的内容，把增加科技含量，提高生产要素的质量，放在首要地位。

---

① 《马克思恩格斯全集》第46卷下册，人民出版社1980年版，第217页。

② 《马克思恩格斯全集》第19卷，人民出版社1963年版，第375页。

③ 《马克思恩格斯全集》第46卷下册，人民出版社1980年版，第219—220页。

④ 《马克思恩格斯全集》第46卷下册，人民出版社1980年版，第225页。

⑤ 《马克思恩格斯全集》第46卷下册，人民出版社1980年版，第222页。

⑥ 《马克思恩格斯全集》第23卷，人民出版社1972年版，第58页。

⑦ 《马克思恩格斯全集》第23卷，人民出版社1972年版，第223页。

⑧ 《马克思恩格斯全集》第24卷，人民出版社1972年版，第394页。

按照马克思的分析，科学技术转化为生产力，既表现在固定资本等物化劳动的因素上（包括对自然力的利用），也表现在劳动力素质的提高上。“真正的财富是所有个人的发达的生产力。”由此还可以进一步说，与高科技的物化劳动相比，用高科技武装的劳动力是更大的生产力。所以，要实现经济增长方式的转变，必须坚持“科教兴国”的发展战略。

6. 经济增长与产业结构

马克思：“小孩子同样知道，要想得到和各种不同的需要量相适应的产品量，就要付出各种不同的和一定量的社会总劳动量。这种按一定比例分配社会劳动的必要性，决不可能被社会生产的一定形式所取消，而可能改变的只是它的表现形式，这是不言而喻的。自然规律是根本不能取消的。在不同的历史条件下能够发生变化的，只是这些规律借以实现的形式。而在社会劳动的联系体现为个人劳动产品的私人交换的社会制度下，这种按比例分配劳动所借以实现的形式，正是这些产品的交换价值。”①

马克思：“如果说个别商品的使用价值取决于该商品是否满足一种需要，那么，社会产品总量的使用价值就取决于这个总量是否适合于社会对每种特殊产品的特殊数量的需要，从而劳动是否根据这种特定数量的社会需要按比例地分配在不同的生产领域。”②

马克思：“尽管每一物品或每一定量某种商品都只包含生产它所必需的社会劳动，并且从这方面来看，所有这种商品的市场价值也只代表必要劳动，但是，如果某种商品的产量超过了当时社会的需要，社会劳动时间的一部分就浪费掉了，这时，这个商品在市场上代表的社会劳动量就比它实际包含的社会劳动量小得多。”③

马克思：社会总资本的再生产，“不仅是价值补偿，而且是物质补偿，因而既要受社会产品的价值组成部分相互之间的比例的制约，又要受它们的使用价值，它们的物质形式的制约。”④

马克思：在社会总资本的再生产中，消费资料生产部类内部存在着“必要消费资料的生产和奢侈品的生产之间的比例关系”，“这种分割从根本上影响着生产的性质和数量关系，对生产的总形态来说，是一个本质的决定性的因素。”⑤

马克思：“由协作和分工产生的生产力，不费资本分文。这是社会劳动的

---

① 《马克思恩格斯选集》第2版第4卷，人民出版社1995年版，第580页。
② 《马克思恩格斯全集》第25卷，人民出版社1974年版，第716页。
③ 《马克思恩格斯全集》第25卷，人民出版社1974年版，第209页。
④ 《马克思恩格斯全集》第24卷，人民出版社1972年版，第437—438页。
⑤ 《马克思恩格斯全集》第24卷，人民出版社1972年版，第457页。

自然力。”①

马克思：“社会分工是多种多样劳动的整体，这些劳动正是由于它们之间的差别，由于它们的差别性而互相补充。”②

马克思：“一个产业部门利润率的提高，要归功于另一个产业部门劳动生产方的发展。在这里，资本家得到的好处，仍然是社会劳动的产物，虽然并不是他自己直接剥削的工人的产物。生产力的这种发展，归根结底总是来源于发挥着作用的劳动的社会性质，来源于社会内部的分工，来源于智力劳动特别是自然科学的发展。在这里，资本家利用的，是整个社会分工制度的优点。”③

马克思：“现代工业从来不把某一种生产过程的现存形式看成和当作最后的形式。因此，现代工业的技术基础是革命的，而所有以往的生产方式的技术基础本质上是保守的。现代工业通过机器、化学过程和其他方法，使工人的职能和劳动过程的社会结合不断地随着生产的技术基础发生变革。这样，它也同样不断地使社会内部的分工发生革命，不断地把大量资本和大批工人从一个生产部门投到另一个生产部门。因此，大工业的本性决定了劳动的变换、职能的更动和工人的全面流动性。”④

这些论述告诉我们：一切生产特别是社会化大生产，都要求按比例发展，按比例分配社会劳动。所谓按比例，也就是产业结构的合理化，即要求不同部门生产的产品在使用价值上符合社会需要，在价值量上要平衡。实现经济增长方式根本转变的一个关键环节，就是要遵循社会生产按比例发展的规律，实现产业结构的合理化和优质化。

社会生产的按比例发展，是由社会分工决定的。只是由于社会分工的差别性，才能形成专业化和协作化的优势，从而“不费分文”地提高社会生产力和经济效益。正因为这样，所以我们要坚决打破“大而全”、“小而全”的模式，坚决克服产业结构趋同化的毛病，与国内乃至国际分工发展的大环境和大趋势相适应，调整和优化我国的产业结构。

社会分工是不断变化的，因而社会生产的比例和产业结构也是不断变化的。这就要不断调整我们的产业结构。在这个过程中，必然引起劳动力的流动和职业的转换。这是一个需要认真对待和解决的大问题。这个问题解决得不好，就会阻碍产业结构的调整和优化。

7. 经济增长与规模效益

马克思：“单单资本的量的增加同时也就包含资本的生产力的增加。如果

---

① 《马克思恩格斯全集》第23卷，人民出版社1972年版，第423—424页。

② 《马克思恩格斯全集》第44卷，人民出版社1982年版，第438页。

③ 《马克思恩格斯全集》第25卷，人民出版社1974年版，第97页。

④ 《马克思恩格斯全集》第23卷，人民出版社1972年版，第533—534页。

说资本的量的增加是生产力发展的结果，那么反过来说，一个更广阔的、扩大了的资本主义基础又是生产力发展的前提。这里存在着相互作用。因此，在更加广阔的基础上进行的再生产即积累，即使它最初只表现为生产在量上的扩大（在同样的生产条件下投入更多的资本），但在某一点上也总会在质上表现为进行再生产的条件具有较大的效率。”①

马克思：“工业企业规模的扩大，对于更广泛地组织许多人的总体劳动，对于更广泛地发展这种劳动的物质动力，也就是说，对于使分散的、按习惯进行的生产过程不断地变成社会结合的、用科学处理的生产过程来说，到处都成为起点。”②

马克思：“竞争斗争是通过使商品便宜来进行的。在其他条件不变时，商品的便宜取决于劳动生产率，而劳动生产率又取决于生产规模。因此，较大的资本战胜较小的资本。其次，我们记得，随着资本主义生产方式的发展，在正常条件下经营某种行业所需要的单个资本的最低限量提高了。因此，较小的资本挤到那些大工业还只是零散地或不完全地占领的生产领域中去。在那里，竞争的激烈程度同互相竞争的资本的多少成正比，同互相竞争的资本的大小成反比。”③

马克思：资本“集中的进展决不取决于社会资本的实际增长量。这正是集中和积聚特别不同的地方，因为积聚不过是规模扩大的再生产的另一种表现而已。集中可以通过单纯改变既有资本的分配，通过单纯改变社会资本各组成部分的量的组合来实现。”④

马克思：“积累，即由圆形运动变为螺旋形运动的再生产所引起的资本的逐渐增大，同仅仅要求改变社会资本各组成部分的量的组合的集中比较起来，是一个极缓慢的过程。假如必须等待积累去使某些单个资本增长到能够修建铁路的程度，那么恐怕直到今天世界上还没有铁路。但是，集中通过股份公司转瞬之间就把这件事完成了。”⑤

马克思：“通过集中而在一夜之间集合起来的资本量，同其他资本量一样，不断再生产和增大，但是速度更快，从而成为社会积累的新的强有力的杠杆。”⑥

这些论述告诉我们：在实现经济增长从粗放型向集约型的转变中，不可忽视生产要素投入量的增加，因为这种量的增长达到一定程度时，即使生产的技术条件不变，也会形成一个规模效益。随着生产社会化的发展，各个生产经营

---

① 《马克思恩格斯全集》第26卷第2册，人民出版社1973年版，第596页。

② 《马克思恩格斯全集》第23卷，人民出版社1972年版，第688页。

③ 《马克思恩格斯全集》第23卷，人民出版社1972年版，第686—687页。

④ 《马克思恩格斯全集》第23卷，人民出版社1972年版，第687页。

⑤ 《马克思恩格斯全集》第23卷，人民出版社1972年版，第688页。

⑥ 《马克思恩格斯全集》第23卷，人民出版社1972年版，第689页。

单位所需要的最低投资额和最佳投资额是不断增加的。所以，在转变经济增长过程中，必须把提高规模经济效益作为一个重要的环节来抓。

增大资本总量，是提高规模经济效益的前提。如何增大资本总量呢？最有效的办法就是通过股份制的形式实现资本的组合与集中。这一点，正适合我国当前的实际。通过企业的联合与兼并，组建大型企业集团，是搞好我国国有经济的一个重要战略措施。不过，实行资本的联合与集中，要因业制宜，因企制宜，不能搞“拉郎配”，不能搞一个模式，一切要有利于生产力的发展，有利于经济效益的提高。

8. 经济增长与自然环境

马克思：“劳动作为使用价值的创造者，作为有用劳动，是不以一切社会形式为转移的人类生存条件，是人和自然之间的物质变换即人类生活得以实现的永恒的自然必然性。”①

马克思：“在农业中（采矿业中也一样），问题不只是劳动的社会生产率，而且还有由劳动的自然条件决定的劳动的自然生产率。可能有这种情况：在农业中，社会生产力的增长仅仅补偿或甚至还补偿不了自然力的减少，——这种补偿总是只能起暂时的作用。”②

恩格斯：“动物仅仅利用外部自然界，简单地通过自身的存在在自然界中引起变化；而人则通过他所作出的改变来使自然界为自己的目的服务，来支配自然界。这便是人同其他动物的最终的本质的差别，而造成这一差别的又是劳动。”“但是我们不要过分陶醉于我们人类对自然界的胜利。对于每一次这样的胜利，自然界都对我们进行报复。每一次胜利，起初确实取得了我们预期的结果，但是往后和再往后却发生完全不同的、出乎意料的影响；常常把最初的结果又消除了。”“因此，我们每走一步都要记住：我们统治自然界，决不像征服者统治异族人那样，决不是像站在自然界之外的人似的，——相反地，我们连同我们的肉、血和头脑都是属于自然界和存在于自然之中的；我们对自然界的全部统治力量，就在于我们比其他一切生物强，能够认识和正确运用自然规律。”③

马克思：“社会化的人，联合起来的生产者，将合理地调节他们和自然之间的物质变换，把它置于他们的共同控制之下，而不让它作为盲目的力量来统治自己；靠消耗最少的力量，在最无愧于和最适合于他们的人类本性的条件下来进行这种物质变换。”④

---

① 《马克思恩格斯全集》第 23 卷，人民出版社 1972 年版，第 56 页。

② 《马克思恩格斯全集》第 25 卷，人民出版社 1974 年版，第 864 页。

③ 《马克思恩格斯选集》第 2 版第 4 卷，人民出版社 1995 年版，第 383、383—384 页。

④ 《马克思恩格斯全集》第 25 卷，人民出版社 1974 年版，第 926—927 页。

这些论述告诉我们：劳动过程、经济增长过程是人类和自然的物质变换过程。一方面，生产要占和消耗各种自然资源，另一方面人类的生产和生活要向自然界排泄各种废物、废液、废气，影响自然环境。后者反过来又影响人类的生产和生活。这中间所进行的物质变换过程是良性的还是恶性的，决定着人类生存和发展的持续性和效益性。如果让滥用资源、污染环境、破坏生态平衡的现象任其发展，最后倒霉的是人类自身。所以，国民经济必须实行可持续发展战略，注意节约资源，保护环境，争取在人与自然物质变换的良性循环中实现经济的增长。

恩格斯关于人类“不要过分陶醉”对自然界的胜利，自然界会“报复”人类的思想太深刻了！这个真理已经被全部世界历史和现实所充分证明。因此，在我们研究、制定和实施每个经济增长的战略措施时，一定要牢记这个真理，充分、仔细地考虑由此造成的对自然环境的影响。要把保护环境作为实现经济增长方式根本转变的一个重要内容。其实，从本质上讲，经济的持续增长，就是实现经济与自然的协调发展。

9. 经济增长与经济管理

马克思：“一切规模较大的直接社会劳动或共同劳动，都或多或少地需要指挥，以协调个人的活动，并执行生产总体的运动——不同于这一总体的独立器官的运动——所产生的各种一般职能。一个单独的提琴手是自己指挥自己，一个乐队就需要一个乐队指挥。”①

马克思：“凡是直接生产过程具有社会结合过程的形态，而不是表现为独立生产者的孤立劳动的地方，都必然会产生监督劳动和指挥劳动。”②

恩格斯：“在每个车间里，时时都会发生有关生产过程、材料分配等细节问题，要求马上解决，否则整个生产就会立刻停顿下来。不管这些问题是怎样解决的，是根据领导各该劳动部门的代表的决定来解决的呢，还是在可能情况下用多数表决的办法来解决，个别人的意志总是要表示服从，这就是说，问题是靠权威来解决的。”③

恩格斯：“一方面是一定的权威，不管它是怎样造成的，另一方面是一定的服从，这两者都是我们所必需的，而不管社会组织以及生产和产品流通赖以进行的物质条件是怎样的。”④

恩格斯：“把权威原则说成是绝对坏的东西，而把自治原则说成是绝对好的东西，这是荒谬的。权威与自治是相对的东西，它们的应用范围是随着社会

① 《马克思恩格斯全集》第 23 卷，人民出版社 1972 年版，第 367 页。

② 《马克思恩格斯全集》第 25 卷，人民出版社 1974 年版，第 431 页。

③ 《马克思恩格斯选集》第 2 版第 3 卷，人民出版社 1995 年版，第 225 页。

④ 《马克思恩格斯选集》第 2 版第 3 卷，人民出版社 1995 年版，第 226 页。

发展阶段的不同而改变的。”①

这些论述告诉我：管理是社会化大生产和经济增长的一个永恒的主题。在社会化大生产条件下，没有管理、监督和指挥，就不能实现经济增长。管理就是生产力。当前，我国不少企业亏损，固然原因很多，但其中一个重要原因就是缺乏严格、有效的管理。所以，加强科学的管理（包括微观管理和宏观管理）是实现经济增长方式转变的一个重要方面。

搞好经济管理，必须正确处理权威和自主、集中和民主之间的关系。管理社会化大生产，没有必要的集中和权威不行。但是，在社会主义市场经济条件下，企业没有必要的自主性，职工没有必要的民主权利，也不行。必须把上述两个方面辩证地统一起来。当然，要做好这一点是不容易的。这里不仅涉及认识问题，而且涉及深化经济和政治体制改革的问题，此外，还有一个提高管理者和被管理者的素质问题。社会主义市场经济发展的实践，已经在这些方面积累了不少的经验。我们相信，在不远的将来，一个有中国特色的社会主义市场经济的科学管理体制一定会健全起来。

10. 经济增长与利益机制

马克思：“人们奋斗所争取的一切，都同他们的利益有关。”②

恩格斯：“每一既定社会的经济关系首先表现为利益。”③

马克思和恩格斯：“‘思想’一旦离开‘利益’，就一定会使自己出丑。”④

马克思：“利润率是资本主义生产的推动力；那种而且只有那种生产出来能够提供利润的东西才会被生产出来。”⑤

马克思：“资本家只是作为资本的人格化才受到尊敬。作为这样一种人，他同货币贮藏者一样，具有绝对的致富欲。但是，在货币贮藏者那里，这表现为个人的狂热，在资本家那里，这却表现为社会机构的作用，而资本家不过是这个社会机构中的一个主动轮罢了。……竞争使资本主义生产方式的内在规律作为外在的强制规律支配着每一个资本家。竞争迫使资本家不断扩大自己的资本来维持自己的资本，而他扩大资本只能靠累进的积累。”⑥

这些论述告诉我们：人们做任何事情，都是利益驱动的结果，只不过利益的性质不同罢了。经济的增长更是如此。资本主义积累和生产力的巨大发展，一是由于资本家对利润的无限追求，二是竞争的压力，驱使资本家这个“主动

---

① 《马克思恩格斯选集》第2版第3卷，人民出版社1995年版，第226页。

② 《马克思恩格斯全集》第1卷，人民出版社1960年版，第82页。

③ 《马克思恩格斯选集》第2版第3卷，人民出版社1995年版，第209页。

④ 《马克思恩格斯全集》第2卷，人民出版社1957年版，第103页。

⑤ 《马克思恩格斯全集》第25卷，人民出版社1974年版，第288页。

⑥ 《马克思恩格斯全集》第23卷，人民出版社1972年版，第649—650页。

轮”不停地转动。这个动力机制，撇开资本主义剥削的性质，包含着适用于市场经济的一般性：（利益驱动＋竞争压力）。在社会主义市场经济条件下，作为公有制企业特别是国有企业，由于生产资料的公有制，决定了它们具有根本利益的一致性；但作为独立的经济实体和市场竞争主体，它们生产经营活动的直接动力是企业利益的最大化（不是短期利益的最大化，而是长期利益的最大化），而市场竞争又作为一种外在压力推动企业有效地运行。既然如此，那么，要实现经济增长方式从粗放型到集约型的根本转变，就企业来讲，同样要依靠“利益驱动＋竞争压力”这个动力机制。就是说，一方面要在企业内部形成追求技术进步、注重内含扩大再生产、提高经济效益、注意保护环境的微观机制，另一方面在市场竞争和宏观政策上造成有利于实现经济增长方式转变的大环境。一句话，就是要让搞集约增长的企业和人得到好处，让搞粗放增长的企业和人受到惩罚。只有这样，才能有力地推动经济增长方式的根本转变。

综合上述理论和实践的结合分析，我们认为，要实现经济增长方式从粗放型到集约型的根本转变，就要具体地实现以下六个方面的转变：

第一，转变经济增长的目标。即从过去片面追求产值增长的所谓“高速度”的目标，转到以市场为导向，以提高经济效益（本身就包括没有水分的较高的速度）为中心的目标上来。

第二，转变经济增长的主战场。即从过去主要依靠铺新摊子、上新项目，扩大基本建设规模的办法来实现经济增长，转到以结构优化，技术改造，加强管理，提高存量资产的使用效率为主的办法达到经济的增长。

第三，转变经济增长的投入内容。即从过去主要依靠增加生产要素的数量，简单地扩张资本的数量，转到着重提高生产要素的质量，加大科技含量上来。

第四，转变经济增长的代价。即从过去多耗资源，破坏环境，影响人的生活质量，转到节约资源，保护环境，实现可持续发展，有利于提高人民生活的质量上来。

第五，转变经济增长的主体。即从过去依靠政府组织“大兵团作战”，搞“人海战术”，忽视企业的自主性，转到依靠企业，增加企业的科技力量，以企业为主体和基础实现集约化增长。

第六，转变经济增长的动力机制。即从过去依靠计划体制的行政推动，转到依靠社会主义市场经济体制，以利益机制为主要手段，推动经济增长。

当然，《资本论》毕竟是一定历史阶段的产物。它没有结束关于资本主义经济的真理，更没有结束关于社会主义经济的真理。决不应当把它当成包治百病的灵丹妙药，以为从中可以找到解决建设有中国特色社会主义各种问题的现成答案。但是应当承认，《资本论》在基本理论和方法上，确实为我们坚持、完善和发展有中国特色的社会主义事业，提供了一系列科学的立足点和宝贵的探索启示。《资本论》是一部大有学头，有待进一步挖掘的理论宝库。